그때는
왜?
지금보다
행복했을까

그때는 왜
지금보다 행복했을까?

초판 1쇄 | 2012년 2월 15일

지은이 | 전영수
펴낸이 | 김성희
펴낸곳 | 맛있는책

출판등록 | 2006년 10월 4일(제25100-2009-000049호)
주   소 | 서울시 광진구 중곡동 639-9 동명빌딩 7층
전화번호 | 02-466-1278
팩스번호 | 02-466-1301
전자우편 | candybook@gmail.com

ISBN : 978-89-93174-18-2 03330

copyright©CandyBook, 2012, printed in Korea
이 책의 저작권은 저자와 출판사에 있습니다.
서면에 의한 저자와 출판사의 허락 없이 책의 전부 또는 일부 내용을 사용할 수 없습니다.

그때는 왜? 지금보다 행복했을까

복지대국을 위한 20가지 힌트 기업복지론

전영수 지음

맛있는책

Prologue

복지대국의 셈법힌트 '기업복지'…
"일할 맛 넘칠 때 살아갈 맛은 저절로"

한국은 선진국입니다. 일부에서의 자기비하(?)적인 폄하가 없진 않습니다만 각종 통계기준으로는 선진국일 확률이 훨씬 높습니다. 선진반열의 안착까진 몰라도 최소한 개도국을 벗어난 건 사실이죠. IMF(국제통화기금)·OECD(경제개발협력기구)는 물론 일본의 '통상백서'에도 '한국=선진국'은 예외가 아닙니다. 물론 성장속도가 여전히 세계평균을 웃돌기에 신흥국에 포함되기도 합니다. 개도국과는 뚜렷한 입장차이를 지닌 긍정적인 의미의 구분법이죠.

실제 세계 GDP에서의 점유비율은 1.6%(2011년)로 매년 오락가락해도 얼추 10~15위권을 벗어나진 않습니다. 인구규모를 반영한 1인당 GDP는 선진국 문턱이라는 1만 5,000~2만 달러를 넘어섰죠(2만 591달러·2010년). 물가를 반영한 구매력 기준(PPP)으로는 이미 3만 달러 이상의 선진국이란 얘기도 있습니다. 지금 추세라면 한국의 1인당 GDP가 2015년 3만 달러를 돌파할 것이란 추정도 나왔습니다(IMF).

반면 체감상황은 완전히 다릅니다. 경제규모의 양적·질적인 증거자료에도 불구, 이 땅에 발을 딛고 사는 평범한 한국인의 상황판단은 상당히 부정적이죠. 거주환경이 좋아지긴 했어도 내 삶은 훨씬 열악해졌다는 반론이 적잖습니다. 절망감과 패배감, 그리고 박탈감의 무차별적인 확산추세예요. 행복을 찾아줄 파랑새는 어디에도 없다는 푸념의 확대일로입니다. 그도 그럴 것이 이혼율·자살률 등 이른바 블행지표는 세계 최고 수준이죠.

선진국 대한민국의 어두운 불행지표… '파랑새는 어디에?'

양극화는 또 어떻습니까. 2000년대 이후 한국사회는 중산층을 잃어버렸습니다. 미끄럼틀 아래로 떠밀리면서 1%와 99%는 완전히 분리된 듯 보입니다. 이중사회이자 격차사회의 냉엄한 현실인식입니다. 올라갈 방법도 여력도 의지도 원천적으로 차단된 느낌입니다. 은수저를 물고 태어나지 않는 한 개천에서 용은 더 이상 없어진 셈이죠.

사회조사(2011년)를 보면 전체 국민의 절반(45.3%)가량이 본인을 하층으로 봤답니다. 최근 몇 년 새 소득은 줄고 부채는 늘어난 결과가 아닐까요. 하층응답은 2009년(42.4%)보다 더 늘었습니다. 팍팍해진 살림살이의 반영입니다. 선진국 국민의 남모를(?) 고통이 아닐 수 없습니다. '다 같이 잘 살자'는 복지이슈가 정치권의 핫이슈로 부각된 이유도 여기에 있을 것입니다. 문제는 복지논쟁이 말뿐인 슬로건에 그칠 공산입니다. 정치권의 진정성이 거의 없을뿐더러 무엇보다 재원이 부족하기 때문입니다. 세금을 늘려야 하는데 증세를 주장했다가는 정치인생이 끝장나기에 그 누구도 고양이 목에 방울을 걸 생각이 없습니다.

그렇다면 해법은 과연 없을까요. 다행스럽게도 힌트를 얻을 만한 모델이 하나 있습니다. 이웃나라 일본의 경험입니다. 아쉽게도 긍정적인 벤치마킹보다는 부정적인 반면교사의 교훈에 가깝지만 일본사례는 한국이 걸어가야 할 유력한 복지미래 설계도를 제대로 보여줍니다. 신자유주의처럼 서구모델의 어정쩡한 단순수용이 아니기에 무엇보다 적용 및 성공확률이 높다는 게 장점이죠. 일본모델에서 복지힌트를 얻는 이유는 복지기반, 인구변화, 갈등양상, 경제구조, 사회전통 등에서 한국과 일본만큼 유사한 국가는 없기 때문입니다.

즉 원래부터 제한된 복지체계로 기업복지에 의탁한 형태가 많았으며 저출산·고령화의 인구변화에 따른 복지수요와 재정압박이 서로 닮았습니다. 적자생존·승자독식으로 하류국민을 양산한 격차갈등과 고도성장·산업구조 등의 유사한 성장경로를 밟아왔다는 점도 공통점이죠. 유교적 가족중심주의로 세대이전에 대한 공감이 강하다는 특징도 비슷합니다. 역사배경·가치인식 등 경로의존성이 완전히 다른 서구사회와 비교하면 놀라울 정도로 닮은꼴이 많습니다.

원인과 배경, 양상이 비슷한데 그 길을 앞서 걸었다면 후속주자에겐 그 자체가 둘도 없는 나침반입니다. 한국은 취사선택의 자세로 일본모델을 꼼꼼히 살펴볼 필요가 있습니다. 버릴 건 버리고 얻을 건 얻는 자세가 필요불가결합니다. 최대다수의 최대행복을 목표로 하되 처음엔 최대다수의 최소불행을 위한 실리적인 접근이 권유됩니다. 이때 일본모델은 충분히 매력적인 방향과 교훈은 물론 후보정책이 지닌 저비용·고효율의 경제적 합리성을 제대로 확인시켜줄 겁니다. 우리는 이를 통해 웃음 넘치는 살맛 나는 세상을 위한 새로운 실험에 나설 수 있습니다.

위기의 닮은꼴 한국과 일본… 일본의 취사선택이 유력대안

요즘 일본은 동네북 신세입니다. 나라 안팎에서 일본을 도마에 올려놓고 설왕설래가 한창이죠. 유럽남부에서의 재정파탄이 불거지자 이들보다 빚이 더 많은 일본도 조만간 위험해질 것이란 경고가 대표적입니다. GDP 대비 국가부채가 200%(1,024조 엔·2011년)를 넘겼으니 상식적인 수준에서는 국가부도설이 나오는 게 당연합니다(개인적으로는 동의하지 않습니다. '국채보유자=일본국민'이기 때문이죠). 비상식적이긴 엔고도 마찬가지입니다. '평가절상=고금리'가 경제학의 기본인데 일본은 이를 뒤집었기 때문입니다. 위험하다고 해놓고 엔화를 사재기하는 국제자금의 난센스가 엔고를 비정상적인 수준까지 끌어올린 결과죠.

 나라 안에선 더더욱 가관입니다. 증세문제가 대표적이죠. 사회보장급부비가 정부예산보다 많은 100조 엔대에 이 중 절반이 재정지출 몫이니 정부곳간을 생각하면 증세는 불가피합니다. 당연히 예산 40%를 매년 국채발행으로 찍어내도 부족할 판입니다. 대다수 일본국민도 증세 자체에는 큰 반발이 없어 보입니다. 문제는 정치 리더십입니다. 민생은커녕 정권·권력유지에만 눈치가 밝으니 얌전한 일본인조차 더 이상은 참지 못하고 울분을 터뜨리는 형국입니다. 민주당·자민당 모두 마찬가지죠. 복지수요는 더 늘어나는데 대책마련은 한심한 지경입니다. 힘든 건 올곧이 국민 몫입니다. 덜 가지거나 못 가져 내일이 불안한 하류국민의 양산시스템입니다.

실제로 열도 곳곳엔 한숨과 갈등, 우울과 절망이 가득합니다. 설마 했던 미증유의 지진재해와 인간탐욕의 종착역인 대형인재까지 겹치면서 사실상 개국 이후 최악의 위기라는 절체절명의 공포감이 확연합니다. 이는 직접 보고 느끼고 들은 얘기입니다. 빈곤감·절망감에 가뜩이나 살아갈 맛이 없어지는데 양극화·고령화(저출산)·무연화는 암담한 미래불행의 장기고착화를 예고할 뿐입니다. 웃음이 없고 재미가 사라진 이유입니다. 설상가상 어지간한 맷집으로는 버텨낼 수 없을 정도로 상황은 매년 악화되는 추세입니다. 다만 증상은 많아도 원인은 대략 하나로 모아집니다. 물증과 심증 모두 혐의가 아주 짙은 고약한 바이러스가 그렇습니다.

불행의 장기고착화 일본… '신자유주의'라는 이름의 고약한 바이러스

바이러스 이름은 '신자유주의'입니다. 한때 세계를 풍미하며 자본주의의 절대적인 실천규칙·존중질서로 채택·추종된 정치경제적 이데올로기입니다. 1970년대 스태그플레이션(물가상승·경기침체)의 딜레마에 빠진 케인지언의 재정정책을 통화주의적인 공급중시로 구해낸 일등공신입니다. 금리조정으로 시중유동성을 적절히 관리하면 국가금고를 훼손하는 재정정책보다 더 효과적으로 경기침체를 극복할 것이라는 이론입니다. 영국

(대처), 미국(레이건), 일본(나카소네) 등 대부분 국가가 이를 받아들여 애덤 스미스의 '보이지 않는 손'을 재차 주류경제학으로 복귀시키죠. 그래서 신(新)이 붙어 신자유주의로 불립니다. 이후 세계는 급속히 열렸고 뭉쳐졌으며 커졌습니다. 신자유주의는 민영화 · 규제완화 · 감세의 3종을 한 세트로 세계 전체에 퍼집니다.

그런데 그만 문제가 생겨버렸습니다. 신자유주의가 사고를 친 것이죠. 아주 치명적이고 결정적인 한계가 일순간에 드러난 것입니다. 2008년의 금융위기가 그렇습니다. 시장에 맡긴 건 좋았는데 이 시장이 너무 앞서간 게 역설적으로 시장붕괴의 단초를 제공했습니다. 탐욕 · 독점에 근거한 독주 · 질주였습니다. 신자유주의가 철학기반에 깔았던 대전제였던 적자생존 · 승자독식이 악성 바이러스로 변질 · 확산되며 모세혈관에의 혈류공급을 막아버린 것입니다. 1%는 승승장구했지만 99%는 풍전등화의 위기감에 그대로 노출됐습니다. 다 함께 사는 경제는 사라졌고 인간존중의 경제학은 방치됐으며 1%에 끼지 못한 대다수는 살아갈 맛을 잃어버렸습니다.

신자유주의의 후폭풍은 일본에서 확연히 드러납니다. 단적인 비유가 '부자나라의 빈곤국민'이라는 자괴감이 아닐까 여겨집니다. 이쯤에서 앞서 펴낸 졸저 『은퇴대국의 빈곤보고서(2011년 6월. 맛있는책)』의 서문을 잠깐 소개합니다.

> 요즘 일본사회가 곳곳에서 삐걱댑니다. 그것도 아주 심각한 지경의 파탄신호가 날이 갈수록 위험수위에 달하는 모습입니다. 부자나라 · 부자국민의 이미지와는 영 딴판일 정도죠. 격차사회 · 워킹푸어 · 네트카페 난민 · 위장청부 · 파견

해고 · 무연사회(고독사) 등 2000년대 중반부터 가난에 찌든 패자그룹의 갈등 양상이 일본사회를 혼란에 빠트리고 있습니다. 한 마디로 요약하면 '격차심화'입니다. 이것이 신뢰붕괴, 사회분열, 복지파탄 등의 사회적 열화를 한층 심화시키고 있죠. '근로격차→소득(자산)격차→소비격차→교육격차→건강격차→미래격차→희망격차' 등 최악의 악순환고리까지 움직이기 시작했습니다. "주먹밥이 먹고 싶다"며 아사한 사람마저 생겨났죠. 2010년 여름엔 전기료가 없어 열사병에 사망한 고령자가 넘쳐났습니다. -『은퇴대국의 빈곤보고서』(p.7) -

신자유주의 갑론을박… '모두가 잘 살던 과거로부터의 메시지'

이런 이유로 금융위기 이후 일본사회에서는 균형을 되찾기 위한 대안마련 목소리가 그 어느 때보다 높습니다. 대안은 여러 모습으로 구체화됩니다. 먼저 시장우선주의입니다. 신자유주의의 부작용을 수정해 점진·부분적으로 정부 역할·시장규제 등을 구체화하자는 논의죠. 신자유주의의 자발적인 혁신대안이라는 점에서 가장 현실적인 모델로 거론됩니다. 자본주의 4.0이라는 수정진화론도 신자유주의라는 시스템 자체를 인정한다면 여기에 포함될 것입니다.

또 다른 유력모델은 유럽시스템의 벤치마킹입니다. 복지조합주의죠. 채택 가능성을 떠나 가장 바람직한 모델이 아니냐며 세를 확산 중입니다. 복지강화의 대폭확대가 핵심입니다. 공동체, 인간, 사회, 복지, 연대, 조합 등의 단어로 압축되며 시장의 비인간성을 복지부조로 풀어내자는 쪽입니다. 영국의 사회투자국가론(제3의 길)이나 스웨덴 등의 복지조합주의에 기인한 사민주의 복지모델로 크게 구분됩니다. 문제는 경로의존성을 감안할 경우 일본에선 받아들이기 힘들다는 현실적인 제약한계입니다. 사회보장을 위한 증세여부가 최대관건이죠.

마지막은 일본모델의 수정부활입니다. 전통주의 일본모델로 되돌아가자는 논의죠. 전통제도와 조합해 수정을 가한다는 점에서 생태적인 안정성이 장점입니다. 이윤우선의 최첨단 경영기업보다는 상생조화의 전통적 조직관리에 주목하자는 발상입니다. 개인보다는 집단, 변화보다는 안정, 경쟁보다는 합의를 중시하는 일본 특유의 공동체적 조직문화의 부활입니다. 상호연대·상부상조의 우애관계를 토대로 사회적 자본주의를 실현하자는 쪽입니다. 경기부침과 무관하게 종신고용·연공서열로 꾸준한 성과도출에 성공한 요컨대 '교토(京都)식 기업모델'이 적잖게 존재하고 있다는 점도 고무적인 변수죠. 기업·직원의 연대부활로 인간존중의 경제학을 현 상황에 맞게 일정 부분 수정해 일본이 채택해야 할 차기모델로 만들어가자는 얘기입니다. 졸저가 강조하는 포인트도 여기에 있습니다. 몸에 맞지 않는 서구모델 때문에 새로운 갈등·부작용에 얽매이기보다 과거에 기능했으며 여전히 설명력이 존재하는 자국 특유의 기존시스템을 재검토해보자는 의도입니다.

1970년대 일본은 자신감이 하늘을 찌르던 시대였습니다. 1979년 〈국민생활백서〉는 '전체국민=중류의식'을 공식적으로 선언했죠. 본인의 생활수준을 물었더니 1970년대 내내 중류층이 90% 이상을 차지했을 정도였습니다. '1억 총 중류사회'란 슬로건은 이때 등장했습니다. 때를 같이해 1979년엔 『Japan as No. 1』(Ezra Vogel)이란 책까지 미국에서 출간·화제를 모았습니다. 명실상부한 일본파워의 국제적 확인사례로 거론됩니다. 중류의식은 종신고용·소득증가 등의 수요측면과 대량생산·신용판매 등의 공급측면이 맞물려 확대됐습니다. 자본주의 역사에서 보기 드문 30년 고도성장에 발맞춰 풍요로움이 넘쳐나는 부자나라 이미지가 생겨난 연유입니다.

90%가 중류라고 답하던 시절의 비밀… 기업복지의 경제학

과거 일본국민의 '살맛 나는 세상살이'가 펼쳐졌던 가장 큰 까닭은 무엇일까요. 여러 이유가 복합·다각적으로 영향을 미쳤겠지만 사견임을 전제로 밝힌다면 일본 특유의 복지시스템 덕분이 아니었을까 판단합니다. 일본의 복지모델은 굉장히 독특합니다. 서구사회에선 보기 드문 복지모델이 고도성장과 맞물려 구축·운영됐죠. 크게 보면 기업복지, 공공투자, 최후복지 등 3대 요소로 이뤄졌습니다. 핵심은 기업복지입니다. 공공투자와 최후복지는 기업복지에서 제외된 이들에게 제한적으로 제공되는 부분적인 하위구조로 보는 게 타당합니다. 가령 공공투자는 정부재정으로 지방산업·중소기업·농촌지역에 SOC건설을 일으켜 일자리를 제공하는 형태이며, 최후복지는 고령자·환자·모자가정 등 누가 봐도 근로능력이 떨어질 때 정부가 최저기반의 생활보호를 해주는 선별적 복지정책입니다.

그렇다면 기업복지란 무엇일까요. 요컨대 기업이 복지를 책임졌다는 뜻입니다. 회사인간·기업사회라는 별명에 어울리듯 기업복지는 대다수 일본인의 삶과 밀접하게 연결된 시스템입니다. '남성전업·여성가사'의 표준모델에 따라 일본사회가 회사중심으로 돌아가다 보니 자연스레 가계의 복지수요가 정부보다는 기업위주로 적용될 수밖에 없는 구조였죠. 기업복지를 경영복지주의 또는 직원복지주의라고도 부르는 이유입니다. 즉 종신고용·연공서열제도에 따라 연령에 맞춰 생활급이라는 독특한 임금시스템을 적용했습니다. 대신 정부는 관료주의·선단호송을 통해 기업성장을 위한 여러 특혜정책을 제공하며 이윤창출을 도왔습니다. 각종 산업정책 등으로 자원의 인위적인 배분 때 기업을 최우선 수혜자로 설정한 형태죠. 기업으로서는 복지비용이 들지만 정부가 돈을 더 벌도록 도와주니 결국 밑질 게 없는 장사인 셈입니다. 정부복지의 기업위탁인 셈입니다.

대다수의 일본인은 기업복지를 통해 중류층이란 자신감을 얻었습니다. 신입사원으로 입사하면 평생에 걸쳐 기업이 복지수요를 전담하며 해결해줬기 때문이죠. 입사와 동시에 연애·결혼·출산·교육·주택·노후까지 행복 컨베이어에 올라탈 수 있었습니다. 가령 생애자금의 절정항목인 내집마련(사택)·자녀교육(교육비)·노후자금(퇴직금) 등을 기업이 제공했습니다. 기업의 정규직 샐러리맨이라면 별도로 돈을 모을 필요조차 없었습니다. 직원 로열티는 높아질 수밖에 없고 회사공동체는 사연(社緣)이라는 이름으로 혈연 못잖은 파워를 지닐 수밖에 없는 구조입니다. 이게 고도성장과 맞물리면서 기대 이상의 업적성과를 낸 근본비결입니다.

그런데 기업복지는 2000년대 이후 본격적인 붕괴과정을 겪게 됩니다. 저성장·고령화 등의 해법차원에서 신자유주의라는 해괴한 서구 바이러스가 일본열도에 옮겨지면서부터죠. 정확히는 1990년대부터 기업복지와 이를 아우르는 일본적 성장모델이 근본부터 흔들리게 됩니다. 장기·

구조적인 불황원인으로 '일본식'이 지적되면서 전통모델의 제도피로·기능부전이 부쩍 질타를 받게 됩니다. 정부의 변심과 기업의 압박은 신자유주의를 전지전능한 구원자로까지 떠받듭니다. 이후 일본사회는 변화의 한 가운데에 내몰립니다. 시장에 모든 걸 맡기면서 효율만이 최대가치로 부각됐죠. 정부 역할은 줄어들고 기업파워는 거세집니다. 시장·자본·공급·효율·경쟁 등의 가치실현을 위해 그 대척점에 있는 정부·노동·수요·분배·규제 등의 가치축소가 정당화되기 시작합니다. 효율증대가 인간상실로 연결되면서 기업복지의 존중대상이던 근로자(노동)는 한순간에 비용요소로 전락합니다. 즉 전통·자부심으로 지켜지던 '인간(직원)존중'은 이때부터 소수의견으로 폄하됩니다. 필요할 때 쓰고 소용이 떨어지면 버리는 소모품이란 인식증대입니다.

'직원=비용' 후 흔들리는 기업복지… '복지는 본인이 챙겨라' 유행

기업복지는 이제 설 땅을 잃었습니다. 동시에 복지체계는 순식간에 뒤틀리기 시작합니다. 고용유연화란 이름으로 노동시장엔 비정규직이 일거에 쏟아집니다. 1980년대 15%에 불과하던 비정규직은 35%까지 치솟습니다. 고용 없는 성장으로 일자리는 더 줄어드는 추세입니다. 경쟁논리에서 뒤지면 차별대우는 당연했고, 한번 미끄러지면 사다리는 치워졌습니다. 비용절감이 추구가치다 보니 기업복지가 반영된 생활급은 해체되고 업적경쟁에 따른 직무(성과)급이 유행하기 시작합니다. 사택은 줄어들고 교육비는 없어졌으며 노후자금은 이제 일본가계의 최대 해결과제로 떠올랐습니다. 와중에 국가책임은 면죄부를 받습니다. 신자유주의 덕분입니다. 필요한 건 본인책임에 따라 스스로 해결하는 작동원리가 그 자리를 대신합니다. 탈락·패배자는 순전히 능력이 부족한 본인 잘못이며 정부는 최소한의 복지제공 역할만을 지향할 뿐입니다. 복지의 자기책임화입니다. 또 재정삭감으로 연금·의료·개호(간병)·생활보장은 한층 피폐해졌습니다. 2000년대부터 선진국에 어울리지 않는 처절한 생활고에 고군분투 중인 일본가계가 급증한 이유죠.

열도의 살아갈 맛이 줄어든 것은 기업복지의 해체작업과 궤를 같이합니다. 기업복지가 흔들리자 이에 비례해 삶의 만족도도 급락한 형태죠. 정규직은 언제 해고될지 살얼음판을 걷는 심정이고 이미 탈락한 비정규직은 하루살이의 고달픔을 절망으로 곱씹으며 자포자기를 선택하게 됩니다. 일자리는 빈약하고 월급마저 줄어드니 일할 맛이 없는 건 당연한 결과죠. 끈끈하던 동료애는 치열해진 경쟁심 앞에 무릎을 꿇은 지 오래입니다. 기업은 정글법칙의 무한경쟁을 내세워 전통적인 경영가치·고용시스템을 앞다퉈 버립니다. 덕분에 '직원=비용'의 채택 후 기업금고는 넘쳐납니다. 사내유보는 사상최고치를 매년 갈아치울 정도죠. 안 나눠주고 쟁여둔 결과입니다. 반대로 직원 주머니는 빈약해집니다. 탄탄했던 법정외복리비조차 절감추세입니다. 금방이라도 경기가 꺾이면 잘라야 할 대상이 직원인데 이들에게 복리비를 펑펑 쓸 기업은 없습니다.

고달픈 일본인의 삶을 건져낼 구원투수는 사실상 기업복지의 부활카드뿐입니다. 이것이 현실적일뿐더러 가장 유력하며 파워풀한 대안입니다. 단순히 몸에 맞는 옷을 입자는 당위론적 전통회귀 이유만은 아닙니다. 복지에는 돈이 필요합니다. 그런데 정부에는 돈이 턱없이 부족하니다. 일본은 더더욱 정부재정이 취약한 상태입니다. 매년 사회급부비로 100조 엔(2010년 105조 5,000억 엔) 넘게 지출하는데 거둬들이는 보험료는 60조 엔(2010년 58조 7,000억 엔)도 안 됩니다. 나머지는 세금과 국채발행으로 벌충할 수밖에 없습니다.

반면 복지수요는 갈수록 증가세입니다. 사다리 밑으로 떨어진 이등국민이 수두룩한 와중에 저출산·고령화가 또 다른 발목을 잡습니다. 가령 2012년 베이비부머 1진인 1947년생이 65세를 맞아 대량으로 정년은퇴하면 연금지출은 눈덩이처럼 불어나죠. 해법은 결국 증세뿐입니다. 문제는 '증세의 저주'란 표현처럼 국민반발이 적잖다는 사실입니다. 연금문제와 관련한 노소갈등의 원인이기도 하죠. 재정건전화와 함께 정부복지의 역할확대가 불가피하다는 점은 누구나 인정하는 바입니다. 다만 그러자면 시간이 필요합니다. 당장 쓰러져가는 복지수요자가 넘쳐나는데 장기미션에 매몰된 채 그들의 간절한 눈길을 회피할 수는 없습니다. 현실에서의 시급한 대안모색이 필요한 이유입니다.

복지파탄 후 고달픈 일본인 급증··· 해결카드는 기업복지 부활뿐

이때 기업복지는 유력한 현실대안일 수 있습니다. 무엇보다 기업에는 자금이 넉넉합니다. 원래 돈이란 게 있어도 부족한 듯 보입니다만 그나마 현재시점에서 하류사회의 복지수요를 커버할 자금여력은 기업뿐입니다. 그러자면 재계·경영층의 전향적인 가치판단이 필수입니다. 주주도 중요하지만 직원도 중시하려는 상생적인 기업공동체 문화조성에 대한 열정과 관심이 그렇습니다. 소모품처럼 취급되는 비용요소가 아닌 더불어 가야 할 가족구성원으로서 그들을 대하려는 경영철학이 필요합니다. 다행스러운 건 불과 20~30년 전만 해도 직원존중의 경영모델이 기능했었다는 점입니다. 생소한 외부철학이 아닌 익숙한 경험보유가 장점입니다. 무한경쟁의 치열한 기업논리에도 불구, 여전히 종신고용·연공서열의 전통모델로 승승장구 중인 일본기업이 많다는 사실도 우호적입니다. 기업복지를 위한 경비지출이 부담스럽지만 길게 보면 충분히 이익을 안겨준다는 게 이들의 경험법칙입니다. 정부도 재정 탓만 할 게 아니라 기업복지를 위한 다양한 인센티브·페널티로 공공역할을 수행하면 그것만으로도 감사해하는 국민이 적잖을 겁니다. 작지만 중요한 실험이 필요한 때입니다.

    게다가 돈이 기업복지의 전부는 아닙니다. 비용부담에 함몰돼 기업복지를 파기대상으로 둘 게 아니라는 얘기죠. 예를 들어볼까요. 원숭이의 퍼즐풀기 실험이란 게 있습니다. 1949년 미국의 해리 할로우(Harry Harlow)란 연구자가 밝혀낸 바에 따르면 원숭이는 음식·굴·교미 등 어떤 보상보다도 자발성에 의해 퍼즐풀기 수행능력이 더 향상되는 것으로 확인됐습니다. 보상(건포도)을 줬더니 되레 실수하거나 속도가 떨어지는 등 수행능력은 저하됐습니다. 원숭이가 퍼즐을 푸는 것 자체에 만족하며 스스로 학습·훈련을 즐겼다는 의미죠. 일의 즐거움 자체가 그 일에 대한 가장 소중한 보상이란 해석이 가능합니다. 비슷한 주제로 사람연구도 있었습니다. 역시 외적보상(돈)이 있을 경우 해당행위에 대한 내재적인 관심을 잃는 것으로 밝혀졌습니다(『드라이브』, 다니엘 핑크). 자발적 관심과 동기가 보상·처벌에 근거한 동기보다 더 높다는 결론입니다. 일을 위한 자발적인 동기모델이 필요한 이유죠. 당근과 채찍보다 중요한 것은 근로자의 자발적 동기부여입니다.

자발적 동기부여와 기업복지는 많은 부분이 매치됩니다. 본문에서 자세히 설명합니다만 기업복지는 법정복리와 법정외복리로 나뉩니다. 이때 비용부담이 큰 쪽은 4대 보험이 포함되는 법정복리비입니다. 게다가 직원에게만 수혜가 가지 않고 사회 전체를 위한 비용부담이라 기업입장에서는 선뜻 내키지 않는 기업복지입니다. 반면 법정외복리비는 기업자율로 정하기에 금전부담이나 실천압박이 그리 크지 않습니다. 상황에 따라 얼마든 조정이 가능한 복지영역이라는 의미죠. 대신 자발적 동기부여에의 연결이나 비용 대비 효과의 경제적 합리성은 훨씬 큰 편입니다. 기업의 지불능력에 따라 차이가 있지만 주택보조 · 생활지원 · 의료지원 등이 여기에 해당됩니다. 각종 수당제도로 형식화되는 법정외복리비는 법정복리비에 비하면 20~30%만 있으면 충분합니다. 육아 · 간병을 비롯한 일과 가정의 양립조화도 법정외복리 영역으로 충분히 소화됩니다.

기업복지 저해하는 금전부담은 핑계… 중요한 건 실천의지

결국 기업복지의 부활검토에 금전부담은 우선이슈가 아닙니다. 중요한 것은 이를 실천하려는 경영철학과 의지발현입니다. 십분 인정해 금전부담이 든다 해도 충분히 경제성이 확보될 수 있다는 점을 인지할 필요가 있습니다. 이는 '일할 맛'이 충분히 흘러넘치는 사례기업을 20개 선정해 집중적으로 연구한 졸저에서도 확인할 수 있습니다. 20개 샘플기업은 직원만족 최고회사로 명성이 자자합니다. 온갖 위기·역경에도 직원존중의 경영철학을 고수해 명품기업의 반열에 오른 경우입니다. 업종·덩치·업력 등도 무관합니다. 직원행복을 지키는 전통의 굴뚝형 명문기업이 있는가 하면 직원웃음 넘치는 파격의 IT형 강소기업까지 수두룩합니다. 한마디로 꿈의 직장, 직장인의 유토피아 건설에 아무런 자격제한은 없습니다.

눈 뜨면 출근하고 싶은 회사가 지닌 '일할 맛'의 공통분모는 10가지로 요약됩니다. 많은 경영자와 근로자가 고민·추구하는 행복한 직장 만들기의 기초토대를 졸저는 10가지로 구분해봤습니다. 일과 가정 모두를 지키려는 회사의지가 발현된 양립조화, 누구나 할 말은 하는 시원시원한 사내공기가 반영된 횡적인 커뮤니케이션, 기업복지를 위해 무엇보다 중요한 경영진의 명문화된 강력한 실천파워, 고령국가답게 고숙련 베테랑을 존중하며 일자리를 제공하는 정년연장, 심각한 사회문제로 부각된 비정규직의 절망 자체를 차단시킨 차별금지가 우선 돋보입니다.

여기에 직원만족을 위해 튀는 아이디어를 제도로 승화시킨 특이제도가 또 일할 맛을 북돋웁니다. 이런 것들은 결국 성공DNA로 전승되며 유력한 사내문화로 정착됩니다. 일할 맛이란 지 돈보다는 마음이 중요하다는 점도 공통점입니다. 자발적 동기부여죠. 즉 생사고락을 함께하겠다는 회사공동체에 기초한 가족주의 경영은 그 결과며 종신고용의 경제학으로 일컬어지는 해고금지는 그 실천엔진 중 가장 파워풀한 몫을 담당합니다. 직원을 춤추게 하는 이들 10가지 공통분모는 전통의 일본모델과 자연스레 겹칩니다. 신자유주의 이후의 대안모델을 전통모델 수정부활로 제시한 가장 큰 근거도 여기에서 찾을 수 있습니다.

서두에서 밝혔듯 샐러리맨의 고달픈 삶은 한국도 마찬가지입니다. 나날이 주름살이 깊숙이 파고드는 느낌입니다. 살아갈 맛을 잃은 이는 셀 수 없이 많습니다. 미끄럼틀 밑의 빈곤과 절망의 늪에서 아등바등 살아낼 힘을 얻고자 하지만 결코 녹록잖은 상황입니다. 그렇다고 정부가 도와줄 것 같지도 않습니다. 의지도 능력도 부족합니다. 이럴 때 일본사례는 오리무중의 해법타개에 중요한 나침반을 제공해줍니다. 한국과 일본은 마치 쌍둥이처럼 많은 게 닮았습니다. 성공신화도 사회갈등도 보기 드물게 유사합니다. 다만 한국보다 몇 발자국 앞서 걷고 있다는 점이 후발주자인 우리에겐 둘도 없이 중요한 포인트입니다. 그 결과가 기업복지입니다. 기업복지의 재검토는 거대해진 복지수요에 부응할 뿐만 아니라 부작용과 갈등요소를 최소화하는 가장 현실적이며 구체적이고 즉각적인 논의의제입니다. 이게 한국모델로 제대로 구축될 때 성장신화를 이을 복지대국의 실마리가 될 수 있습니다. 허울뿐인 이슈형의 복지논쟁에 얽매이기에는 시간이 없습니다. 대타협·양보로 더불어 웃는 살맛 나는 대한민국을 위한 첫걸음을 떼야 할 시점입니다.

늘 그렇지만 많은 이들에게 큰 도움을 받습니다. 2010~2011년에 걸친 일본에서의 방문교수 시절 복지시스템과 관련해 많은 힌트를 제공해준 코마무라 코헤이(駒村康平) 게이오(慶應)대 경제학부 교수님을 비롯한 여러 선생님들에게 감사말씀을 전합니다. 한 사람의 연구자로 거듭나게 물심양면 도와준 한양대 김종걸 교수님께도 고개를 숙이지 않을 수 없습니다. 복잡하고 지난했던 저술과정을 묵묵히 지켜보며 많은 응원과 함께 책의 완성도를 높여준 설응도 전무님을 비롯한 출판사의 도움도 결정적이었습니다. 무엇보다 늘 옆에서 지켜보는 가족의 힘이 컸습니다. 사랑하는 아내와 서현, 현우에게 이 책을 바칩니다. 이 아이들이 커 어른이 됐을 때는 지금보다 훨씬 따뜻하고 밝으며 어울러 살아가는 의미를 소중히 하는 사회가 펼쳐지길 고대합니다.

전영수

차례

머리말 • 4

Chapter 1
기업복지와 직원만족의 상생함수

- 신자유주의가 일본경제에 던진 파문 • 27
- 일본모델의 불편한 진실과 고백 • 38
- 제도피로에 직면한 ㈜일본의 성공신화 • 47
- 기업복지가 '일할 맛'과 직결된 이유 • 56
- 일본을 구할 길은 '전통모델 수정진화' • 63
- 직원우선 부쩍 외치는 일본기업의 속내 • 72
- 직장과 가정 모두 웃는 WLB의 저력 • 87
- 도전받는 생활급 '흔들리는 생계비' • 103
- 비용 대비 효과만점 '복리후생의 재검토' • 110
- 기업복지 부활사례 '작지만 큰 직원식당' • 119

Chapter 2

행복 지키는 전통의 명문기업 10

- 아사히맥주(アサヒビール) • 129
- ANA(全日空) • 147
- 호리바제작소(堀場製作所) • 167
- 다이킨(ダイキン)공업 • 186
- 시세이도(資生堂) • 201
- 아사히카세이(旭化成) • 216
- 브라더공업(ブラザー工業) • 234
- 이나식품공업(伊那食品工業) • 252
- 다이에(ダイエー) • 267
- 미라이(未來)공업 • 284

Chapter 3
웃음 넘치는 파격의 강소기업 10

- 나카무라브레이스(中村ブレイス) • 305
- 카약(カヤック) • 316
- 워크스 어플리케이션스(ワークス アプリケーションズ) • 340
- EC studio • 353
- 세이카츠노키(生活の木) • 366
- ㈜21 • 379
- 오쇼푸드서비스(王将フードサービス) • 392
- EC나비(ECナビ) • 404
- 니시지마(西島) • 413
- 마루호(マルホ) • 431

Chapter 4
기업복지를 위한 10가지 성공 DNA

- 양립조화_일과 가정 양수겸장의 힘 • 447
- 사내소통_시원시원한 커뮤니케이션 • 455
- CEO파워_경영진의 명문화된 강력의지 • 467
- 정년연장_베테랑의 지혜존중 • 479
- 차별금지_비정규직의 미소복원 • 490
- 특이제도_튀는 아이디어의 자부심 • 503
- 가족주의_생사고락 나누는 회사공동체 • 518
- 기업문화_성공 DNA와 사내문화 • 529
- 월급초월_행복원천은 돈보다 마음 • 540
- 해고금지_종신고용의 경제학 • 551

Chapter 1

기업복지와 직원만족의 상생함수

01 신자유주의가 일본경제에 던진 파문

'일본을 배우자!'

뜬금없는 슬로건이지만 한때는 분명 그랬다. 1980년대 중후반이다. 일본경제가 No.1을 외치며 세계시장을 제패할 때다. 1970년대 똑같은 스태그플레이션으로 고생하던 주요 선진국이 고전을 면치 못한 것에 비해 일본은 산업구조 변경(감량합리화)에 성공하며 승승장구의 1980년대를 연 덕분이다. 동아시아 분업구조도 한몫했다. 1979년 『Japan as No.1』(Ezra Vogel)이라는 책으로 예견한 일본파워는 얼마 뒤 그대로 적중했다.

도요타이즘(Toyotaism)은 포디즘(Fordism)을 능가하며 격찬을 받았다. 곳곳에서 일본모델·일본스타일을 배우고자 벤치마킹에 나섰다. 압권은 1980년대 중후반의 버블경기다. 플라자합의(엔고동의)에도 불구, 화려한 호황잔치를 벌였다. 돈은 넘쳐났고 자신감은 충만했다. "도쿄 땅값을 합하면 미국 전체를 살 것"이라는 말까지 있었다.

화무십일홍(花無十日紅). 버블경기는 곧 끝났다. 알고 봤더니 버블호황은 마지막 불꽃잔치였다. 하락전환은 1991년부터 지루하게 반복·확산됐다. '잃어버린 10년·20년'의 개막이다. 원인은 뭘까. 버블이라는 말처럼 거품을 뺄 수 없다. 실제 체력을 넘는 신용창출이 투기수요를 낳았고, 이게 자산급등을 불러 종국엔 주저앉았다. 타이밍이 전부인 금융정책의 실패였다. 경색된 돈줄은 이후 내수불황에 직결됐다. 명확해진 일본적 경제시스템(성장모델)의 몰락징조다.

저물가·저성장의 본격개시는 고도성장 때 낙양지가(洛陽紙價)였던 일본모델과 어긋나기 시작했다. 제도피로 혹은 기능부전의 딜레마 봉착이다. 원인은 또 있다. 지금부터 자세히 살펴보겠지만 게임규칙의 변화다. 신자유주의 적극도입이다. 경쟁우선·시장효율 등의 달라진 게임규칙은 일본경제에 변화를 요구했다. 체질개선이다. 결과는 부정적이었다. 격차심화처럼 탈락·낙오자의 패배·낙담감이 지배하는 사회로 변질됐다. 1%는 웃지만 99%는 우는 비정상적인 풍경이 펼쳐졌다.

80년대 'Japan as No.1' 성공신화 → 90년대 '잃어버린 10년·20년'

일본모델의 붕괴조짐과 변화압박은 1990년대 이후 현재진행형이다. 피해자는 무차별적이다. 일부 부유층을 제외하면 모두가 직격탄을 맞았다. '㈜일본'의 비유로 설명하면 CEO 등 경영진·주주만 빼고 전체 직원의 '일할 맛'이 급감했다. 고용안정성이 낮은 순서부터 차례대로 흔들렸다. 처음엔 비정규직이 울더니 이젠 선택받은 정규직까지 공포에 휩싸였다.

고용 없는 성장은 기업금고만 배불렸을 뿐 가계곳간은 허물어버렸다. 수출대기업이 웃을 뿐 내수·지방·중소기업은 움츠러들었다. 신성한 가치로서 존중되던 의무론(Kant)과 정의론(Rawls)적인 노동은 효율과 자유를 내세운 공리주의(Mill)와 자유주의(Locke)로 무게중심이 이동·변질됐다. 근로자(노동)를 존중해야 할 가치대상이 아니라 효용극대화를 위해 경감해야 할 비용요소로 보기 시작했다. 전통·자부심으로 지켜지던 '인간(직원)존중'은 일본열도에서 소수의견으로 전락했다. 필요할 때 쓰고 소용이 떨어지면 버리는 소모품이라는 인식증대다. 이때 평가기준은 수익극대화다.

일본모델로도 불리는 전통적인 일본의 경제(고용)시스템은 출발이 다르다. 노동을 장기·우호적인 동반관계로 본다. 서구시각에선 몰이해·불합리한 고용관행으로 보여도 장기간 특유의 설명력·합리성을 설명해왔다. 'Japan as No. 1'은 뒤늦게 이를 깨달은 결과다.

구조는 이렇다. 주지할 건 일본사회가 집단주의라는 점이다. 패전 이후 노동집약적인 가공무역을 시작할 때 저임금(청년)노동의 안정공급은 필수였다. 그러자면 장기고용이 메리트다. 종신고용·연공서열에 기초한 회사인간의 양성이다. 때문에 생활급과 해고지양을 채택했다. 재벌해체로 CEO도 내부승진이 주류였다. 또 기업은 장기고용을 토대로 하청거래·주거래은행·협조노조를 구축했다. 역시 안정적인 거래처·자금원 확보차원이다. 정부는 관료주의를 전제로 산업정책·호송선단·재정정책을 통해 기업경영·고용관행을 뒷받침했다.

결국 가계·기업·정부의 3박자가 착착 맞아떨어졌다. 하부구조는 톱니바퀴처럼 일치해 움직였다. 서구시각에선 톱니바퀴 하나하나가 전부

비경제적인데 이상하게 일본에선 경제적 합리성이 발휘됐다. 즉 집단주의 전통가치에 따라 '정부→기업→가계'는 서열에 맞춰 조정·협조를 반복했다. 고도성장이다. 호황만 계속된다면 이런 일본모델은 깨질 이유가 없다.

그런데 천장·바닥의 경기곡선은 정도 차이만 있을 뿐 반복되게 마련이다. 일본의 고도성장에도 브레이크가 걸렸다. 과도하게 치닫다 보니 성장한계에 도달한 데다 투기거품까지 끼면서 실물경제를 침체시켰다. 그래도 1970년대 감량합리화 사례에서처럼 극복할 수도 있었다. 이때는 산업조정으로 중후장대에서 경박단소로 수익모델을 바꾸는 데 성공했었다.

하지만 1990년대 이후는 실패했다. 시장무대를 통제하는 게임규칙 자체가 교체됐기 때문이다. 신자유주의다. 머리(제도철학)가 바뀌니 몸통(성장모델)과 다리(개별주체)가 제아무리 열심인들 아귀가 엇나간다. 다른 많은 악재도 있지만 신자유주의가 유독 일본사회에서 많은 질타·원망을 듣는 이유다.

퇴색된 인간존중의 경제학… 노동은 소모품 인식증대

요즘 신자유주의는 동네북 신세다. 어딜 가나 잘못된 건 '신자유주의 탓'이다. 모든 경제·사회적 부작용과 과도일탈의 원흉 신세로까지 전락했다. 금융독주·부채경제가 폭발한 금융위기 이후 세계적인 질타대상이 됐다. 어떤 면에선 다소 지겹기까지 하다. 그래도 어쩔 수 없다. 반복되는

'뻔한' 스토리지만 그만큼 신자유주의의 부작용은 컸다. 시장에 맡기면 최대효율을 찾아갈 줄 알았는데 명백히 길을 잘못 들었기 때문이다.

물론 선순환 효과도 컸다. 다 잘못한 건 아니다. 그럼에도 불구, 절대다수의 삶의 질을 떨어뜨린 혐의가 줄어들진 않는다. 일본상황도 똑같다. 신자유주의를 적극 도입한 뒤 파열음은 한층 거세졌다. 근로자(가계)는 피폐해졌고 사회갈등은 심화됐다. 직장환경은 경쟁력과 효율성을 내세워 무미건조·악화일로를 반복했다. '일할 맛'은 급감했다. 근무공간에 인간성은 없어졌고 소모품만 남았다. 근로자(노동)는 비용으로 전락했다. 회사가 전부인 줄 알고 충성하던 회사인간의 표정엔 짙은 그림자가 잔뜩 드리워졌다.

원래 신자유주의는 대단히 매력적이었다. 경쟁유도·시장효율로 강한 사회를 건설한다는 청사진은 1970년대 확인된 위기의 자본주의를 구해낸 일등공신이었다. 1990년대 이후엔 냉전종식에 힘입어 사회주의를 제패한 유력모델로까지 발전했다.

다만 2008년 이후 역사는 신자유주의를 실패모델로 기록할 확률이 높아졌다. 극단적인 자본독주·시장만능이 승자독식에서 제외된 99%의 국민생활을 빈곤상황에 몰아넣어서다. 금융위기는 시장탐욕의 클라이맥스였다. 신자유주의와 불편하게 동거하던 일본도 후폭풍을 온몸에 맞았다. 일본적 경제시스템이라는 전통모델을 폐기하더 몸에 맞지 않는 서양 옷을 입으려 한 결과다. 이때 옷을 줄이기보단 몸을 재단하는 불상사를 저질렀다.

결과는 자명했다. 일본국민이 정권교체를 선택한 배경이다. 국민저변의 고단함은 그만큼 절박했다. "신자유주의가 일본을 열화(劣化)시켰다"

는 평가는 격차심화·도덕붕괴·사회분열·복지사각 등에서처럼 일본사회가 갖는 공감대다. 반대로 인간회복과 삶의 질 회복요구는 더 높아졌다.

그렇다면 신자유주의는 뭘까. 도대체 어떤 이유와 논리로 일본인의 삶의 질과 근로자의 일할 맛을 떨어뜨렸을까. 신자유주의의 정확한 정의·규정은 없다. 길게는 40년 넘게 변용·채택된 결과다. 다만 대체적인 느낌은 있다. 강력한 사적소유권과 자유경쟁·무역보장이 대전제다. 경제주체의 경제활동에 제약이 있어선 곤란하다. 이때 비로소 부와 복리가 최대로 창출된다는 정치경제적인 실천이론이다. 국가 역할은 이를 위한 제도적 틀을 창출·유지하는 것에 한정된다. 경쟁강화를 위해 큰 정부적인 복지·규제의 타파다.

크게 3가지 방법론을 갖는다. △사회보장의 축소·폐기를 통한 자본의 부담경감(법인세 인하, 사회보장비 경감 등) △자본에 대한 규제완화·철폐(노동시장 규제완화, 약소산업 보호포기 등) △민영화와 시장개방(공공부문 축소 등) 등이다. 요컨대 시장·자본·공급·효율·경쟁 등의 가치실현을 위해 그 대척점에 있는 정부·노동·수요·분배·규제 등의 가치축소를 정당화하는 패러다임으로 정리된다.

원흉은 신자유주의 제도도입… 빈곤에 내몰린 99%

이론기반은 사실상 1960년대 후반으로 거스른다. 느닷없이 나타난 건 아니다. 꽤 오래 전부터 유포된 소수의견이 새로운 경제편성의 조류 속에서 주류이론으로 채택된 형태다. 1960년대 국가관리 자본주의가 해체되기 시작한 게 부각계기다. 즉 디플레(실업·인플레)가 일상화되면서 케인지언의 사고방식이 흔들리기 시작했다. 조세감소에도 불구, 이후 재정지출 심화로 영국은 IMF 구제금융 신청(1975년)까지 내몰렸다. 1971년엔 케인지언의 지지정책이던 고정환율제마저 폐기돼 케인지언 시대는 저물어갔다. 정부개입과 시장자유의 논쟁대결은 1930년대처럼 다시 재현됐다.

이번엔 시장자유의 승리로 끝났다. 이후 자본주의는 민영화, 규제완화, 사유(재산권)강화, 감세, 복지삭감, 균형재정, 자본자유화, 장벽철폐 등으로 규정되는 대처리즘과 레이거노믹스의 등장근거를 제공했다.

영국병(대폭적인 임금인상과 사회보장 확충이 국가재정 위기로 이어진다는 선진국병)

◆ 일본의 신자유주의 도입단계별 규정과 특징

순위	내용	비율(%)
개념 이해기	80년대 초중반	-대처리즘/레이거노믹스 등 70년대 고민결과 -대미마찰 본격화, 정책시정 요구, 일부 민영화 -마에가리리포트 발표('86) → 일부 시늉, 일본식 건재
도입 준비기	80년대 후~ 90년대 초	-냉전해체로 세계적 도약기, 다극적화 -워싱턴컨센서스, 일본형 시스템에 의문제기 -재계 히라이와리포트('93) → 도입준비, 공공투자유지
부분 침투기	90년대 중후반	-일본국내 거대담론화, 클린턴 대일압력 -발등의 경기침체, 제3의 길 등의 저지변수 중시 -하시모토 6대개혁('95) → 개혁실패, 자민당 딜레마
본격 도입기	2000년대 초중반	-미국주도 글로벌호황, 일미관계 급진전 -제도피로 급부각, 재계/언론역 여론지지 -고이즈미 구조개혁('02) → 骨太方針 실현, 시장원리
모순 발현기	2000년대 중후반	-격차/빈곤문제 등장, 언론의 입장선회 -자민당의 자멸, 민주당의 복지국가론 부각 -정권교체('09) → 금융위기와 내부피폐 설득
대안 모색기	2009년 이후	-시장실패론 등장, 미국의 정권교체로 시장견제 -민주당 내부혼란, 대안모델 오리무중 -일본판 제3의 길 → 정치리더십 및 경로의존성

의 처방전은 작은 정부였다. 미국은 케인스의 총수요 관리정책과 결별하고 공급주의 경제학(Supply-side Economics)을 채택했다. 신자유주의의 공식적인 무대데뷔다.

신자유주의는 시장효율을 강조한 19세기 고전학파 자유주의의 부활이라는 점에서 '신(新)'자유주의로 불린다. 전후 고도경제성장을 달성해 대내외의 주목을 받은 일본에도 예외 없이 도입됐다. 다만 미국·영국처럼 1970년대 심각한 경기침체가 없었고, 그나마 일본적 경제시스템의 변용으로 불황위협을 극복해낸 일본에선 상당 시간이 흐른 뒤에야 도입논의에 불이 붙었다. 1990년대다.

물론 무역구조 등 미국경제와 밀접하단 점에서 일본의 신자유주의 개혁논의는 일찍부터 있었다. 다만 본격도입은 '구조개혁'을 정치슬로건으로 내건 고이즈미 집권기(2001년 4월~2006년 9월)다. 출발은 좋았다. 자민당의 구태정치에 혁명적인 메스를 들이댔고 불가능하다던 우정민영화를 묵직하게 추진했다. 당연히 대중인기는 급증했다. 무엇보다 경제성적표가 합격점이었다. 외수확대에 힘입어 화려한 잔치를 벌였다(경기회복 2002년 2월~2008년 8월).

그럼에도 불구, 신자유주의 적극도입이라는 정치실험은 결과적으로 실패했다는 게 일반평가다. 금융위기 이전부터 그랬다. 경기확대로 돈은 벌었지만 그 돈이 독점자본에만 흘러들어갔기 때문이다. 즉 경기확장기때 임금증가율은 되레 −0.8%였다. 일반서민의 주머니 사정은 더 악화됐다. 민영화·규제완화·감세 등에 힘입은 수출대기업만의 수혜였을 뿐 내수·가계·지방경제는 한층 심각한 위기상황에 내몰렸다. 훗날 민주당으로의 정권교체에 중대한 빌미를 제공한 배경이다.

외래종의 설익은 도입이 토종생태계를 순식간에 교란하듯 신자유주의는 일본에 큰 부작용을 낳았다. 실제 적자생존·승자독식의 치명적인 부의 재분배는 격차심화로 직결될 수밖에 없다. 한 연구자(David Harvey)는 이를 소득(부)창출보다는 탈취에 의한 축적 메커니즘으로 봤다. 그는 "신자유주의 재앙이 삼켜버리는 것은 힘없고 순진한 사람들일 뿐 방주의 엘리트들은 예외"라고 했다.

고용 없는 성장의 격차심화… '일할 맛' 상실사회

신자유주의는 4가지 파탄문제를 야기했다. △사회문제 △철학문제 △정치문제 △경제문제 등이다.

우선 사회문제다. 신자유주의는 시장자본의 이해부응에 편향·활용되면서 국민 전체의 사회기반을 붕괴시켰다. 각종의 빈곤심화·격차확대·불안증대 등이다. 이는 스스로 지지기반을 위축시키며 사회적인 통합능력을 상실하는 결과를 낳았다. 지지기반 위축·상실은 자연스레 이데올로기의 유지여부와 관련된 철학문제로 연결된다. 지지세력 내부에서조차 정당성을 의심하는 자기비판이 잇따른 배경이다. 통치능력의 결함이다. 민주당으로의 정권교체가 그 정치문제의 핵심이다.

경제문제는 신자유주의 파탄이슈의 근원·궁극적인 제도적 불협화음으로 요약된다. 평등주의에서 격차주의로의 철학전환이 가져온 세계적인 금융위기가 대표적이다. 투기화로 변질된 과잉자본이 국제경쟁력 강화라는 성과에도 불구하고 결과적으로 외수의존적인 과잉축적과 파탄을 초래해서다. 재정은 더 열악해졌다. 경제위기는 세수감소·재정증대로 연결돼 정부곳간을 갉아먹는다.

신자유주의는 일본에 많은 문제와 극복과제를 남겼다. 도입 이후 부각된 부정적 위기지표는 셀 수 없이 많다. 소수그룹의 혜택이 없진 않으나 다수대중의 행복은 급격히 수축됐다. 전통적인 일본사회에는 없었던 새로운 사회현상이 대거 출현했다. 격차사회, 워킹푸어, 네트카페(PC방)난민, 위장청부, 파견해고, 취활(就職活動), 혼활(結婚活動), 무연(無緣)사회, 고독사(孤獨死), 폭주노인 등 신자유주의 부작용과 연결된 유행어가 그렇다. 주요언론이 이를 놓치지 않고 특이현상에 과민하게 반응하는 이유는 그만큼 실상이 충격적인 까닭에서다.

◉ 신자유주의가 야기한 일본의 파탄상황

'워킹푸어'가 시대언어로 부각된 2006년부터 신자유주의적인 사회병리는 확대일로다. 이듬해엔 생활불안정 케이스인 '네트카페난민'을 화두로 던지며 열도의 눈을 단번에 끌어모았다. 이 밖에도 빈곤, 실업, 도산, 대출, 사채, 파산, 병, 장애, 간병, 육아 등 열악해진 사회안전망을 다룬 이슈가 대거 쏟아졌다. 압권은 격차심화다. '근로격차→소득(자산)격차→소비격차→교육격차→건강격차→미래격차→희망격차'의 연결고리 때문이다. 다층적 격차심화다. 이때 최우선·최대 피해자가 중산층 이하의 일반가계다. 평범한 샐러리맨 가정의 붕괴압박이다. 미끄럼틀 아래로의 대거탈락 조짐이다. 그 출발은 사실상 '일할 맛'의 상실로부터 시작된다.

02
일본모델의
불편한 진실과 고백

앞에서 일본인의 '일할 맛'이 줄어든 배경이유·상황논리를 살펴봤다. 무엇보다 신자유주의 제도도입에 따른 시장규칙의 변화를 뺄 수 없다. 지배환경과 행동규칙이 변하면 개개인의 삶과 행동방법은 저절로 변해서다. 즉 이데올로기의 급속도입과 관련변화는 삶을 살아가는 방식과 의사결정을 완벽하게 변화시킨다.

그럼에도 불구, 신자유주의가 모든 죄를 뒤집어쓰는 건 다소 불합리하다. 태생적인 한계로 원죄가 있는 건 분명해도 그 자체가 불협화음을 낳진 않아서다. 소리가 나자면 부딪힐 또 다른 손바닥이 필요하다. 이는 일본모델의 근본한계이자 시간 흐름에 따른 기능부전일 확률이 높다. 즉 자생적인 문제일 수도 있으며 수입 이후 충돌과정에서 불거진 화학반응일 수도 있다.

중요한 건 불협화음이 미국식 신자유주의와 일본식 전통주의의 혼재

과정에서 생겨났다는 점이다. 그것이 엮이고 엮여 과거엔 없었거나 부각되지 않았던 새로운 문제를 수면 위로 끌어올렸다. 이때 원인은 다양해도 그 결과는 하나다. 근로자의 '일할 맛'이 떨어졌다는 현실문제다. 압축하면 현격히 심화된 고용불안이다.

맞장구친 일본모델… '태생원죄 vs 화학반응'

일본의 노동시장은 변했다. 변화는 근로자의 삶의 질 차원에서 보면 상향적인 진화라기보다는 하향적인 변질에 가깝다. 결과물이 노동시장 변화에 따른 근로자의 지위약화다. 정규직의 비정규직화와 정규직 내부에서의 잔업우려와 해고공포가 대표적이다. 반면 여성근로자의 노동공급은 일본 특유의 공고한 성역할 의식구조라는 장벽 탓에 진전이 쉽지 않다.

그렇다고 노동수급이 균형을 잃은 건 아니다. 노동부족에 시달리는 섹터가 적잖다. 요컨대 △심화되는 장시간근로(잔업) △비정규직 증가추세 △성역할 의식구조의 고착화 △노동시장 미스매치 심화 등의 장벽은 2000년대 이후 일본의 노동시장에 '일할 맛'을 떨어뜨리는 악재로 부각됐다.

먼저 잔업상황부터 보자. 일본은 예로부터 '일 권하는 사회'였다. 고도성장이라는 타이틀답게 잔업·과로사는 일상적이었다. 최근 인식·상황 변화로 많이 나아졌다지만 여전히 회사공기는 잔업필수의 느낌이다.

근로시간을 국제비교하면 장시간근로의 심각성이 확인된다(連合総合生活開発研究所·2009년). 2007년 주당 근무시간(통근 등 일과 관련된 시간 포함)을 보면 일본(66시간 30분), 미국(58시간), 프랑스(58시간 30분) 등의 순서다. 한국

(65시간 30분)도 낮지 않은 수준이다. 또 일본근로자는 일평균 2시간 잔업과 40분의 근무준비·마무리시간을 갖는다. 9시 출근이라도 그 전의 출근대기가 원칙인데 이는 근로시간에 포함되지 않는다.

즉 일본의 남성근로자라면 장시간근로가 상식이다. 전체 시간배분으로 보면 '오랜 회사근무, 짧은 수면시간, 가족과의 적은 식사기회, 짧은 부부 공유시간, 적은 개인시간 등'으로 정리된다. 최근 정규직조차 해고 불안이 일상화되면서 잘리지 않기 위한 자발적인 장시간근로는 더 늘어나는 추세다.

휴일·휴가 취득상황도 열악하기는 마찬가지다. 일본 남성근로자의 연차 유급휴가 부여일수는 평균 19일에 그치는데 취득률은 남성 5할(여성 7할)에 불과하다. 프랑스(부여일수 30일 거의 완전취득), 미국(13일로 9할 정도 취득), 한국(15일로 6할 정도 취득) 등에 비해 휴가사용률이 가장 낮은 셈이다. 취득목적도 일본은 병가·육아·간호·부양 등인 데 비해 기타 국가는 자신의 여행·레저 등이 압도적으로 많다. 상황이 이렇다 보니 일본근로자의 일에 대한 만족도는 비교국가보다 낮다. 장시간근로 상황이 비슷한 한국보다 낮다.

일본근로자의 장시간근로는 구조적이다. 이는 노사 양측에 각각의 합리성을 가지면서 장기에 걸쳐 형성된 일종의 합의에 가깝다. 기업은 경기확장기 때 추가고용 없이 기존 근로자의 잔업확대로 출하량을 조절할 수 있고, 근로자는 시간당 임금이 높은 잔업으로 추가수입을 꾀할 수 있어서다. 최근엔 잔업을 못 줄이는 경쟁심화적인 신자유주의 영향도 크다.

물론 법적으로는 장시간근로를 막고 있다. 과로자살 등의 과로사가 사회문제로 고착화되는 등 개선압박이 세졌지만 현실대응은 역부족이다.

정부가 잔업임금을 45시간까지 25% 할증하되 60시간 초과 때 최대 50%까지 할증률을 높이는 등 잔업을 비용요소로 바꿨어도 실효성은 기대 이하다.

해결카드를 쥔 기업 등 사회 전체가 공감하는 근본적인 인식·환경변화는 그만큼 절실하다. 일본적 고용관행인 '장시간근로=남성부양(전업주부)모델'에 대한 개혁이 대표적이다. 이는 기업·정부·근로자·소비자 등을 아우르는 사회 전체의 시스템 변화와 맞물린 주요이슈다.

일본모델의 치명적 한계… '불가피한 회사인간'

비정규직을 둘러싼 고용불안 심화현상은 '일할 맛'을 떨어뜨리는 최대변수 중 하나다. 애초부터 정규직 진입에 실패한 청년 비정규직은 물론 정규직조차 상시적인 구조조정으로 비정규직 전락공포를 구체적으로 실감하고 있다.

2011년 9월 기준 일본의 비정규직은 1,729만 명이다(후생성). 파트타이머, 아르바이트, 파견근로자 등으로 전체 근로자의 35.3%에 달한다. 파견법 개정(2003년 6월) 이후 꾸준한 증가세다. 2003년 30.4%에서 매년 조금씩 늘고 있다. 반면 정규직은 69.6%(2003년)에서 64.7%(2011년 9월)로 감소세다.

특히 사회문제로 비화됐던 파견사원 규모가 2008년 140만 명에 달하는 등 노동시장 안정성이 흔들리는 추세다. 비정규직 증가는 경기악화에 대한 기업의 선택결과였다. 비정규직 중심의 민첩한 고용조정이 유리해서다. 비용절감을 위해 임금삭감이 어려운 정규직보다 저비용의 비정규직 채용감소로 경기회복에 대응하는 게 합리적인 까닭에서다.

기업입장에선 비정규직 증가가 유리한 게 사실이다. 단기적으로 봤을 땐 특히 그렇다. 다만 이런 합리적 선택도 중장기적인 시각에선 우려스러운 게 현실이다. 단기고용으로 숙련을 쌓을 수 없는 비정규직의 구조적인 고용불안 딜레마가 반복되면 기업으로서도 생산성 유지·확보에 걸림돌이 돼서다.

사회 전체로도 악재에 가깝다. 비정규직 증가로 저소득층이 늘면 부담이 될 수밖에 없어서다. 비정규직 중 적잖은 수가 청년세대라는 점도 문제다. 1990년대 중반 25~34세 남성 중 비정규직은 3%였는데 최근 14%까지 육박했다. 기혼여성의 보조적 고용수단이던 비정규직이 남성청년에까지 확산된다는 것은 사회적 빈곤심화와 노소갈등 및 미래격차로 연결될 수 있다. 실제 비정규직의 정규직 전환봉쇄로 비정규직의 상실감은 높아진다. 능력발휘가 차단되면서 재도전 의욕마저 상실된다. 이는 사회적 활력감소와 계층화를 심화시킨다.

◆ 현재 일에 대한 만족도

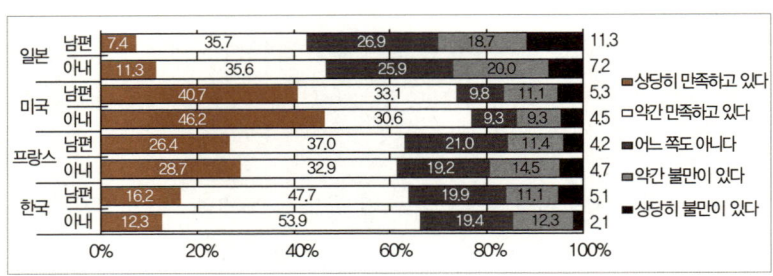

자료; 연합종합생활개발연구소(2009)

정규직과의 차별문제는 비정규직의 '일할 맛'을 떨어뜨린다. 정규·비정규직의 차별내용을 정리하면 다음과 같다. △고용보장(장기안정 vs 불안정) △장시간근로(여성의 부담증가) △임금·퇴직금(Z-종 수당·상여·퇴직금·기업연금 유무) △승진·교육훈련(기업 내부 노동시장 vs 기업 외부 일반훈련) △사회보장(단기고용의 고용보험 가입불가) △세제(근로소득세 티과세 상한인 연 103만 엔까지만의 근로수요) 등이다.

물론 정규직과 기업도 할 말은 있다. 더 높은 책임의식이 대표적이다. 시간급 및 근무내용(책임성에 따른 높은 구속성, 연공대우 등)의 차이로부터 발생되는 양자차별의 정당화 논리다. 그렇다고 차별대우가 정당성을 얻는 건 아니다. 고용형태에 따른 격차문제가 사회적 동의를 얻는 이유다. 최근 신자유주의의 불협화음이 심화되면서 일본사회에선 균등처우 주장도 상당하다. 정규·비정규직의 차별철폐를 통한 균등처우다.

남성전업·여성가사 모델… '가치관 변화에 속수무책'

'일할 맛'의 감소 이유는 일본 특유의 역할분담톤과도 관련이 깊다. 현대사회의 환경변화를 반영하지 못하는 남성전업·여성가사의 성역할이 '일할 맛'을 떨어뜨려서다. 여성의 경제활동 증가에도 불구, 고리타분한 남성부양에 포커스가 맞춰진 각종 제도·인식이 대표적이다.

즉 일본사회는 새로운 고용시스템을 원한다. 정규직·비정규직을 넘어 여성·고령자·청년근로자 등 모두가 만족할 수 있는 새로운 근로스타일의 수요증가다. 여기엔 장시간근로를 고착화시키는 종신고용·연공서열에 기인한 일본 특유의 남성부양모델이 흔들리고 있고 저출산·고령화를 비롯한 가족형태의 다양화와 일·가정 양립조화를 원하는 사회구성원의 가치변화 등이 복합적으로 반영된다. '회사인간'만이 아니라 '가족구성원'으로서의 생애지향성 증대다.

하지만 전통·구조적인 남녀의 성역할 의식은 여전하다. 여성근로자의 취업을 둘러싼 고정·차별적인 인식·제도가 정규직 진입의 방해요소로 작용하거나 남성정규직이 양육·간병을 위해 단축근무·휴가신청 때 선입견을 갖는 경우는 비일비재하다. 그러니 일하는 여성의 가사부담은 그대로다.

부부의 가사시간 할애통계를 보면 '남성=전업, 여성=가사'는 비교적 건재하다. 부부의 주당 가사시간(취사·세탁·쇼핑 등)의 배분상황을 보면 일본남편의 가사시간 비율은 15.5%에 불과하다. 조사대상국 중 최하위

◆ 국가·부부별 근로자의 평일 가사시간

	일본	미국	프랑스	한국	전체
남편	18	82	47	41	46
아내	122	120	83	96	105
N	402 / 314	359 / 324	385 / 368	365 / 272	1511 / 1278

자료: 連合総合生活開発研究所(2009), 『生活時間の国際比較―日·米·仏·韓のカップル調査』, 連合·連合総研共同調査研究報告書.

다. 평일 가사시간도 일본남편은 18분으로 미국(82분), 프랑스(47분), 한국(41분)보다 낮다. 반면 아내의 가사시간 분담률은 최고수준이다. 아내의 평일 가사시간은 일본(122분)이 가장 높다. 미국(120분), 프랑스(83분), 한국(96분) 등은 낮다. 전통적인 남성전업·여성가사의 성별역할 분담구조가 여전히 공고하다는 의미다(連合総合生活開発研究所, 2009).

노동시장 미스매치 문제도 '일할 맛'을 결정하는 변수다. 미스매치란 일자리와 근로자의 눈높이 격차 때문에 발생하는 문제다. 원래 실업이란 경기침체에 따른 고용악화 탓에 발생한다. 즉 노동수요 부족이다. 그런데 저성장이 시작된 1990년대 이후 일본의 실업문제는 미스매치에 따른 구조적 환경이 일정 부분 관련 있다. 지역·직종 등의 개별 노동시장에서 근로자와 일자리의 눈높이 격차로부터 발생하는 '실업 vs 결원'의 공존 문제가 그렇다.

미스매치는 연령·급여·기술·휴일(시간) 등에서 주로 발생하는데 최근엔 질적인 변화양상도 보인다. 기술·기능·연령에 의한 미스매치는 줄어드는 한편 근로시간·휴일·급료 등의 근로환경 이슈는 늘었다. 근

◆ 2008년 부부의 주당 가사시간 배분 국제비교 (단위: 시간)

	남편	아내	남편비율(%)
일본	3.1	18.0	15.5
한국	4.5	15.7	24.2
프랑스	5.0	14.4	26.7
미국	7.9	17.1	31.5

주: 가사란 취사·세탁·쇼핑 등의 시간을 의미함
자료: 連合総合生活開発研究所(2009), 『生活時間の国際比較―日·米·仏·韓のカップル調査』, 連合·連合総研共同調査研究報告書.

로자의 의식과 기호변화로 직무내용보다는 직무환경을 더 중시한다는 얘기다. 제조업에서 서비스업으로의 전환 및 제조업의 해외이전도 마찬가지 원인이다. 실제 미취업 이유 중 근로시간·휴일이 입맛에 맞지 않아서라는 응답이 늘었다. 반대로 유연한 근무환경 제공필요는 더 늘었다.

◆ 근로형태별 미스매치 내용

정규직	외부 노동시장의 불충분한 정비로 정규직은 생산성이 낮은 부문에서 높은 부문으로의 이동·공급에 한계. 노동의 효율적인 분배저해. 결과적으로 노동생산성 상승억제. 정규직의 장시간근로로 교육훈련 기회상실 역시 자기계발 시간확보 방해해 생산성에 악영향.
여성	가정과 일의 양자택일 강요. 근무방식의 선택지 한정으로 결혼·출산·육아를 이유로 일할 수 없거나, 퇴직압박 여성다수. M자형 곡선이유. 미혼 및 만혼경향 강화. 저출산의 원인.
고령자	근로욕구 있지만 취업기회 박탈증가. 고령자의 노동참가율 60세를 경계로 저하추세. 연금수급 개시연령 인상에 따라 높은 취업의욕 불구. 취업기회가 적은 비자발적 고령실업자 증가.
청년	취업빙하기 때 취업 힘들어 이후에도 정규직 취업이 되지 않은 청년층 존재. 프리터뿐 아니라 근로·교육의욕 상실한 니트(NEET)족도 다수.

03
제도피로에 직면한
㈜일본의 성공신화

 일본의 내수불황은 고질적이다. 어제오늘 일이 아니다. 수출시장은 좋아도 내수부문이 막혀버려 활력을 잃은 지 오래다. 일시·단편적인 호·불황 경기흐름은 있지만 지배적 불황압박은 훨씬 구조적이고 파워풀하다. 세계화·저성장·인구변화 등 쉽게 수그러들지 않을 구조적인 환경변화가 향후 지속될 확률이 높아서다.
 반면 과거 상당한 기능을 담당했던 특유의 일본적 경제·고용시스템은 사실상 기능부전 상태에 빠졌다. 변용과 진화시도로 설명력을 유지 중이라는 분석도 있지만 대세는 힘들어졌다는 쪽으로 쏠린다. 최근 일본가계의 라이프스타일에 맞춘 장기·안정적인 고용기회 확보가 눈에 띄게 줄어든 게 증거다. 특히 정책노력에도 불구, 2000년대 이후 부각된 일본사회의 갈등기반에서 비롯된 각종 파열음은 갈수록 높고 넓게 퍼지는 중이다.

그렇다면 고도성장의 일본신화를 흔드는 압박변수는 뭘까. 제도피로에 빠진 일본적 고용시스템의 특징과 부작용을 살펴보자. 무엇이 일본근로자의 '일할 맛'을 떨어뜨렸느냐는 문제제기에 따른 원인분석 차원이다.

노동시장의 구조변화… '전통모델 설명력 훼손'

먼저 고용환경의 변화다.

일본의 고용시스템은 신입사원 일괄채용과 연공서열적 종신고용이 고도로 맞물려 출발한다. 입사 초기엔 성과 대비 과소임금을 받는 대신 연공이 쌓일수록 성과 대비 과다임금을 받는 게 특징이다. 기업은 저가노동의 안정공급을 보장받는 대신 근로자는 연공서열·종신고용의 생활급적인 시간효과를 누릴 수 있다. 즉 고용을 둘러싼 거래비용 감축적인 장기거래 관행이다. 세부특징으로는 △정규직의 능력계발촉진 △업무변경 통한 경력형성 △연령동반의 임금보장 △기업차원의 변화흡수(기술·산업구조변화의 기업내부 전환수용) △실업 없는 노동이동 등이다.

단 이 시스템의 설명력은 경제성장(인플레)이라는 대전제가 이뤄질 때 가능하다. 일본적 고용시스템을 '고도성장 보완적 고용구조'라고 부르는 이유다. 즉 평균적으로 높은 경제성장을 전제로 해 경기변동에 대처하는 차원에서 고안·형성됐다. 한마디로 노동부족이 대전제다. 따라서 일시적인 경기침체 땐 근로시간과 임금조정을 통해 직원해고를 최대한 미루는 게 관행이다. 사내배치·훈련교육을 통해 다가올 경기확장기에 대비하는 포석이다. 설사 인력감축 때도 비정규직에 한정해 정규직의 고용안정은 보장하는 형태로 진화했다.

하지만 이런 일본의 전통적인 고용관행은 여기저기서 삐걱댄다. 기능부전 상황에 빠졌다는 신호가 곳곳에서 목격된다. 최대근거는 1990년대 이후 지속된 일본경제의 성숙심화와 버블붕괴 및 장기침체 때문이다. 앞서 설명한 고도성장 대전제가 사라진 셈이다.

이렇게 되면 연령·근속연수와 연동되는 임금체계 유지근거는 줄어든다. 고도성장 보완적 고용시스템의 한계봉착이다. 기업부문이 불황타개와 구조조정 차원에서 인력감축에 나설 수밖에 없어진 것이다. 잉여인력의 내부흡수가 줄어든 배경이다. 첫 번째 희생자는 비정규직이다. 안전판조차 없으니 해고도 쉽다. 그다음은 청년근로자. 취업빙하기로 불릴 만큼 신규채용이 엄격하게 억제되는 추세다. 그래도 줄일 경우 최후적용은 정규직이다. 희망퇴직 증가다.

물론 2002~2006년처럼 경기회복이 확인돼도 고용비용 절감원칙은 그대로 유지된다. 노동력이 필요하면 고용조정이 간편한 비정규직을 잠깐씩 쓰는 형태로 대응했다. 경기회복이라고 전통적인 고용시스템의 복원을 시도한 기업은 거의 없다. 기업이 시장·경쟁·고용 등 과거와는 달

◉ 비정규직의 구분

계약사원	특정직종 종사, 전문능력 발휘목적, 유기계약 등
촉탁사원	정년퇴직자 등 일정기간 재고용 목적
출향사원	기타 기업에서 출향계약에 근거 출향해온 경우
파견사원	근로자파견법에 의해 파견 원사업소에서 파견된 자
임시직원	임시 혹은 일일고용자
파트타이머	정사원보다 1일 근로시간이 짧거나 주당 근로일수가 적은 자
기타	정사원과 근로시간이 같지만 파트타이머 외에 속하는 명칭으로 불리는 자

라진 심각한 상황 및 구조변화를 인지했기 때문이다.

즉 저성장환경의 고착화, 급속한 인구감소와 고령화, 경제활동의 글로벌화, 산업구조의 고도화, 근로자의 기능전문화 등 구조변화에 대응하자면 설명력이 떨어진 고비용구조의 전통관행은 포기하는 게 합리적이었다. 과거시스템으로는 기업에 필요한 양질의 고급인재를 충분히 확보할 수 없는 데다 신규고용을 억제해온 결과 근로자의 평균연령이 높아지면서 근속연수 비례의 임금체계도 더 이상 기능할 수 없어졌다. 그대로 유지할 경우 기업으로서는 대폭적인 비용증가를 의미할 뿐이다.

전통적인 고용관행에 대한 사회적 개선요구도 높아졌다. 경제적 합리성을 이유로 과거에는 통했던 만성적인 잔업(장시간근로)과 잦은 전근 등의 고용관행 변화압력이다. 인구변화로 근로자 구성이 변하고 있는 데다 회사중심주의에서 탈피하려는 인식도 확대·보급된다. 즉 청년근로자는 감소하고 여성·고령근로자는 증가하는 상황이다. 종래의 장시간근로를 전제로 한 고용시스템은 더 이상 기능하기 힘들어졌다.

◆ 고용형태별 고용자 수 및 구성비 추이(임원 제외, 2003~2010년)

	2003		2005		2007		2008		2010	
	숫자	비율	숫자	비율	숫자	비율	숫자	비율	숫자	비율
전체	4,948	100	5,007	100	5,174	100	5,159	100	5,111	100
정규직	3,444	69.6	3,374	67.4	3,441	66.5	3,399	65.9	3,355	65.7
파트타임/ 아르바이트	1,089	22.0	1,120	22.4	1,164	22.5	1,152	22.3	1,192	23.3
파견/촉탁/ 기타 (파견사원)	415 (50)	8.4 (1.0)	513 (106)	10.2 (2.1)	568 (133)	11.0 (2.6)	608 (140)	11.8 (2.7)	563 (96)	11.0 (1.9)

자료: 「노동력조사」, 총무성

특히 다양한 가치추구와 함께 일과 가정 양립조화를 원하는 수요가 늘면서 과거의 고용관행만으로는 원활한 노동수급을 기대할 수 없다는 점도 현실과 관행의 모순점이다. 전체 근로자가 본인의 라이프스타일에 맞춰 다양한 근무방식을 장기·안정적으로 선택할 수 있는 새로운 고용모델을 구축하자는 공감대가 강조되는 이유다.

성장감소로 비용절감 당연?… 해고카드 익숙해진 기업

심각한 문제는 고용격차의 확대·고착화다. 일본경제의 지속적인 정체·축소와 빈번한 고용조정 와중에 발생하는 고용격차는 고용약자를 확대재생산할 혐의가 짙다. 한번 탈락하면 재도전 기회마저 축소돼 고용격차는 대부분 사회격차로 연결될 지경이다. 의욕상실로 사회규범을 경시하거나 무관심을 증대시켜 궁극적으로 사회적 분단과 불안요소로 작용할 수 있다. '희망격차'로 번질 수 있다는 염려가 구체적이다.

실제 2010년 말 현재 정규직 3,355만 명(65.7%)에 비해 비정규직은 1,755만 명(34.3%) 수준까지 늘었다. 정규직은 2003년 69.6%에서 2010년 65.7%로 줄었고, 정확히 그 비중만큼 고용약자인 비정규직은 증가했다.

2010년 한해에만 정규직은 25만 명이 줄었고, 비정규직은 34만 명이 증가했다. 특히 파트타임·아르바이트는 39만 명이 늘어났다. 다만 파견금지로 파견사원은 12만 명 줄었다.

더 큰 문제는 고용불안에서 비롯된 격차문제가 다양한 루트를 거쳐 사회 전체의 불협화음을 키우는 방향으로 확산된다는 점이다. 피폐사회(위장·은폐·담합 등)와 격차고정이 생활수준·활력저하로 연결됨에도 불구하고 정치무책(無策)의 정부(官)추락은 개전의 정조차 없다. 제도피로에 빠진 전통적인 고용관행의 수정·진화든 새로운 장기·안정적인 고용모델 창조든 일할 맛을 불러일으키는 대안시스템 마련요구는 그만큼 절실해졌다.

고용악화의 혐의를 뒤집어쓴 기업도 할 말은 많다. 전통적인 고용시스템만으로는 21세기 경쟁구도에서 승기를 쥘 확률이 줄어들었다는 푸념이 그렇다. 즉 기업도 환경변화에 부응하는 새로운 형태의 고용모델 확립유인이 충분하다. 더 이상 고비용구조의 고용관행을 유지·강제하지 말라는 얘기다. 당장 경쟁구조가 거세졌다. 세계·대형·겸업·IT화 등 글로벌 경쟁체제의 진전결과다.

상황이 이럴진대 전통모델과 국제경쟁력은 배치된다는 게 기본입장이다. 저임금을 무기로 내세워 가격경쟁력을 확보한 아시아국가와 경쟁하자면 그간의 고용관행 포기·변화가 불가피하다. 즉 제조업 중심으로 선택과 집중에 근거한 사업재구축 필요성이 커졌으며, 해외로의 직접투자 증대로 새로운 분업(국제)관계를 전개하는 기업이 늘었다. 이는 반대로 국내의 잔존사업 입장에선 생산성 향상과 고부가가치화의 추진심화로 이어진다. 기업으로선 필요인력의 인식변화가 시작됐고 이때 우선되는 고려사항은 고용비용 감축여부로 요약된다.

그럼에도 불구하고 성장감속 하에서의 불확실성은 여전하다. 1990년대 버블경제 붕괴를 계기로 일본경제의 성장률은 감속 중이다. 와중에 시장·경쟁무대의 불확실성은 증대추세다. 1980년대까지 기록했던 잠재성장률은 더 이상 기대하기 힘들어졌다. 버블붕괴 이후 2000년 초반까지 잠재성장률은 1%를 밑돌았다. 경기후퇴기 때는 마이너스성장까지 기록

하는 등 기업입장에서는 늘어난 불확실성이 꽤 골칫덩이다.

금융위기 이후 성장률이 좀 늘긴 했어도 불안하긴 매한가지다. 온갖 비난 속에 기업이 내부유보를 강화하는 이유도 불확실성 대응차원이다. 돈을 벌었지만 예전처럼 고용환경 개선차원의 임금상승에 인색한 건 그만큼 전통적인 고용시스템의 노동코스트 압박기억을 갖고 있기 때문이다. 장기·안정적인 고용보장에 동의해도 불확실성 우려가 목전의 문제다. 되레 재계가 미국식의 보다 유연한 고용시장을 주장하는 이유도 여기에 있다.

'미국식 vs 일본식' 모두 No… 중요한 건 '일할 맛'

하지만 근로자 생각은 좀 다르다. 보다 인간다운 근로환경에의 요구목소리가 어느 때보다 높다. 어차피 일본적 고용시스템이 기능하기 힘들어졌다면 상황변화에 맞게끔 제도설계·진화노력을 통해 행복할 수 있는 일자리를 마련해달라는 주문이다. 기업이 일본적 고용시스템의 대안모델로 미국식의 성과주의 유연시장을 주장하는 반면 근로자는 고용격차 없이 전체 근로자가 웃을 수 있는 포괄적인 새로운 안정모델을 원한다.

일본적 고용관행으로 최후까지 지키려는 정규직의 과도보장이 오히려 고용약자의 대량양산과 고용환경 악화일로를 야기했다는 점은 구구절절하다. 즉 종신고용·연공서열만의 고집은 아니다. 그렇다고 몰(沒)인간적인 성과·능력주의의 미국식도 아니다. 요컨대 고용신분 등의 차별 없이 전체 근로자가 라이프스타일에 맞게 근로시간·근로공간을 자율적으로 정해 동일노동·동일임금을 적용받는 인간존중의 고용시스템을 구축하자는 주장이다.

근로자(노동공급) 상황이 변했다는 건 주지의 사실이다. 먼저 생산가능인구의 감소다. 1996년부터 일본의 생산가능인구(15~64세)는 지속적인 감소세다. 출생률은 인구의 재생산 가능수준 이하로 하락한 지 오래다. 연령계급별 노동참가율이 변화하지 않는 한 노동력인구는 향후 2020년 이후 연평균 0.6%(39만 명) 감소할 전망이다(내각부·2009년). 즉 노동공급을 전제로 한 과거시스템이 뿌리부터 흔들릴 공산이 크다.

와중에 고령화는 심화되고 있다. 고령화는 향후 노동시장의 중대변수 중 하나다. 생산가능인구의 감소와 맞물려 근로자의 평균연령을 상승시켜서다. 무엇보다 고령근로자의 고용유지·확보문제가 심각해질 가능성이 크다. 실제로 노동인구에서 점하는 고령자비율은 2017년 대략 24.1~31.2%까지 치솟을 전망이다. 2007년(7.8%)보다 3~4배 증가다. 고령자의 건강·체력과 근로의지 및 은퇴자금 부족상황, 연금수급 개시연령 상향 조정 등을 감안하면 고령근로에 친화적인 고용모델 수립요구는 더 이상 미루기 힘든 과제다.

일본의 고용상황을 얘기할 때 빠지지 않는 게 노동력 부족우려다. 인구변화 탓이다. 이를 벌충할 대안은 그간 취업무대 뒤편에 서 있던 여성근로자가 유력하다. 이런 점에서 여성취업은 점차 확대되는 추세다. 서비스경제의 급속한 진전과 함께 소비자 니즈의 다양화도 여성취업을 높이는 요인이다. 더불어 여성의 고학력화도 취업의욕을 높인다. 남편소득과 아내취업과의 반비례관계를 근거로 한 가계보조 차원의 취업이 아닌 여성 본인의 경력형성을 목적으로 하는 취업도 증가세다.

이 결과 M자형 곡선에 따라 전통적으로 취업률이 낮았던 30~34세 여성근로자의 취업률은 동반상승세다. 하지만 현재대로라면 여성취업은 가시밭길 천지다. 일과 가정 양립조화를 위한 제도장치는커녕 여성취업을 제한하는 근본적인 취업관행이 공고해서다. 취업해도 비정규직이 고작일 정도다. 고용시스템에 변화가 없는 한 갈등·균열은 불가피하다.

일본적 고용관행이 제도피로에 직면했다는 건 여러 각도에서 확인된다. 노동시장을 둘러싼 신자유주의적인 환경변화로 시장규칙(룰)이 변한데다 수요(기업)와 공급(근로자)측면 모두에서도 각각의 변화압박이 존재한다. 중요한 건 노동시장이 과거보다 어두워졌고 갈등지향적인 불협화음이 적잖게 목격된다는 사실이다. 그만큼 대안모델 마련요구가 높다.

현재로선 능력급과 한 세트인 서구식 성과주의 모델이든 생활급을 내세운 고비용구조의 일본모델이든 일정 부분 한계가 확인된다. 양자택일의 상황은 아니란 얘기다. 그렇다고 이대로 방치하기엔 위험수위에 달했다. 서둘러 돌파구가 필요한 시점이다. 이때 우선해야 할 고려가치는 근로자의 '일할 맛'이다. 정치철학 등 위로부터의 하향변용이 아닌 근로욕구 등 아래로부터의 상향진화가 중요하다.

04
기업복지가
'일할 맛'과 직결된 이유

힘들 땐 과거영광을 반추하게 마련이다. "옛날이 좋았는데…"의 느낌이다.

요즘 일본이 딱 그렇다. 인기절정의 '쇼와(昭和)레트로'가 인구회자 중이다. 덩달아 복고수요의 급격한 부각도 포인트다. 쇼와란 일본연호로 1926~89년(63년)에 걸친 시대다. 옛날을 그리거나 추억을 떠올릴 때 습관처럼 등장하는 단어다.

쇼와는 현대일본을 만들었다. 일본현대사의 절대지분을 갖는다. 주로 전쟁 직후의 고도성장과 일맥상통한다. 특유의 희망·정열이 넘치던 시대다. 특히 쇼와 30년대(1955~64)가 남다르다. 긍정적 분위기와 역동적 에너지가 모여 고도성장의 기틀을 다진 시기다. 때문에 학생운동·환경오염 등으로 떠들썩했던 혼돈의 40년대(1965~74)와 구분된다.

'쇼와레트로'의 클라이맥스는 '33년(서력 1958년)'이다. 『쇼와 33년』이라는 책까지 있다. 그만큼 에너지가 넘쳐났다. 전후로는 대호황이 펼쳐졌다. '삼종(3種)의 신기(神器)'라는 냉장고·세탁기·흑백TV가 확대·보급됐다. 라면(인스턴트)을 비롯해 캔 맥주와 자판기 등도 이때 출시됐다.

사회적으로도 큰 사건이 적잖았다. 쇼다 미치코(正田美智子)가 민간인 최초로 황태자(현 125대 천황)와 결혼해 '미치코 붐'을 낳았다. 일본인을 TV 앞에 집합시킨 역도산의 레슬링도 화제였다. 연말엔 일본경제의 자존심인 도쿄타워(333m)가 준공돼 뿌듯함을 안겨줬다.

"그땐 좋았는데" 쇼와레트로 붐… 든든했던 기업복지

현대일본의 추억반추엔 그럴 만한 이유가 있다. 과거영광과 미래불안의 합작품이다. 대단했던 추억과 실망스러운 미래의 표리일체가 낳은 결과다. 1990년대 이후 경기침체와 생활저하의 반복은 일본인의 현실불만·실망을 확대재생산했다.

그래도 나아질 것이란 기대가 있으면 낫다. 문저는 탈출구조차 마뜩잖은 현실이다. 갈수록 구름 천지다. '오늘보다 못할 내일'은 깨지지 않을 이미지로 굳어졌다. 이때 일본국민이 선택한 자위책이 영광반추다. 삶이 힘들어질수록 잘나가던 그 시절을 떠올리며 위로받고 웃어보려는 심리 발동이다.

'쇼와레트로'의 주류집단은 1차 베이비부머(단카이세대)부터다. 1947~49년 출생자로 이들의 10대 이후가 회고대상이다. 길게는 1989년 버블경기가 한창일 때의 중년기억까지 포함된다. 현재 연령대로는 60대 중반부터다.

그렇다면 "그땐 좋았는데…"의 반추내용은 뭘까. 각양각색이겠지만 1950~1990년 경제성장기임을 감안하면 회고뼈대는 직장생활의 만족감일 확률이 높다. 열악했지만 웃을 수 있는 근로환경이 그렇다. 회사중심적인 생활패턴과 잔업·과로의 신체·심리한계에도 불구, 외벌이만으로도 문제없이 가정경제를 이끌며 가장 역할을 해온 자부심이 일례다. 안정적인 직장생활과 가족적인 동료관계는 종신고용·연공서열로 심화됐고, 경제성장은 내년 월급이 올해 월급보단 더 많을 것이란 최소공감대를 형성했다. 회사만 다닌다면 장래불안은 없었다.

떠올리고픈 회고내용이 절실할수록 당면한 현재상황은 열악하다는 뜻이다. 지금은 확연히 달라졌다. 회사를 다니기 힘들어졌고 다녀도 불안하긴 매한가지다.

'해고통지'엔 내성마저 생겨났다. 잘려도 중도채용이 힘드니 일회탈락이 평생패배를 안겨준다. 월급까지 줄었다. 고용 없는 성장고착으로 수익과실은 기업곳간에 직행할 뿐 직원분배는 기대하기 힘들어졌다. 65세(연금수급 개시연령)까지 버티자면 고령근로가 필수인데 정년제도는 묵묵부답 60세다.

흔들리는 기업복지의 후폭풍… 노동환경의 하향변질

정년연장이 이뤄졌지만 신분열화(촉탁사원 등)로 변칙운용이 다반사다. 직원을 가족처럼 여기며 챙겨주던 경영관행은 축소지향의 길로 접어들었다. 와중에 노후소득의 핵심루트인 연금수급액은 줄었다. 재정불안 탓이다. 전액조차 수월찮은 마당에 감액은 빈곤노후를 앞당긴다. 정부의 사회안전망은 아쉽게도 기대 이하다. 상황이 이럴진대 화려했고 탄탄했던 '쇼와레트로'를 반추하는 건 당연지사다.

근로환경과 관련한 '쇼와레트로'의 핵심배경은 사실상 '기업복지'로 요약된다.

기업복지란 뭘까. 먼저 일본의 복지시스템을 보자. 일본의 복지라인은 크게 3가지다. 먼저 사회보장(진성복지)과 재정투입(지방통합)의 정부 역할을 들 수 있다. 사회보장은 일종의 보완복지다. 생활보호대상자 등 비정규직·도시빈민 등 일할 수 없는 절대빈곤층이 대상이다. 다만 사회보장의 수혜국민은 최근 늘었을 뿐 원래부터 소수에 불과했다.

재미난 건 재정투입이다. 이는 자민당의 이익유도 정치에 의한 지방통합으로 불린다. 지방산업·중소기업·농촌경제 등의 복지강화를 위해 재정지출을 선택한 경우다. 토목경제의 공공투자적인 균형개발정책이 대표적이다. 공공사업에 돈줄을 풀어 고용을 확보함으로써 결과적으로 복지수요를 줄이는 차원이다. 실제 일본의 재정지출 최대비목은 공공

◉ 일본의 3대 복지체계

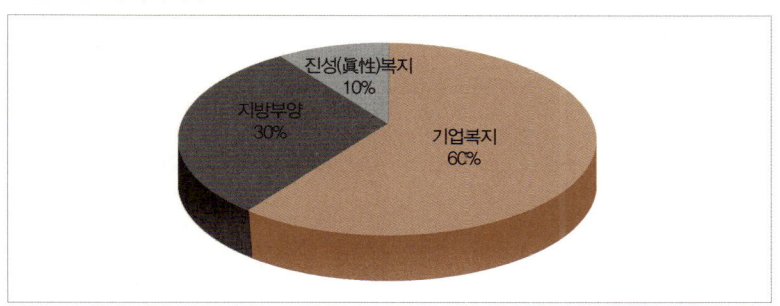

사업투자비다. 돈과 표를 맞바꾼 전략이다. 다만 민주당으로의 정권교체 이후 공공사업은 대폭 삭감됐다.

사회보장과 재정투입은 정부복지다. 그런데 일본복지의 최대 특징은 정작 다른 데 있다. 바로 '기업복지'다. 기업복지란 기업이 안정·장기적인 일자리를 최대한 많이 제공해 복지수요·빈곤계층을 흡수하는 형태를 의미한다.

그러면 사실 정부복지도 불필요하다. 일본정부는 여기에 착안해 기업부문에 복지역할을 전가했다. 종신고용·연공서열의 일본모델로 불리는 일본적 경제(고용)시스템과의 약속대련이다.

실천카드가 바로 생애주기에 발맞춘 생활급이다. 복지수요가 발생하기 쉬운 육아·교육·주택·노후부문의 금전한계를 기업이 부담하는 형태다. 월급만이 아니다. 다양한 복리후생비가 가세한다. 가령 법정복리후생비로 근로자의 연금·의료·고용보험 등을 보조한다. 특이한 건 비교적 다양하고 탄탄한 법정외복리후생비. 기업의 지불능력에 따라 차

■ 3대 복지체계 구분과 내용

기업복지	일본적 복지모델의 핵심. 기업사회의 근거. 종업원복지주의, 경영복지주의. 정규직중심. 생활급. 종신고용·연공서열 통한 기업협력적인 노조활동. 정부복지의 기업위탁(기업성장 위한 특혜제공) → 신자유주의 도입으로 기업복지 붕괴 → 제외계층 박탈감과 복지 사각지대(하청근로자·비정규직 제외).
지방부양	기업복지 사각지대 위한 정부보호망. 지방산업·중소기업·농촌의 복지배려 → 공공사업으로 재정지출. 민심지지와 복지수혜의 교환. 자민당 이익유도 정치에 의한 지방통합. 일본의 재정지출 최대비목이 공공사업투자. 세수의 사회보장 투입 대신 공공사업으로 지방투입. 다나카(田中角榮)의 '일본열도개조론'이 대표.
진성복지	보완복지. 최후보루. 복지안전망의 최저기반인 생활보호제도가 대표. 근로능력 있다면 기본적으로 제외. 생활보호기준 이하 세대 중 보호세대는 15~20%에 불과. 최근 증가. 고령자·환자·모자가정 등 한계가구가 해당.

이가 있지만 주택보조·생활지원·의료지원 등은 공통분모다. 정부의 대(對)기업 복지전가는 반대급부로 상쇄된다. 기업친화·성장지원적인 각종 정책으로 기업불만을 잠재웠다. 일종의 특혜다.

기업복지는 일본의 3대 복지체계 중 핵심이다. 일본모델을 성공시킨 든든한 뒷심이자 발동엔진이다. 많은 연구자가 일본의 복지시스템을 기업사회에 기초를 둔 '종업원 복지주의=경영 복지주의'로 해석하는 이유도 여기에 있다. 종신고용·연공서열에 기초한 정규직 생활급은 정부복지의 기업위탁을 적극적으로 실천해왔다. 정규직이면 복지걱정을 할 이유가 별로 없었다.

동시에 정부호위를 받은 기업은 호송선단을 꾸려 해외에서 큰돈을 벌어왔다. 더 나눠줘도 더 벌면 문제는 없다. 기업복지에서 제외·방치된 비정규직 등 고용약자는 미약하나마 정부가 책임졌다. 게다가 과거엔 정부복지 수혜계층은 소수에 불과했다. 직업비중·재정배분 등을 감안할 때 일본의 복지체계는 60%의 기업복지와 30%의 지방부양, 그리고 10%의 진성복지로 구분된다.

그랬던 기업복지가 요즘 뿌리부터 흔들린다. 신자유주의로 과거철학이 도전받는 가운데 기업복지를 유지할 근거와 우인이 줄어든 결과다. 그간 온정주의(Paternalism)로 기업복지를 유지해왔다지만 국제경쟁력을 높이자면 줄이는 게 낫다는 판단이 적잖다. 주주만족 차원의 이윤최대를 위해 기업복지는 파기해야 할 척결대상이 돼버렸다. 비용절감의 우선카드로 제격인 까닭에서다. 현금급여마저 줄일 판에 법적강제에서 자유로운 복리후생비는 유구무언이다.

"기업은 복지에서 물러나 관여하지 말아야 할 것"이라는 주장도 많다.

복지가 필요해도 기업전가는 옳지 않다는 온건론도 있다. 전체 국민의 직접서비스인 사회보험료(법정복리비)만 해도 근로자와 수익자가 일치하지 않는다는 점에서 과도한 기업부담일 확률이 높다. 기업복지에 세세하게 신경 쓰기보단 최대의 사회공헌인 고용확보에 전력을 기울이는 게 낫다는 역량집중론도 있다.

05
일본을 구할 길은
'전통모델 수정진화'

 산이 높으면 골이 깊은 법이다. 마지막 불꽃이 강렬할수록 이후의 암흑도 짙다. 대부분의 역사적 투기교훈이 이렇다. 투기광풍이 길고 거셀수록 이후 국면의 공황패닉은 힘겹고 광범위하다. 이는 투자현장에서 인용되는 격언이지만 응용범위는 꽤 넓다. 실물경제도 마찬가지다. 투기수요가 많을수록 과잉스톡이 증가한다는 점에서 투기와 실물은 백지장 차이다.

 일본경제의 버블경험이 그랬다. 엔고불황이 있었던 1986년부터 1991년까지 5년 내리 무섭게 치솟았으니 그만큼 정상복귀를 위한 버블·과잉조정도 길고 지난할 수밖에 없다. 상징적인 게 과잉유동성을 낳았던 불량채권 처리문제다. 이와 관련해선 혹자에 따라 지금껏 "조정 중"이라는 의견까지 있다. 난제라는 의미다.

 물론 고령화·저성장 등의 새로운 구조적 환경변수를 중시하는 학계

대세는 '복합불황'으로 요약된다. 비교적 짧게 버블붕괴 충격을 극복할 수도 있었지만 예상치 못했던 새로운 대형악재가 일본경제의 뒷덜미를 잡았다는 분석이다. 때문에 버블잔재를 거의 치웠어도 불황악령이 여전히 열도거리를 헤매고 있다는 의견이다.

일본을 구할 대안모델은?… 슬로건에 그친 '제3의 길'

그렇다면 극복방법은 없을까.

 복합불황의 탈출구 모색작업은 새 이슈가 아니다. 버블붕괴와 함께 일찍부터 난상토론 중이다. 다만 으레 그렇듯 갑론을박은 결론도출이 힘들다. 자민당이 1970년대 열도개조론으로 재미를 본 재정출동(투입)이 반복됐을 뿐이다. 지방부양을 위한 SOC 기반건설 투자로 수요자극에 나선 형태다. 재미는 별로 못 봤다. 재정적자만 쌓여갔다. 1996년 하시모토 정권은 '6대 개혁'을 내세워 일본이 직면한 딜레마의 발본색원에 나섰다. 역시 결과적으론 '별로'였다. 분기점이 된 건 2002년 고이즈미 정권의 구조개혁(신자유주의)이다. 다만 앞에서 살펴봤듯 초기엔 대히트였지만 후반에 이를수록 자멸악수를 뒀다.

 2009년 일본정부의 리더십이 54년 만에 교체됐다. 주인공은 당시 야권이던 민주당이다. '최소불행사회'를 내걸며 서민생활에 다가선 게 주효했다. 임무는 삶의 질을 떨어뜨린 독점자본의 파행독주가 낳은 금융위기 해결과제였다. 신자유주의적인 자본주의를 대신할 새로운 정치철학과 세부모델 마련이슈가 그렇다.

그 결과물이 2010년 '일본판 제3의 길'이다. 1990년대 중반 영국이 제1의 길(사민주의)과 제2의 길(신자유주의)을 모두 부정하고 대안모델로 제시한 게 원류다. 사민주의의 비효율과 시장원리의 차별성을 동시에 경계하는 이데올로기다. 즉 정부개입으로 삶의 질을 보장하되 시장효율의 장점은 살리자는 절충대안이다.

일본판 제3의 길도 기본맥락은 같다. 제1의 길(열도개조론)과 제2의 길(구조개혁)의 교훈을 통해 정부와 시장의 단점은 줄이고 장점을 늘리는 쪽이다. 장점만의 교집합 위치확보다. 즉 현명한 정부에 의한 최소불행사회를 지향한다. 세금을 많이 거둬도 제대로 투자되면 고용·소비가 늘어나는 선순환을 기대한다. 복지투자다. 고령자 의료와 복지서비스, 기초연금 등이 투자영역이다.

필요한 돈은 세제로 확보된다. 즉 '증세→복지확충→생활안정→복지수요·고용증대→소비개선→성장촉진'의 파급효과 기대다. 계획대로라면 강한 경제(경제확대)와 강한 재정(재정재건), 강한 사회보장(복지충실)을 실천할 수 있는 노림수다. 결과는 지지부진이다. 겨우 얻어낸 증세 공감대조차 휘둘리는 정치리더십이 갉아먹으며 제3의 길은 슬로건에 그쳤다.

경로의존성 존중의견… 전통의 일본모델 재평가

와중에 힘을 얻는 대안모델이 있다. 전통적인 일본모델 수정부활 주장이다. 금융위기 이후 일본국내에서 조금씩 세를 확산 중인 시나리오다. 경로의존성(Path Dependence)을 감안해 신자유주의처럼 이질적인 자본주의를 적극 수입하기보단 일본의 제반제도와 전통역사를 거스르지 않는 환경에서 이를 조합해 생태적 안정을 확보하는 형태의 성장전략을 추구하자는 의도다.

어차피 정착됐고 단기전환이 힘들다는 점에서 신자유주의를 수정·진화시키자는 대세론과 비슷하지만 결정적인 차이는 그 답안을 일본 내부에서 찾자는 것이다. 근거도 있다. 신자유주의만 해도 도입과정에서 왕왕 전통과 외래, 내성과 외성의 타협과정에서 경로이탈과 파괴가 있었다. 때문에 해당국의 현실(Actually Existing Neo-Liberalism)을 고찰해 경로의존적인 특징과 그 현실에 부합하는 새로운 형태의 대안모델을 만드는 게 가장 효율·합리적이라는 입장이다.

일본모델 수정부활은 경제주권 회복의도가 짙다. 예속관계의 청산으로 비로소 새로운 균형추구가 가능해서다. 신자유주의의 추종자에서 비난자로 변신한 스티글리츠도 "신자유주의는 단순·일관된 자유화·개방화·민영화 강요과정에서 해당 국가의 상이한 환경·조건을 배려하지 않았다"고 지적했다(2002년). 특정 국가정책에 일일이 간섭하며 당근을 통해 오로지 효율적 시장원리의 맹신만 주입했다는 비난이다.

때문에 위기탈피를 위해선 원인제공자인 신자유주의의 냉엄한 현실인식을 바탕으로 여전히 설명력이 존재하는 일본적 경제시스템을 부활시킬 필요가 있다고 본다. 신자유주의와 무관하게 전통적인 기업운영 패러다임을 고수해온 교토(京都)식 기업 중 상당수가 경기부침과 무관하게 꾸준한 성과를 내고 있다는 점도 설득적이다. 최첨단의 이국적 경영기법보다는 익숙한 전통적 경영관리에 주목하자는 발상이다.

일본모델은 결코 붕괴되거나 쇠퇴하지 않았다는 논리도 있다(江川美紀

夫·2008년). 신자유주의의 득세에 밀려 한때 비주류로 전락했지만 그 모델파워는 여전하며 의심여지가 없다는 쪽이다. 복합불황이 시장원리에 배척적인 일본모델 탓이라는 신자유주의의 공격에도 반박한다. 복합불황의 원죄는커녕 되레 상당 수준의 설명력을 증명했다고 본다. 이들에게 복합불황은 수요부족에 따른 불황일 뿐 공급요인인 기업모델의 야기문제는 아니다. 오히려 구조조정 등 신자유주의 정책이 수요억제를 가져왔다는 주장이다.

지금껏 일본모델을 유지한 기업의 실적이 좋았다는 점도 근거다. 실적호전 기업의 대부분이 전폭적인 신자유주의 흡수변신보다는 일본모델과의 타협·조정을 통한 부분변용에 그쳤다는 점도 자주 거론된다. 재정지출(케인스 정책) 실패지적 역시 추가적인 경기침체를 막았기에 괜찮다. 가치·윤리관의 근본적인 변화에 장기간의 노력과 비용이 든다는 점에서 이질적인 신자유주의 체제도입은 애초부터 한계가 있었다고도 본다.

일본모델은 무너지지 않았다… 도덕경제론 회복필요

따라서 향후의 개혁대안은 설득력이 없는 외생적 신자유주의보다 전통적 일본모델을 보다 강화해 설명력이 극대화되는 방향으로 진행될 필요가 있다. 일본사회가 장기간 축적해온 경제·사회·문화적 기반존중이 첫 출발이다. 일본모델의 세부구조에도 보다 긍정적인 입장견지가 중요하다. 부작용만 강조·확대할 게 아니라 순기능에 주목·집중하자는 자세다.

가령 종신고용·연공서열은 인재육성·기능축적·문화조성 등의 장점을 통해 균형·장기적인 실적증대가 가능하다. 또 기업시스템에는 경기안정 기능도 있다. 근로자의 고용안정과 임금전망이 뚜렷해지면 얼어붙은 소비수요도 일으킬 수 있다. 정부시스템도 일본적 가치·경험이 존중될 필요가 있다. 다양·고질적인 형태로 심화되는 시장실패를 막자면 큰 정부가 필요하고, 정부에 의한 경기부양(재정투입)도 적절히 활용해 소득격차 등의 제반문제를 막는 자세가 필요하다.

일본모델의 지향대상은 구체적이다. 혼합경제체제(Mixed Economy system) 론이 대표적이다. 시장경제를 기본으로 하되 정부가 대규모·적극적으로 시장경제에 개입하는 체제다. 시장경제에 정부개입을 섞는다는 점에서 혼합경제다. 어쨌든 뛰어난 경제시스템인 자본주의를 유지하되 그 폐

■ 일본적 도덕경제론의 구분과 내용

신자유주의(영미) 자본주의	국가관리(일독) 자본주의	일본적 도덕경제론
물건(돈)중시	물건(돈)중시	인격존중
무한욕망	무한욕망	욕망조정(억제)
개인중심	국가중심	인간중심
개성(자아)	비개인성(無我)	인간성(我의 사회화)
자유방임주의	강제된 연대	자유의지에 의한 연대
경쟁	결탁(관리된 경쟁)	협력(상호부조)
시장만능주의	시장관리	경제의 도덕적 운영
적자생존	자기억제(애국심)	상호우애
민간섹터(民)	정부섹터(官)	NPO·NGO(公)
민간은행	정부계열 금융기관(財投)	윤리은행(협동조합조직)
영리목적의 자금	영리·복지목적의 자금	자유의지를 지닌 자금

자료; 滝川好夫(2009)

해(시장실패)를 수정·완화할 수 있는 방법을 전통모델에서 찾아 혼합하자는 식이다. 그러자면 전통과 다양성의 존중은 필수다.

혼합경제체제론이 구체화된 건 도덕경제론이다. 도덕경제론은 패전직후 일본사회에서 제창됐는데 당시 개인관계를 상호적대(경쟁)로 이해하는 경제학에 의문을 품은 게 계기다. 주창자(賀川豊彦)의 주장처럼 'One for All, All for One'의 사회연대의식을 되찾는 게 시급해서다. 사람이 상호연대·상부상조해 우애관계를 갖는 경제사회 실현이 자립·상조·자제정신이 강조되는 도덕경제의 핵심이다. 현대일본의 폐색원인도 소유욕·지배욕·허영심·기만심 등 정신영역의 문제가 사회연대의식의 궤도를 벗어난 결과로 해석한다.

기업경영도 마찬가지다. 자본주도의 극단적 이윤추구보단 공공재로서 기업역할을 되돌아볼 필요가 있다는 주장이다. 노동을 한계효용적인 비용요소이자 소모품으로 보기보단 '삶의 질'과 '일할 맛'을 느끼는 가치존재로 보자는 얘기다. 즉 일본의 전통·집단주의적 와(和)와 이에(家)문화를 반영해 공공재로서의 기업 역할 변화제안이다(田端博邦·2010년).

이들에 따르면 사회관계에서 존재·기능하는 기업은 일부 주주의 사유재가 아닌 공공재다. 생존기반을 의탁한 수많은 근로자의 참가가 전제되고, 경영활동이 사회필요를 충족시킨다는 점 때문이다. 무엇보다 근로자의 공동노동과 협업으로 성과가 도출된다는 점에서 자본가의 독점은 바람직하지 않다. 이런 이유로 사회적 책임활동(CSR)은 고무적이다.

정부도 국민(근로자)이 생명·자유·행복을 추구하는 방향의 공공성 실현이 의무다. 공공규제와 제도수립을 통해 노동과 생활을 지키는 사회실현이다. '사회적 자본주의'다. 거래관계를 조장하는 시장은 제어(상품화 영역의 축소 등)하되 정치관계를 포함하는 사회(공공)실현을 위한 공공부문 확대필요다. 이때 행복실패는 자기책임이 아니라 사회책임에 가깝다.

'직원행복 = 기업실적'··· 경제성 갖춘 전통모델 급부상

다행스러운 건 일본모델 수정·진화가 꽤 '경제적'이라는 사실이다. 신자유주의 도입처럼 유무형의 다양한 거래비용이 불필요하다. 사실상 새로 준비해야 할 거리도 특별히 없다. 대다수 기업에 '인간존중'의 전통과 동의가 존재하기 때문이다. 흔들리고 있다지만 여전히 기업복지가 적잖고 많은 CEO가 '해고불가'를 불문율로 받아들여서다.

동시에 노사는 일심동체이자 공동체조직의 구성원이며 직원행복이 기업실적과 직결된다는 점은 상식에 가깝다. 비록 극단적인 일부 기업이 미국식 성과주의에 함몰돼 여론주도에 적극적이지만 침묵하는 다수기업

◼ 기로에 선 일본모델의 주요관계자 추구 역할

기업	생산성 향상추구. 산업고도화 및 산업구조 전환추진에 노력. 이를 통한 중장기·지속적인 고용기회 제공이 의무. 처우격차 해소를 위해 개별근로자의 직무범위 명확화. 이를 통해 근로형태와 시간활용의 재량적 다양성 확보 가능.
정부	후퇴가 불가피한 기업의 복리후생에 관한 보완조치 강구. 양육·주거비 등 근로자의 기초생활비 절감대책 강구. 육아·개호 위한 제도개혁·자금지원 필요. 근로방법과 가족모델에 중립적인 사회보장제도 구축. 비정규직 취업 방해하는 각종 제도 시정. 산업전환에 따른 노동력 재배치 위한 외부 노동시장 기능강화. 능력개발 위한 사회 인프라 정비 등
노조	회사와의 협력전제로 근로방법·임금체계에 관한 공정한 견제. 비정규직 등 약자에 대한 적극적 관심과 지원. 집단이기주의와 높은 임금상승률 및 고수준의 정규직 고용보호제도의 완화방안 인식. 노노갈등 완화방안 등

은 일본모델의 경제적인 존재합리성을 인정하는 분위기다. 금융위기 이후 불협화음이 거세지면서 일본모델의 재평가는 더욱 활발해졌다. 잃어버린 자존심을 되찾으려는 감정차원의 단순반응은 더더욱 아니다.

그렇다면 회사의 존재목적은 뭘까. 어떤 자본주의건 결론은 하나다. '수익창출'이다. 최소비용으로 최대효과를 내려는 경제적 법인체로서의 성격이 최소한의 공통분모다. 문제는 추진방법과 이를 지배하는 상위의 경영철학이다. 이건 회사마다 다르다. 일본도 마찬가지다. 단기·중기·장기비전을 그때그때 내놓으며 회사의 추구가치를 실현하고자 노력한다.

다만 신자유주의 도입 이후 부각된 일련의 부작용은 미국식 경영철학에 심각한 의문부호를 던졌다. 자칫 얻는 것보다 잃는 게 더 많지는 않은지에 대한 반성이 그렇다. '수익창출' 위주의 경영철학 재조명은 자연스레 전통모델 부활조짐과 연결된다. 반성도 잇따른다. 몸에 맞지 않는 옷의 재단필요. 금융위기 때조차 불황역풍을 피해나간 전통고수적인 몇몇 기업의 극복사례도 힘을 보탰다.

06 직원중시 부쩍 외치는 일본기업의 속내

지금까지 논의를 정리해보자.

잘나가던 일본모델은 버블붕괴와 구조변화(저성장·고령화 등)로 한계에 봉착했다. 기능부전이다. 불을 지핀 건 신자유주의 도입이다. 시장우선·성과주의의 대폭흡수는 고용환경을 순식간에 뒤집었다. 고용약자 양산과 고용불안 심화로 중류사회 일본을 미끄럼틀 아래로 떨어뜨려버렸다. 격차심화가 대표적이다.

덩달아 '일할 맛'은 사라졌다. 일본모델의 합리성을 보증했던 기업복지가 옅어진 결과다. 회사인간의 설명력도 훼손됐다. 일본모델의 전제조건인 성장궤도에 브레이크가 걸린 이후부터다. 총체적 고용악화는 이제 대안마련으로 넘어간다.

주류는 일본모델의 수정·진화다. 인간성 존중의 경제학으로의 복귀다. 이때 부각되는 게 직장·가정의 양립조화 추구다. 미국모델과 일본모델의 제반한계를 뛰어넘는 정반합(正反合)의 합일지향점이다. 전체 근로자의 입맛에 맞춘 근로형태의 다양화다.

그렇다면 근로형태의 다양화는 어떻게 확보할 수 있을까. 실천방법은 앞서 알아봤듯 단시간정사원 혹은 재택근무 등이 있다. 문제는 누가 어떻게 이를 실천할 것인가의 여부다. 정부·근로자야 후생증대와 직결되니 당연히 원하겠지만 이 문제의 키는 사실상 기업부문에 있다. 기업부문의 인식변화·추진의지가 동반되지 않으면 WLB(Work Life Balance)든 기업복지든 수정·진화된 일본모델이든 그것은 탁상공론·외화내빈에 그칠 뿐이다.

실제 '일할 맛'을 높이기 위한 제도변경과 비용분담 등의 후속조치는 전적으로 기업 역할에 속한다. 즉 결정권을 쥔 기업의 동의·의지가 필수다. 이런 점에서 전망은 유보적이다. 전통모델에서 이탈해 기업실적의 독점수혜를 맛본 재계·기업이 그 성과를 근로자와 나눈다는 건 쉽게 결정하기 힘든 문제다. 자본의 애초 특징이 그렇기에 과실배분·고통분담을 요구한다는 건 이들의 본능욕구와 배치될 수밖에 없다.

직원만족의 합리성 주목… '회사는 누구의 것일까'

그럼에도 불구, 금융위기 이후 일본재계엔 조용하되 거센 혁명바람이 일기 시작했다. 주류경제학·자본주의가 가르치지 않는 반동적 철학공유가 그렇다. 이는 신자유주의의 불협화음이 불거진 이후 정치권을 중심으로 한 새로운 대안모델 구축요구와 맞물린다. '자본주의 4.0'이니 'Big

Society(큰 정부)'니 하는 논의가 그렇다.

이때 전통의 일본모델이 품어왔던 특유의 장점·선순환구조의 재생·부활론도 고려대상이다. 이 모든 건 사실상 기업의 존재이유와 추구목적과 맥이 닿는다. 기업은 무엇 때문에 존재하며 어떤 역할을 수행해야 하는가의 근원적 문제제기다. 기업의 소유지배(Corporate Governance)를 둘러싼 재검토다.

그렇다면 회사는 누구의 것일까. 회사주권론의 문제다. 이론상 주식회사라면 보유지분만큼 주주가 소유권을 갖는다. 주주주권론이다. 서구사회에선 보편적인 인식이다. 다만 이게 부작용이 있다. 주주를 제외한 다른 이해관계자와 정면충돌해서다. 즉 주주·경영자(전문)의 이해합치가 배당압박·이익독점을 심화시킨다. 분배·복지·지속성장은 관심영역 밖이다. 금융위기의 발생구조와 똑같다. 때문에 주주주권론은 현대사회 갈등·병폐발생의 혐의가 짙다. 이론은 좋아도 주주주권론이 올바로 실천되기엔 현실한계가 많아서다.

회사주권론은 해묵은 논쟁이다. 일본에선 잊을 만하면 제기되는 이슈다. 포인트는 미국모델과 일본모델의 줄다리기다. 성과주의와 연공주의 맥락이다. 즉 경기곡선과 일치해 불황이면 미국모델이 정당성을 얻는 반면 호황이면 일본모델이 힘을 받는다. 자본탐욕의 탈선붕괴가 있었던 금융위기 이후 일본모델의 재평가가 한창인 것도 같은 이유다. 넓게는 자본주의, 좁게는 주주주권의 반성차원이다. 주주주권의 이론·실천적인 결점노출이다.

실제 신자유주의의 불협화음이 충돌·갈등 중인 최근 일본열도에선 조심스레 '일본적 가치 vs 미국적 가치'의 대결구도에 의문을 품는 시각이 증가세다. 기업복지는 이때 양측의 입장을 명확히 하는 주요사안 중 하나다. 대체적인 흐름은 일본적 가치의 복원강조다. 그간 빠른 속도로 수입된 미국적 자본주의에 대한 반발과 함께 전통적 가치복원의 인식강조다. 적잖은 회사도 '기업복지'의 중요성에 공감하기 시작했다. 기업복지의 타당성과 합리성을 깨달았다면 이때 기업비전에 녹아들 캐치프레이즈는 '직원만족'이다. 목적은 '일할 맛'의 업그레이드다.

흐름은 일본모델의 수정·진화다. 거대조직의 부속품으로 오인되는 '회사인간'이 아닌 강고한 공동체의식이 기초한 '가족경영'의 지향설정이 그렇다. '가족경영'은 한국적인 오너경영과 구분된다. 창업자의 핏줄승계에 한정된 일부만의 혈연경영이 아닌 전체 근로자를 가족처럼 인식·대우하는 직원경영을 의미한다. 즉 기업의 이해관계자 전체를 가족으로 보고 이를 폭넓게 아우른다. 넓게는 회사가 위치한 지역사회까지 가족경영의 커버대상이다.

도마에 오른 경영철학… '고객만족 vs 직원만족'

일본모델에서 회사는 공동체조직이다. '공기(公器)'다. 주주·경영진·이사회는 물론 직원·고객·거래처·채권자 등의 이해관계자가 함께 떠받치고 키우는 공동체조직이다. 특히 방점이 찍히는 관심주체는 직원이다. 생활급에 기초한 연공주의 조직답게 직원우선은 일종의 상식이다. 종업원주권주의다. 직원만족·행복에서 비롯되는 경제적 합리성은 장기간 검증받아왔다. 최근엔 100% 종업원주권주의를 고집할 필요까진 없을지언정 적어도 직원중시 경영철학은 필요하단 게 보편인식이다.

베스트셀러『국가의 품격』(藤原正彦)도 직원중시 경향형성에 영향을 끼쳤다. 내용 중 일부가 주주주권의 비판론으로 구성돼서다. 책은 "주주주권을 말하는 사람이라면 비겁한 하품(下品)이란 인상을 지울 수 없다"고 했다. 법에 저촉되지 않는다면 뭐든 해도 괜찮다는 식의 재력추종적인 외세인식이 국가품격을 떨어뜨렸다는 주장이다.

특히 배금주의에 열광하는 청년세대에 대해 일갈을 날린다. 책은 주주우선적인 사고가 낳은 글로벌화의 폐해에 대해 "시장원리주의는 사회를 소수승자와 다수패자로 양극화시키며 이는 세계를 미국적 잣대로 획일화하는 것"이라 했다. 그 피해는 고스란히 상대국가에 몰린다. 또 필연적으로 문화·사회·교육을 부식시킨다. 대안은 분명하다. 사람을 중시하는 일본적 경영의 장점을 유지해 독자적인 사회·기업시스템을 만드는 것이다. 다행스러운 건 없는 걸 만드는 게 아니라 있는 걸 유지·확대하는 데 그치기 때문이다.

'고객은 왕'이다. 이 정의는 경영학의 불문율에 가깝다. 고객만족을 위해 경영자원을 최적으로 배분할 때 기업의 존재목적인 이윤추구가 비롯돼서다. 다만 일본에선 반반이다. 중대변수지만 절대변수는 아니다. 주주주권에 앞서 일찍부터 종업원주권주의가 정착된 사회니 우선순위를 따지자면 고객보다 직원에 가깝다. '경영의 신'으로 불리는 마츠시타 고노스케(松下幸之助)의 핵심적인 경영철학도 '직원만족을 위한 신뢰경영'이다. "길은 잃어도 사람은 잃지 말라"는 말처럼 돈을 못 벌어도 직원은 최후까지 지켜냈다. 최근 그가 일본모델의 재평가 속에서 부활하고 있는데 "직원이 불행하면 고객만족은 불가능하다"는 발언에 공감대가 늘어난 결과다.

일본경영자의 입버릇 중 하나는 '신뢰(신용)'이다. 성공이유는 다양해도 신뢰구축은 빠지지 않는 공통분모다. 또 하나 교집합이 있다. '사람중시'다. 사람(人)은 성공함수를 완성하는 필수불가결한 요소다. 이때 사람은 십중팔구 근로자(종업원=직원)다. "직원이 최선을 다해 열심히 일하도록 환경을 만들어준 게 전부"란 게 성공한 일본CEO의 말버릇이다.

최근 일본에선 직원만족이 유행 중이다. 직원만족(ES, Employee Satisfaction)이 고객만족(CS, Customer Satisfaction)을 위한 기초토대·자양분이란 점을 강조하며 직원만족에 새삼 관심을 두는 기업이 증가했다. 직원이 고객만족의 엔진이란 재인식이다. 살풍경이 지배적인 자본주의 한계를 극복할 그 첫걸음이 직원만족이라고 봐서다.

직원만족은 경영고도화를 위한 저비용의 특효약이란 비유도 힘을 얻

◆ 만족의 피라미드

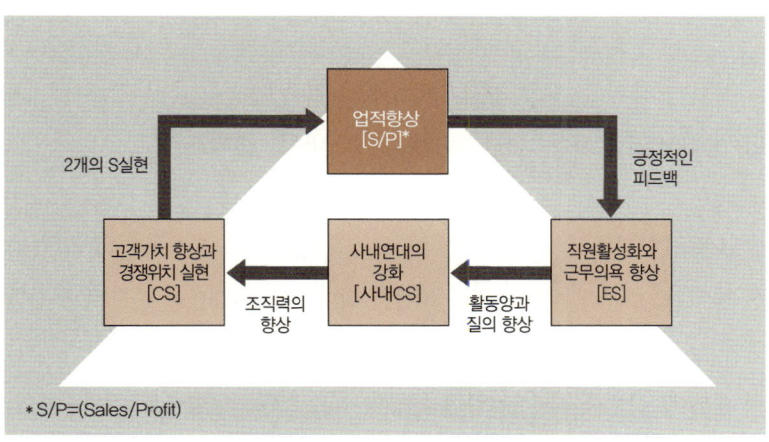

자료: 미츠비시종합연구소

는다. '직원만족→한계극복→실적증대'의 인식심화다. WLB(일과 가정 양립 조화) 강조트렌드와 맞물려 직원만족은 뚜렷한 경영트렌드로 부각된다. 아침에 눈 뜨면 출근하고 싶은 회사나 언제나 웃으며 일하는 즐거운 직장조성 추세다.

물론 고객만족은 중요하다. 기업생사를 가르는 최후변수다. 이를 위한 전략차원에서도 직원만족은 필수란 분위기다. ES가 되면 CS는 저절로 달성되는 과제여서다. 즉 ES는 CS의 토대이자 바탕이며 전제조건이다. 또 광의로 보면 직원도 고객이다. 즉 내부고객이다. 외부고객을 만족시키자면 이들 내부직원의 행복증진이 먼저일 수밖에 없다.

때문에 CS의 전략적 제고를 위해 직원의 동기부여와 만족도를 높여 그들의 지식·기술을 100% 발휘하도록 하는 게 출발점이다. ES와 CS의 중간에 또 다른 CS(Corporate Satisfaction)를 둬 이 둘을 잘 연결시키는 게 효과적이란 분석이다(三菱總合硏究所·2005년). 고객이자 직원을 위한 감성경영이다.

ES→CS의 연결고리··· ES는 CS 토대이자 바탕·전제조건

한편 시장원리주의의 발상지인 미국도 직원중시 조류는 확실히 최근 확산 중이다. 주주의 대리인으로 회사를 맡아 대량해고를 발판으로 부진탈출에 성공한 GE의 잭 웰치 전 사장이 있는가 하면 대형사가 방관한 중거리 분야에 진출해 화려한 업적을 쌓은 사우스웨스트항공도 있다. 이 회사는 인간성에 기초한 풍부한 정서제공을 통해 큰 성공을 거뒀다. 사우스웨스트항공의 모토는 '직원제일·고객제이'다. 해고하지 않겠다는 걸 선언하면서 현장에선 부쩍 웃음이 늘어났고 일하기 좋은 근무환경으로의 변신에 성공했다.

직원만족의 성과는 두말할 필요가 없다. 종업원의 직장만족과 로열티야말로 중요한 무형의 기업자산으로 분류된다. 직원만족이 높아지면 고객만족·회사매출이 비례해 증가한다는 연구결과는 셀 수 없이 많다. 1998년 발표된 '직원-고객-이익'의 연결구조에 관한 연구결과(Harvard Business Review)에 따르면 직원태도가 긍정적으로 5 정도 바뀌면 고객은 1.3 만족증가를 느끼며 이는 결국 0.5%의 매출신장으로 나타난다. 직원만족이 성과몰입을 낳는다는 증거다.

회사가 공동체조직이란 의식은 일본사회에서 광범위하다. 증거는 많다. 회사의 추구비전·실행전략 등을 담은 문서를 보면 공통점이 있다. 예외가 거의 없는 CSR(Corporate Social Responsibility)이라는 단어의 빈번한 채택과 언급이다. 기업의 사회적 공헌으로 해석되는 이 단어는 일본기업 중 절대다수가 대놓고 강조·추구한다.

한국이 대기업 위주로 2000년대 이후 부쩍 늘어난 것에 비해 일본의 CSR은 뿌리와 역사도 깊다. 돈 버는 이유 자체를 사회적 책임완수로 보는 경우도 많다. 기업실적·이윤은 경영의 결과일 뿐 경영의 목적은 사회적 책임완수로 본다. 일부는 지속가능한 사회유지를 위해 지구적 차원의 책임경영까지 강조한다.

그렇다면 일본근로자의 직장만족도는 어느 수준일까. 아쉽게도 아주 낮은 편이다. 또 갈수록 떨어지는 추세다. 국제비교(25개국) 결과 일본근로자의 40%만이 현재직장에 만족하는 것으로 조사됐다(Randstad·2010년).

이는 사실상 최저수준이다. 중국(45%)과 헝가리(50%)보다 낮은 만족도다. 글로벌 전체평균으로 봐 70%의 근로자가 만족을 표한 것과 대조적이다. 특히 금융위기 이후 경기회복으로 대부분 글로벌기업이 종업원 대상의 동기부여·금전시혜(보너스) 등을 재개한 것에 비해 일본은 이렇다 할 방향선회가 목격되지 않은 결과다.

직원만족은 사실 슬로건에 그칠 허울뿐인 치장단어로 전락할 개연성이 높다. 직원만족을 강조하는 것과 실제의 실천의지는 괴리감이 넓다. 어떤 형태든 금전비용과 노력배려가 필요해서다. 중요한 건 강력한 실천의지다. 이는 직원만족도 조사비율로 확인된다. 직원만족도를 조사한다면 그 자체가 실천의지로 해석되기 때문이다.

일본에서 직원만족도 조사원류는 1980년대 초반이다. 다만 조사도입

◐ 직장만족도 국제비교

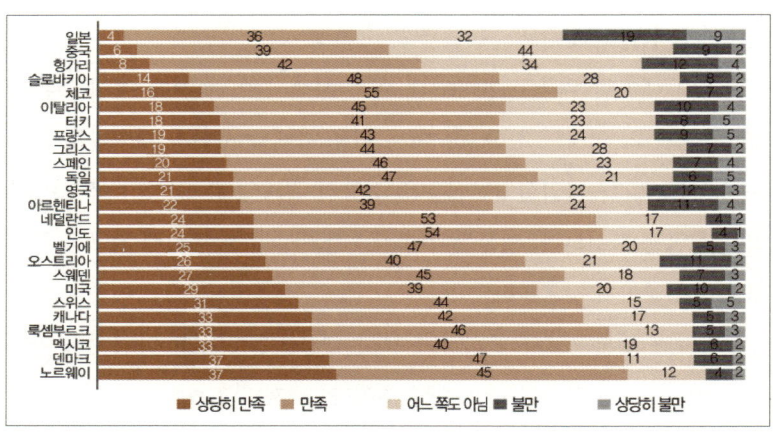

자료; Randstad(2010)

이 조류로 정착된 건 2000년대 이후부터다. 종업원만족도 조사 실시율은 2001년 실시되기 시작해 2004년(14.2%), 2007년(20.1%), 2010년(23.1%) 등의 형태로 확대됐다(노동행정연구소). 직원만족을 위한 사전단계의 이해·조사필요가 늘어난 결과다.

돈으로 만족도 높이는 시대종료… 능력·자격발휘 환경중시

직원만족은 정의와 범주가 넓고 다양하다. 흔히 떠올리는 직원만족 방법은 금전보수다. 돈을 많이 줄수록 근로의욕과 만족도가 높아지기 때문이다. 하지만 돈이 전부는 아닌 듯하다. 직장을 고를 때의 우선기준이 돈(금전보수)인 시대는 지나갔다. 각종 조사를 종합하면 돈보다는 일을, 업무내용보다는 업무환경을, 하드웨어보다는 소프트웨어를, 현재보다는 미래를 중시하는 경향이 나날이 짙어진다. 중요하긴 해도 결정적인 만족변수는 아닌 셈이다.

 같은 맥락에서 직원만족과 직결되는 직장선호 기준 중 1순위는 능력·자격발휘(44.4%)다. 특히 정규직일수록 선호된다. 이 밖에 통근거리, 인간관계, 근무시간 등도 중시되는 경향이다. 복리후생만의 응답은 낮지만(5%) 광의로 봤을 때 휴가·근무형태·교육훈련 등이 큰 그림의 복리후생에 포함된다는 점에서 중요도는 더 높아졌다고 할 수 있다. 직장만족도 평가항목 중 임금·수당항목은 낮은 대신 근로시간·휴가일수·근무형태·복리후생·교육훈련 등은 평균 이상이다. 경영방침과 인간관계 등도 최근 강조되는 추세다(복지인재센터·2010년).

실제 일의 만족도와 임금수준은 생각보다 밀접한 연결고리를 찾을 수 없다. 돈이 직장선택의 중요변수일 수는 있으나 절대변수는 아니란 인식 확대다. 업종별 일의 만족도를 보면 1위(59.0%)를 차지한 교육업계 평균 연봉은 536만 엔인 데 비해 2위(51.7%)인 상사·유통업은 449만 엔에 그쳤다. 2위권 밑에선 2위보다 연봉이 정작 더 높은 곳이 더 많다. 10위권 이내에 한정하면 6개 업종이 모두 2위보다 연봉이 많았지만 만족도는 떨어졌다. 특히 소매·음식료의 경우 연봉(387만 엔)은 10위권 내에서 가장 낮지만 만족도는 6위에 랭크됐다(DODA·2011년).

'일할 맛' 3대 변수… 사람(人)과 제도, 그리고 업무내용

리크루트에 따르면 직원만족은 몇 가지 변수와 상관관계가 높다(ES서베이 2·2010년). 업무내용(일), 직장, 상사, 회사의 4대 범주로 개별요소를 조사했는데 특이한 건 업무내용은 직원만족과 그다지 관련이 없다는 점이다. 일의 창조성·전문성·자율성 등이 그렇다. 상관관계가 높게 나온 건 직장과 상사, 회사범주다. 직장에선 활력(0.73)과 상호성장(0.65)이 직원만족과 직결된다. 현상에 만족하지 않고 개선·성장을 위한 전향적인 문화를 지닌 직장일수록 직원만족이 높다는 결론이다.

상사와의 관계항목에선 대인측면이 중요하다. 상사와의 원활·직접적인 관계설정의 힘이다. 커뮤니케이션(0.74), 멤버교육(0.71), 신뢰형성(0.72) 등으로 조사됐다. 회사측면에선 적절한 인재등용과 이동 및 평가·처우의 납득여부와 관련된 평가·처우(0.64), 합리적 자원배분·역할분담

(0.61), 효율적 근무환경(0.74)이 직원만족과 상관관계가 높다.

직원만족에서 비롯되는 '일할 맛' 나는 회사엔 3가지 특징이 있다. 동기부여가 높은 회사의 공통매력이다. '사람을 끌어당기고 열중하게 하는 힘'이다. 즉 금전보상뿐 아니라 심리보수도 높은 경우다. 심리보수엔 신뢰·감사·칭찬·충실감 등은 물론 경력개발에 우호적인 경험·정보 등 그 종류가 많다. 즉 감사·칭찬을 받으면 금전보수 이상의 보상·만족감을 느낀다.

〈주간다이아몬드〉는 이 쾌감을 분출시키는 회사의 공통분모를 보도했다. 사람(人)과 제도, 그리고 업무내용이다. 사람은 매력적인 상사·동료 등의 존재감이다. 인간성을 포함해 업무추진력까지 포함된 개념이다. 제도는 충실한 급여·승진시스템을 뜻한다. 노력하면 평가와 보상을 받는다는 확실성·공정성의 중시다. 업무내용은 쉬운 돈벌이보단 경력개발에 도움이 되고 재미있는 일을 수행할 때 확실히 쾌락으로 연결된다. 이 셋의 밸런스가 갖춰질 때 일하고 싶은 회사의 공통매력을 확인할 수 있다.

누구나 들어가고 싶은 매력적인 회사는 이 셋을 고루 갖췄다. 상대우위를 가질 수는 있지만 셋 중 하나만 빠져도 직장매력은 감소하게 마련이다. 지속가능한 매력체계다. 사람과 관련한 매력사례는 채용 때 회사문화와 맞는 우수인재를 엄선하는 구글이나 승진 때 인간품격까지 심사하는 도요타가 대표적이다.

감사·동기를 갖도록 다양한 장치를 마련·운영 중인 베네세 등은 제도적인 매력이 특히 강점이다. 늘 매력적인 직원이 되도록 생각하는 구조배치다. 근무내용은 늘 스스로 일을 만들어 하는 문화를 지닌 리크루트나 상시적인 도전정신을 강조하는 유니클로(패스트리테어링), 사내창업을 추천하는 사이버에이전트 등의 예가 매력적이다.

다만 지속가능한 매력제공에 성공한 일본기업은 소수에 그친다. 버블 붕괴 이후 성과주의 도입 등 다양한 변화압력에도 불구, 여전히 성공모델 구축은 숙제로 남는다. 결국 숙제해결의 힌트는 강제·관습적인 허울뿐인 매력보단 조직공헌을 위한 자발적인 기여촉진이 가능한 방법에 있다. 이를 위의 3대 매력요소에 투영시켜 자사만의 기업문화를 만들 필요가 강조된다.

직원만족을 결정짓는 변수를 연구한 조사결과는 또 있다(사원교육종업원만족도조사위원회 · 2004년). 여기선 이를 8가지 공통점으로 구분했다.

경영자의 명확한 기본이념과 경영방침, 그리고 전략전술의 설정과 전달체계 구축이다(1). 지속성장을 위한 CEO의 확실한 전략구축·추진방향이 직장 전체에 적극적으로 전달·공유될 필요성이다. 불필요한 혼란·낭비를 줄인 목표달성이 가능해서다. 그러자면 시원시원한 사내정보 공유체계가 필수다(2). 원활한 커뮤니케이션 확보다. 대화기회를 늘려 쌍방향의 허심탄회한 커뮤니케이션이 구축될 때 직원은 심리적 안정(심리보수)을 얻을 수 있다.

명확한 평가제도 설정과 이에 연동된 급여반영은 신뢰구축의 기본요소다(3). 트러블로 연결되기 쉬운 평가제도는 불안·불만을 고조시켜 근로의욕을 떨어뜨린다. 사내소통이 원활해 신뢰감이 구축되면 극단적 평가결과도 충분히 흡수된다. 업적목표 설정·평가 때 팀워크를 강조하는 것도 추세다(4). 팀워크를 통해 개인단위를 뛰어넘는 전체 기업의 활성화와 업적향상을 꾀할 수 있어서다.

자기실현을 도와주는 종업원교육연수제도는 최근 강화되는 추세다(5).

상시적인 교육·경력개발로 자아실현이 가능하도록 계기를 제공하는 것은 직원만족의 기본이다. 자신감을 불어넣어 주는 칭찬문화도 뚜렷한 트렌드다(6). 존재감과 기여 역할을 확인시켜 동기자극을 증대시키기 때문이다. 가능한 한 대면접촉·현장방문을 통해 적극적인 칭찬 및 의미부여에 열심인 CEO가 늘어났다.

자부심을 갖는 업무내용을 설정·배려하는 직장환경도 중요하다(7). 자신감이 넘치는 직장환경을 위한 매뉴얼을 제작·공유하는 게 강조된다. 또 경영자나 상사의 솔선수범에 기초한 최대한의 노력경주는 벤치마킹의 전형으로 많은 근로자의 지지를 얻을 수 있다(8).

■ 주주주권 스캔들과 일본의 반성

주주주권의 부작용… 라이브도어 스캔들의 교훈

직원제일주의는 고객지향과 같은 말이다. 직원을 최우선으로 생각할 때 스스로 자부심을 갖고 즐겁게 최선을 다해 일하려는 근무환경이 정비된다. 이렇게 사기가 충전되면 고객을 위한 마음가짐도 저절로 개선될 수밖에 없다. 이때 직원은 전문경영인까지 아우른다. 어차피 월급쟁이 신세니 업무내용(경영)만 다를 뿐 근로자나 마찬가지다. 출자자인 주주도 기업에겐 소중하다. 특히 열심히 일해 번 쌈짓돈으로 투자하는 개인투자자가 그렇다.

다만 땀 흘리지 않은 불로소득으로 투기하는 사람과 돈은 환영받을 이유가 없다. 거품 같은 돈으로 기업을 조종하려는 주주는 특히 우대이유가 없다. 대개의 경우 이들에겐 돈만 더 벌면 충분하다. 기업을 좋게 하려는 애정과 기업의 미래를 생각해 투자하려는 의도는 거의 없어서다.

이런 점에서 2000년대 중반 일본열도에 충격을 안겨준 일련의 스캔들은 주주주권에 기인한 돈의 힘보다는 종업원주권에서 파생된 상생의 힘을 되새겨줬다. 2006년 혜성처럼 등장한 IT업계의 벼락부자 호리에 타카후미(堀江貴文) 전 라이브도어 사장의 스캔들이 대표적이다. 전통상식·가치에 반발하며 검색포털 사이트 '라이브도어'를 설립·경영한 성공신화와 몰락스토리는 그 자체가 일본열도의 대형뉴스였었다. 특히 저돌적인 젊은 기업인의 당돌한 패기에 동세대는 열광했었다.

"돈이면 뭐든 할 수 있다"는 코멘트도 큰 논란거리였었다. 31개 계열사를 거느리며 정치권의 영입대상까지 올랐지만 결국 허위거래·허위사실을 통한 시세조정 혐의로 종지부를 찍었다. 이듬해 일본사회를 뒤흔든 '신의 손'으로 불리던 무라카미 요시아키((村上世彰) 전 펀드운용사 사장의 유사한 내부자거래도 비슷한 맥락이다. 결국 둘 다 철창 속에 갇혔다.

일련의 스캔들은 일본사회에 큰 반향·반발을 일으켰다. 소유지배구조와 함께 회사경영의 우선목표에 대한 진지한 고민이 잇따랐다. 황금만능주의·시장경쟁주의·단기성과주의 등의 반성요구가 뒤를 이은 건 물론이다. 주주우선, 주가중시, 단기성과, 배금주의 등의 조류를 억제하자는 여론조성도 뒤를 따랐다. 상대적 박탈감에 좌절하는 평범한 중산층 이하에겐 약간의 희망과 자신감도 안겨줬다. 이 과정에서 자연스레 전통회귀적인 공동체주권이 힘을 얻었다.

07

직장과 가정 모두 웃는 WLB의 저력

'회사인간을 구하라'

고용시장을 둘러싼 악재는 수두룩하다. 위에선 철학대결(신자유주의 vs 전통주의)이 근로환경을 피폐시키고 아래에선 당장의 신분하락과 호구지책이 문제다. 위·아래의 양자협공은 '일할 맛'을 극도로 떨어뜨린다. 문제발단은 신자유주의일 확률이 높다. 물론 일본모델도 암묵적 공범에 가깝다.

둘은 제각각 경제적 합리성과 치명적인 부작용을 갖는다. 전통의 일본모델이 대안시스템으로 제시됐지만 '수정·진화'가 대전제다. 무조건적인 복고는 또 다른 한계노출을 의미해서다. 일본모델이든 미국모델이든 논의과정에서 중요한 건 그 추구가치를 잊지 않는 것이다. 향후의 새로운 대안모델을 위한 추구가치 중 중요한 건 '회사인간' 구하기다.

회사인간은 일본경제의 특징개념 중 하나다. 일본의 고도성장을 분석하던 서구연구자의 눈에 띈 회사지향적인 일본근로자의 행동특징을 일컫는 상징단어다. 회사인간의 머릿속엔 회사만 있다. 회사중심주의의 실천주체답게 회사는 멸사봉공의 대상이다. 일본적 성공모델은 이를 또 미화했다. 가정을 원해도 못 하게끔 각종 장치(?)를 만들었다.

회사인간에게 하루 24시간·1년 365일은 전적으로 회사를 위해 존재한다. 요컨대 '일 권하는 사회'였다. 회사·동료는 희로애락을 공유하는 가족이다. 당연히 '회사우선=가정희생'이다. 회사인간에게 가정은 우선순위가 밀릴 수밖에 없다. 가사·양육도 해당 사항 없음이다. 가정은 올곧이 아내영역으로 남겨졌다. 그만큼 갈등은 깊고 고질적이다. 회사인간의 은퇴 이후 가족외면·복수가 적잖은 이유도 여기에 있다.

일 권하는 사회의 회사인간… 은퇴 이후 '가족외면·복수'

그래도 고도성장 당시 회사인간의 역할은 명확히 존재했다. 회사인간이 아니면 ㈜일본에서의 생존 자체가 힘들었다. 원하든 않든 회사인간으로의 변신은 불가피했다. 가족도 일정 부분 이해했다. 힘들어도 참았다.

하지만 지금은 그 의미가 퇴색됐다. 회사인간의 존재이유 자체가 옅어졌다. 충성해도 잘릴 수 있는 등 고용환경이 불안해졌다. 특히 근로의식이 꽤 변했다. 회사인간만으로 사는 데 반발하는 등의 의식전환이 목격된다. 삶의 가치관·우선순위에 직장 대신 개인·가정이 중시되는 경향 심화다.

최근 불거진 전후 1차 베이비부머(團塊세대)의 학습효과도 컸다. 회사인간으로 한평생 살았건만 은퇴 이후 그들에게 남겨진 건 고립뿐이란 교훈이 그렇다. 직장·가정 모두에서의 소외다. 일보다는 가정을 중시하려는 서구사회의 경험도 회사인간의 폐기에 힘을 싣는다. 특히 젊은 층을 중심으로 한 일과 집의 균형회복 시도가 활발하다.

대안은 직장과 가정을 적절히 조화시킨 생존전략이다. 회사인간은 물론 가정인간도 불합리하긴 매한가지여서다. 어느 한 쪽에 치우치지 않는 균형 잡힌 근로형태의 제기배경이다. 미국모델도 일본모델도 아닌 절충적인 새로운 일의 방식에 대한 필요성이다. 결과물이 'Work Life Balance(WLB)'의 가치실현 추구다.

WLB란 일과 가정의 양립조화를 뜻한다. 원조는 북유럽이다. 일본에선 1989년 '1.57쇼크(특수합계출산율)'가 있은 후 저출산 대책차원에서 수용됐다. 출산저하 원인이 양육환경 악화와 여성취업 한계로 분석된 결과다. 여성근로자가 일을 계속하고자 출산·양육을 포기한다는 점에서 직장과 가사가치의 동시실현이 가능한 근로시스템이 필요해졌다. 남성근

◆ WLB 도입에 따른 비용과 편익

비용	편익
− 직접비용: 근로자 수 증가에 따른 추가 작업공간 필요, 기업 내 수유공간, 데이케어센터 등 시설비용, 휴가 후 복귀근로자 재훈련 비용 − 지휘감독비용: 근로시간 단축 및 일시적 부재 따른 작업 단속성 관리, 부가급여를 받지 못하는 근로자 동기부여 − 관리비용 : 새로 도입되는 정책소개 및 홍보, 수혜자 범주(수혜자격)의 결정, 여타 제도와의 관련성 조사	− 숙련근로자 퇴사율 낮춰 채용·훈련비용 감축 − 일·가정 병행에 따른 스트레스 해소로 생산성 증대 − 매력적인 일자리로 여겨져 우수한 인력채용 용이 − 다양성, 흥미, 창의성에 기인한 작업에 유리 − 전반적인 인력배치에서의 유연성 − 근로자 구성과 소비자 구성이 유사해짐에 따라 소비자의 니즈반영 용이 − 기업이미지 제고 및 투자확대

자료: 노동부(2008), 『파트타임 등 일·가정 양립형 일자리 확대를 위한 정책대안 연구』.

로자에게도 WLB는 구세주다. 회사인간을 위해 사생활을 희생시킬 필요가 없다. 워커홀릭·우울증·과로사(자살)·가정갈등 등 비극을 막는 사전조치로도 해석된다.

일과 가정은 대체재가 아니라 보완재다. '꿩 대신 닭'이 아니라 '바늘과 실'이다. 그래서 흔히 양립조화로 이해된다. 이론기반도 있다. 'Work-Family Enrichment' 이론이 그렇다. 가정과 직장 둘 중 하나의 역할향상이 나머지의 역할향상을 개선시키는 메커니즘을 일컫는다. 일종의 상승효과다. 일에서 얻어진 충실·만족감이 그대로 가정의 삶의 질 향상에 도움이 된다고 봐서다. 가정과 직장의 상호 시너지와 양자만족 이론이다.

역해석도 가능하다. 가정에서의 만족감이 일과 직장생활에 플러스 영향을 미치는 경우다. 'Family-to-Work Enrichment'다. 사생활이 직장생활의 유연성과 성과를 높여주는 기대효과다. 이는 기존 가치관에의 반발심화와 동참주저의 청년세대에게서 자주 목격된다. 선택결과는 무게중심의 이동이다. 직장에의 과도한 구속에 반발하며 가정을 중시하려는 심리다. 과거가치에 익숙한 선배세대·기존 사회에선 이해가 어렵다. 다만 최근엔 좀 달라졌다. 일부 회사를 중심으로 직장·가정의 선순환기능을 기대하며 WLB 도입사례가 증가세다.

1.57 쇼크 후 WLB 도입··· 'Work-Family Enrichment' 이론

2002년(노사정합의) 이후 WLB 논의는 본격화됐다. 이전의 단순개념에서 벗어난 포괄적이며 장기·안정지향적인 확대도입 개시다. 생애주기에 호응하는 근무형태를 둘러싼 사회관심도 증대했다. 이는 1970년대 초 QWL(Quality of Working Life · 근로생활의 질) 운동과도 차별적이다. QWL은 일이 생활의 중심이라는 게 전제되지만 WLB는 일과 생활의 균등 · 조화가 대전제다. 이후 WLB 실현과제는 다양한 취업모델 구축이라는 목적의식이 더해졌다. 근로방식의 본질적인 개혁필요의 제기다. 파견금지 등 단순대응만으로 직면한 고용문제 해결이 어렵다고 봐서다.

일본정부도 WLB를 화두로 삼았다. 2007년엔 '자녀와 가족을 응원하는 일본'을 중점전략으로 발표했을 정도다. 2007년 〈노동경제백서〉는 "WLB에 초점을 둬 양립조화로 과잉근로를 시정할 것"을 공식 정책과제로 표명했다. 후속대책으로 WLB 헌장과 행동지침도 발표했다. 덕분에 2008년은 'WLB 실현원년'으로 선포됐다. 내각부에 WLB 추진실을 설치해 노사정의 공통과제로 공식 선정했다. 2008년 시행된 새로운 노동계약법에는 WLB가 가능토록 노사 모두 배려하고, 이를 위해 제도변경이 가능하다는 조문까지 명기했다. 모범기업은 'Family Friendly' 기업으로도 인

◆ WLB 세부과제 실천 위한 2017년 행동전략

취업에 의한 경제적 자립이 가능한 사회 (①)	– 여성(25~44세) 취업률: 현재 64.9% → 2017년 69~72% – 고령자(60~64세) 취업률: 현재 52.6% → 2017년 60~61% – 프리터 규모: 현재 187만 명 → 2017년 144만 7,000명 이하
건강하고 풍족한 생활을 위한 시간 확보 가능한 사회(②)	– 첫아이 출산 전후 여성의 계속취업률: 현재 38.0% → 2017년 55% – 여성의 육아휴업 취득률: 현재 72.3% → 2017년 80% – 남성의 육아휴업 취득률: 현재 0.5% → 2017년 10%
다양한 근로 및 삶의 방법을 선택할 수 있는 사회	– ①과 ②에 첨부해 – 남성의 일평균 육아 · 가사시간(6세 미만 자녀가정): 현재 60분 → 2017년 150분

자료: 후생성 홈페이지

정했다.

다만 WLB 추진실적은 기대보다 미진하다. 대기업 및 외국계를 중심으로 WLB를 공식적으로 도입·활용 중이지만 대부분은 비용부담이 없거나 적은 비전발표 혹은 초기단계 일부 제도의 제한도입에 머문다. 물론 갈수록 긍정적인 변화가 많은 건 다행이다. 기업문화의 핵심요소로 WLB 실현추구를 선정·강조하는 사례가 적잖다. 그럼에도 불구하고 WLB 실현의 필수조건인 균등처우 등이 미해결상태란 점에서 지향과 현실 사이의 간극은 여전하다.

WLB의 실천과제는 근로시간 배분문제로 요약된다. 이는 특유의 생애주기를 지닌 여성만의 전유물은 아니다. 남녀노소 불문의 전체 근로자다. 일과 가정 모두의 가치를 지키려 할 때 가장 큰 제약은 시간부족이다. 한정된 근로자의 시간을 어떻게 배분하느냐가 관건이다. 물론 여성근로자에게 절실한 문제이긴 하다. 여성의 노동공급이 가족 내부의 역할구조에 따른 양육·가사책임에 영향을 받아서다. 인류역사가 여성가사·남성전업의 특화과정을 거친 이유다. 성별 역할분담이다.

때문에 남성전업의 장시간근로와 여성의 낮은 경제활동참가율은 동전의 양면과 같다. 문제는 여성전업일 때다. 기혼여성은 기혼남성에 비해 가사노동 배분시간이 현격하게 길다. 취업여부와 상관없이 상당 시간을 가사노동에 투입하는 실정이다. 이러니 강력한 취업욕구에도 불구, 가사노동에서도 자유로울 수 없다. 대부분 일을 포기하는 배경이다.

해결책은 근로시간 제약압박이 느슨해진 근로형태 설정이다. 단시간근무 및 재량근무 등이 그렇다. 연령대별로 결혼·출산·양육·분가 등에 맞춰 여성근로자의 근무시간을 탄력적으로 운영하는 게 대표적이다. 생애경로 관점(life course perspective)에서의 근로시간 배분정책이다. 단편사건·특정국면에 초점을 두지 않는 총체적인 궤적을 고려한 의사결정이다.

실제 개인은 생애에 걸쳐 소득·시간배분의 선호를 지닌다. 이 선호에 따라 근로시간을 조절하는 게 개인으로선 효용극대화의 실천이다. 가사에 묶일 땐 근로시간·소득을 일정 부분 포기하고 여기서 자유로워질 땐 더 많은 시간투입으로 추가소득을 올리는 게 합리적이다.

선진국은 비교적 이를 잘 반영한 다양한 근로형태를 제공한다. 양육시기에 시간감축·부분퇴출을 통해 가정을 지킨 뒤 이후 노동시장에 복귀하는 식인데 이때 풀타임 복귀가 쉽다. 나아가 근로시간의 절대적인 양뿐 아니라 근로시간의 선택·재량권과 관련된 근로시간의 배치·편성문제도 WLB의 주요이슈로 주목된다.

WLB 양립조화로 일할 맛↑ … 수혜는 전체 근로자

WLB 추구로 근로자의 '일할 맛'을 높이면 다양한 기대효과가 예상된다. 무엇보다 가정에서의 행복감과 만족감이 정비례해 늘어난다. 일본에서 특히 '일할 맛'이 떨어진 이유는 지나친 회사중심적인 고용관행·업무강도에 기인하는 바가 크다. 샐러리맨이라면 회사인간답게 충성을 요구받는다는 인식은 상식에 가깝다. 물론 종신고용·연공서열의 수혜자라면 회사충성이 반대급부일 수 있지만 최근처럼 신화가 흔들리고 비정규직이 늘 땐 그 설명력이 떨어진다.

이럴 때 '일할 맛'은 전통적인 고용시스템 하에서는 추구할 수 없었던 각종의 가치실현이 가능해짐으로써 결과적으로 격차·피폐 등의 사회적 부작용을 개선시킨다. 그 첫 개선무대가 가정이다. 즉 남성근로자의 회사중심주의적 고용관행이 개선되면 장시간근로에 따른 심신건강 악화를 경감시키고 개인시간 확보를 통해 자기계발과 사회활동의 적극적인 참가도 유도할 수 있다. 이때 전통적으로 남성근로자의 적은 가사·육아시간 활용도 동반해 증가할 수 있다.

맞벌이 증가도 기대된다. WLB가 추진되면 자녀가 생겨도 계속 일하거나 혹은 육아 후 재취업하려는 여성근로자의 눈높이를 맞출 수 있다. 근로시간·장소의 다양한 설정을 통해 유연한 근로형태가 마련된다면 여성근로자의 계속취업은 불문가지다.

젊은 층을 중심으로 한 개인주의와 라이프스타일의 다양화도 WLB의 기대효과 중 하나다. 전통적 사고·관념에 얽매여 자신의 근로형태를 결정하려는 청년세대의 압박감은 최소한 줄어들 수 있다. 실제 청년근로자 중 자발적인 선택으로 프리터 등 비정규직을 택하는 대신 확보된 개인시간을 자신을 위해 소비하려는 수요는 꾸준한 증가세다. 이들에게 WLB는 일과 가정(개인)을 지키는 최선책이다.

결국 WLB를 통해 모든 근로자는 자신의 생애경로에 부합하는 근로방법을 택할 수 있다. 취업·결혼·출산·양육 등 평생을 통해 가족관계 변화를 비롯한 다양한 삶의 계기 속에서 필요에 따라 근로시간을 배분·조절할 수 있게 된다. 당연히 근로형태를 재분배함으로써 개별적인 효용 극대화를 추구할 수 있다. 소득증대가 필요할 때는 일(Work)을 강조하고, 생활(Life)이 우선될 때는 근로시간을 줄이는 식으로 근로조건의 유연·재량성을 강화할 수 있어서다.

이때 전제조건은 균등처우다. 근로형태에 따른 차별금지가 선행될 때 WLB의 의미를 찾을 수 있기 때문이다. 이렇듯 근로시간·장소의 선택지와 재량권이 확보되면 현재 목격되는 장시간근로를 비롯한 가치충돌적인 고용관행 문제는 상당 부분 해결할 수 있다.

근로자, "다양한 라이프스타일 가능"… 기업, "우수인재 확보"

WLB가 정착되면 기업이 누릴 만한 수혜항목도 적잖다. 우선 다양한 인재확보를 통해 경쟁력을 강화할 수 있다. 동시에 근로자의 생애단계에 호응한 니즈에 대응(청년→육아→간병→고령층)함으로써 근로의욕 및 만족도를 향상시킬 수 있고, 결과적으로 심신이 건강한 인재확보가 가능해진다. 즉 △숙련근로자의 계속고용으로 채용·훈련비용 감축 △양립조화로 스트레스 해소 및 생산성 증대 △근로자에게 매력적인 일자리로 여겨져 우수한 인력채용 용이 △다양성·흥미·창의성 등 기반작업에 유리 △전반적인 인력배치에서의 유연성 확보 △근로자 구성과 소비자 구성이 유사해짐에 따라 소비자의 니즈반영 용이 △기업이미지 제고 및 투자확대 등이 기대된다.

거시적인 환경변화에 순발력 있게 대응할 수 있는 근거도 마련할 수 있다. WLB 실현을 통해 환경변화에 유연적인 대응이 가능한 근로형태를 도모함으로써 시장수요의 불확실성 증대나 경기유동성에 맞춰 투입노동량의 원활한 조정이 가능해진다. 향후 기술혁신에 따른 생산과정·작업조직의 변화가 한층 강조되는 가운데 전통·표준화된 테일러리즘의 탈피요구에 부응하기 위해서도 근로시간의 유연적인 운용이 필요하다.

이 밖에도 다양한 근로시간 옵션을 제공하면 △개인주의·고령화 등 사회경제·인구·문화적 변화 △내부유연화를 통한 효율성 제고 및 작업조직·인적자원관리 변화에의 적응 △노조·여성단체 등 사회적 협의 파트너의 요구 등이 기대된다(EU·2006년).

건강한 사회 및 경제성장 동력확보에도 긍정적이다. WLB의 실현구축은 노사의 기대효과를 넘어 궁극적으로 사회 전반에 다양하고 광범위한 긍정적인 변화를 야기한다. 균등처우를 기초로 한 다양한 근로형태의 장기·안정적인 선택확보는 그동안 여성·청년·고령근로자 등 고용차별의 피해자로 남아 있던 이들에게 한층 개선된 고용기회를 제공할 수 있다.

이 경우 사회적 활력회복과 미래의 성장에너지 확보로까지 이어질 수 있다. 즉 근로의사를 갖춘 이들이 정규·비정규직 등의 차별대우 없이 균등처우를 받으면 국가경쟁력의 확보가 보다 쉬워진다. 더불어 기존 시스템 하에서의 노동력 부족사태를 막고, 시간제 임금구조에 따른 생산성 향상을 도모할 수도 있다.

■ **WLB의 실현방법 ① – 근로시간의 다양성**

단시간정사원제… '짧게 일하지만 신분은 정규직'

그렇다면 WLB를 추진하는 실천방법은 뭐가 있을까. 답은 천차만별이다. 정부·기업 등 해당 주체별로 각양각색이다. 다만 일본의 경우 직장과 가정의 양립조화를 지킬 수 있는 유력한 제도방법론으로 몇 가지를 설정·추진 중이다. 포인트는 근로시간과 근로공간의 다양화다. 전자는 단시간정사원제도, 후자는 재택근무가 대표적이다. 정부주도의 관련회의(일과 생활조화와 관련한 검토회의)에서는 근로시간(잔업억제, 연차유급휴가 취득촉진 등), 취업공간(재택근무, 복수취업 등)이 임금확보(최저임금제 등), 균등처우, 경력개발 등과 함께 주요지침으로 명문화됐다.

단시간정사원제는 장시간근로 해소와 비정규직 고용불안을 경감시킬 다목적 카드 중 하나다. 특히 장기·안정적인 고용안정책으로 확대·발전할 여지가 충분해 고무적이다. 동시에 비정규직의 차별철폐와 정규직화로의 연결타진이 가능한 의미 있는 대안이다. 단시간정사원이란 풀타임정사원(주당 근로시간이 40시간 정도로 무기계약 정규직)보다 근로시간이 짧지만 정규직인 경우다. 유기계약이면서 근무내용·책임이 정규직과 구분되는 파트타임·아르바이트와는 구분된다. 정규직처럼 무기계약(정년고용)이면서 임금구조는 풀타임정규직의 시간급(근로시간별 임금)을 적용받는다. 취업시간에 차이가 있을 뿐 임금은 정규직의 시급과 동일하게 적용받는다.

종류는 △육아·간병을 위해 정규직에서 일시적으로 단시간정사원으로의 이행형태(Ⅰ타입) △중장기적 이유로 정규직에서 단시간정사원으로의 항구적 이행형태(Ⅱ타입) △파트타임(비정규직)에서 단시간정사원으로 항구적 이행형태(Ⅲ타입) 등이 있다. 2006년부터 본격적으로 확산 중이다. 2006년 제도도입 이후 2007년 개정된 '단시간근로자의 고용관리 개선 등에 관한· 법률(파트타이머노동법)'이 근거다. 도입역사는 1990년대 초반으로 '육아휴가법' 실시 이후 10개사가 시작한 게 계기다.

실태조사 결과 응답기업의 약 20%가 제도보유·추진 중이다. 그중에서는 육아·간병을 위해 정규직에서 단시간정사원으로 잠깐 동안 옮겨가는 Ⅰ타입이 압도적으로 많다. 실제 후생성이 선정한 모델기업을 보면 제조·도소매를 중심으로 육아·간병을 위한 일시적인 단시간정사원제가 대부분이다.

도입메리트는 기업의 경우 △우수인재 확보 △종업원(특히 여성) 정착향상 △채용·교육훈련비용 감축 △종업원 동기향상 △외부(고객·사회)이미지 개선 등이 있고, 근로자는 △개인의 생활환경과 가치관에 호응하는 근로 가능 △근무시간만으로 부당한 처우방지 등이다.

과제도 있는데 △업무내용·책임에 따른 평가·처우·보수시스템의 구축 △풀타임근무를 전제로 한 업무수행·직장관행의 개선 △관리직의 제도이용 등이 자주 거론된다.

■ 단시간정사원제의 구분

구분	단시간정사원	파트타임·아르바이트
고용계약	무기계약(정년고용)	일반적으로 유기계약 (3개월·1년 갱신 등)
임금 등 처우	풀타임정사원 취업시간에 비례처우	근무내용·책임에 따라 정사원과 차이

자료; 후생성 홈페이지

■ 단시간정사원제의 종류와 이행단계

Ⅰ타입	정사원→단시간정사원 일시이행	육아·개호 위해 일시적인 단시간정사원
Ⅱ타입	정사원→단시간정사원 항구이행	외부활동·건강·체력 등으로 지속적인 단시간정사원
Ⅲ타입	파트타임→단시간정사원 항구이행	파트타임에서 넘어와 지속적 단시간정사원

자료; 후생성 홈페이지

■ **WLB의 실현방법 ② – 근로공간의 다양성**

재택근무… '컴퓨터로 일의 공간제약 탈출해법'

단시간정사원제가 근로시간 삭감문제라면 재택근무는 근로공간의 선택문제다. 단순히 근로시간만 줄이는 게 아니라 출퇴근을 포함한 장시간근로의 비효율성을 경감시키고 육아·간병의 효율성을 높이는 재택근무도 WLB를 실현하는 대안이기 때문이다. 전체 근로자 중 재택근무 비율이 30%에 육박하는 미국사례가 고무적이다.

일본정부는 정보통신업 등 제도도입이 쉬운 회사를 중심으로 장려 중이다. 재택근무란 '정보통신기술을 활용해 장소와 시간에 얽매이지 않는 유연한 근로방법으로 일과 생활의 조화를 가능하게 하고, 다양한 취업기회와 기업·재도전기회를 창출하는 것'이다. 텔레워크는 단순한 재택근무뿐 아니라 거래처·출장지 등의 근로공간도 포함된다는 점에서 재택근무보다 포괄적 개념으로 쓰인다.

재택근무를 포함한 텔레워크 종류는 다양하다. △컴퓨터를 활용한 일시적 재택근무 △컴퓨터를 활용한 매일의 재택근무 △외근 중 컴퓨터를 활용한 업무메일 송수신 △외근 중 휴대전화를 활용한 업무메일 송수신 △외근 중 컴퓨터·휴대폰을 활용한 협의자료·보고서 등 작성 △외근 중 컴퓨터·휴대폰을 활용한 수주 및 발주·재고·납기확인 △출장지에서의 컴퓨터 근무 △고객사무실의 컴퓨터를 활용한 근무 등이다.

사실상 본인 사무실이 아닌 곳에서의 근로형태를 광의의 텔레워크로 볼 때 향후 근로환경의 IT화·근무내용의 전문화 등을 감안하면 WLB의 실천적 활용 가능성이 높다. 원류는 일본IBM이 지난 2000년 도입한 사례다. 최근에는 대기업에까지 확산 중이다. 저출산·에너지 효율대책의 일환으로 최근 IT업계를 중심으로 확산속도가 빨라지는 추세다.

기대효과는 비교적 명확하다. △직무·업무명령(매뉴얼화) △업무효율·고객서비스 향상 △방해 없는 업무집중 △통근시간 감소와 자유로운 시간활용 등이 대표적이다. 주목되는 것은 일과 가정의 양립조화의 실현을 위한 자발적인 선택이라기보다는 회사·업무방침에 따르겠다는 답변이 압도적이라는 것으로 이는 그만큼 제도정착의 결정권이 회사에 있다는 것을 의미한다. 기업입장에서도 메리트가 있다. △정보공유형 부가가치경영 계기(업무효율·생산성향상) △조직혁신과 경영스피드화 계기 △인재확보와 새로운 지식획득 △사무실 비용절감 등이 그렇다. 기업으로서는 기존의 유연근무제·재량근로제보다 비교적 쉽게 적용할 수 있다는 게 장점이다.

◉ 재택근무 기대효과

회사	정보공유형 부가가치경영 계기(업무효율·생산성향상), 조직혁신과 경영스피드 제고, 인재확보와 새로운 지식획득, 사무실 비용절감 등
근로자	근무의 생산·효율성 향상, 통근의 육체·정신적 부담감소, 가정에서의 커뮤니케이션 개선, 취미·자기계발 등 개인시간 확보 등
사회 전체	도시문제 완화, 지역 활성화, 고용 및 신규산업 창출, 지구환경 부하경감, 사회구조 개혁

자료; http://www.japan-telework.or.jp/about/kitai.html 요약정리

■ WLB의 실현방법 ③ - 기타 제도

자녀양육 지원제도는 공통분모… 성별차별도 주요관심

WLB 실현을 위한 각종 제도는 이 밖에도 다양하다. 일과 가정 양립조화를 실천하는 각종 제도는 1980년대 이후 생활여유를 강조하면서 도입됐다. 이후 육아·간병 등 여성·고령자정책으로 구체화되고 있는 모습이다. 이런 점에서 육아휴가는 1980년대 이래 꽤 광범위하게 진행 중이다.
특히 대기업의 경우 법률적 근거에 순응해 자녀양육을 위한 각종 지원책을 추진

한다. 육아휴가는 법률에 따라 '근로자는 자녀가 1세(일정 경우 1세 6개월)에 달할 때까지 육아휴업을 신청할 수 있으며(제5조), 사업주는 일정 경우를 빼면 그 신청을 거절할 수 없다(제6조)'고 규정한다. 이 결과 2005년 기준 500인 이상 사업소의 99.9%가 육아휴가제를 도입했다. 100~499명의 사업소는 95.5%, 5~29인 사업소는 56.6%로 대규모 사업장일수록 뚜렷한 상승경향이 목격된다.

자녀양육을 위한 근로시간 단축제도도 있다. 정부(후생성령)에 따르면 3세 미만 자녀를 양육하는 근로자에 대해 근무시간 단축 등의 조치를 강구해야 하며(육아·개호휴가법 제23조), 3세부터 초등취학 전의 자녀를 양육하는 근로자에 대해서도 근로시간 단축 등 조치에 준하는 노력을 해야 한다(동법 제24조). 육아를 위한 근로시간 단축 등의 조치제도는 △단시간근로제 △육아에 이용할 수 있는 변형근로제 △출퇴근시각 조정 △탁아시설 등이 있다. 500인 이상 사업소의 95.0%가 근로시간 단축제도를 도입하고 있으며 역시 대규모 사업장일수록 정착비율이 높다.

자녀간병 휴가도 있는데 취학연령(초등)에 달할 때까지 자녀를 양육하는 근로자는 사업주에게 신청해 1년 중 5일을 한도로 병원방문과 상해자녀를 돌보기 위해 휴가를 취득할 수 있다(육아·개호휴가법 제16조2). 500인 이상 사업소의 경우 1999년 20%에서 2005년 91.3%로 도입비율이 급증했다. 2005년 육아·개호휴가법 개정에 의해 자녀간호휴가제가 시행된 덕분이다.

한편 근로시간과 관련해 일본기업의 시행빈도가 높은 제도로는 법제도에 근거한 육아휴업제도와 반일단위의 유급휴가제도, 휴가취득촉진책, 재충전 휴가제도 등이 있다. 요컨대 대부분 법률 등 제도적 요인에 따라 근로시간·휴가 등과 관련한 유연근무 정책을 실시하고 있는 것으로 해석된다. 또 WLB와 관련된 일본기업의 인사노무정책 중 비교적 빈번히 활용되는 것은 고령자의 적극고용, 출산·육아기 유연근무, 여성의 관리직으로의 적극등용 등이 있다. 반면 보육시설 설치, 남성의 육아·개호 휴가취득촉진책, 육아 후 여성재고용 등은 상대적으로 활용도가 낮다.

■ 일본기업이 현재 활용 중인 기타 인사노무정책   (단위:%)

	유효활용	미활용	제도 자체 미도입
고령자 적극고용	67.4	26.4	6.3
출산·육아기 유연근무시간	57.3	21.0	21.7
장애인 적극고용	55.2	33.6	11.2
여성 관리직으로의 적극등용	47.2	45.1	7.6
배우자 출산 시 남성휴가제도	39.9	45.5	14.7
근무지 한정사원 제도	25.5	9.0	65.5
간병 등 정보제공·상담기능	17.4	38.9	43.8
육아 후 여성재고용	16.9	22.5	60.6
남성의 육아·개호휴가 취득촉진	13.1	76.6	10.3
기업 내 보육시설 설치	2.8	0.7	96.6

자료: 古矢眞義(2009), 「働き方の柔軟度と企業経営に関する調査研究」, 日本テレワーク協会.

08
도전받는 생활급
'흔들리는 생계비'

근로자의 '일할 맛'은 과연 어디서 생겨나는 것일까.

의견이 십인십색으로 갈릴 이슈다. '일할 맛'을 동기부여로 구체화한다면 무엇보다 다양한 금전·심리적 자극장치로 이를 높일 수 있다. 대개의 경우 둘을 적절히 혼합해 활용하는 게 일반적이다. 원래 가장 중시된 동기부여 자극장치는 금전보상이다. 임금이다. 월급을 많이 주면 열심히 일할 것이란 추론은 상식에 가깝다. 힘들어도 금전보상이 충분하면 근로의욕이 샘솟는 법이다.

최근엔 심리보상이 주목받는다. 돈(금전보상)이 근로의욕을 높이는 전부가 아니라는 발상에서다. 사내소통·직원배려·경력개발 등 근무환경과 관련한 따뜻한 관심·배려가 금전보상보다 선순위에 꼽히는 경우가 적잖다. 특히 직원만족(ES) 개념이 확대되면서 심리보상 개입근거·여지는 한층 높아졌다.

먼저 '일할 맛'을 높이는 우선변수인 금전보상을 살펴보자. 일본적 임금개념·종류의 역사적 발전경로를 되짚어보면서 현재흐름과의 연결고리를 찾는 작업이다. 이후 금전보상에서 심리보상으로 시각전환이 이뤄진 배경과 내용도 알아둘 필요가 있다.

이때 금전보상과 심리보상이 서구처럼 명확하게 구분되지 않는 일본적 특징이해도 가능하다. 간접적인 금전보상인 복리후생이 심리보상과 연결돼 동기부여 자극장치로 활용된다. 다만 복리후생은 전체적으로 그 방향이 축소·약화되는 가운데 일부 기업이 경제적 합리성에 주목·강화시키는 추세다.

근로의욕 자극장치… 금전보상과 심리보상

임금은 성격에 따라 기본본질이 4가지로 나뉜다. 우선 '노동의 대가'로서 임금이다. 노동기준법 제11조를 보면 임금은 임금·급료·수당·상여와 기타 별칭과 무관하게 노동대가로 사용자가 근로자에게 지불하는 것으로 정의된다. 노동대가로 임금이 지급된다면 그 일하는 행위기준이 뭔지가 중요하다. 이때 기준은 연령·직능·직무(역할) 등이 있다. 즉 기본급 구성요소다.

'노동의 가격'으로서 임금도 있다. 임금은 노동대가와 노동수급에 의해 결정돼서다. 노동의 수요·공급량의 변화에 따라 노동의 가격결정 주도권이 달라진다는 개념이다.

'소득' 성격도 있다. 임금이 근로자의 생활비를 위한 주요소득이라는

◆ 임금의 기본적 성격규정

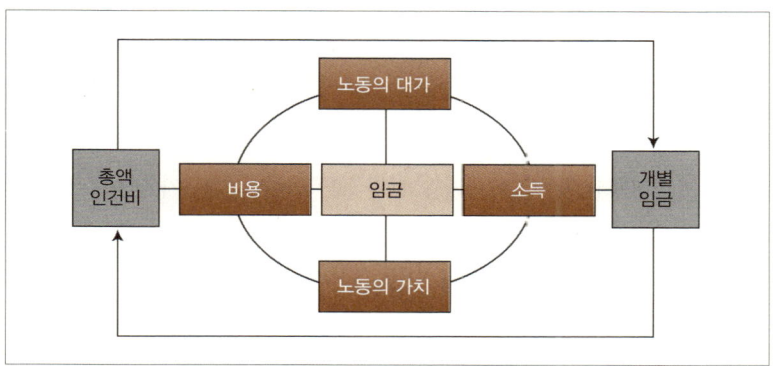

자료; 吉田壽, '正社員人事制度の現在; 日本の働き方~『正社員』の行方', 三菱UFJリサーチ
&コンサルティング, 『季刊 政策・經營硏究』 2010 vol.2, 2010.5.14.

차원이다. 고용형태별로 임금격차가 발생하는 격차문제도 소득으로서의 임금성격을 반영한 이슈다. 차별임금이 아닌 동일노동·동일임금 개념이 그렇다.

'비용' 성격은 임금이 경영활동을 위한 필요비용이라는 개념이다. 노동력 구입대가로서의 인건비다.

그렇다면 임금 결정요소는 무엇일까.

크게 생활보장, 기업공헌도, 시장가치 등이 있다. 일단 생활보장을 뺄 수 없다. 연령·가족구성·주거지역 등 실제생활에 영향을 미치는 각종 요소를 고려해 임금액을 결정하는 개념이다. 연령급, 가족수당, 주택수당 등이 생활보장에 기초해 지급된다. 이는 임금레벨이 낮은 시대에는 먹혔지만 최근처럼 생활수준이 높아진 일본에선 한계요소다. 생활보장이 업무성과·공헌도와 직접 관련이 없다는 점도 부담스럽다.

기업공헌도는 기여도에 따른 임금결정법이다. 업무레벨과 난이도 및 성과·능력에 따라 측정된다. 직무급과 직역수당, 업적상여 등이 있다.

시장가치는 외부의 노동·인재시장에서 평가되는 기준가치로 임금이 매겨지는 구조다. IT계열 기술자나 경영 컨설턴트 등 전문직에서 자주 목격된다. 시장가치로 임금이 결정되지 않으면 인재유출 등도 잦다. 인센티브가 적용되는 보너스·연봉제 형태를 취하는 경우가 많다. 통상 대부분 기업은 3대 결정변수 중 2~3개를 기업실정에 맞게 혼합·활용하는 경우가 많다.

눈치챘겠지만 일본 특유의 임금시스템을 구성하는 핵심개념은 생활보장이다. 생활급이라는 독특한 임금형태를 고안·발전시켜 오늘에 이르렀다. 앞서 언급한 기업복지의 핵심근거도 생활급이다. 생계비에 대응한 임금배려는 서구기업에선 찾기 힘든 임금개념이다.

일본기업의 전형적인 임금결정 요소는 생활보장과 기업공헌도다. 기업공헌도와 시장가치만을 중시하는 서구와는 구분된다. 가족수당, 배우자수당, 주택수당 등이 그렇다. 연령급은 생계비 배려의 대표항목이다. 미국은 연령차별 금지법이 있어 연령급은 상상조차 힘들다. 또 도시수당과 지역수당 등 지역 간 필요생계비 격차를 반영한 수당도 있다. 미국기업도 이를 반영하지만 이때 수당지급보다는 지역별 기본급 근거를 적용한다는 게 차이다. 다만 최근 많은 기업이 생활급에 부담을 느끼는 것도 사실이다.

생활급이 가능한 건 연공주의가 임금체계를 규정짓는 주요특징 중 하나이기 때문이다. 일본기업의 경우 일부 글로벌기업을 빼면 서구형의 상세한 직무기술서(Job Description)가 없다. 때문에 여전히 장기근속하면 임금상승이 당연하며 이것이 근로자에겐 장래의 명확한 기대로 연결된다. 다만 지금은 임금수준이 낮은 전후시대를 벗어났다는 점에서 유효성이 논란거리다. 성과주의가 착실히 도입됐다는 점도 부담스럽다.

그럼에도 불구, 연공기반(연령)의 생활급은 여전히 건재하다. 최소한 직무급처럼 업무성과에 따라 임금이 하락하는 경우는 없다. 강고한 하방경직성으로 서구기업과의 또 다른 차별점이다. 직무급 체제인 서구의 경우 직무가치가 하락하면 임금삭감은 불가피하다. 물론 몇몇 기업이 일부 사원에 한정해 평가결과가 기준 이하이면 인상제로·삭감조정을 한다지만(하방신축성 도입) 실제운영에서는 평균 이하가 거의 없다.

서구엔 없는 '생활급'이 임금핵심… 새로운 도전

정규직 중심의 생활급은 일본 특유의 경로의존성에 근거·진화해왔다. 생활급에 기초한 연공주의 임금체계의 원류는 20세기 초반이다. 1922년 '직공급여표준제정안'이 그렇다. 여기엔 연령급·자격급·채점급이 있는데 연령급이 전체 임금의 50~65%를 차지했다. 국가총동원령(1938년) 시절엔 정부도 근로자의 생활안정을 위해 생활급의 확대적용을 제안·추진했다.

생활급이 확립된 건 1946년 '전산(電産)형 임금체계' 이후부터다. 기본급은 생활보장급과 능력급 및 근속급으로 구성되는데 생활보장급과 근속급이 사실상 연령급이다. 기준임금(100%) 중 67%가 생활보장급이다. 능력급(20%)이 있지만 일부에 불과했다. 이후 물가안정·경기회복이 가시화되면서 생활급의 비판주장이 가시화됐다. 연령·근속연수·가족구성 등의 기계적인 생활급이 사기고양과 생산성 향상에 걸림돌이 된다고 봐서다.

대안은 직무급 도입논리였다. 다만 이는 실패했다. 직무분석·평가로 직무가치를 나눠야 하는데 종신고용(기계적인 전환배치) 탓에 직무내용이 그때그때 바뀌어 직무평가를 하는 게 힘들었기 때문이다. 직무평가에 반발하는 노조견제도 컸다.

생활급은 1980년대 확립된 직능급(직무수행능력이 임금베이스)과는 공존했다. 연공서열의 일본적 고용모델 및 기업풍토와 비교적 잘 합치했기 때문이다. 직능이란 연공에 비례해 발전하게 마련인 까닭에서다. 경험·근속연수 증가로 직능이 향상되면 임금을 올려주는 형태다. 이후 많은 기업이 연령급·근속급과 함께 직능급을 혼재한 형태를 받아들였다.

1990년대부터 지금까지는 성과주의에 기초한 직무·역할주의 시대다. 즉 일본기업의 임금제도 격변기답게 정규직 임금구조가 재검토됐고, 이 과정에서 자동승급 대신 총액인건비로 기본로직을 변경했다. 성과·업

◆ 임금구조와 일본모델(생활급)의 비교체계

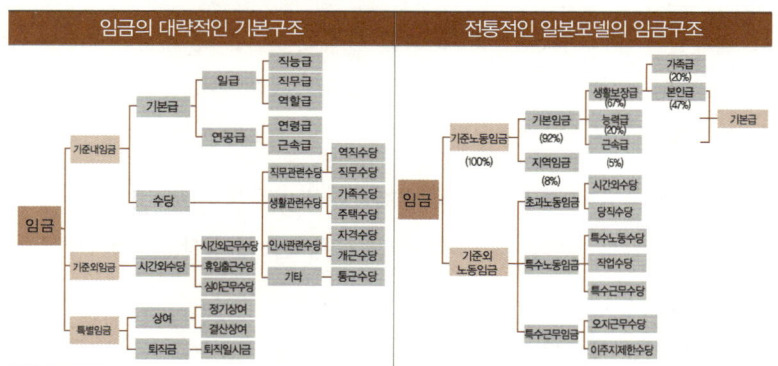

자료: 吉田壽, '正社員人事制度の現在; 日本の働き方~『正社員』の行方', 三菱UFJリサーチ&コンサルティング, 『季刊 政策·經營研究』 2010 vol.2, 2010.5.14.

적중시의 임금제도 패러다임 변화다. 관리직 연봉제와 인센티브 보너스(업적상여) 등이 대표적이다.

물론 성과주의도 특유의 한계 탓에 자주 도마에 올랐다. 개인 · 단기 · 결과 등에 편중된 성과주의의 폐해 때문이다. 최근에는 팀 · 중장기 · 프로세스 · 인재육성 등의 관점이 성과주의 평가항목에 가미되기 시작했다. 성과주의의 맹점인 금전보수에 대한 지나친 의존도 수정압박을 받고 있다. 돈으로 받을 수 없는 '마음의 보수'로 불리는 비금전적 보수중시가 그렇다. '종합보수(Total Reward)' 개념등장이다. 개입을 통해 신뢰기반을 가짐으로써 애정 · 자부심 등을 고조시켜 결과적인 성과공헌을 추구하는 '개입경영(Engagement Management)'이 그렇다.

어쨌든 생활급 임금체계는 비교적 건재하다. 성과주의로 직무급이 광범위하게 적용 · 확산되고 있음에도 불구, 기본은 생활급이다. 연공주의가 존재하는 한 생활급은 지속될 것이란 게 보편적인 인식일 정도다. 다만 설명력과 비중은 상당 부분 훼손 · 감소됐다. 저가노동의 대량공급이 필수였던 고도성장이 끝났고 생활수준이 고비용구조로 전환됐기 때문이다.

재계도 상황변화에 대응해 연공주의의 자동승급 · 임금인상 관행에 브레이크를 걸기 시작했다. 노동을 비용요소로 간주하면서 전통적으로 꺼려오던 인원정리와 임금삭감도 일상화됐다. 고용 없는 성장구조다. 2000년대 이후 일본기업은 인건비 삭감을 필두로 한 비용절감으로 사상최대치 매출실적까지 구가했다. 반면 생활급의 수정압박과 생계비의 확보불안은 직원의 생활수준을 하락시켰다. 실제 월급은 감소세다.

09

비용 대비 효과만점
'복리후생의 재검토'

샐러리맨 좌절시대다. 빠듯한 월급 때문이다. 쪼그라든 살림살이는 고질적이다. 저성장과 내수침체가 20년째 지속된 탓이 크다. 고용 없는 성장과 기업복지의 종언으로 직장인 한숨소리는 나날이 높아진다. '회사인간'으로 불리는 일본직장인의 봉급상황은 실제 악화됐다. 뚜렷한 우하향(╲)이다.

샐러리맨(4,506만 명) 월급자료(민간급여총액추이)를 살펴보니 평균연봉은 405만 9,000엔(2009년)에 그쳤다. 전년 대비 23만 7,000엔(5.5%)이 줄어들었다. 절정기였던 1997년(467만 3,000엔)보단 확연히 떨어졌다. 금액으론 1989년으로의 회귀수준이다. 상여(보너스)비율도 20%(2000년)에서 16%까지 하락했다. 특히 지출항목이 급증하는 30대 샐러리맨의 임금하락이 두드러진다.

월급(현금급여)이 줄면 '일할 맛'은 정비례해 감소한다. 어쩔 수 없는 당연한 결과다. 재계논리도 이해하지 못할 바는 아니다. 지속가능한 경영 확보를 위해선 비용절감이 불가피하다. 문제는 부작용을 최소화해 '일할 맛'을 유지·향상시킬 제반노력과 진정성이다.

최후선택이어야 할 인원정리·임금삭감이 최우선으로 선택·집행돼선 곤란하다. 적자생존·승자독식의 정글법칙을 내세워 편향된 독점구조만 추구하는 건 사회경제적 비용전가로 직결되며 기업책임도 결코 자유롭지 않다. 금융위기 이후 신자유주의 부작용이 확인되면서 노사상생의 조화로운 경영정책은 더욱 필요해졌다. 근로자가 피폐해지면 성과향상도 기대할 수 없어서다.

기업복지 재구축 움직임… 내부유보금은 사상최고치

금전수혜인 돈도 돈이지만 심리근거인 근로의욕·동기발현도 꺾여버렸다. 답답함과 불편함을 호소하는 근로자가 부쩍 증가했다. 성과주의의 반발로 건강을 해치거나 휴직하는 경우도 최근 늘었다. 무임금의 잔업증가와 과로사 공포가 대표적이다.

자랑거리였던 사내소통은 막혀버렸다. 동료를 경쟁자로 보는 분위기가 팽배해졌고 개인주의적인 업무불통이 일상화됐다. 팀워크부재다. 회식은 사라졌고 웃음은 옅어졌다. 가족주의적인 공동체의식은 사연(社緣)붕괴로 단절됐다. 활기가 줄어들었다. 정보차단으로 근무공간엔 유리장벽이 세워졌다. "회사가 직원을 위해준다"는 의식은 유물신세 일보 직전이다. "일개 소모품으로 용도가 없어지면 폐기할 것"이란 경계가 대신한다.

그래도 일본모델이 잔존·유지되고 있어 다행이라면 다행이다. 인간존중의 경제학과 사람중시의 근무환경을 재구축하려는 움직임이 적잖아서다. 3대 일본적 복지시스템인 지방부양·진성복지조차 기능부전에 빠진 마당에 기업복지를 소홀히 해선 공멸의 길을 걸을 것이란 위기감이 전면에 배치된다.

비용문제로 갑론을박이 거세지만 금융위기 이후 생활급 중심의 기업복지를 재구축해 사회경제적 활력회복의 밑거름이 되도록 하자는 의견이 힘을 얻는다. 재정적자(1,000조 엔)와 달리 기업곳간(내부유보금)이 여유롭다는 점도 기업의 사회적 책임과 맞물려 자주 거론된다. 실제 기업의 내부유보금은 206조 엔에 달한다(2010년 9월). 사상최고치다. 일각에선 기업의 이익편취니 애초 근로자에게 배분해야 할 몫을 제대로 돌려주자는 급진론도 있다.

일부 기업은 실제 기업복지의 재구축에 돌입했다. 복리후생비가 대표적이다. 금전비용을 크게 늘리지 않으면서도 근무의욕을 북돋울 꽤 괜찮은 대안으로 거론되기 때문이다. 물론 여전히 복리후생비는 비용요소로 간주돼 삭감추세인 게 대세다. 임금조차 줄일 판에 복리후생비를 삭감하는 건 당연한 연결고리다. 즉 '보이지 않는 비용'의 부담증대 차원에서다. 인구변화와 맞물린 복리후생비의 지출이 기업을 압박한다고 봐서다.

특히 법규항목인 법정복리는 줄이기 힘들어 그 대신 기업 자체로 운영돼 비용을 얼마든 줄일 수 있는 법정외복리가 삭감타깃이 됐다. 많은 기업이 법정외복리비에 주목해 복리후생의 투자 대비 효과향상을 위해 고민한 것이다. 이 결과 성과주의 도입과 맞물려 많은 기업이 과거 운영했던 다양한 제반수당을 정리·통폐합한 경위가 있다.

복리후생은 현금급여 외의 방법으로 회사가 사원에게 제공하는 각종 시책을 일컫는다. 직원의 종합복지 향상을 위해 임금과는 별도로 기업이 사원·가족에게 행하는 제반시책과 제도를 지칭한다. 종류는 각양각색이다. 대개는 월급 이외의 시설·금전·현물·서비스 급부를 망라한다. 즉 '제2의 연봉'이다. 주변보수라는 점에서 영어로는 'Fringe benefit'로 불린다.

한편 노동대가로 받는 근로자수혜는 현금급여, 복리후생비, 퇴직금, 통근수당(통근비) 등 4가지로 구분된다. 현금급여엔 보너스가 포함된다. 2009년 세부내역을 보면 현금급여(53만 3,379엔)가 절대다수인 가운데 복리후생비(9만 7,440엔), 퇴직금(6만 7,006엔), 통근수당(9,597엔) 등으로 나뉜다.

크게 봐 복리후생은 2가지로 구분된다. 법정복리와 법정외복리다. 법

◆ 2009년도 복리후생비 항목별 내역(종업원 1인당 1개월, 전산업평균)

항목			금액(엔)	증감(%)	세부내용
현금급여총액			533,379	-6.9	
복리후생비	법정복리비		71,480	-5.5	후생연금·건강(간병)·고용·산재보험료 등
	법정외복리비	주택관련	12,654	-4.2	주택·자가운조
		의료·건강	2,989	-3.5	의료·보건시설 운영 및 헬스케어 지원
		생활지원	5,939	-8.7	급식·구매·의복·보험·간병·육아·재형·통근버스(주차장) 등
		경조관련	713	-9.7	조의금
		문화·체육	2,021	-8.5	시설·운영활동에의 보조
		공제회	245	-14.6	
		기타	1,100	-11.9	
통근수당·통근비			9,597	-6.2	
퇴직금			67,006	1.8	퇴직일시금, 퇴직연금

자료; 日本經濟團體聯合會(2010)

정복리는 법률로 실시가 규정된 형태로 건강보험·후생연금·고용보험·산재보험 등을 아우른다. 국가의 사회보험제도 중 일부를 기업에게 의무화시킨 조항이다. 보험료는 산재보험만 회사가 전액부담이며 나머지는 노사절반이다.

법정외복리는 기업이 임의·자의로 규정한 복지항목이다. 임직원의 추가복지를 위해 자발적으로 실시하는 분야다. 주택보조·경조사비·공제제도·식비지원·재형저축 등 다양하다. 일부에선 법정외복리는 아니지만 퇴직금과 기업연금도 복리후생으로 규정한다. 법정외복리는 개별기업의 임의적인 비용부담이라 기업격차가 현격하다.

위기일 땐 복리후생부터 절감… '2006년부터 감소'

복리후생비 내역(2009년)을 보면 법정복리비(7만 1,480엔)가 법정외복리비(2만 5,960엔)보다 월등하다. 강제부담인 노사절반의 사회보험료 납부비중 때문이다. 법정외복리비의 경우 주택관련 보조비용이 절반가량을 차지하는 대형항목이다.

역사적으로 봐도 주거지원이 전체 법정외복리비의 40%대를 줄곧 유지 중이다. 그만큼 주거지원은 일반적인 복지항목이다. 버블호황 시절 일본기업의 사택·독신아파트 보유비율은 70%에 달했다(2008년 36.3%). 복합불황 이후 주거지원은 더 늘었다. 법정외복리비의 41.1%(1991년)였던 주거항목이 49.9%(2005년)로 증가했다. 주거지원이 경기변동과 낮은 상관관계를 갖는다는 점에서 생활급과 맥락이 닿는다. 근로자가 많은 대기업일수록 주거지원 자원비중이 높다. 2005년 1,000명 이상 기업은 57.2% 가 주거지원을 했지만 30~99명 기업은 23.5%에 그쳤다. 2000년대 이후 사택보유 기업 중 60%가 이를 통합·폐지했음에도 불구, 최근 독신아파트를 증가시키겠다는 응답도 4개사 중 1개사로 나타났다. 재미난 혼조현상이다.

주거지원을 제외하면 생활지원(5,939엔)이 그다음이다. 급식·구매·의복·보험·간병·육아·재형·통근버스(주차장) 등의 항목이다. 이 밖에 의료건강(2,989엔)과 문화체육(2,021엔) 등 시설운영 및 활동보조도 법정외 복리비의 일부를 차지한다.

재미난 건 식사항목과의 역관계다. 소규모 기업일수록 근로자의 식사지원 비율이 높다. 저비용·고만족의 노림수로 해석된다. 일본적 임금체계의 특징 중 하나인 퇴직금은 복리후생비와는 별도 항목이다. 퇴직일시금과 퇴직연금으로 지급되는데 보너스처럼 법적의무는 아니지만 관행으로 정착됐다. 대부분 기업이 도입 중으로 퇴직 때 기본급에 링크돼 지불된다. 재직기간의 공헌도와 무관하게 근속연수가 길면 퇴직금이 높다. 최근엔 퇴직금제를 폐지하거나 사전지급으로 변경하는 것도 유행이다.

전체적으로 봤을 때 복리후생비는 감소세다. 임금하락과 동일방향으로 위기일수록 복리후생 이슈가 밀린다는 통설을 증명한다. 현금급여 하락은 전후 최초로 1997년·2002년에 있은 후 2007년부터 3년 연속 발생했다. 복리후생비도 보조를 맞춘다. 다만 복리후생비 중에서도 온도차가 있다. 법정복리비는 급여삭감과 무관하게 증가세지만 법정외복리비는 즉각적인 감소세다. 즉 현금급여가 하락한 1997년 법정복리비는 늘었지만 법정외복리비는 줄었다.

법정복리비는 2007년까지 하락한 적이 없다. 복리후생비의 삭감대상이 법정외복리비로 과다·집중된 결과다. 이는 인구변화가 힌트다. 다수의 현역세대가 소수의 고령세대를 부양하던 종래모델이 붕괴되면서 자녀수당(법정외복리비) 수령직원은 줄고 고령근로자로 회사부담 사회보험료(법정복리비)는 늘었기 때문이다.

법정외복리비가 유독 감소한 배경은 앞서 언급했지만 기업 자체의 자율조정이 가능한 항목이란 점이 주효했다. 법률통제를 안 받는 기업의 자체제도이기 때문이다. 경영악화 때 기업은 비용절감을 위해 법정외복리비 관련정책을 우선해 개정·포기하는 경우가 일반적이다. 복리후생 전담부서의 인원을 줄이는 경우도 많다. 2009년 현재 법정외복리비의 항목별 전년 대비 증감률은 모두 마이너스다. 법정복리비가 평균 5.5% 감소한 데 비해 법정외복리비는 6.2% 감소했다.

복리후생 감소할수록 '의존성은 되레 증가'

복리후생비 감소추세는 최근 뚜렷해졌다. 2006년 현금급여와 복리후생비는 과거최고치를 기록했다. 각각 58만 7,658엔, 10만 4,787엔으로 현금급여 대비 복리후생비 비율은 17.8%를 나타냈다. 이후 2009년까지 3년 연속 감소하며 2009년 현재 각각 53만 3,379엔, 9만 7,440엔까지 떨어졌다. 2009년 감소세가 더욱 컸던 것은 금융위기에 따른 매출부진으로 해석된다.

복리후생비 중 법정복리비는 2006년(7만 6,437엔)이 액수로 봐 최대였으며 지금(2009년, 7만 1,480엔)은 다소 떨어진 상태다. 법정외복리비는 1996년

(2만 9,756엔)을 정점으로 계속 하락해 현재수준(2009년 2만 5,960엔)까지 축소됐다. 다만 현금급여 하락분이 상대적으로 커 현금급여 대비 복리후생비 비율은 사상최고치인 18.3%까지 올랐다. 복리후생비의 임금벌충 의존도가 높아졌다는 얘기다(일본경단련·2010년).

전반적인 복리후생비 감소추세 속에서 그 중요성은 오히려 한층 높아졌다. 월급이 줄었으니 제2의 월급인 복리후생비라도 잘 챙겨보자는 의도다. 탄탄한 복리후생이 취업·전직(轉職)시장에선 훌륭한 회사의 힌트·신호로도 해석된다. 불황 이후 우여곡절·산전수전을 겪은 기업임에도 불구, 복리후생을 여전히 중시·강화한다면 직원만족에 각별한 애정을 지닌 것으로 이해할 수 있어서다.

회사선택 때 급여 외의 제반수당과 기타 지원을 합한 복리후생을 중시하는 이들도 늘었다. 실제 취업시장 인기순위를 보면 현금급여의 금전보수보다 복리후생과 관련된 유무형의 심리토수가 탄탄한 기업을 우선하는 시선이 뚜렷하다.

● 종업원당(1인당 1개월) 복리후생비 추이(2009년)

구분 (年)	현금급여총액	복리후생비			퇴직금	복리후생비 비율 (현금급여대비)
		합계	법정복리비	법정외복리비		
1955	23,967	3,225	1,463	1,762	–	13.5
1965	49,273	6,197	2,897	3,300	2,814	12.6
1975	218,877	27,095	14,897	12,198	11,306	12.4
1985	398,630	56,797	36,420	20,377	32,296	14.2
1996	542,368	90,989	61,233	29,756	48,288	16.8
2006	587,658	104,787	76,437	28,350	76,605	17.8
2009	533,379	97,440	71,480	25,960	67,006	18.3

자료: 日本經濟團體聯合會(2010), 단위; 엔·%

복리후생을 현명하게 활용하면 급여 이상의 생활만족이 가능하다는 주장도 힘을 얻는다. 급여가 적어도 복리후생이 충실한 게 더 낫다는 의견까지 있다. 이때 중시되는 복리후생은 식사와 주거지원이다. 생활비 절감이 가능해서다. 이와 관련해 직원식당을 필두로 레스토랑·편의점 등에서 사용하는 쿠폰을 지급하는 회사가 화제에 올랐다.

사택·독신아파트의 현명한 사용법도 마찬가지다. 주택수당의 경우 현금급여로 인식돼 과세가 되기 때문에 가능하면 무료·저비용사택에 들어가는 게 금전적으로 이득이 될 수 있어서다. 가령 주택수당을 월 6만 엔 받으면 연간 24만 엔이 세금·보험료다. 수혜 정도는 커도 천편일률적인 복리후생을 제공하는 대기업보다 재미나고 기발한 서비스가 많은 중소기업에 관심을 갖는 경우도 있다. 데이트지원금, 쇼핑휴가제 등 화제를 모은 개성적인 복리후생 라인업을 자랑하는 경우가 인기다.

금융위기 이후 일본기업은 복리후생에 관심을 갖기 시작했다. 트렌드는 아니지만 '일할 맛'을 높일 수 있다는 점에서 적극적인 검토에 착수한 분위기다. 이는 최근 주목 중인 '종합보수(Total Reward)'가 대표적이다. 성과주의의 근본개념인 금전보수에 지나치게 의존하는 대신 비금전보수를 중시하자는 움직임이다. 돈으로 대체할 수 없는 심리보수가 있다는 것에 대한 인식확인이다.

비금전보수란 업무내용과 근로환경으로 구분된다. 일의 보람과 칭찬·감사 및 본인의 경력개발 등과 관련된 업무를 할 수 있도록 배려하고, 건전한 기업문화와 일·가정 양립조화 및 근무유연성 등을 강화하는 방향의 근무환경을 조성해주는 게 대표적이다. 노사양자가 신뢰를 기초로 한 조직과 개인의 비전공유가 가능한 조직구축이 추구목표다.

10

기업복지 부활사례
'작지만 큰 직원식당'

"회사에 가기 싫다!"

"눈만 뜨면 지옥이다!"

2000년대 이후 샐러리맨의 출근길은 슬퍼졌다. 호구지책으로 일은 하되 자발적 충성심은 옛말이 됐다. 로열티가 떨어진 만큼 회사생활의 생기는 사라졌다. 기업은 급해졌다. 엔고추세에 내수불황의 맞바람도 벅찬데 근로자 동기부여의 신규과제까지 겹쳤다. 월급을 더 주면 좋겠지만 경쟁심화·불확실성을 감안하면 기업금고를 함부로 열기도 어렵다. 딜레마다.

그렇다고 손 놓고 앉아 있을 수만은 없다. '즐거운 회사생활'을 위한 대안마련은 미룰수록 힘든 과제여서다. 이때 등장한 게 복리후생의 재검토다. 대상은 '법정외복리후생비'다. 주거비(사택), 의료비, 경조사비, 교육비 등 월급 외의 각종 지원항목이다. 큰돈 없이도 근무만족도를 높일 수 있다는 점이 주효했다.

이 중 최근의 압권은 직원식당이다. 도시락문화에서 엿보이듯 점심해결이 고민거리인 직장인에게 맛있고 저렴한(혹은 무료) 직원식당은 일할 맛을 올리는 데 제격이란 평가다.

같은 맥락에서 일본열도에선 직원식당의 화려한 부활변신이 화제다. 키워드 '직원식당'은 일종의 붐으로까지 확산되는 모습이다. 그만큼 직원식당을 둘러싼 관심이 뜨겁다. 불을 지핀 건 2010년 출간돼 단기간에 100만 부를 돌파하며 종합 베스트셀러 1위에 등극한 요리책이다. 속편까지 합해 누계 223만 부나 팔려나갔다. 체중계 메이커의 직원식당 레시피를 다뤘는데 입소문이 상당하다. 쉽고 건강한 다이어트에 도움이 된다는 이유에서다.

이후 출판계는 직원식당 붐을 단기간에 일으켰다. 아마존저팬에 '직원식당'을 입력하면 단행본만 672권이다. 직원식당 붐은 '사식(社食).com'이란 커뮤니티까지 만들어냈다. 특히 신입·여성사원 사이에서 직원식당 유무 및 평판여부가 기업선택의 변수로 이해되면서 직원식당 변신과제를 우선순위에 올리는 기업도 증가세다. 관심과 열기증거다.

직원식당의 경제학… '회삿밥의 힘!'

언론도 가세했다. 〈아사히TV〉는 유명회사의 직원식당 탐방프로로 시청자의 눈을 잡았다. 직원식당을 랭킹처럼 도표화해 비교하는 시도도 끊이질 않는다. 특이한 운영방식과 메뉴구성을 소개하는 기사도 봇물처럼 쏟아진다. 일부 매체는 '사식탐험대' 등의 고정기사를 배치하기도 한다. 인기콘텐츠로 상당한 대접을 받기 때문이다.

가령 〈프레지던트〉는 '밥이 바뀌면 회사가 변한다'라는 아이템으로 직원식당의 경제학을 다뤘는데 큰 인기를 끌었다. 〈닛케이우먼〉은 "장기불황과 성과경쟁 등으로 살벌해진 직장환경이 직원식당 변신개조 덕분에 소통과 웃음공간으로 업그레이드됐다"고 평가한다. 학계에선 직원식당의 배려가 신뢰확보의 기본이 된다며 채택함 직한 소프트웨어 전략 중 하나로 권유된다. 구글의 높은 직원만족도의 근원이 직원식당이라는 연구결과도 있다.

직원식당이란 기업이 복리후생 차원에서 제공하는 식당시설을 말한다. 과거 종신고용·연공서열에 맞춘 생활급과 함께 월급 이외의 복리후생으로 비교적 중시되던 부가수혜였다. 하지만 1990년대 이후 복합불황의 직격탄을 맞으면서 우선순위가 떨어지거나 혹은 폐지되는 아픔을 겪었다. 동시에 직원식당을 둘러싼 부정적인 고정관념도 지배적이었다. 값은 비교적 싸지만(혹은 무료) 맛이 문제였다.

어쨌든 밥만 해주면 그걸로 충분하다는 투의 소극적인 회사 역할이 한몫했다. 때문에 직원식당을 둘러싼 불평불만이 끊이지를 않았다. 기업입장에선 선심을 쓰면서도 칭찬은커녕 본전조차 못 찾는 게 비일비재했다. 무엇보다 다양한 메뉴구성과 각개의 입맛기호가 무시됐다. 천편일률적인 단순·집단메뉴 탓에 회사마다의 차별성이 떨어진 것이다.

그랬던 게 직원식당 붐과 맞물려 상황이 180도 달라졌다. 비용 대비 기대효과가 높다고 알려지면서 기업의 상황대처가 눈에 띄게 적극적으로 변했다. 소액투자로 각종의 유무형의 경제효과를 누린다는 점이 강

GMO의 사원식당

조된 것과 일맥상통한다. 사회문제로까지 부각된 소통불통의 해결책으로도 각광이다. 얇아진 주머니사정에 도움이 될뿐더러 소원했던 동료직원과의 자연스러운 커뮤니케이션 기회제공이 그렇다.

실제 해당 임직원의 직원식당 이용만족도는 의외로 높아졌다. 좋은 직원식당을 제공한다는 이유만으로 일류직장이라는 브랜드가치까지 끌어올린다. 우수인재를 흡수하는 역할도 한다. 직원식당의 호평여부가 복리후생의 상징조치로 인식된 결과다.

언론 등의 집중노출 덕분에 몇몇 기업의 직원식당은 상당히 유명해졌다. 직원식당 붐을 일으키며 저칼로리·저염분의 건강식을 제공해 화제를 모은 타니타가 대표적이다(박스기사 참고). 이 밖에 24시간 무료로 식사·간식을 내놓는 GMO의 직원식당도 유명하다.

종합인터넷업체인 GMO는 복리후생의 확충차원에서 제1탄으로 직원식당을 선정했다. 세계 1위를 지향하는 직원식당엔 'GMO Yours'라는 이름까지 붙었다. 24시간 운영은 잔업·야근이 많은 업무특성을 반영한 결과다. 게다가 전부 무료다. 직원뿐 아니라 가족과 거래처 사원도 해당된다. 때문에 외부인과의 런치미팅은 일상적이다. 사내탁아소에 맡긴 자녀와 함께 식사하는 경우도 적잖다. 맛은 최고수준이다. 빵은 호텔제과점에서 조달하고 커피머신을 둬 입맛 따라 고르도록 했다. 과자·과일도 가득하다. 식사코스는 10종류가 준비되는데 역시 칼로리와 원산지 관리에 엄격하다. 회사관계자는 "직원식당 프로젝트팀을 구성해 다양한 벤치마킹을 통해 195개의 아이디어가 채택된 결과"라고 했다.

저비용으로 일할 맛 높여… 사내소통에도 제격

최근의 변화양상은 몇 가지로 요약된다. 먼저 메뉴가 다양화됐다. 학교배식에 비유되는 1~2가지의 단순메뉴에서 레스토랑처럼 주문항목을 늘린 기업이 많아졌다. 높아지는 건강지향성을 감안해 저칼로리 메뉴를 도입한 곳도 적잖다. 그릇·접시크기를 세분화해 식사량 조절이 가능한 식당도 많다. 맛의 고급화도 뺄 수 없는 포인트다. 사원의견을 청취해 개선을 반복하며 사원개개인의 기호를 맞추도록 노력 중이다.

식당공간의 확대추세도 눈에 띄는 현상 중 하나다. 직원식당을 일종의 휴식공간으로 인식해 공간이용을 극대화하려는 의도다. 식당공간을 식사시간 이외에는 소통(커뮤니케이션)현장으로 재활용하고자 틀에 박힌 식당냄새를 없애기도 한다. 언제든 가볍게 찾아와 쉬고 마실 수 있는 카페테리아 공간으로의 변신이 그렇다. 저녁엔 바(Bar) 형태로 운영하는 건 기본이다. 간단한 드링크와 안주를 무료로 제공하고 파티를 열 수 있도록 배려한다.

이 밖에도 직원식당의 진화엔 재미난 아이디어가 총동원된다. 식비보조는 기본이다. 저가공급마저 포기하고 아예 무료로 운영하는 경우도 많다. 점심뿐 아니다. 하루 3끼 전부를 제공하는 기업도 하나둘 늘어나는 추세다. 방문손님을 배려해 단독공간을 설치한 세심한 배려도 주목된다. 전망이 가장 좋은 곳에 식당공간을 배치하는 건 상식이다. 널찍한 공간 배치로 점심시간의 수용능력을 높인 기업도 많다. 회전스시처럼 다양한 가격대의 메뉴도 선보인다. 대기업은 식사 종류만 100가지가 넘는다.

  품질도 고려대상이다. 스시 등 원하는 메뉴에 따라 외부요리사를 초빙해 최고품질을 추구한다. 호텔식당과 제휴하는 곳도 늘었다. 공장텃밭의 농작물을 재료로 쓰는 회사도 있다. 식당 한편에 주점스타일의 공간을 둬 저녁식사 때 간단한 반주도 가능해졌다. 전문가를 배치해 식사 이후 골밀도 등 직원건강을 챙기는 기업도 있다. 점심시간을 활용한 건강교육이다. 굳이 직원식당까지 가지 않아도 메뉴확인이 가능하도록 사내정보망을 활용하는 움직임도 늘어났다.

■ 타니타의 직원식당

붐의 주역… 500kcal로 손쉬운 건강·다이어트식 제공

직원식당 붐에 불을 댕긴 건 출판계다. 『체지방계 타니타의 직원식당』이라는 책이다. '500kcal에 배부른 정식'이라는 부제가 붙으며 화제를 낳았다. 2010년 연초 발매된 이래 계속해 베스트셀러 1위(2011년 말 기준)에 랭크 중이다. 요리책으론 드물게 100만 부 판매기록(8개월)까지 세웠다. 출판사조차 "상상하지 못할 정도의 대박"이란 입장이다. 1년 후 발매된 후속책도 베스트셀러 종합 2위를 달리며 승승장구 중이다.

책은 타니타란 회사의 직원식당이 제공하는 건강식 레시피를 소개한다. 끼당 500kcal의 2인용 조리법 30종류가 수록됐다. 직원식당에서 밥 먹는 것만으로 다이어트 효과를 봤다는 생생한 증언도 곁들였다. 최고 21kg 감량사례가 대표적이다. 이는 다이어트 후기처럼 회자되며 체중과 건강을 유지하려는 수요를 단번에 잡았다. 일반가정에선 '타니타 벤치마킹'도 화제다. 식단대로 짠 후 쉽게 다이어트에 성공했다는 독자엽서가 쏟아진다.

타니타는 체중계 회사다. 일본 최초의 가정용 체중계 제즈·판매회사다. 책은 체중계 메이커의 임직원은 어떤 음식을 먹으며 건강을 지킬까라는 의문에서 기획됐다. 건강이슈의 회사답게 12년 전부터 직원식당에 저칼로리·저염분의 건강식을 제공 중이라는 입소문도 한몫했다. 발매 이후 타니타 직원식당은 문전성시다. 건강식인데도 포만감과 맛까지 갖춰 화제집중이다. TV를 비롯한 주요언론의 집중조명이 끊이질 않는다. 풍부한 계절채소의 이용과 천연육수 사용 및 철저한 예약시스템 등 타니타 직원식당의 운영노하우를 배우려는 문의도 많다. 회사에 따르면 식당이용률은 40~50%대지만 만족도는 그 이상이다. 500kcal로 한정하다 보니 처음엔 도시락·인근 식당 등을 이용하던 직원들의 동참의지도 확연한 증가세다.

이 회사의 식당풍경은 다소 특이하다. 메뉴는 매주 이슈를 정해 달라진다. 철분, 스트레스, 식이섬유 등 건강테마에 맞춰 식단이 꾸려진다. 식단은 영양사의 해설이 곁들여져 건강정보를 챙기기에 좋다. 메뉴는 밥, 국, 반찬(2개), 메인음식의 5개 종류로 구성된다. 총 칼로리는 500kcal 이하다. 배식과정에 저울을 둬 본인의 식사량을 조절하는 것도 특징이다. 또 계절채소는 크기가 큼직하다. 오래 씹어 건강을 챙기고 포만감을 높이기 위한 배려다. 향이 강한 야채를 사용해 소금을 대체한 것도 포인트다. 회사는 "체중과 건강과 식사는 아주 밀접하다"며 "먹는 것을 통해 사원건강을 관리하자는 차원에서 공을 들인다"고 밝힌다.

Chapter 2

행복 지키는
전통의 명문기업 10

01 Asahi
아사히맥주(アサヒビール)

※ 기업개요

- 회 사 명 아사히맥주(アサヒビール)㈜
- 소 재 지 도쿄(東京)도 스미다(墨田)구
- 설 립 일 1949년 9월 1일
- 대 표 자 이즈미야 나오키(泉谷直木 · 사장)
  오키다 히토시(荻田伍 · 회장)
- 자 본 금 1,825억 3,100만 엔(2011년 7월)
- 매 출 액 1조 4,900억 엔(2011년 예상)
- 종 업 원 3,719명(2009년)
- 홈페이지 www.asahibeer.co.jp

퇴직률 0.84%… '그 애사정신의 비밀'

0.84%.

아사히맥주(이하 아사히) 임직원의 2009년 연간퇴직률(본인사정)이다. 확실히 놀라운 수치다. 1년에 걸쳐 100명 중 1명도 안 되게 회사를 그만둔다는 비율이다. 한 해만 그런 건 아닐까 싶지만 2005~2009년 내내 1% 밑이다.

그렇다면 아사히 사원은 왜 1%도 그만두지 않을까. "성실하고 열정적인 사람이 모여 집단력을 발휘하며 회사 · 사원끼리의 신뢰관계와 일체감이 두텁기 때문"이란 게 회사의 공식답변이다. 이해는 가지만 단번에 이해되는 의미는 아니다.

다만 이를 뒷받침하는 사실평가가 적잖다. 가령 2008년 아사히는 '일할 맛 나는 회사' 전국 5위에 올랐다 (GPTW저팬 조사결과). 이는 사원의 직접적인 목소리를 분석한 평가결과로 비교적 신뢰도가 높은 랭킹이다. 실제 "이 회사에서 일하는 걸 자랑스럽게 말한다"는 직원이 많다. 회사가 사원 자신을 중요하게 여겨준다고 믿기에 경영진에 대한 신뢰감은 그만큼 두텁다.

이런 기업문화는 주류회사라는 점과도 관계있다. 맥주회사답게 남성영업자가 많은데 이들의 만족·행복감이 집단화될 때 특히 높은 애사정신을 발휘하기 쉬워서다. 낮은 퇴직률이야말로 회사와 직원의 신뢰감을 증명하는 지표다.

슈퍼드라이 성공비법… '사람우선의 직원신뢰'

먼저 아사히의 성공신화부터 살펴보자.

아사히는 맥주 맛 좋기로 유명한 일본에서도 최고명성을 자랑하는 메이커다. 1990년대 이후 2강2중의 플레이어 중 아사히와 기린이 각각 40%대에 육박하는 점유율로 시장을 리드한다. 삿포로와 산토리가 각각

10%를 넘기며 3~4위를 기록 중이다. 전체 판세는 기린의 장기집권을 아사히가 위협하며 1위 쟁탈전을 벌이는 형태다.

　최근 주도권은 아사히가 쥔 분위기다. 2010년 현재 시장점유율은 아사히(37.5%)가 1위다. 기린(36.7%), 산토리(12.9%), 삿포로(12.0%)가 뒤를 잇는다. 아사히의 1위 탈환은 2년 만의 성과로 제3의 맥주 등 젊은 층 입맛에 맞춘 신상품 기여도가 주효했다.

　다만 전체적인 시장상황은 부정적이다. 2010년까지 6년 연속 최저치를 갈아치울 만큼 출하량이 감소세다. 저출산·고령화로 맥주인구가 구조적으로 줄고 내수침체로 지갑두께까지 얇아진 결과다. 2009년 말 연결매출액 구성비는 주류(9,582억 엔)·음료(3,552억 엔)·식약품(924억 엔)·기타(667억 엔)로 구성된다. 맥주회사답게 주류비중이 65.1%에 달한다.

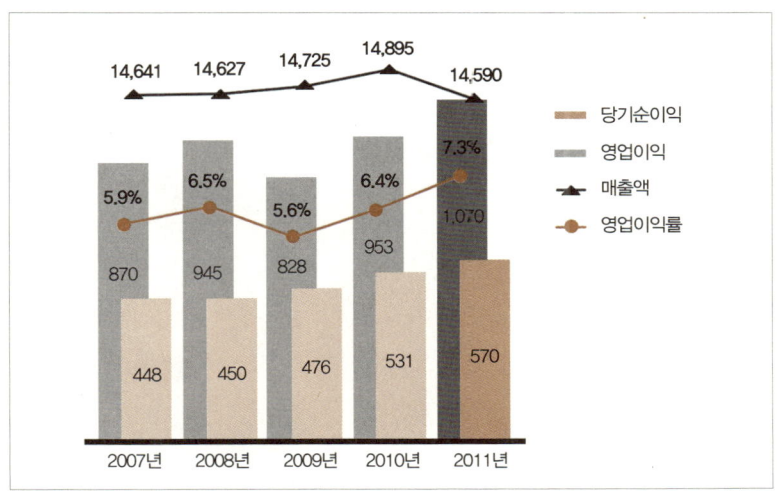

◆ 아사히맥주의 실적추이

자료; 결산보고서(2011년 2분기), 단위: 억엔

◆ 아사히맥주의 종업원 규모추이

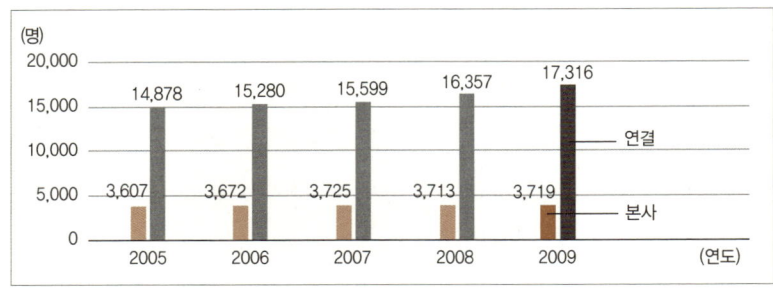

자료; 홈페이지

    종업원은 모두 3,719명이다(연결 1만 7,316명). 맥주메이커답게 남성(3,177명)이 주류지만 여성(542명)도 적잖은 규모다. 2009년 아사히맥주만의 이직률은 0.84%지만 그룹 전체로는 0.64%까지 떨어진다. 해고자는 제로다. 비정규직의 정규직 길도 열어뒀다. 사무부문을 중심으로 유기계약사원(준사원·임시사원)에서 정규직으로 신분전환이 가능한 등용시험을 실시한다. 급여수준은 평균을 웃돈다. 임직원 평균연봉은 881만 3,974엔에 달한다(2009년). 기업연금은 확정급여(DB)가 100%에 달하며 확정갹출(DC)은 85%의 종업원이 참가한다.

    회사의 공식설립(朝日麥酒)은 1949년이지만 실제

역사는 이보다 길다. 1889년 아사히맥주의 전신인 오사카맥주(大阪麦酒)가 설립됐기 때문이다. '아사히맥주'가 발매된 건 1892년의 일이다. 1893년엔 시카고세계박람회에서 아사히맥주가 최우등을 수상했

다. 1990년엔 일본 최초로 병맥주를 시판한 데 이어 1957년엔 캔 맥주를 최초로 내놨다. 1987년엔 자사 최고의 히트상품인 '슈퍼드라이'를 발매하는 등 일본 맥주역사를 주도해왔다.

아사히의 1위 기반은 뭐라 해도 슈퍼드라이의 긍이 현격하다. 1980년대 중반 위기 직전의 아사히를 구해낸 주역이기 때문이다. 일각에서 일본맥주 역사를 슈퍼드라이 출시 전후로 나눌 만큼 존재감이 현격하다. 1987년의 일이다. 슈퍼드라이 출시 이후 업계판도가 변했고 제품 다양성이 시도됐으며 '맥주=국민 술' 인식이 정착됐다.

슈퍼드라이 이전 아사히는 바람 앞에 흔들리는 촛불신세였다. 전쟁 직후 30%를 웃돌며 1위를 달렸지만 1980년 중반 점유율 9%대까지 추락하며 몰락일로를 달렸다. 한때 부도위기에까지 직면했다. 세간에선 아사히(朝日)를 뜨는 해가 아닌 지는 해의 '유우히(夕日)'맥주로 조롱했다. 직원은 흔들렸고 희망은 없었다.

그랬던 아사히가 1986년 외부에서 구원투수를 영입한 뒤 180도 달라졌다. 맥주업계 문외한이었던 은행원 출신의 히구치 히로타로(樋口廣太郞)

아사히맥주를 위기에서 구해낸
히구치 히로타로 전 사장

사장이 주인공이다. 그는 바닥까지 추락한 아사히의 성장발판을 임직원 의식전환에서 찾아냈다. 임직원만 움직이면 위기극복도 금방 가능할 것이란 판단에서다. 그의 의식개혁 작업은 주효했다. 취임 이후 패배의식 대신 도전정신을 심는 데 노력했다. 처음엔 반발도 심했다. "전례가 없으니 안 한다"거나 "노력했는데도 안 되니 어쩔 수 없다"는 투의 자조감과 패배감이 지배적이었다.

경영위기 때 '감원 No' 선언 후 '해보자' 분위기

사장이 먼저 나섰다. 경쟁업체 CEO를 직접 찾아가 아사히 문제점을 청해 들었다. 이때 충고는 지금껏 회사의 4대 지침으로 준수된다. △고품질 원재료 △경쟁업체 흉내금지 △건강지향 △재고맥주 전량회수 등이다. 이후 회사는 12억 엔의 거금을 들여 오래된 맥주를 전량 회수했다. CEO의 결단은 임직원 자부심으로 연결됐고 이는 곧 부활발판으로 작용했다. 맛있고 신선한 맥주만 팔겠다는 강력한 어필이 변화씨앗을 뿌린 것이다.

결정적 부활에너지는 슈퍼드라이의 성공적 발매였다. 당시 지배적이던 업계관행에서 벗어나 단순한 용기변화 대신 맛 자체를 업그레이드하는 카드를 선택한 결과다. 소비자 10명 중 9명이 지적한 맛에 대한 불만을 새로운 제품개발에 적용시켰다. 그도 그럴 것이 아사히 맥주는 고객이 원하는 맛이 아니었다. 맥주 맛을 구분 못할 줄 알았는데 일본고객은 누구보다 정확히 기린과 아사히 맛을 구별해냈고 결과적으로 기린을 선택했다. 미묘한 맛 차이에 주목할 수밖에 없었다. 5,000명 이상의 소비자에게 원하는 맛을 물었다.

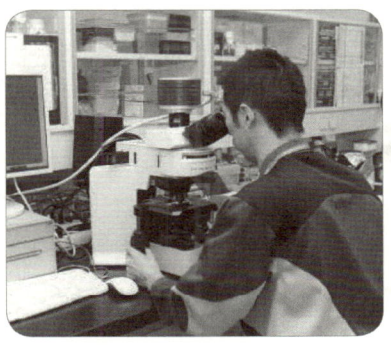

혁신제품은 원한다고 금방 나오는 게 아니다. 아사히는 슈퍼드라이 개발까지 엄청난 굴곡·장벽에 봉착했다. 결론은 맛 논쟁으로 이어졌다. 지향점은 가볍고 잘 넘어가는 드라이맥주였다. 와인처럼

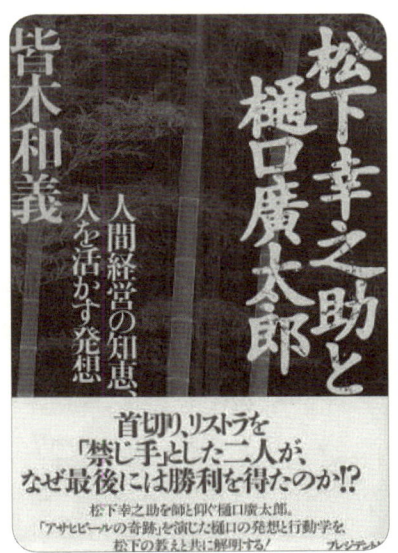

경영의 신 마츠시타 고노스케와 히구치 히로타로를 함께 분석한 경영철학서

드라이하면서 청주처럼 쌉쌀한, 그리고 풍부·넉넉하면서(コク) 산뜻·

정갈한(キレ) 맛을 내기란 전례 없는 도전이었다.

하지만 CEO의 전폭적인 지원을 등에 업은 도전정신은 결국 꿈의 맛을 개발해냈다. 대히트였다. 1987년에만 5,296만 박스를 팔아 최고 판매기록을 세웠다. 여세를 몰아 1989년엔 1억 박스를 넘겼다. 설비투자에도 불구, 물량이 달려 임직원에겐 사지도 마시지도 말라고 할 정도였다.

히구치의 인간경영 지혜는 '직원중시'에서 출발한다. 모든 게 사람에서 비롯된다는 믿음이 붕괴 직전의 아사히를 되살려낸 원동력이었다. 실제 그는 직원을 믿었고 불안감을 달램으로써 부활전략의 첫 기치를 들어올렸다.

먼저 임직원에게 희망을 줬다. 1980년대 초반 경영난으로 500명이 해고된 일이 있었기에 종업원 불안감은 극에 달했었다. 때문에 그는 취임 직후 "절대로 감원은 없으며 보너스도 가능한 한 지불할 것"을 약속했고, 이후 안정발판 위에서의 실력발휘를 위해 "꿈을 가질 것"을 권유했다.

이 발언은 대공황의 도산위기에서 회사(마츠시타전기, 현 파나소닉)를 구해낸 마츠시타 고노스케의 경영철학과 일치한다. "한 명의 직원해고도 없을 것"이란 선언 이후 마츠시타 임직원은 불안감과 고마움에 더 열심히 일했는데 이를 기대한 것이다. 실제 그는 히구치가 가장 존경하는 마음속 스승이자 선배다.

꿈의 강조는 그의 인생기구(人生氣球)론에서 비롯된다. 인간이란 꿈을 품음으로써 열기구처럼 위로 올라갈 수 있어서다. 성선설(性善說)처럼 직원은 원래부터 열심히 일하려는 좋은 내재의식을 가졌기에 CEO는 이를 위해 동기부여·외풍차단 등 환경조성만 해주면 된다는 논리다. 그러면 고민거리를 덜어낸 열기구는 하늘 위로 올라갈 수밖에 없어서다. 이때

고민거리란 열심히 일하려는 본질욕구를 저해하는 불투명성·불공정·
불평등 등이다.

히구치의 경영원점은 감사하는 마음이다. "감사가 교만을 없애주고 일
을 분명하게 해주며 상대방 기대에 부응하고자 없던 힘까지 발휘할 수
있게 해주기 때문"이다. 이와 함께 정직한 마음은 히구치의 경영원점을
완성해주는 키워드다. 이는 부친이 이불가게를 할 때 어깨너머로 배운
판매정신의 정점이었다. 이불이야말로 속을 알 수 없기에 정직하게 팔지
않으면 곤란해질 수밖에 없어서다. 이런 부친에게서 잘 보이지 않는 곳
에 좋은 재료를 사용하는 게 장사의 기본원칙임을 배웠다. 그가 광고보
단 내용을 중시하는 일관된 영업방침을 강조하는 배경이다.

회사부활의 일등공신인 슈퍼드라이 출시 때도 화려한 TV-CM보다
하나하나 설명할 수 있는 신문광고라는 정공법을 택했다. 그는 "어떤 정
밀한 경영이론도 생각해보면 그 논리는 매우 단순하다"며 "감사하고 정
직하며 사람을 믿는 마음이야말로 최고의 경영무기"라고 단정한다. 경영

일선에서 물러났지만 히구치의 경영철학은 지금도 많은 이들에게 전승된다. 본인 역시 적극적인 가르침에 열심이다. 저서 『인재론』은 출간 직후 일본재계에 큰 반향을 불러일으켰다. 1998년 불황침체에 빠진 일본경제의 부활전략을 책임지는 '경제전략회의' 의장으로 선출되기도 했다.

히구치, 인생기구론… "하늘 위로 오르도록 근로의욕 고취"

직원행복의 근원은 역시 탄탄한 복리후생이다. 확실히 아사히엔 사원이 자유롭게 물건을 선택하는 사택제도를 비롯해 다양한 복리후생제도가

구비됐다. 특히 여행·교육 등 복리후생 메뉴를 자유롭게 고르는 '카페테리아 플랜(선택형 복리후생제도)'의 부여금액은 연 12만 포인트(1포인트=1엔)에 달해 타사에 비해 높은 수준이다. 메뉴 종류는 모두 38가지다. 라이프플랜지원, 개호, 재산형성, 주택, 건강, 자녀교육, 자기투자, 유사대비 등 각양각색이다. 임직원은 부여받은 포인트를 사용해 본인이 원하는 서비스를 받을 수 있다.

'Brother(Sister)제도'라는 발상도 재미나다. 수십 년에 걸쳐 유지되는 이 제도는 선배와 후배의 뜨거운 연대감을 키우는 시스템이다. 신입사원은

4월 연수 이후 현장에 가배치돼 9월 정식배속까지 사내연수(OJT)를 받는다. 이때 신입사원 1명에 선배 1명이 붙어 공사불문 뒤를 봐준다. 선배사원은 공모로 선발되는데 경쟁률은 꽤 높다. 그들 스스로도 이 과정을 거쳐 오늘에 섰다는 점을 감사히 여긴다. 선배사원은 책임을 갖고 후배가 배속된 부서·담당자를 찾아 무난한 교육진행을 위한 일선창구 역할을 맡는다. 일종의 형제관계 구축이다. 단지 4개월에 불과한 제도운영이지만 형제관계는 평생을 간다는 게 회사 설명이다. 좋은 인간관계 수립이다.

이 밖에도 아사히의 복리후생은 종류가 많다. 최근 중시되는 출산·육아·개호와 관련한 제도도 7가지나 있다. 산전·산후휴가를 비롯해 육아·간병휴가 등을 세분화해 이용자가 편리하게 사용할 수 있도록 했다. 이때 유급휴가를 비롯해 소득보전 차원의 수당지급을 하는 경우가 적잖다. 유급휴가를 잘 사용하지 않는 일본적 근로환경을 감안해 리프레시

◆ 아사히맥주의 출산·육아·개호 관련 지원제도

제도	제도
산전산후휴가	산전 6주(다태임신 14주)·산후 8주. 휴가 중 건강보험 통해 출산수당 지급 가능
육아휴가	만 2세까지 자녀육아 위한 휴가
육아취업시간	중학취학 전 육아 위해 1일 최대 105분 취업면제. 3세 미만 유급적용
자녀육아휴가	중학취학 전 육아·개호 위해 1명당 연 10일(최대 20일). 3세 미만 유급적용
개호휴가	요개호자 1명당 통산 1년 이내. 휴업기간 중 소득보전으로 각종 수당 지급 가능
개호취업시간	요개호자 개호 위해 1일 최대 120분 취업면제
개호휴가(유급)	요개호자 1명당 연 5일간(최대 10일) 유급휴가
웰커밍	결혼·임신·출산·육아·개호·전근(배우자) 등의 퇴직 이후 재고용 (조건충족 때)

자료; 홈페이지

(Refresh) 휴가제도도 만들었다. 연속해 5일 이상 계획적 휴가를 쓰도록 하기 위해서다.

직원 개개인의 기념일에 쉴 수 있는 메모리얼 휴가제도도 있다. 유급인 연차휴가의 유연한 활용도 지원된다. 가령 연차휴가는 최대 40일까지 쌓아둔 후 사용할 수 있다.

휴가를 반일로 쪼개는 것도 가능하다. 자원봉사의 경우 연 12일의 유급휴가가 인정(나이스라이프휴가)되며 관혼상제는 물론 교통차단·공무·전근 휴가가 제공한다. 또 유급은 아니지만 별도수당의 생리·출산휴가가 있다. 유급휴가 취득률은 77.9%에 달한다(2009년).

2007년부터는 유연근무제를 도입했다. 본인 희망에 따라 자율적인 근무시간을 정해 일하는 시스템이다. 이때 반드시 근무해야 하는 코어타임도 유연성을 이유로 없애버렸다. 2009년엔 재택근무를 시험적으로 도입했다. 장기수입지원제도라는 것도 있다. 질병·사고로 장기간 취업위기가 발생했을 경우 수입을 확충해주기 위해 2005년 도입한 제도다. 단체장기장해소득보상보험에 가입함으로써 재원을 확보했다. 보험에 의해 최장 60세까지 수입 일부를 보상받을 수 있다.

한편 근로안전을 위한 이중삼중의 보호막도 갖췄다. 안전위생위원회를 각 사업장에 노사참여로 설치해 안전·위생을 저해하는 작업공간의 문제점과 개선점을 확인·개선한다. 덕분에 근로현장의 재해비율은 극히 낮다. 2006년 0.1%대였던 게 2009년 0%로 떨어졌다.

또 일상적인 건강관리를 위해 정기검진은 물론 다양한 카운슬링이 병행된다. 면접 카운슬링의 경우 1인당 연 5회까지 무료다. 더불어 잔업방지를 위해 컴퓨터 로그인·아웃 시간표를 자동시스템으로 체크해 관리한다. 임직원 1개월 평균 잔업시간은 24시간에 그친다. 하루 1시간 정도란 의미로 이는 잔업대국 일본에선 드문 케이스다.

모든 상황 커버하는 탄탄한 복리후생… 이중삼중의 의욕고취

'일할 맛'은 복리후생만으로 보장되진 않는다. 복리후생의 가치를 한층 키우는 쾌적한 근무환경과 만족스러운 임금제도 등이 빠져선 곤란하다. 이런 점에서 OB인 정년근로자의 활용은 직원행복을 키우는 장치 중 하나다. 회사는 2007년부터 입사 2~3년차 및 중도입사자를 대상으로 커리어면접을 실시한다. 담당자는 인사부와 그룹기업 사장을 경험한 2명의 정년 OB다. 2명은 전국 공장·지점을 순회하며 해당 상사에게 육성방침·과제를 들은 후 개별면접을 실시한다. 직장에서 못 하는 얘기부터 OB 본인의 실패담과 극복과정 등 많은 상담이 오간다. 자식보다 어린 세대지만 OB의 육성의욕은 높다. 형식적인 외부인사가 아닌 직장선배인 까닭에 상담과정에서 상당한 일체감이 형성된다. 근무환경에서 발생하

◆ 아사히맥주의 교육 및 연수제도

프로그램	제도
발탁형 프로그램	차세대경영자육성
계층별 프로그램	신입사원도입 연수, 신임프로듀서(관리직) 연수
자기연찬(硏鑽) 프로그램	선택형 연수, 통신교육, 비디오학습지원제도
프로인재육성 프로그램	특정자격취득지원제도
부문별 프로그램	부문별 연수 및 사업장주체형 연수

자료: 홈페이지

는 많은 갈등요소가 해결되는 건 물론이다.

이쯤에서 회사와 직원관계를 규정한 명문방침을 보자. 그룹인사 기본방침이다. 모두 4가지다. △도전·혁신사원에 대해 성장과 능력발휘 기회제공 △능력의 충분발휘·발군성과에 대한 충분보상 △사원성장 추진과 그룹 전체의 경쟁력향상 △고용확보에의 노력 등이다.

직원만족과 연결되는 주요항목은 역시 안정적인 고용확보다. 해고에 의한 인원삭감이 없다는 데 그치지 않고 사원을 중요하게 여긴다는 메시지가 회사방침에 명문화됐다. 게다가 이런 기본방침을 실천하는 키워드로 신(新), 성(成), 기(氣), 결속(結束)의 4개 글자를 제시했다. 신(新)은 새로운 것과 방식에 계속해 도전하는 걸 지원하는 것이다. 성(成)은 자립한 개인의 성장지원이다. 기(氣)는 의지와 강력한 기개·신념을 갖고 계획을 뛰어넘으려는 걸 지원하는 개념이다. 마지막 결속(結束)은 팀워크다. 본인에게만 좋은 게 아니라 회사강점인 주위를 둘러싸고 있는 힘을 발휘하는 걸 중시한다. 가령 새로운 일에 도전하면 실패는 당연하다. 실패하면 대부분 본인 책임을 묻는다. 그런데 아사히는 다르다. 실패하지 않으면 진짜 능력을 알 수 없다고 본다. 실패했다고 일일이 질책하고 평가점수를 낮추면 그 이상 발전이 없다는 이유에서다.

이런 사고는 처우제도에도 관통한다. 비관리직 급여는 능력급의 일부지만 능력평가는 철저히 신(新), 성(成), 기(氣), 결속(結束)의 4대 내용을 반영한다. 즉 능력내용을 4대 항목범주에 넣은 행동프로세스에 가중치를 둔다. 때문에 업적평가로 급여가 내려가거나 격차발생도 크지 않다. 평가 자체가 미래육성을 염두에 두기 때문이다. 그렇다고 연공서열적 임금제도도 아니다. 관리직은 상위에 오를수록 업적평가 비중이 높아진다.

이때 단순한 능력보단 임용된 업무역할과 직무책임에 기초한 역할급을 2005년부터 도입했다. 예를 들어 부장이라도 역할을 다하지 못했다면 과장직으로 강등되고 급여도 내려가는 구조다. 이 결과 우수한 젊은 인재를 등용하는 게 가능해졌다. 예전이었다면 관리직 승진이 40세 전후였는데 지금은 빠를 경우 34~35세까지 내려갔다. 최상위 부장·지사장급은 최저연령이 40세 초반까지 떨어졌다.

역할에 기초한 처우제도는 다른 대기업도 대개 채택 중이다. 하지만 아사히는 역할급 이외에 능력신장에 비례하는 자격급도 유지하고 있다. 즉 부장에서 과장으로 떨어져도 자격급은 변화가 없다. 역할급과 자격급의 비중은 60대 40 정도로 연봉베이스로는 75대 25 정도다. 자격급을 없애버리면 급여변동이 발생한다는 지적에 불변부분으로 일부는 자격급을 남겨뒀다. 극단적인 성과급이 좋은지 여부도 확신하지 못하기 때문이다.

실제 성과에 전적으로 기초한 승급·승격주의가 일부의 동기부여에 도움은 될지언정 일본적 기업풍토에선 오히려 의욕감퇴 등 마이너스 요소로 작용할 것이라는 분석도 기여했다. 자격급 유지는 성과급이 가져올 제도적 부작용을 고려한 미묘한 회사배려인 셈이다.

또 성과·업적만으로 승격시키는 것에 보호망도 마련했다. 발탁인사의 부작용 방지차원이다. 주요포스트에 등용할 땐 소속부문의 정보와 노조 등 모든 정보를 모아 신중하게 검토한다. 특히 부서에 연상직원이 있을 때 이를 어떻게 할 건지에 대한 판단을 중시한다. 연상직원을 긍정적 차원에서 능숙하게 활용할 수 있을 때만 등용한다는 얘기다. 업적의 수행능력만으로 직위는 상승할지 몰라도 연령·경험이라는 절대가치를 무시해선 안 된다고 봐서다.

때문에 연상부하를 정중하게 대접하며 동기부여를 향상시키고 함께 일할 수 있는 상황을 만드는 경우에 한해 승진이 결정된다. 다이렉트어필이란 것도 있는데 이는 종업원 희망·의욕을 최대한 존중해 본인이 배속되고 싶은 부서에 직접 어필하는 제도다. 2009년의 경우 신청자의 22%가 본인의 희망부서에 배치됐다.

역할·자격급의 절묘한 조화시도… 중간소통망인 관리직 교육역점

이런 점에서 회사와 직원의 신뢰·일체감을 결정하는 최대변수는 관리직이다. 때문에 회사는 관리직을 중심으로 한 간부사원 교육에 역점을 둔다. 대표적인 게 부하육성을 평가에 반영하는 시스템이다. 관리직 평가는 업적평가와 행동평가로 나뉜다. 행동평가의 경우 부하의 노무·건강관리, 팀워크·결속, 인재육성 등을 중요 평가항목으로 삼는다. 부하육성이야말로 상사의 최대미션이며 부하육성에 실패한 관리직은 불필요하다고 봐서다.

이런 추구가치를 일상적으로 강조하는 건 물론이다. 회사차원에서도 부하육성을 중시하는 환경조성에 적극적이다. 2005년부터 사업장 책임자와 관련회사 사장 120명을 모아 사원육성을 테마로 한 토론회를 개최한다. 동시에 책임자를 대상으로 코칭연수도 실시 중이다. 코칭이 중요한 건 커뮤니케이션을 통해 상대방의 좋은 점을 발견하며 인간성 존중의 사고방식을 배우기 때문이다. 또 회사는 5개 프로그램으로 구분되는 교육·연수제도를 운영 중인데 세부 종류가 10여 가에 이른다. 이를 위해 사원 1인당 연간(2009년) 약 5만 8,000엔의 연수비가 지원된다.

상당수 일본회사는 버블붕괴 이후 종신고용·연공서열과 함께 이를 뒷받침하는 두터운 복리후생을 조금씩 포기했다. 위기탈피를 위한 고육지책으로 체질 자체를 미국식 자본주의로 변신시켰다. 물론 아사히도 예외는 아니었다. 다만 원칙은 지켰다. 제도는 조금씩 바꿔도 인재중시의 기본철학은 끝까지 고수했다. 어쩌면 더 중시했다고 보는 게 옳다.

'미국식 vs 일본식'을 두고 뚜렷한 승패결정은 아직 힘들다. 다만 시간이 갈수록 일본에선 얻은 것보다 잃은 게 많은 게 아닌지 의심하는 분위기다. 단적인 부작용이 일본기업 특유의 높은 애사정신의 상실이다. 회사와 사원은 동등관계로 뜻이 맞지 않으면 얼마든 헤어지는 게 낫다는 인식병폐도 그렇다. 실제 직원이 회사를 떠나는 경우는 1990년대 이후 증가세다.

여기에 대한 반성차원인지 최근엔 직원신뢰를 토대로 한 직원우선주의 경영이 유행이다. 다만 직원행복 복구기치를 내걸었어도 성과는 녹록잖다. 한번 잃어버린 애사정신이란 손쉽게 회복되는 게 아닌 까닭에서다. 이런 점에서 애사정신의 발휘로 위기탈피는 물론 1위 메이커로 등극한 아사히의 경영철학은 의미하는 바가 크다. 신뢰를 품은 '일할 맛' 나는 근로환경 제공이야말로 어떤 경영이론보다 중요할 수 있어서다.

02
ANA(全日空)

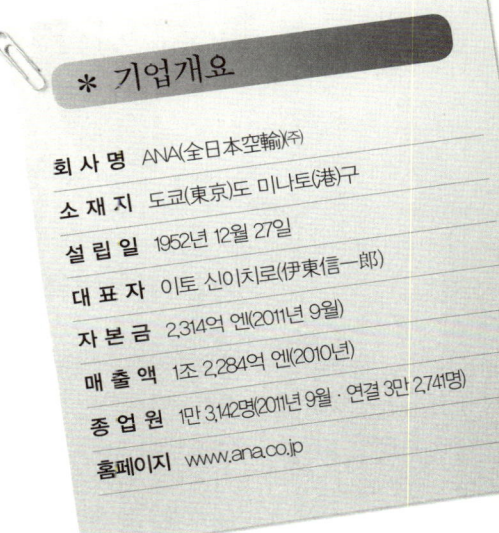

* 기업개요

회사명	ANA(全日本空輸)(주)
소재지	도쿄(東京)도 미나토(港)구
설립일	1952년 12월 27일
대표자	이토 신이치로(伊東信一郞)
자본금	2,314억 엔(2011년 9월)
매출액	1조 2,284억 엔(2010년)
종업원	1만 3,142명(2011년 9월·연결 3만 2,741명)
홈페이지	www.ana.co.jp

일본하늘의 세대교체… 'ANA의 웃음 속에 담긴 뜻'

일본하늘은 원래 'JAL'의 몫이었다. 국적항공기답게 정부지원에 힘입어 글로벌 하늘길을 종횡무진 주름잡았다. 전후 고도성장을 견인한 일등공신 중 하나도 JAL이었다. 강력한 제조파워를 나라 밖으로 실어 나른 주역이 JAL이다.

  그런데 이 수식어는 이제 바뀔 참이다. 강력한 라이벌 'ANA(全日空)'의 급부상 때문이다. 최근 JAL이 주춤하는 사이 ANA의 도약세가 심상찮다. 2010년 JAL이 경영부진을 이유로 법정관리에 들어가며 심각한 생채기를 당하는 동안 ANA는 한발 빠른 체질강화 노력으로 급변한 경쟁상황을 적극 활용 중이다. ANA 사장(이토 신이치로, 伊東信一郞)은 인터뷰에서 "더 이

상 JAL은 경쟁상대가 아니다"라고 할 정도로 자신만만이다.

ANA의 성공변수는 종합적이다. JAL이 비슷한 이유로 내우외환에 시달릴 때 ANA는 이를 외유내강의 도약기회로 삼았다. 안으로는 체질강화를, 밖으로는 경쟁우위를 지향하며 일찍부터 이를 실천해왔다. 작금의 랭킹변화는 그 결과물이다. 무엇보다 임직원의 일치단결과 회사의 방향설정이 시너지를 냈다는 평가다. 포인트는 회사를 살리기 위한 회사공동체의 노력이다.

시계를 돌려 2000년대로 되돌아가면 ANA도 심각한 경영위기를 겪었다. 당장 9 · 11테러 이후 항공수요가 줄면서 위기에 직면했다. 정부도움으로 경영재건에 나섰지만 사스(SARS) 등의 외부악재 탓에 정부융자를 재차 받았다. 희망보다 절망이 지배적이었다. 사세가 꺾이면서 "ANA를 타는 건 왠지 부담스럽다"는 말까지 흘러나왔다. 이후 회사는 변신카드를 꺼내 들었다. 다각적이고 광범위했다.

ANA의 미소는 각고의 위기돌파 노력결과다. 위기 이후 회사 이름을 '전일공(全日空)'에서 'ANA'로 바꿀 정도였다. 먼저 구조조정이다. 2003년부터 ANA는 호텔·부동산사업 등을 매각했다. 덩치가 줄더라도 부담스러운 짐은 벗어버리겠다는 판단이었다. 사업의 선택과 집중전략의 개시였다. 노선을 비롯한 다각적인 구조조정과 장비 소형화 등 경영재건을 위한 노력이 시작됐다.

이토 신이치로 ANA 사장

곳간에서 새는 지출구멍은 최대한 막아냈다. 경비절감 차원에서 1,000명의 간접인원을 삭감하는 등 인건비를 최대한 줄였다. 반면 생산성은 높였다. 이때 임직원의 지지는 상당했다. "힘들지만 최선을 다해달라"는 경영진의 진정성이 기업공동체의 한 축이던 근로자(노조)를 움직였다. 이후 ANA는 대담한 구조조정으로 체력회복에 성공한 회사로 더 유명해졌다. 사업조정 등 근육체질로의 변신과정 이후 국제선 확장 등 파이증대를 위한 치밀한 매출증대 프로그램도 빛을 발한다. 지향점은 '아시아 No.1'의 야망실현이다.

JAL의 몰락과 ANA의 부상… '일본의 하늘길 주인교체'

ANA는 일본 최대의 국내선 보유회사다. 애초 국내시장에 타깃을 맞췄다가 이후 세계시장에 적극 취항 중이다. JAL이 압도적인 국제선 경쟁력을 내세워 커왔다면 ANA의 성장기반은 국내선이다. JAL이 정부출자(특

수법인)로 출발해 민영화(1987년)된 이후에도 반관반민 형태를 보인 것과 달리 ANA는 처음부터 민항기로 시작했다.

회사발전은 고도성장과 정확히 궤를 공유한다. 경제성장으로 인구·물동량이 늘면서 사세확장에 성공했다. 1986년엔 국제선 무대에 도전장(정기운항)을 냈다. 최근에는 저가항공에 뛰어들며 도전적인 마케팅에 힘을 쏟는다. JAL과 ANA의 엇갈린 명암은 2010년이다. 물론 2000년대부터 상반된 길을 걸었던 것도 컸다.

지금은 업계선두다. 금융위기와 내부문제 등의 후폭풍으로 JAL이 법정관리에 들어간 2010년 양사의 1위 쟁탈전은 ANA의 승리로 귀결됐다. JAL이 노선폐지 및 항공기 소형화 등 몸집을 줄이면서 수송능력 격차가 적어졌기 때문이다. 2002년 JAL과 JAS의 통합 때만 해도 여객규모가 1,000만 명 넘게 벌어졌지만 이제 역전됐다.

◼ ANA의 실적지표와 고객규모

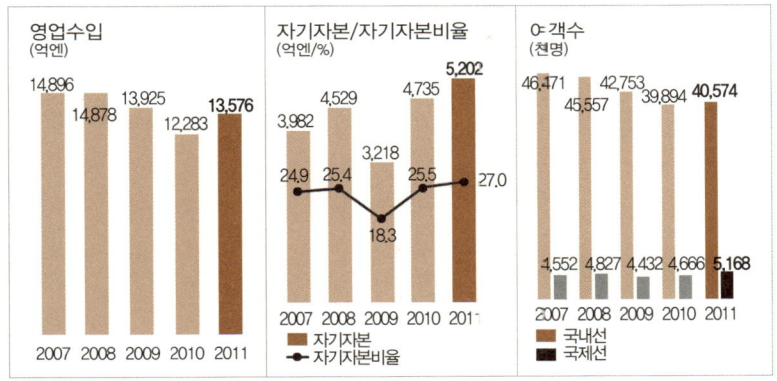

자료: 홈페이지

　원류는 1952년으로 거슬러 올라간다. 전쟁 직후 사라진 정기항공을 재흥하려는 목적으로 설립된 일본헬리콥터수송㈜이 원조다. 이듬해 헬기를 활용해 영업을 개시했고 이후 면허취득과 함께 사업영역을 확대했다. 현재 ANA의 관심사는 국제선이다. 국제선은 오래전부터 ANA가 그토록 원했던 숙원사업이었다. 이게 2010년 하네다공항의 국제화로 본격적인 기지개로 연결됐다.

　국제선 무대에의 본격적인 출사표는 동시에 리스크 노출을 뜻한다. JAL의 법정관리 교훈처럼 국제선은 변동위험이 높아서다. 단순한 확대지향만으로는 이익창출이 어렵다. 수익극대화를 위한 주도면밀한 마케팅 체제정비의 필요성이다. ATI(독점금지법 적용제외)를 프함해 스타얼라이언스 체제에서의 협력관계도 강화했다. 나리타공항을 허브로 아시아 역내에서의 존재감을 높이는 데 우선순위를 뒀다. 2011년 아시아 최대 저가항공사인 '에어아시아'와 공동출자로 '에어아시아저팬'을 설립한 이유다.

물론 탄탄대로는 아니다. LCC(저가항공)도 문제고 오픈스카이로 얼라이언스끼리의 경쟁이 세졌다. 수송품질과 서비스가 개선됐지만 업계상위와 비교하면 이익·재무체질은 여전히 차이가 크다. 연료세·착륙비 등 일본 특유의 핸디캡도 장애다. 이를 딛고 설 1차 목표가 흑자장부의 안착이다.

근육체질로의 화려한 변신… '소프트웨어'의 뒷받침

자신감은 넘친다. 장애물이 없진 않지만 지금처럼만 해낸다면 못할 게 없다는 입장이다. JAL의 반면교사와 벤치마킹도 큰 도움이 된다. ANA의 선전포고(?)는 그 저력을 봤을 때 꽤 현실적이다. 당장 성장세가 뚜렷하다. ANA는 일평균 1,142편의 비행편수를 기록한다. 항공운송이 전체 매

출의 80%를 차지할 정도로 집중이 잘됐다. 여행부문은 10%에 불과하니 주력분야에 혼신을 쏟을 수 있다.

라인업은 탄탄하다. 국내선 126개에 국제선 62개 노선을 보유했다. 국내노선 랭킹 1위다. 국내선 여객비중은 49.4%이며 전체적인 수송여객 규모(4,500만 명)는 세계 13위다. 보잉767-300 54대를 포함해 모두 222대의 비행기를 보유 중이다(2011년 3월). 리더십은 비교적 탁월하다는 평가다. 이토 신이치로 사장의 강력한 뒷심이 장점이다. 사장은 1974년 ANA에 입사한 정통파다. 금융위기 전운이 짙었던 2009년 꿈에 그리던 사장 직함을 움켜쥔 노력파다.

ANA의 1위 부상은 소프트웨어의 뒷받침이 상당한 기여를 했다. 문어발식 확장에 낙하산 인사가 관행처럼 있었던 JAL이 구조조정과 연금개혁(퇴직연금)에 사분오열할 때 ANA는 구조개혁의 핵심주체로 직원을 꼽고 이들의 마음을 사고자 노력했다. 고객만족이라는 '내보이는 실력'을 위해 회사 내부의 '감춰진 기본체력'인 직원만족이 필수라고 봤다. 즉 '고객만족(CS)'과 '직원만족(ES)'은 한 뿌리의 열매며 동전의 앞뒷면과 같다는 얘기다.

ANA는 CS와 ES를 동일한 추구가치로 여긴다. CS를 위해 품질향상에 매진할 때 그 실천주체가 ES를 딛고 선 직원의 향상된 동기부여다. 직원이 행복할 때 그들의 접객서비스가 비로소 고객행복으로 귀결된다는 논리다. ANA를 감싸는 기업공기(空氣)가 밝고 따뜻하고 즐거운 이유다.

ANA의 직원만족 명성은 정평이 자자하다. 취업시장의 입사선호도조사에선 최상위레벨에 꼭 드는 단골기업이다. 일례로 2010년 취업인기기업 랭킹조사('모두의 취업활동일기' 사이트 주최)에선 1위에 올랐다. 불황에 강한 전형적인 인기기업인 종합상사를 밀어냈다. 2011년 대학 졸업자를 대상으로 한 취업인기기업 순위에서도 1위로 조사됐다. 또 다른 2010년 인기조사(리크루트)에선 취업희망회사 랭킹 5위에 올랐다. 특히 이 조사는 부모가 자녀에게 입사를 권유하는 랭킹결과였다. 경험 많은 부모세대가 자녀에게 권할 정도니 ANA의 근무환경은 두말할 필요가 없다.

다른 대부분의 선호도조사에서 ANA는 최상위그룹에 포진한다. 이는 자연스레 고객만족으로 연결된다. 진짜 웃음으로 대접하니 고객에게 즐거운 바이러스를 옮길 수밖에 없다. 리크루트가 해외출국자를 대상으로 항공만족도조사(2011년)를 했더니 ANA는 3위에 랭크됐다. 공항직원의 접객서비스는 1위에 올랐다.

가치창조의 원천은 人… '생기 넘치는 인재투자'

ANA가 '일할 맛'을 높이고자 직원만족에 나선 건 2000년대 이후부터다. 하네다공항의 발착증가로 경영환경이 우호적으로 바뀌면서 근거리 국제선 취항확대가 기회로 다가왔다. 새로운 생산체제의 구축배경이다. 새로운 환경변화에 적극적으로 도전하자면 안정된 수입확보가 전제된다. 노조가 의욕적으로 회사의 성장전략에 동참한 이유다.

이 과정에서 인사평가나 근로방법에 관련된 인사제도 정비와 근무환경·규칙 등 과제개선이 '일할 맛' 업그레이드로 연결됐다. 직장과 가정환경 모두에서 만족도를 높여 사람과 정을 소중히 하는 기업문화 강화에 초점을 뒀다. 매출증대 방안에는 단순한 노동투입 심화가 아닌 일하는 환경의 개선정비가 중시됐다. 일·집의 양립조화를 통해 근로자 만족도를 높임으로써 대내외 위기와 기회를 활용하기 위해서다.

ANA는 가치창조의 원천을 사람(人=인재)으로 본다. 직원만족을 위한 제반노력은 사람 한 단어로 요약된다. ANA의 기업재건과 행복전파의 원동력이 사람이기 때문이다. 기타 생산요소는 사람에 의해 달라진다. 그 생산요소의 조합결과가 좋을 수도, 나쁠 수도 있지만 관건은 '사람 나름'에 달렸다. 그래서 '생기 넘치는(いきいき) 인재투자'를 슬로건으로 내걸었다. 사업성장을 위한 추진체가 인재라는 점에서 이들의 얼굴에 생기가 넘치도록 적극적인 투자노력을 아끼지 않겠다는 청사진이다.

2008년 구체적인 전략까지 제정했다. △안전과 경영을 지탱하는 인재육성 △그룹종합력 배양 △다양인재와 근로방법으로 혁신창출 △사업글로벌화를 지탱하는 인재육성·세계공헌 등이다. 목표는 직원 개개인이 자립적인 일과 생활경영이 가능하고 업무에 주력할 수 있는 환경·풍토 만들기다. 잔업제거를 필두로 다양한 근로방법의 제공이 실천무기다. "인재(직원)가 보다 보람을 느끼며 능력을 발휘하는 조직구조를 안전·그룹·이노베이션·글로벌 등 키워드로 실현하는 것"이 ANA 인재투자전략의 핵심이다.

만족감은 추상적이다. 또 주관적이고 혼합적이다. 즉 계량화가 힘들다. 그래서 고객·직원만족 모두 이현령비현령(耳懸鈴鼻懸鈴)이다. ANA는 이를 수치화했다. 수치결과는 반복해 체크된다. 직원가치 향상을 위한 직원만족도 조사의 채택배경이다. 일 속에서 행복하고 보람되며 일하기 쉬운 환경을 구체·수치적으로 확인해가며 만들자는 취지다.

이는 노조가 경영대책 활동으로 제언해 채택됐다(2000년). "성과실현은 사람이 담당하기 때문에 회사가 나서 사람을 소중히 하고 사람을 기르는 조직이 돼야 하며, 이를 노사 모두가 공유할 때 활력 넘치는 개혁이 가능할 것"이라는 노조주장을 회사가 받아들였다. 당시 노사는 경영재건을 위한 과제선정 과정에서 사람과 직원가치라는 테마를 놓고 협의를 반복했다. 이때 회사는 비전달성을 위한 미션엔진으로 '사람'을 전략수행 중심으로 평가하고 CS(고객만족)와 동등하게 ES(종업원 만족)를 추진키로 결정했다.

결과물이 직원만족도 조사다. 회사는 직원의 주체적 행동을 위한 체제정비 및 환경조성에 나섰고 노조는 사원가치 증대대책으로 인사 및 행동변혁 사이클을 개선하겠다고 했는데, 그 공통분모가 직원만족도 조사였다. 일할 맛 나는 환경정비를 위해 인사제도와 평가·처우 등의 내부시스템 진화가 필요하며 이때 그 속도·범위의 잣대로 직원만족도 조사를 활용한다.

노사동의 이후 직원만족도 조사는 매년 시행 중이며 회사 내부의 강력·효율적인 커뮤니케이션 수단으로 정착됐다. 2010년 직원만족도 조사는 회답비율 92%에 57개 그룹사의 총 2만 7,000명이 참가했다. 최고경영자와의 대면대화 등 일련의 쌍방향 커뮤니케이션은 그 후속조치로 생겨났다.

직원만족도 조사로 계량측정… '눈에 보이는 만족실현'

ANA가 완성하는 ES 정의는 다음과 같다. '가치관과 기업목표 등을 공유하며 일하는 기쁨과 자부심을 갖고 밝고 건강하고 전향적인 자세로 근무하는 상태'다. 즉 직원만족은 단순히 '좋은 근무환경'을 뛰어넘는다. 고객을 위한 ANA다운 가치제공을 위한 일종의 기초 체력지표로 중시된다. 또 직원만족도 조사는 매년 진화한다. 단순히 직원가치를 가시화한 것을 넘어 ES 향상을 위한 필요한 개선사항을 추출해내는 조직진단 조사로 발전됐다. 근로자의 건강한 마음유지를 객관적으로 체크하는 바로미터라는 평가다.

이 결과를 토대로 2008년부터는 특히 잔업감소에 공을 기울여 상당한 성과를 봤다. 그해에만 전년 대비 6% 감소효과를 냈다. 한정된 시간에 고성과를 내는 근무환경 조성 덕분이다. 대담한 업무변경과 잔업관리가 동반됐다. 자녀직장참관일·육아휴직세미나 등 일과 가정의 양립조화를 위한 회사의지도 확인됐다.

이 과정에서 근로자와의 원활한 커뮤니케이션은 필수다. 직원만족의 출발점이 개별직원의 상황·고민을 파악·이해하는 눈높이 소통이기 때문이다. 다만 3만 명이 넘는 대규모 기업집단이라 그 대표집단인 노조가 커뮤니케이션을 대리한다. 노사 양측은 일하기 좋은 직장환경 조성차원에서 쌍방협의를 진행하며 이 외에도 경영자는 현장근로자와의 직접대화(Dialect Talk)를 빈번하게 갖는다.

특히 최고경영자는 중간을 거치지 않고 직접 커뮤니케이션을 시도해 화제다. 한 해 평균 약 40회 개최하며 이때 개진된 의견은 정책에 반영된다. 노사공동ES추진프로젝트(2007년)에서 확인되듯 '안심·따뜻하며 밝고 건강한' 환경조성을 실현하기 위함이다. 사내의 유기·원활한 커뮤니케이션은 3·11대지진 이후 성과를 톡톡히 봤다. 지진 직후 결근사태가 90%까지 달했던 외국인 직원의 대량이탈을 커뮤니케이션과 설득작업으로 단기간에 정상화시켰다.

　칭찬은 ANA를 춤추게 만들었다. ANA는 칭찬을 기업문화로 승격·확대 중이다. 배워 실천해 칭찬하고 개선하는 걸 커뮤니케이션을 통해 극대화한다. ANA다운 칭찬과 대화문화다. 칭찬은 단순한 동기부여뿐 아니라 주변흥미를 환기시켜 팀워크를 높이는 부차효과도 있다. 특히 칭찬한다는 건 여직원이 많은 직장에 유효하단 걸 여실히 증명해줬다. 'Good Job카드'와 '에피소드집'을 운영·발행해 칭찬을 일종의 시스템으로 정착시켰다.

　원만한 대화확산을 위해 사무실배치까지 바꿨다. 월급봉투도 칭찬문화 확산에 큰 도움이 된다. 요즘 월급봉투란 명세서뿐이다. 실제금액은 통장에 자동으로 들어간다. ANA는 월급봉투에 고객으로부터의 감사메시지를 인쇄해 넣는다. 근로자뿐 아니라 가족에게까지 호평을 받는 효과가 기대된다. 또 급여를 누가 주는지 알고 감사의 마음가짐을 '일할 맛'의 동기부여로 환기시킬 수 있다.

　'일할 맛'의 핵심은 차별금지로 요약된다. 성별·연령별·국적별 차별을 없앰으로써 누구든 본인 사정에 맞게 맘 편하게 다양한 근로형태를 선택할 수 있는 구조정착이 제일 중요해서다. 가령 여직원이란 이유만으로 여성 특유의 임신·출산·육아·교육을 자기책임으로 방치하지 않고 기업이 적극적으로 동참하겠다는 의지발현이다. 연령이 많다고 근로현장에서 인위적으로 방출시키는 구태의연한 정년제도도 타파대상이다.

　신체상황이나 건강여부도 차별금지의 도마에 오른다. 많은 직원이 직면할 수 있는 다양한 핸디캡의 원천적인 봉쇄다. 기업 내부에서의 차별금지가 궁극적으로는 해당 직원에 그치지 않고 가족·사회의 전체적인

행복전파를 위해 도움이 된다고 봐서다. 덕분에 ANA는 사회와 더불어 사는 근로환경을 만들었다는 호평을 받는다.

당장 은퇴대국답게 고령자의 정년연장에 적극적이다. '고용연장'제도다. 핵심은 재고용제도로 이는 2006년 고령자고용안정법에 따라 정년상향, 계속고용, 정년폐지 중 하나를 선택하게끔 한 법률에 따른 형태다. 재고용은 근구연장과 함께 계속고용의 하위개념이다. 재고용은 정년도달 때 일단 퇴직한 후 다시 고용하는 개념으로 정년도달 때 퇴직시키지 않고 계속해 일하는 근무연장과는 구분된다. 대부분의 일본기업은 정년상향과 정년폐지보단 계속고용을 선택하는 분위기다. 비교적 손쉽게 고용을 유지할 수 있는 데다 비용측면에서 유리해서다. 계속고용 중에선 재고용이 근무연장보다 압도적으로 많다. ANA는 재고용에 초점을 맞췄다.

ANA의 고령직원 고용확보 조치는 2003년 관리 일반직의 Career Plan 제도를 통해 고용연장 코스를 채택·운용한 게 원류다. 이후 법률시행에 맞춰 관련제도를 대폭 개정했다. 고용상한을 65세까지 단계적으로 끌어올렸고 경영(관리)직에 코스를 신설했다. 현업중심의 전문성에 근거한 고용기준을 노사협정에 따라 도입한 형태다.

정년임박 근로자뿐 아니라 젊은 층의 호응이 높다. △종합·특정지상직무 △객실승무직무 △운항승무직무마다 3가지로 각각 다른 제도를 만들었다. 종합·특정지상직무의 경우 재고용 선정기준을 인사고과 등 '공통고용기준'과 업무영역별 '개별고용기준(기술·자격 등)'으로 나눠 적용한다.

계약은 1년마다 갱신되며 최대 법정연한(65세)까지 가능하다. 근무형태는 전문성 발휘가 대전제로 근로자가 스스로 선택·신청한다. 통상근무(풀타임) 외의 부분취업(풀타임의 6할)도 제도화했다. 처우는 기본월액(촉탁료)을 개인마다 설정한 후 전문성과 전년도 고과에 근거해 일정 계수를 곱해 결정한다. 상여금은 촉탁료의 3개월분을 제공한다.

이 밖에 관계기업 전적과 조기퇴직, 전직지원 등의 제도를 운영한다. 재고용자로 필요한 업무기술·지식이 일부 인재에게 치우친 경향이 있지만 청년기부터 전문성 심화에 나선다면 일정 부분 해결 가능하다는 판단이다. 회사는 이를 ANA인재대학 등 사내교육망을 통해 보완한다는 계획이다.

여성근로자의 활약지원은 일상적이다. ANA는 항공회사답게 객실승무원을 비롯한 여객계원 등 여직원 비중이 상당히 높다. 여성비율은 그룹 전체로 45%인데 ANA의 경우 절반을 웃돈다. 여직원 특유 업종의 고정관념은 타파 중이다. 접객업무가 아직은 대부분이지만 종합·사무·정

◆ ANA의 인사제도와 추진 사이클 모형

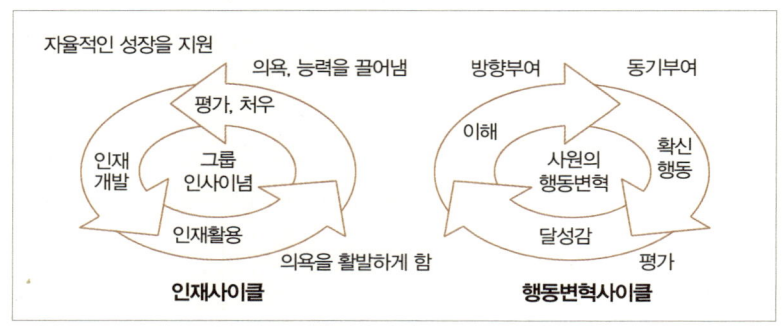

비·조종 등에까지 여성채용을 적극 늘리고 있다.

최근 신규취업자 중 종합·사무직 채용자 중 절반에 가까운 비중이 여성으로 집계된다. 이 결과 일본항공업계 최초로 여성임원이 탄생했다. 2010년 기준 관리직 중 여성은 8.2%까지 늘었다. 2005년(4.8%) 대비 2배다. 2009년부터는 여직원의 한층 생기 넘치는 근무환경 조성차원에서 역할모델을 선정·소개한다. 또 본인을 위한 생애경력 추진을 돕고자 세미나 개최 등의 경력지원·활동추진을 위해 노력 중이다.

고령직원·여직원 등 차별금지··· 증가하는 직원만족

육아휴직은 임신 직후부터 쓸 수 있다. 2008년부터 단시간근무제도나 육아일(월 3일 휴가)을 초등학교 3학년생까지 확대 적용했다. 이용자는 증가세다. 2010년 3월 현재 임신육아 휴직제 이용자는 327명이다. 2006년(141명)보다 2배나 늘었다.

이 밖에 출산 이후 본격적으로 적용될 양립지원에 관한 정보제공이나 직원의 의욕개혁을 목적으로 한 사내전용 홈페이지를 개설했다. 육아휴직자 대상의 오리지널 태교 CD(ANAMAMA)도 만들었다. 호응은 상당하다. 육아휴직자의 절대다수가 복직하는 등 정책성과가 명확해지는 추세다. 다만 현재

이용률이 기대보다 낮다는 점에서 제도이용을 더 손쉽게 할 수 있는 풍토형성에 노력 중이다.

회사상징인 승무원을 위한 배려도 주목된다. 승무원에게는 배우자 전근에 맞춰 근무지를 변경할 수 있는 '빛나는 서포트(かがやきサポート)'라는 프로그램을 도입했다. 다양한 근로형태의 정착을 위해 부분근무 선택지도 제공한다. 2007년부터 도입해 운영하고 있는 월 8일간만 근무하는 재고용제도가 그렇다. 매년 50명 안팎이 이 시스템에서 근무 중이다.

가족간병을 위한 제도는 휴가확대로 연결됐다. 2008년부터 간병 등을 이유로 한 특별휴가의 적립일수를 120일까지 확대했다. 2010년 현재 간병휴직 중인 근로자는 8명이다. 매년 부침이 있는데 많을 땐 20명까지 육박한다.

세계무대를 오가는 항공사답게 ANA의 글로벌 진출심화는 필연적 결과다. 글로벌회사다운 조직과 직원양성 필요성이 높은 이유다. 우선은 외국인 근로자의 적극적인 채용이 가시적이다. 성별·연령별·직종별 차별금지를 넘어 국적차별에 대한 세심한 관심까지 필요해진 시점이다.

또 하나 추진방향은 자국근로자의 글로벌 업무능력 배양이다. 이를 위해 단순한 어학능력 향상이 아닌 해외에서의 업무수행 등을 위한 합동세미나를 주기적으로 실시한다. 외국인 근로자의 일본국내 단기간 근로기회 마련 등 문화교류도 글로벌 인재육성의 주요전략 중 하나다.

장애근로자 채용에는 일찍부터 눈을 떴다. ANA는 1993년 항공업계로는 최초로 특별자회사(ANA 윙 펠로즈)를 설립해 장애근로자 채용에 적극 나섰다. 이들의 고용확대 추진과 함께 일하기 쉬운 환경을 만드는 데 주안점을 둔다. 가령 공항 내부에 장벽제거(Barrier Free)를 실현한 사무공간을 만든 게 대표적이다. 2010년 장애근로자 고용비율은 1.91%(174명)로 법정비율(1.8%)을 달성했다. 참고로 20005년 비율은 1.6%였다.

인권중시를 위한 구조도 마련했다. '사회와 함께 계속해 걸어가는 기업으로 사회의 다양한 인권문제 해결노력'에 열심이다. 인권중시 경영실천이다. 이를 위해 인사부서에 'ANA인사부 인권계몽실'을 둬 전임담당자를 배치했다. 사회 제반의 인권문제는 각 사업소에 배치된 추진주체(CSR 프로모션 리더)의 활동을 독려하고 관련된 각종 지원으로 실현된다.

운영 중인 자녀직장참관일은 일하는 부모의 자부심과 가족애를 위해 고안됐다. WLB(일과 가정 양립조화) 추진차원에서 구체적인 효과달성을 위해 매년 시행한다. 임직원 자녀를 회사에 초대해 부모의 근무공간을 견학·체험함으로써 가정에서의 관계증진을 도모한다. 직장동료 가족과의 대면기회 증대는 회사에서 상호 WLB를 존중하는 풍토·의식배양에 도움이 된다. 다양한 근로방식을 선택하는 데 최대 걸림돌인 직장상사의 이해를 높이는 데도 좋다.

칭찬하는 기업문화를 완성하고자 각종의 표창제도도 만들었다. 'ANA다움'의 구체적 실천과정에서 독자·창조성 넘치는 기업문화를 창조하기 위해서다. 2008년부터 실시 중인 'ANA그룹 사장상'이 대표적이다. 또 2009년엔 'WOW! 상'을 신설했다. 기존 조직이나 가치관에 얽매이지 않는 자유로운 발상을 통해 동료에게 활력을 안겨주는 사원·부서에 표창되는 상이다.

직원성장을 위한 교육연수는 상당히 충실한 편이다. ANA의 근로자라면 2(관리직·일반직)×3(필수교육·선택연수·국제연수)의 교육 매트릭스에서 빠질 수 없다. 직종·상황별로 세분화된 촘촘한 교육제도는 직원의 근무

동기와 미래설계에 상당한 도움을 준다. 인사부와 ANA인재대학이 운영주체다. 직원 개개인의 성장지원이 목표다.

생애주기에 맞춘 촘촘한 복리후생… 직원건강도 기업책임

'일할 맛'을 강조하는 기업답게 회사는 기본적으로 각종의 복리후생제도를 촘촘히 설계했다. 법정복리후생의 한계를 넘어 다양한 법정외복리후생을 두루 갖췄다. 이는 'ANA WELFARE PLAN'이라는 타이틀 안에 정리된다. 'ANA WELFARE PLAN'은 회사의 복리후생제도를 상징한다. 입사 이후부터 고령기의 세컨드라이프에 이르기까지 삶의 보람과 일의 보람을 느낄 수 있도록 직원 한 명 한 명의 여유와 충실감을 위해 제공되는 각종 복리후생제도를 일컫는다. 세부적으로는 건강 만들기, 자금 만들기, 안심 만들기, 여유충실, 생활지원, 세컨드라이프 등의 카테고리가 있다. 사원 각각의 라이프스타일에 맞춰 활용되도록 하는 게 기본구조다.

ANA에겐 직원건강도 중요한 기업책임이다. 경쟁격화 이후 불가피한 건강악화에 직면하는 직원들을 위해 ANA는 'ANA 건강 프런티어 선언'을 내놓았다. 과로개선 등을 통한 직원건강 중시를 위해서다. 과로 및 스트레스 저감대책은 근무시간의 절대량을 줄이는 게 우선이다. 근본적인 원인제거다.

그다음은 맞춤형 건강대책이다. 2002년 외부조사(협력조사)로 직원건강이 간과할 수 없는 수준임을 안 회사는 다양한 경감대책을 내놓은 가운데 2006년엔 이를 'ANA 건강 프런티어 선언'으로 명문화했다. 가령

2001~04년의 건강진단 결과 관리필요 직원비율이 18.5%에서 23.0%로 증가하고 1인당 의료비도 9% 증가하자 회사는 직원 전원의 건강증진을 위한 대처가 필요하다고 판단했다. 노조는 건강증진이 삶의 질(Quality of Life) 향상과 직결된다고 보고 손을 잡았다. 생산성 향상과 의료비 증가억제의 목표도 물론 있었다.

핵심은 크게 두 가지다. 생활습관 및 정신건강 개선지원이 그렇다. 생활습관 개선지원은 정기 건강진단 때 건강진단데이터나 문진자료로 건강상태를 계층화해 이에 걸맞은 정보제공과 생활개선 프로그램을 실시하는 형태다. 세분화된 프로그램(운동, 영양, 흡연 등에 따라 전문스태프 조언 및 보조금 지급)이 운영 중이다. 정신건강 개선지원은 과로 및 스트레스 확대에 대한 대책이다. 이를 위해 우선 전체적인 근로시간 단축대책이 진행됐다. 스트레스, 활성도 파악, 스트레스 개선사항, 조직과제, 카운슬링 포인트 등 추가대책도 진행된다.

'ANA 건강 프런티어 선언'은 EAP(Employee Assistance program)시스템의 도입으로 보다 충실해졌다. EAP란 기업이 직원에게 실시하는 정신건강 지원방법을 포함한 종합건강 지원시스템이다. 가령 라인케어는 일상적으로 접하는 상사가 부하의 정신건강 상태를 파악해 산업의나 전문기관과 제휴해 함께 대처하는 식이다. 직장공간의 환경개선을 통해 일하기 쉬운 일터를 만들자는 차원에서 인기가 높다.

■ ANA 건강 프런티어 선언에 따른 멘털 서포트

- 자기건강 관리(마음의 건강 체크프로그램); 웹을 통한 자기진단 프로그램
- 자기건강 관리(전체 사원 위한 공개세미나); 인식향상과 스트레스 대처법
- 라인케어(관리직 연수); 직장환경에의 배려필요 · 방법 및 휴직 후 재발방지 · 대처법 등 전문연수
- 라인케어(관리직 공개세미나); 정신위생, Management Advance 연수
- 사외전문기관에 의한 케어: 후생성 인정 산업카운슬러, 임상심리사 등 전문가 면담 및 상담
- 사내 건강관리센터 스태프에 의한 케어; 건강관리센터의 간호사에 의한 케어
- 사내 인트라넷에 '건강 프런티어 선언' 사이트 개설

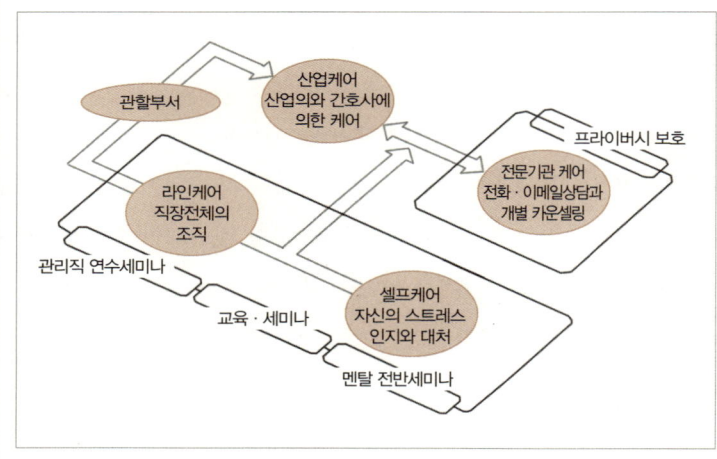

자료: '일자리 나누기; 일본의 경험과 한국의 시나정'

03 HORIBA
호리바제작소(堀場製作所)

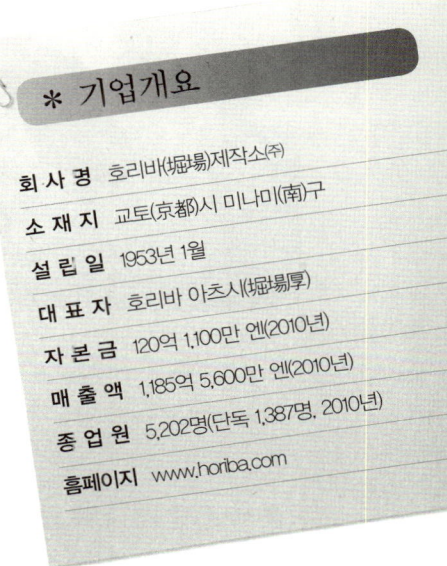

* 기업개요

회 사 명 호리바(堀場)제작소㈜
소 재 지 교토(京都)시 미나미(南)구
설 립 일 1953년 1월
대 표 자 호리바 아츠시(堀場厚)
자 본 금 120억 1,100만 엔(2010년)
매 출 액 1,185억 5,600만 엔(2010년)
종 업 원 5,202명(단독 1,387명, 2010년)
홈페이지 www.horiba.com

직원만족의 교토기업 대명사… '신바람 나는 일터' 실현

'재밌고 즐겁게(おもしろおかしく)'

　호리바(堀場)제작소의 추구슬로건이다. 한마디로 지향점이 '즐거운 직장'이다. '신바람 나는 일터'다. 그래서 필요한 게 상식 밖의 엉뚱한 재미다. 재밌고 즐겁게 일하고자 업무개선 운동을 이벤트처럼 진행하고 목표관리제에 조직 내부의 커뮤니케이션까지 반영한다. 보기 드문 독특한 회사다. 때문에 일할 맛이 넘쳐나고 일하는 재미가 곳곳에서 쏟아진다.

　회사팸플릿 타이틀은 엉뚱한 재미가 반영된 일종의 결정체다. 'Abiroh'다. 눈치 빠르면 알겠지만 회사 영문을 거꾸로 쓴 제호다. 회사는 "즐겁고 재미나게 일하는 임직원을 '호리비언(Horibian)'으로 부른다"고 했다.

'재밌고 즐겁게'라는 추구가치는 회사를 세운 창업자의 인생관이다. 이게 1978년 사시(社是)로까지 승격됐다. 처음엔 반발이 대단했다. 받아들이기 힘든 유치한 발상이라는 점 탓에 특히 임원들의 반대가 맹렬했다. 회사사시로 삼자는 제안이 1974년 처음 있었지만 그때는 끝내 받아들여지지 않았다.

그랬던 게 4년 후 논란 끝에 채택됐다. 창업자가 퇴임조건으로 사훈채택을 요청했기 때문이다. 임원들로서도 어쩔 수 없었다. 이 사시가 지금은 호리바제작소의 상징문구가 됐다. 엘리베이터 문에서부터 종이컵에까지 사시는 언제 어디서든 공유된다. 사원식당, 연수시설, 클럽활동 등 임직원의 발길이 드나드는 곳이라면 예외 없이 '재밌고 즐겁게'가 추구된다.

'재밌고 즐겁게'는 요즘 낙양지가(洛陽紙價)다. 2000년대 이후 부각된 신자유주의 부작용(성과주의, 개인우선, 금전보상, 적자생존, 구조조정, 격차심화 등)의 반발논리다. 때문에 최근 일본사회에선 가족공동체적인 기업문화와 인간중시의 논리회복에 대한 관심이 뜨겁다. 일본적 가치복원이다.

와중에 회사는 일본적 전통가치를 지키며 시장파고를 넘어온 대표적인 샘플기업으로 언급된다. 호리바제작소의 사시가 흥미와 도전이라는 일본제조업의 근원파워를 가장 함축적으로 담고 있음은 물론이다. 최근 세계적으로 인재중시 경영에 힘이 쏠리면서 '재밌고 즐겁게'는 'Joy &

Fun'으로 번역돼 나라 밖에까지 확산 중이다.

침투속도는 대단히 빠르다. 회사는 재미나게 일할수록 상상력과 에너지가 북돋아져 신뢰·안심·감사하는 마음이 생기고 그때 비로소 기업경영과 이익성장도 실현된다고 본다. 기업성장의 근원이 인재와 재미라는 의미다.

'재밌고 즐겁게'를 천명한 사시

'즐거운 직장'을 공표한 사시채택… 인간중시의 샘플기업

회사전신은 1945년 개업한 사설연구소 '호리바무선연구소'다. 전쟁 막바지이던 혼란기에 명문대 학생이던 호리바 마사오(堀場雅夫)가 원자핵물리 연구차원에서 만든 연구소였다. 처음엔 운영비를 벌고자 가전수리와 전기제품 개발을 병행했다. 지금은 최고고문으로 경영일선에선 한발 물러선 창업자가 학생시절 창업했기에 1세대 벤처기업으로 평가받는다. 점차 영역을 넓혀 식품공장 등의 필수품인 산성도 측정기(pH미터)를 개발하면서 주목을 받았다. 유리전극을 활용한 산성도 측정기 개발은 일본 최초로 이게 회사의 성장엔진이 됐다. 1953년 주식회사로 전환했다.

회사는 현재 반도체, 자동차, 환경, 의학파트에서의 정밀분석·계측기기 등을 제조·판매한다. 특히 계측장비 메이커로는 세계 1위에 랭크됐다. 주력은 자동차 배기가스 측정기로 세계점유율이 80%를 웃돈다. 매출의 약 70%는 환경계측 관련제품이다. 특히 해외매출이 65%를 차지한다. 2000~2010년의 10년은 영업이익이 연평균 12%를 기록하는 성장세

주력제품인
자동차 배기가스 측정장치

를 실현했다. 2007년엔 2010년을 최종연도로 설정한 중기경영계획의 영업이익목표를 3년이나 앞당겨 달성해 화제를 모으기도 했다.

13개 계열사에 종업원은 대략 5,200명 수준이다. 그중 절반가량은 최근 10년 안에 입사한 경우다. 그만큼 성장세가 남달랐다는 얘기다. 회사는 신입멤버들에게 매뉴얼로는 전승하기 어려운 호리바 특유의 DNA와 기업문화를 알려주고자 교육활동에 열심이다.

성장의 일등공신은 M&A다. 1990년대 이후 글로벌 회사로의 변신에 성공했는데, 22개 해외지역에 생산거점을 확보했다. 직원 중 절반 이상은 외국인이다. 즐거운 기업문화와 개방적인 사풍에 따라 임직원의 근로의욕과 공정처우에 대한 평판이 외국에까지 알려진 이유다. 글로벌화의 성공기반은 적극적인 사세확장이었다. 이때 초점은 단순한 먹이사냥이 아닌 기술기반의 부가가치 여부다. 호리바가 갖지 못한 기술을 가진 기업에 한해 우호적인 M&A를 시도한다. 재미난 건 M&A를 한 번도 먼저 제안한 적이 없다는 사실이다. 상대방의 인수요청이 있은 뒤에야 인수여부를 검토했다. 대개 오랫동안 거래관계를 유지한 기업이 M&A를 요청한다. 원천기술력을 보유했어도 M&A 이후 회사의 기업문화가 화학적으로 공유되기 어려울 경우 인수하지 않는 게 원칙이다.

회사가 폭넓게 강조하는 포인트는 크게 3가지다. 사회공헌과 인재, 그리고 재미다. 물론 가중치는 다르다. 사회공헌은 제품개발 때 채택되는 우선가치다. 사회공헌을 먼저 챙길 때 매출·이익은 저절로 달성된다는 믿음이다.

인재중시는 두말할 필요가 없다. 가중치가 제일 높다. 회사는 근로자를 생산요소인 재화(財貨)로 보지 않고 중요한 재산(財産)으로 여긴다. 그러니 획일화된 요소적인 사람보다 개개인의 개성을 대단히 중시한다.

재미는 회사의 존재감을 확실히 드러내준 백미다. 임직원의 만족스럽고 즐거운 삶과 독창적인 혁신결과물은 모두 재미에서 비롯된다는 입장이다. 혁신을 강화하는 최대관건이 즐거움에 있어서다. 임직원 모두가 재미나고 즐겁게 일할 수 있는 환경을 만들면 혁신은 저절로 발휘된다고 본다. 웃으며 일하면 개성적이고 창의적인 결과물이 쏟아진다는 경험은

◆ 호리바제작소의 실적추이

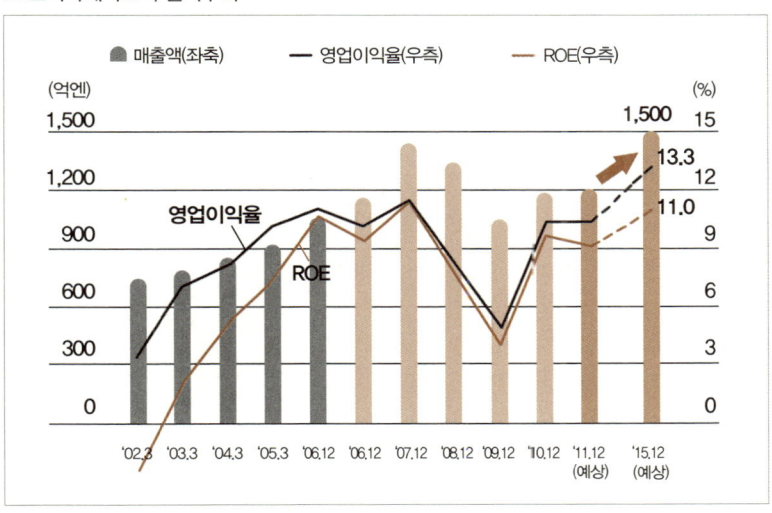

자료; 애뉴얼리포트(2010)

회사역사와 정확히 일치한다. 때문에 회사는 웃음을 주는 엉뚱한 직원을 좋아한다.

사회공헌 · 인재 · 재미의 3박자… 백미는 역시 인재

단연 핵심은 인재중시 경영이다. 회사는 이를 '보이지 않는 자산'으로 규정한다. 장부에도 없는 인적자산이 회사를 세계시장 No.1의 자리에 올렸다고 확신한다. '보이지 않는 자산'을 육성하고 정신적인 기반이 돼준 게 바로 사시다. 창업자가 강조한 "일류제품은 일류직원에게서 만들어진다"는 지론실천을 위해서다.

연간보고서(2010년)를 보면 회사의 운영철학을 나무에 비유한 그림이 있다. 이를 잘 살펴보면 회사의 인재중시 경영이 한눈에 들어온다. 회사는 나무다. 나무가 디뎌 선 토양은 기업문화이고 뿌리는 보이지 않는 자산(인재)이며 과실은 기업이익으로 비유된다. 이때 중요한 건 "과실규모와 수확고보다 뿌리가 확실히 뻗어 있는지 여부"라는 게 회사판단이다.

뿌리는 6개로 구성된다. 그중 2개가 인재중시에 배치됐다. 나머지는 기술, 고객, 조직력, 브랜드 등에 1개 뿌리씩 배치된다. 그만큼 인재를 중시한다는 결론이다. 때문에 회사 역할도 명백해진다. 인재뿌리가 잘 자라도록 윤택하고 영양분이 넘치는 토양(기업문화)을 제공하는 게 회사임무다.

호리바제작소는 교토(京都)기업이다. 교토는 일본제조업의 자부심을 길러준 정신적인 고향이다. 역사도시답게 오랫동안 축적된 최고제품을 만들려는 정신(모노즈쿠리・もの造り)과 기술, 문화가 지켜지는 공간이다.

일본기업 특유의 신뢰와 사회책임, 인간기여의 뿌리가 이곳에 있다. 벤처정신을 지녔으면서도 대기업병에는 걸리지 않고 묵묵히 자기 분야를 고집하는 전통이 남아 있다. 정도(正道)경영이

엘리베이터에 붙은 회사의 사시

다. 가령 교토에서 두 번째, 세 번째는 의미가 없다. 베끼는 것은 수치라는 문화가 건재하다. 이런 제반감각이 교토경영에 유명세를 달아줬다.

호리바제작소는 이런 환경에서 창업·유지됐다. 그러면서도 개성이 흘러넘치기에 단연 튀는 회사다. 특히 인재중시와 관련해 그렇다. 얼렁뚱땅함이 없다. 이를 식사에 비유해보자. 최고식단은 일류요리사의 일류음식으론 부족하다. 일류음식을 일류그릇에 놓았을 때 비로소 진미를 느낄 수 있다. 그래서 회사는 직원식사조차 일류만 고집한다. 일류제품을 만드는 일류직원이 먹는 음식인 까닭에서다. 교토적인 배려다.

회사는 직원만족 경영을 실천하는 일본기업 중 선두주자다. 일단 뽑은 직원은 끝까지 함께한다는 기본원칙이 고수된다. 창업자의 말이다.

"인력 구조조정은 최후카드예요. 그 전에 경영혁신 등으로 개선책을 마련하는 게 먼저죠. 그래도 부도위기에 처한다면 이때 인원을 줄여도 늦지 않습니다. 물론 할 수 있는 모든 조치는 다 해봐야 합니다. 일자리를 나누는(Time · Work Sharing) 등 충격을 최소화하는 게 선행과제죠."

고용유지란 회사의 절체절명의 과제이기 때문이다. 회사는 몇 번의 위기에도 불구, 인원감축을 하지 않았다. 되레 위기 때 신규인력을 뽑아 고용불안에 기여했다. 2008년 세계적인 금융위기 이후 반도체 쪽이 악화되

자 회사는 전환배치와 시간단축으로 해고압박 없이 위기를 넘겼다. 창업자는 "위기 때 고용유지 노력은 훗날 빛을 보게 마련"이라며 "이것이 서구경영과 구별되는 아시아적 성장가치"라고 평했다.

회사가 목표설정제도를 도입한 이유도 직원존중을 위해서다. 주주중시 경영에 굴복해 투자자에 가중치를 둔 단기업적 보고시스템을 추종한 게 아니냐는 의견도 있지만 이는 그렇잖다. 주주중시도 중요하지만 그것보다는 개인의 업무의욕을 중시한 것이 반기목표 도입의 가장 큰 이유 중 하나다. 다수가 합류해 복합기술로 개발된 결과물에 본인목표·기여가 확인되지 않으면 혼란을 야기할 수 있어서다. 인력관리 차원에서 부하의 목표달성 프로세스를 파악하는 것도 의욕자극에 도움이 된다. 반기목표는 사원 스스로 설정한다. 회사목표를 두고 상사와 면담한 뒤 개인

◆ 블랙잭 프로젝트 활동테마 건수추이

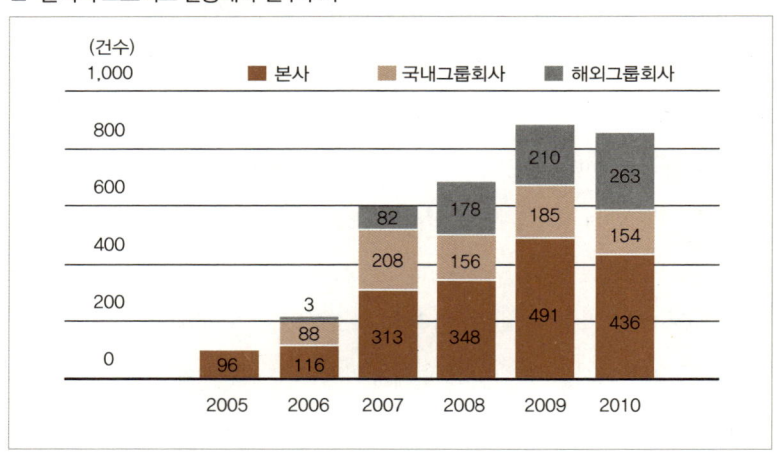

자료; 애뉴얼리포트(2010)

목표를 정한다.

 이 정도면 다른 회사와 별 차이가 없다. 그런데 희사는 목표설정 때 상사·부하는 물론 조직 커뮤니케이션의 촉진여부를 반영한다. 동료·조직과의 업무협의와 방향논의 등을 중시해서다. 효율적인 회사운영을 위해 조직을 3차원 매트릭스로도 조직화했다. 업종, 분야, 기능별 조직체계 구축으로 임직원의 업무공유와 커뮤니케이션이 원활해졌다.

블랙잭 프로젝트… 돈이 보상의 전부는 아니다

회사는 1997년부터 독특한 사내제안제도(업무개선활동)를 운영한다. '블랙잭 프로젝트'다. 일하기 좋은 업무환경 만들기를 근로자 스스로 제안하는 제도로 그간 많은 개혁·개선결과물을 창출해냈다. 카드게임인 블랙잭에서 착안한 것으로 가장 높은 숫자 21이 21세기를 상징한다는 점에서 받아들여졌다. 우승상금은 없지만 배지와 함께 명예를 부여함으로써 참여도를 높였다. 사내통신망에 제안내용을 올리고 실천하면 그걸로 끝이다.

 괜찮은 안건이면 자발적인 참여로 팀이 꾸려지고 제안대로 개선과정을 거친다. 제안자가 팀장 역할을 수행하기에 신입사원의 동기부여에도 도움이 된다. 프로젝트에는 정규직뿐 아니라 아르바이트 직원도 참가할 수 있다. 근무형태와 무관하게 모든 이를 평등하게 대한다. 전향적인 자세독려를 위해서다.

 블랙잭 프로젝트의 결과는 다양하게 실천된다. 미국에서는 재활용 촉진활동과 점심도시락 지참미팅 등이 회사분위기를 화기애애하게 만들었다. 독일에선 휴식시간에 체조를 실시해 몸을 편안히 하고, 한국에선 공장을 쇼룸처럼 꾸며 지역주민과의 커뮤니케이션에 앞장섰다. 프로젝트 활동상황은 사내통신망에 모두 공개된다. 누구든 언제든 댓글로 평가할 수 있다.

제안발표회는 월 1회 개최되며 사장이 직접 참여한다. 2008년에는 23개국·43개사가 730건을 제출했다. 최종적으로 국내예선(?)을 거쳐 연 1회 '블랙잭 어워드 월드컵'에 지역대표로 참가·경쟁할 수 있다. 만족도는 높다. 사내 여론조사(2007년)에서 70%의 사원이 프로젝트가 업무로 연결된다고 했다. 이는 사원이 평가나 금전보상으로 움직이지 않고 스스로(内発)의 동기부여만으로도 충분히 움직인다는 걸 증명해줬다.

소통을 중시하는 기업답게 개인보다는 조직을 우선하는 분위기가 역력하다. 사내제안제도인 블랙잭 수상자 중 상당수도 개인이 아닌 팀이다. 높게 평가됨은 물론이다. 문제의식은 개인이 내도 최종성과는 팀이 낸다고 봐서다. 회사는 "천재 한 명보다는 범재 여러 명이 해내는 일이 훨씬 좋은 성과를 낸다"고 판단한다. 조직단결과 유대협력은 끝없는 연수활동과 소통과정을 통해 확대재생산의 틀을 갖췄다. 요컨대 '원 컴퍼니(One Company)'의 추구다. 모든 임직원이 하나의 기업문화 아래 서로 협력하는 분위기의 자연스러운 조성이다.

독특한 회사의 기업문화가 정착·확산된 데는 꾸준한 사내교육이 큰 힘이 됐다. 추구가치가 아무리 훌륭하고 직원배려가 다양해도 정작 당사자인 임직원이 동의·공유하지 않으면 무용지물이다. 시너지효과를 완성하자면 그만큼 뼛속 깊이 회사 특유의 DNA를 전파하는 게 중요하다. 회사가 교육을 최우선으로 중시하는 이유다.

이는 재미와도 일맥상통한다. 기존 관념에 사로잡힌 근무자세·형태야말로 일을 고단하게 만든다고 봐서다. 이를 깨야 즐거운 일이 가능하다. 그래서 필요한 게 재미와 즐거움을 이끌어낼 즐거운 회사체질로의 변신을 위한 교육시스템이다. 목표는 전체 직원이 공유하는 즐거운 분위기 만들기다. 이것이 궁극적으로는 임직원뿐 아니라 회사에도 좋은 일과 즐거운 결과를 만들어

호리바 아츠시
호리바제작소 사장

준다고 믿는다. 재밌게 일하면 일의 능률은 저절로 몇 배 이상 오르기 때문이다. 피곤함도 덜해진다. 즉 "모든 근로자가 즐겁게 일하도록 회사는 무엇을 할까"가 경영의 기본방침이다.

개인보다는 팀을 먼저 중시… DNA 전파 위해 교육심혈

직원배려에 대한 회사의 마음 씀씀이는 깊고 촘촘하다. 재미나고 즐겁게 일하도록 독려하고자 많은 제도를 구비했다. 예를 들어 같은 달 생일사원을 모아 파티를 열어주는데, 이때는 창업자가 빠지지 않고 참가해 축하한다. 이는 1955년 창업 당시부터 지켜온 전통이다. 생일파티에 경비부담은 고려사항이 아니다. 비용이 들어도 일류음식이 아니면 제공될 수 없다. "종업원 한 명 한 명을 중시한다는 회사배려를 확인하는 기회"이

기 때문이다.

파티에선 최고급음식을 먹으며 창업자와 직접 이런저런 얘기를 나눈다. 이때 중간관리자는 참석을 배제시켰다. 위와 아래가 부담 없이 커뮤니케이션을 나누도록 하기 위해서다. 창업자의 말이다.

"회사는 무대이고 주연은 사원이죠. 인생 대부분을 보내는 회사가 재미없는 장소가 돼선 곤란해요. 대접을 받고 소중하게 여겨진다는 사실만으로 큰 동기부여가 됩니다. 그래서 회사는 재미를 위해 뭣이든 한껏 제공할 겁니다."

교육중시 기업답게 이를 실천하는 연수원은 호텔수준을 자랑한다. 연수원은 '재밌고 즐겁게'란 사시를 실천·확대시키는 인큐베이터다. 일류교육을 제공하면 일류제품을 만든다는 점에서 연수원은 업무동기를 자극하고 이것이 또 도전정신과 몰입을 낳는 선순환과정을 기대한다.

때문에 회사 이익이 줄어도 연수원 경비는 좀체 줄지 않는다. 오히려 규모를 확대하는 중이다. 피크 때는 월 700명이 이용한다. 운영방식도 독특하다. '호리바대학'이라는 사내대학을 만들어 100여 개 프로그램을 강연한다. 학생과 강사는 모두 직원이 맡는다. 자발적 참여다. 시켜서 마지못해 하는 게 아니라 즐겁게 참가하는 연수다. 그래서 이름이 '펀 하우스(Fun House)'다. 운영은 자유롭다. 공부만 하지 않고 즐기기에 딱 좋다. 리조트나 마찬가지다. '호리바 커뮤니티'라는 사내회사도 재미나다. 1976년 창업자와 노동조합이 함께 사원주주 개념으로 만들었는데 회사임직원의 복리후생 전담회사다. 통상 '호콤(Hocom)'으로 불리는데 보험대리부터 여행플랜, 리스상품까지 싼값에 제공한다.

사내식당은 인기절정이다. 맛난 식사를 즐기면서 부서를 뛰어넘는 커뮤니케이션 기회로 삼고자 일류품질을 고집한다. 일찍 가지 않으면 품절되기 십상인 일류요리사의 본격스시 레스토랑도 있다. 회사옥상에서 개최되는 비어가든은 신입사원이 기획부터 운영까지 모든 걸 담당해 이들의 회사정착과 사내소통을 돕는다. 약 30명이 입주할 수 있는 독신기숙사도 운영 중이다.

2006년부터는 재택근무 및 단시간근무제를 도입했다. 육아·간호 등의 이유로 휴직 후 복귀할 때 발생하는 부적응을 해소하기 위해서다. 통근근무자와 급여 차이는 없다. 재택근무의 경우 1주일에 1회 출근한 뒤 나머지는 집에서 사내통신망을 활용해 근두하는 형태다. 단시간근무는 개인사정에 따라 근무시간을 단축할 수 있는 제도다.

또 일의 능률을 높이고자 집중타임이라는 걸 채택했는데, 이는 시간낭비를 막고자 전화응대 등을 줄여준 제도다. 별도의 전화 수신부서를 두고 특정 시간대엔 일에만 전념하도록 했다. 설계파트의 경우 1개월 만에

◉ 사업부문 및 지역별 매출액 변화

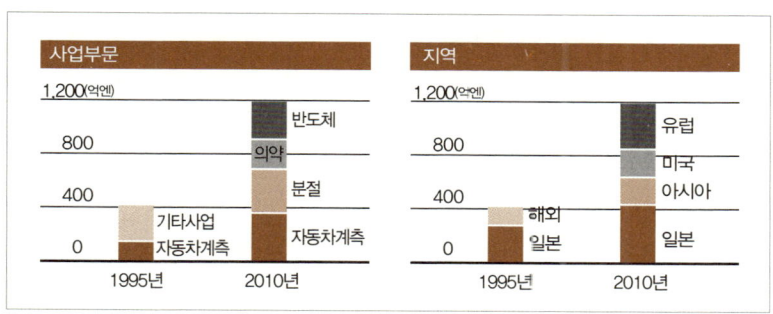

자료: 애뉴얼리포트(2010)

낭비시간을 1/3로 줄이기도 했다. 평가제도와 관련해 회사는 가점시스템을 적용한다. 도전했지만 실패했다고 감점하는 일은 없다.

낼모레 90의 꽁지머리 창업자… "모난 돌이 돼라!"

'재밌고 즐겁게'를 비롯해 호리바제작소의 톡톡 튀는 기업문화를 제안·조성한 데 가장 큰 기여를 한 인물은 창업자인 호리바 마사오(堀場雅夫) 최고고문이다. 그의 사람을 우선하는 성격이 직원중시 경영으로 완성됐다.

알려졌듯 호리바 최고고문은 학생벤처의 개척자다. 1924년 교토에서 출생해 전쟁참사를 겪은 전전(戰前)인물이다. 열정도 대단한데 CEO이던 1961년 의학박사 학위까지 받을 정도로 도전적이다. 1978년 회장에 취임했으며, 1995년에는 대표권을 회사에 반납했다. 지금은 주로 회사 외부에서 연구개발 및 기술심사 등을 통해 후진양성에 기여 중이다.

그는 원래 물리학을 전공했고 교수의 꿈을 품었다. 하지만 전쟁으로 꿈은 깨져버렸다. 젊은 패기를 표출한 건 창업이었고 회사는 이렇게 만들어졌다. 끊임없는 자기발전을 위해 임직원을 다독였고 스스로도 본을 보이고자 뒤늦게 박사학위에 도전했을 정도다. 의학은 그의 사람중시를 확인시켜준 계기가 됐다. 언젠간 죽을 운명의 생명이라면 살아 있는 동안이라도 최고의 행복을 누리는 게 최선이라는 경영철학이 그렇다.

그래서 눈 뜨면 출근하고 싶고, 직장에선 웃음꽃이 피는 만족스러운 근무환경을 만들 것을 결심했다. 일이란 힘든 게 아니라 즐거운 것이라는 인식을 심어주고자 했다. 일례로 인사말에 흔히 쓰이는 '수고'와 '고생'이라는 단어는 바보 같은 말이라는 게 그의 입장이다. 재미를 찾아 도전적으로 일하면 일이란 충분히 즐거울 수 있기 때문이다.

벤처업계의 살아 있는 신화로 불리는 그는 내일모레면 90인데도 파격적인 스타일을 유지한다. 하얗게 센 머리지만 꽁지머리로 묶어 장난기 가득한 얼굴을 보여주는 게 트레이드마크다. 나이에 어울리지 않게 벤처인의 자유분방한 옷매무새는 필수다. 그래서인지 회사멤버 중 겉모습이 튀는 사람은 적잖다. 에너지가 흘러넘치는 건 두말하면 잔소리다.

괴짜 경영자로도 유명하다. 독설에 가까운 비상식적인 경영관을 담은 어록을 대거 쏟아냈다. 괴짜라도 경영성과가 좋으니 무시할 수도 없는 노릇이다. 출판계는 이런 그를 설득해 화제의 책을 연거푸 내놨다.『일 잘하는 사람 일 못하는 사람(仕事ができる人, できない人)』을 필두로『싫으면 관둬라!(イヤならやめろ!)』,『모난 돌이 돼라!(出る杭になれ!)』,『호리바 마사오의 경영자의 마음가짐 수첩(堀場雅夫の營心得帖)』등이 대표적이다.

하나같이 출간과 함께 큰 관심을 받았다. 2000년에 나온『일 잘하는 사람 일 못하는 사람』은 출간 직후 베스트셀러 1위에 오르는 기염을 토하며 노장 CEO의 상식파괴 경영에 귀를 기울였다. 대부분의 그의 저서는 한국에서 번역서로 팔리고 있다.

그는 개성이 흘러넘친다. 이는 코멘트에 고스란히 묻어난다. "모난 사람이 더 뛰어나다"거나 "빠져나온 못은 더 빠져나오게 만들라" 등이 그렇다. "싫으면 관둬라"나 "남의 말 듣지 말라"에 이르면 가히 상식파괴의 전형이다.

그러니 불필요한 오해가 많다. "싫으면 관둬라"라는 말만 해도 실은 "싫다고 말할 만큼 깊게 파고들어 가봤느냐"는 의미다. 대충대충 일하며 불만만 갖는 일부 청년세대의 한심한 세태에 대한 반어적인 충고다. 모난 돌을 귀히 여기는 이유도 분명하다. 호리바 마사오는 여러 권의 저서에서 반복해 그 이유를 다음처럼 설명한다.

"자기주장이 강하고 시끄러운 사람과 불만 없이 성실한 사람 중 하나를 잘라야 한다면 그 대상은 후자예요. 성실한 것이야 대체할 수 있지만 주장이 뚜렷한 성격은 찾기 힘들기 때문입니다."

"남의 말을 듣지 말라"는 충고는 원하는 답이야말로 모두 자기 안에 있기 때문이다.

괴팍한 어록의 숨은 뜻… 사람우선의 메타포

"모난 돌이 정 맞을 것"이라는 말은 곱씹어봄 직하다. 진짜 의미는 "완벽하게 모난 돌이라면 다른 사람이 감히 비판하지 못할 것"으로 보기 때문이다. 따라서 모가 나려면 제대로 날 필요가 있다. 어설프게 모가 나서 굳이 정을 맞을 필요는 없다. 그의 말이다.

"물고기는 잡어일수록 무리를 지으려는 경향이 강해요. 무리를 짓지 않는 것은 다른 물고기를 배제하지 않고 공생한다는 증거죠. 그럴 때 생존력이 높습니다."

그에게 유능한 사람은 본인 성과를 자랑하고 권리를 찾으며 남의 의견에 간섭을 잘하는 캐릭터의 소유자다. 출세욕을 감추지 않고 자리싸움과 논쟁도 즐긴다. 무조건 맞장구를 치지 않기에 반론에 능한 건 물론이다.

"노이즈 속에서 아이디어를 찾으라"는 말은 입버릇처럼 내뱉는다. 그

  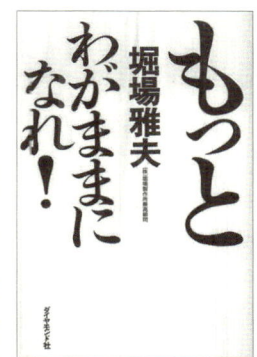

창업자의 독특한 경영철학을 다룬 책들

에 따르면 듣는 얘기의 99%는 노이즈다. 대신 1%는 중요한 시그널이다. 수많은 얘기 중 이 1% 시그널을 잡아내는 게 성공관건이라는 입장이다. 또 결단은 15분이면 충분하다. 대신 빨리 포기하는 게 경쟁력이다. 덕분에 회사의 의사결정 시스템은 신속하기로 정평이 자자하다. 현장의 부하에게 결정권을 주는 이유다. 다른 회사 사람들이 협상 때 난관에 봉착하면 회사에 돌아가서 검토하겠다는 투가 태반이지만 '호리비언'은 즉석협상을 보장받는다. 협상성공률이 높은 배경이다.

따르기만 하는 직원은 경계대상이다. 월권까지 불사하는 기개 넘치는 직원을 선호한다. 노력만으로 평가받는 시대는 끝났기 때문이다. 이는 1964년의 사건이 계기가 됐다. 심폐기능 측정기를 자동차 배기가스 측정에 응용해보자는 아이디어를 일언지하에 거절한 사건이 그렇다. "생명을 살리는 기계로 더러운 배기가스를 측정할 수는 없다"는 이유에서다.

이후 한 직원이 몰래 실험을 반복했다. 이를 알게 된 호리바 마사오는 실패하면 시말서를 쓸 것이라는 조건하에 개발을 허락했다. 지금은 회사의 주력상품이 된 배기가스 측정기는 이렇게 만들어졌다. 그리고 제안자는 훗날 2대 사장에 올랐다.

 창업자의 깊은 뜻이 닿는 지향점은 강조컨대 '인재중시'다. 괴팍한 어록 안에 녹아 있는 메타포의 진짜 뜻은 사람을 소중히 여기는 마음으로 갈무리된다. 스스로 인재를 "보이지 않는 자산"이라 평할 정도로 사람의 마음을 사고자 신뢰의 씨앗을 회사 곳곳에 뿌렸다. 사람이 아니고서는 모든 게 무용지물이요 사상누각이라는 신념이다.

■ 창업자 호리바 마사오의 어록

"구별 없이 남을 대하는 사람이 돼라."
"동료·부하는 무조건 신뢰하는 배짱을 가져라."
"크게 실패하는 사람은 작은 실수를 그냥 지나친다."
"어떤 어려운 문제도 15분이면 결론이 나온다."
"잊어버려라. 실점했다면 점수를 넣으면 된다."
"일류가 되고 싶으면 일류사람과 사귀어라."
"인맥이란 상대가 다가와서 생기는 것이다."
"역할분담을 당연하게 생각하지 마라."
"술자리에서 장삿속을 드러내지 마라."
"회의는 싸우는 장이다."
"출세는 의자 앉기 게임과 같다. 양보하면 기회는 없다."
"비즈니스에서 좋은 사람이란 무능의 대명사다."
"부하의 푸념과 의견을 구별하라."
"우연히 성공해도 우연히 실패하는 경우는 없다."
"여자에게 인기 없는 사람은 못생긴 얼굴이 아니라 머리가 나쁜 사람이다."

– 자료: 『일 잘하는 사람 일 못하는 사람』

04
다이킨(ダイキン)공업

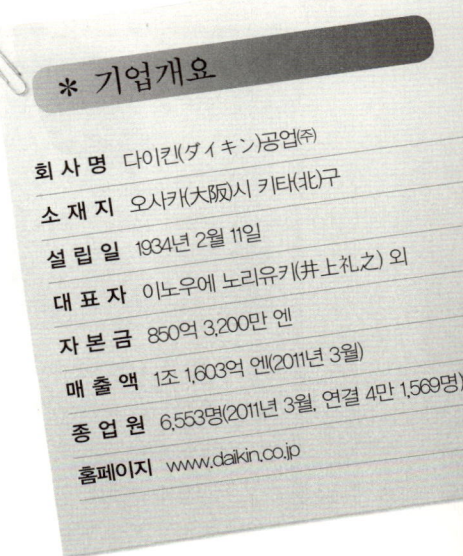

* 기업개요

회사명 다이킨(ダイキン)공업㈜
소재지 오사카(大阪)시 키타(北)구
설립일 1934년 2월 11일
대표자 이노우에 노리유키(井上礼之) 외
자본금 850억 3,200만 엔
매출액 1조 1,603억 엔(2011년 3월)
종업원 6,553명(2011년 3월, 연결 4만 1,569명)
홈페이지 www.daikin.co.jp

베테랑의 존재감 존중… '정년 이후에도 맘 놓고 일하자'

다이킨공업은 '고령자의 천국'으로 비유된다. 정년걱정 없이 일할 수 있는 환경을 여러모로 갖췄다. 연봉도 생각보단 많이 깎이지 않아 일할 맛을 북돋운다. 고령근로자를 위한 우수한 근무환경은 역사가 길다. 생각이 트인 회사인 셈이다.

그렇다고 고령근로자만 우선하진 않는다. 고령근로자를 위한 실질적인 정년연장 등의 선구적인 근로환경은 오히려 종업원 전체를 위한 수많은 제도적 배려의 일부분에 불과하다. 일할 맛이란 걸 전체 임직원이 고루 느끼는 회사다. 이는 휴가사용에서 단적으로 확인된다. 2009년 유급휴가 취득률은 제조업평균(54.5%)보다 월등히 높은 90.6%에 이른다. 눈치 보지 않고 필요에 따라 얼마든 쉴 수 있는 조직실현이다. 이 밖에도 직원행복을 위한 배려는 상당하다.

회사는 1951년 일본 최초로 에어컨(空調機)을 개발한 중견메이커다. 지금은 일본 최대 에어컨업체로 유명하다. 주력인 공업용 에어컨은 40%대의 확고부동한 점유

율을 기록 중이며 가정용도 20% 안팎을 유지한다. 덕분에 공조분야 일본 1위 자리에 올랐다. 가정용은 후발업체의 딜레마를 극복하고 지금은 파나소닉과 호각을 다툰다.

고령자 '일할 맛' 천국… 전체 근로자 근로의욕 고취

64%의 해외매출은 회사를 세계 2위에 올려놨다. 1990년대 중반엔 15%에 불과했었다. 호주를 포함한 아시아와 유럽시장 비중이 특히 높다. 시스템에어컨으로 불리는 고효율 에너지절약형 공조기는 판매량 세계 1위다. 회사제품이 시장호평을 얻는 건 놀라운 기술혁신에 있다. 도관(導管) 설치를 위한 복잡한 공사를 생략할 수 있고 개별공간의 공조조절이 가능하며 냉난방과 함께 공기정화까지 가능하다.

다이킨공업은 일반에겐 비교적 덜 알려진 업체다. 애초 B2B의 업무용 에어컨을 판매했기에 일반 소비자에겐 감춰진 회사였다. 1994년 일반 고객을 상대로 한 양판점 판매비중은 12%에 불과했다. 자사계열 소매망도 부족했다. 그랬던 게 가정용 에어컨 시장진출 이후 일반 대중을 상대로 한 마케팅이 강화되면서 유명메이커로 부상했다. 직원행복뿐만 아니라 고객행복을 중시하게 된 계기다.

1990년대 후반 본격화된 고객배려 정책은 'Hospitality'로 요약된다. 이는 각종 이벤트를 개최해 고객감동을 확보하는 회사 특유의 방법론이다. 본사 영업본부장까지 나서 지방점포를 방문하는 등 고객과의 원활한 커뮤니케이션에 매진한다. 1995년 거점 마련으로 중국시장에 진출한 뒤의 성공스토리도 잘 알려졌다. 매출에서 확인되듯(2010년 1,600억 엔) 중국에서는 승승장구 중이다.

동시에 회사 특유의 인재중시 경영을 주목하는 언론이 많다. 동등한

◆ 부문별 매출액 구성비율

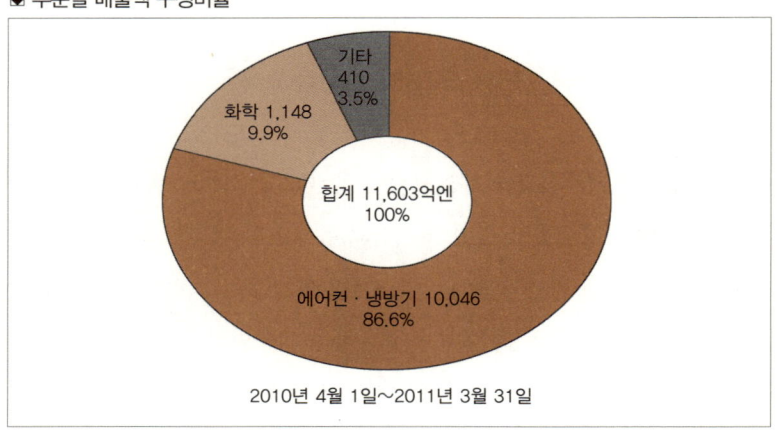

자료: 홈페이지

기회제공을 통해 금전보상을 뛰어넘는 신뢰관계를 구축한 게 그렇다. 우수인재라면 국적불문 회사인재로 양성하는 시스템에 대한 호평이다.

이 결과 〈주간동양경제〉는 2008년 다이킨공업을 장수기업 조건을 갖춘 일본 국내 랭킹 3위 회사로 선정했다. 7가지 장수조건인 돌파력·획득력·연속력·인간력·레버리지력·회수력·진출력 등을 종합해 분석한 결과 다이킨공업의 향후 장수확률이 최고수준에 도달했다고

'이노우에즘'이라는 독특한 경영문화를 이끌어 낸 이노우에 노리유키 회장

봐서다. 회사매출에 부침은 있지만 비교적 안정적인 성장에 돌입했다는 평가다. 1조 엔대 매출안착 때문이다. 공조·냉동기가 전체 매출의 90% 안팎을 차지한다. 기타로는 화학부문(8~9%) 기여도가 높다.

회사는 1994년 취임한 이노우에 노리유키(井上礼之) 회장(당시 사장)이 키를 쥔 후 급성장했다. 일본 경영학계에선 이를 '이노우에즘(Inoueism)'으로 부르며 벤치마킹 교과서에 등재했다. 핵심은 수평적 조직운영을 통한 과감한 의사결정·실행력으로 압축된다. "리더가 직접 참여하며 충분히 토론한 뒤 60%만 검증되면 일단 결정한다"며 "애매한 건 결정 이후 고민하며 수정하면 충분하기 때문"이라고 CEO는 설명한다. 수직적 의사결정으로 대량생산·판매하던 고도성장기와 달리 지금은 선견지명·통찰력을 지닌 인재를 적재적소에 배치하는 조직능력이 중요하다고 봐서다.

중요한 건 회사가 강조하는 '중의독재(衆議獨裁)'라는 단어다. 즉 중의를

모으는 철저한 토의문화가 특징이다. 이때 결단사항은 일치단결해 실행한다. 추진전략은 비교적 유연하게 운영되는데 그때그때 상황변화에 따라 변경되는 경우가 많다. 심하면 하루 만에 리더가 바뀌기도 한다. 덕분에 적자누적으로 사업철수를 검토하던 가정용 에어컨은 극적으로 부활했다.

CEO의 독특한 경영철학을 뜻하는 이노우에즘은 직원열정을 끌어내 일할 맛 나는 근무환경을 제공한다는 게 요지다. 지식·기술로 돈을 버는 회사지만 연수 땐 오히려 동기부여·성장자극 등을 강조하기 일쑤다.

이노우에즘의 근간은 사람에 포커스를 맞춘다. 직원중시다. 수평조직(Flat)인데도 과감한 의사결정(Speed)이 가능한 것은 그 주체가 인재이기 때문이다. 또 인재는 연령·직급 등과 무관하게 자질·의욕을 갖췄다면 누구나 리더가 될 수 있다. 유연한 인재발탁이다. 실제 2001년 가정용 에어컨시장에 돌풍을 일으킨 홍보캠페인은 입사 4년차 젊은 직원이 리더로 발탁된 후 추진됐다. 이런 분위기가 성장발판이 됨은 물론이다.

CEO는 "근로자 한 명 한 명의 능력과 꿈의 합계가 기업성장으로 이어진다"고 했다. 기업경쟁력의 원천이 직원이며, 이를 축으로 한 경영가치 실현을 추구한다. 직원행복을 강조하는 기업문화다. 그렇다고 과거의 온정적 가족주의는 아니다. 회사이념·기업풍토에 공감하는 인재에게 기회를 제공함과 동시에 높은 귀속의식도 요구한다.

수평조직의 과감한 의사결정 '이노우에즘'… 유연한 인재발탁

높은 직원행복은 곧 탄탄한 복리후생을 뜻한다. 회사는 먼저 인재차별

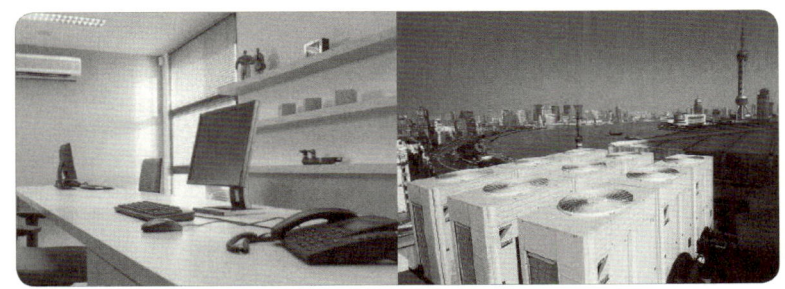

주력제품인 공조기

없는 채용기준을 철저히 준수할 뿐 아니라 직원만족도와 직결되는 여러 종류의 근로형태를 고르도록 했다. 본인의 라이프스타일에 맞춘 적절한 근로형태 제공이 목적이다.

다양한 근로형태를 한층 빛내주는 부가적인 제도도 많다. 고령근로자를 위한 실버연금제도, 간병지원책, 인간도크, 종합그룹보험 등이 있다. 간병지원은 간병휴가·간병근무로 나뉘는데 간호가 필요한 가족이 있을 경우 쓸 수 있다. 간병휴가는 대상자 1인당 1년 동안 쓸 수 있는데 상황악화(필요간병도) 때마다 1회씩 취득할 수 있다. 간병근무는 1년에 걸쳐 시차근무·플렉스타임근무·단시간근무(1일 6시간) 등이 가능하다. 55세부터 정년퇴직까지 매년 3일간 유급 특별휴가를 주는 제도(실버휴가)도 있다.

자기책임에 기초한 생활설계가 가능하도록 관련정책도 도입했다. 자가(自家)마련을 중심으로 한 재정지원과 불측(不測)사태에 대응하는 유아(遺兒)연금 및 근로재해 부가급부 등이 대표적이다. 기업이념과 기업문화를 유지하는 정책은 다소 특이하다. 축제지원과 영년(永年)근속, 전사차원 문화체육 레크리에이션, OB(旺惠)회, 보육소 운영 등이 있다.

또 실력을 키우도록 탄탄한 연수제도를 운영한다. 글로벌 인재육성을 위한 해외거점실천연수가 그렇다. 젊은 직원을 해외에 파견해 다양한 실무경험을 제공한다. 매년 20명 안팎이 2년 동안 파견된다. 마이스터로 불리는 탁월기능전승제도도 있는데, 이는 숙련기술자가 후진육성을 맡아 암묵적인 특수기능을 후진에게 물려준다는 데 의의가 있다.

직원이 전부라고 느끼는 기업답게 인재확보에 특별한 제한은 없다. 기업경쟁력의 원천을 가려 뽑는다는 건 있을 수 없다. 오히려 남녀노소·국적·학력차별 없이 다양한 인재가 상호가치를 인정하며 이를 조직력으로 업그레이드시키는 편이 훨씬 이롭다는 입장이다. 덕분에 여성근로자는 2006년 635명에서 2010년 897명으로 늘었다. 외국인 직원은 같은 기간 22명에서 53명으로 증가했다. 특히 여성관리(기간)직은 2001년 2명에서 2009년 15명까지 늘어났다. 베테랑으로 표현되는 고령근로자 활용은 일본기업 중 최고수준이다. 1979년 정년을 55세에서 60세로 늘린 걸

◆ 고령근로자의 재고용 추이

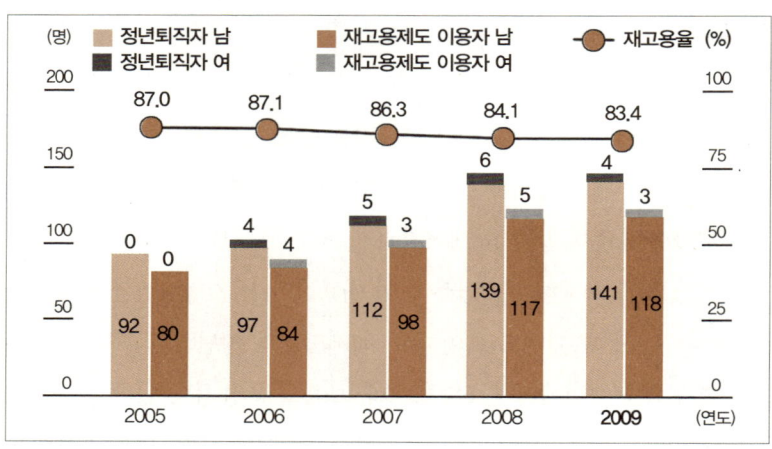

자료; 홈페이지

필두로 지금은 65세 이후의 실질적인 정년연장을 적용 중이다. 장애인 고용에도 적극적이다. 특례자회사인 ㈜다이킨선라이즈셋츠의 경우 74명의 장애근로자가 근무 중이다.

다양한 인재의 능력발휘를 위한 근로형태의 선택지는 넓다. 회사는 1991년부터 플렉스타임(Flex-time)제를 채택했다. 2001년에는 연구개발부에 더해 사업운영부서에도 재량근로제를 도입했다. 보다 유연한 근무형태와 근무시간을 골라 일할 수 있도록 하기 위함이다. 결과적으로 이는 퇴직률을 크게 낮췄다. 정년퇴직을 포함해 다이킨공업의 퇴직률은 3.5%로 전체 산업평균(14.6%)보다 크게 낮다.

과로사 등 일본 특유의 장시간근로 문제는 제도적으로 해결방안을 강구했다. 단순한 양적 근무시간에 얽매이지 않는 대신 주체·창조적인 능력발휘를 위한 환경조성을 위해서다. 결과는 근로형태의 다양화 카드도입이다. 연구·개발·설계·정보추진 등 전문분야만이 아니라 지원·사업부문은 물론 재택·외근 등 사업장 이외 근무도 대상이다. 잔업수당 등 시간수당이 아니라 기본급 및 정액수당으로 지급하는 형태다.

주력제품인 공조기

임금격차 없는 정년연장의 상징기업… 양립조화도 향상일로

인재평가 기준은 성과주의의 폭넓은 반영이 특징이다. 평가방법은 종합적인 인재능력을 복수시각으로 평가한다. 때문에 평가를 위한 시험제도와 인사고과는 존재하지 않는다. 중요한 건 얼마나 성장할 수 있는가의 능력성장이다. 이를 직속상사가 평가한 뒤 다른 기간(基幹)·감독직과 협의하는 방식을 취한다.

업무성과는 크게 3가지로 나뉜다. 결과, 도전, 성장이 그렇다. 결과란 책임수행이다. 일종의 주어진 역할·책임의 달성도로 이때 목표난이도가 고려·판단된다. 도전은 과감한 시험을 통해 예상하지 못한 새로운 방향성·지혜를 도출한 경우 좋은 성과로 판단된다. 성장이란 개인적 책임수행으로 연결되진 못해도 주변 동료와 부서책임에 도움을 준 경우다.

이렇게 성과를 내 공헌한 경우 걸맞은 수준의 처우체계가 적용된다. 즉 실력에 부합하는 성과주의 임금체계다. 때문에 연령급, 근속급, 가족급 등 일련의 임금항목·승급제도는 폐지했다. 대신 개인별 평가급과 자격별 기본급 등의 자격·평가에 기초해 임금을 설정한다.

결국 과거의 '정기승급+임금인상' 방식에서 '전적인 평가분배'로 전환한 것이다. 요컨대 '승급총액결정방식'의 도입이다. 이때 평가격차는 확대된다. 임금동결이라도 평가격차를 크게 벌려 과거가 아닌 현재성과를 임금에 반영하도록 했다.

무차별 혹은 당연기준의 인센티브 제도는 개선했다. 역직·자격·연령과 무관하게 공헌인재에 기준을 맞춰 개별처우와 함께 보다 적절한 배치를 실천한다. 가산(可算)형 인센티브 제도다. 특별보너스는 회사의 전략 중점테마의 중핵추진자로 성과가 현저할 경우 통상보너스와 별도로 지급된다. 부문장 특별보너스는 업적향상 등 탁월한 직원에게 부문장이 재량껏 보너스를 지급하는 형태다. 역시 통상평가에 따른 상여와는 구분된다.

주가연동보수라는 제도도 있다. 기간(基幹)직원에 한정해 도입했는데 연간주가가 상승할 경우 상승금액에 자격별 지급률을 곱한 액수를 지급하는 보너스다. 조직운영이 임금체계와 긴밀히 연동된다는 점에서 관련제도는 변경했다. 수직적인 종적조직 대신 평평한 횡적조직을 도입한 것이다. TF(Task-Force), 프로젝트팀, 위원회 등 횡적조직을 중시함으로써 해당 그룹의 리더는 능력별로 발탁하기 시작했다. 프로페셔널이 생존한다는 차원에서 관리직을 기간(基幹)직으로 변경해 최대한 능력을 발휘할 수 있는 환경을 만들었다.

일과 가정의 양립조화는 유명하다. 2007년엔 '차세대육성지원대책추진법'이 정한 기준을 통과해 정부인정을 받았을 정도다. 육아휴가대상자와 그 상사에 대해 관련제도가 충분히 활용되도록 배려한 덕분이다.

1992년 일찌감치 육아휴가 및 육아근무제도를 도입했다. 다이킨공업의 경우 중후장대의 사업모델 특성상 여직원 규모는 10%대 초반에 불과하다. 입사단계부터 기술·기능계의 남성비율이 현격히 높기 때문이다.

하지만 최근 여직원 숫자는 조금씩 증가세다. 종합직과 일반직의 구분 철폐와 육아지원 제도개선 등에 따른 결과로 해석된다. 일과 가정 모두를 지키도록 배려해서다. 가령 만 1세까지 육아휴직을 제공하는데 개별사정에 따라 최대 2년까지 활용할 수 있다. 초등졸업 때까지 육아근무를 통한 유연한 회사생활이 가능하다. 육아를 위한 유연한 근무설정이다.

육아서비스 비용보조제도도 신설했다. 자녀가 아프거나 잔업·출장일 경우 베이비시터 비용 등으로 연 20만 엔까지 보조한다. 뜨거운 감자인 남성종업원의 육아휴가 취득을 위해서도 관련제도를 바꿨다. 자녀 1명당 2회까지 쓰도록 했다.

육아휴가 중엔 사내통신망에 접속해 관련정보를 얻을 수 있도록 해 자연스러운 업무복귀를 돕는다. 정보소외를 막기 위해서다. 효과는 크다. 여성기혼자의 65%가 자녀양육 중인 엄마로 조사됐다. 여직원의 적극등용을 통해 기회균등을 제공한 덕분이다. 산전산후휴가자는 2005년 17명

에서 2009년 30명으로 증가했고 육아휴가자는 같은 기간 남자(1명→74명), 여자(27명→49명) 모두 늘었다.

정년 이후 평균연봉 현역 때 80%··· 75년부터 고령근로 주목

다이킨공업 근로자가 '일할 맛' 나는 가장 중요한 이유는 돋보이는 고령자 복리후생 정책에서 찾을 수 있다. 사실상 일본 최고수준이라는 데 이견은 없다. 덕분에 일본에선 고령근로자 활용을 잘한 대표적인 성공기업으로 자주 평가된다. 〈주간동양경제〉(2010.10.2)가 70세 정년연장을 커버스토리로 다룰 때 다이킨공업의 기업사례는 무려 3페이지에 걸쳐 심층 보도됐다. 반면 다른 소개기업은 거의 1페이지 분량에 머물렀다.

그도 그럴 것이 다이킨공업의 고령자 근무환경은 비교잣대가 거의 없다. 2006년 법률이 정한 정년연장 · 계속고용(재고용 · 근무연장) · 정년폐지 중 계속고용제도를 선택했는데 재고용비율이 83%에 이를 정도다. 대부

◆ 고령근로자 활용을 위한 제도도입

연도	제도내용
79년	55세→60세로 정년연장
91년	희망자 전원 63세까지 재고용
01년	희망자 전원 65세까지 재고용
04년	시니어스킬 스페셜리스트 계약사원제
05년	베테랑 활성화 프로젝트
06년	국내 관계회사 재고용제 개시

자료; 홈페이지

분 고령자가 정년(60세) 이후에도 계속 일한다는 얘기다. 1991년 도입된 재고용제도는 희망자 전원이 65세까지 일할 수 있다.

고령근로의 핫이슈인 임금체계는 아주 심플하다. 공적연금을 포함해 연봉은 일률 540만 엔이다. 정년 이전과 비교하면 20% 떨어진 데 그쳤다. 보통 정년 이후 연봉이 정년 이전의 50~60% 수준임을 감안하면 상당히 만족스러운 수준이다. 기업배려다. 다양한 근무형태를 제공·선택하게 함으로써 직원이 저절로 일하도록 환경조성에 성공했다. 단시간근로와 격일근무, 정상근무 등이 그렇다. 다만 대부분은 현역시절처럼 9시~5시 30분의 정규근무를 택한다.

많은 기업이 그렇듯 문제는 65세 이후다. 일본정부는 재정악화 탓에 연금수급 개시연령을 60세에서 65세로 늦추었다(2006년). 이때 법률로 계속고용을 보장하도록 했다. 2025년이 그 한계연도다. 이후엔 무조건 65세까지 실질적인 정년연장이 이뤄지도록 했다. 이 결과 많은 기업이 단계별로 65세까지의 계속고용제도를 도입했다.

다만 65세 이후는 무방비상태다. 기업이 자발적으로 채용하지 않는 한

65세 이후 고령근로를 위한 조치는 아무것도 없다. 게다가 65세까지의 계속고용은 재고용・근무연장이 대부분으로 일단 정년퇴직 후 노사협정・취업규칙에 따라 선별하는 경우가 보편적이다. 평균임금은 정년 이전보다 현격히 줄어든다. 길게 일하는 대신 덜 받는 구조다. 그나마 취업자 전원이 65세까지 일하는 기업은 절반 정도에 그친다. 나머진 일하고 싶어도 못 한다는 얘기다.

반면 다이킨공업은 65세까지는 물론 그 이후의 고령근로를 위한 제도장치를 마련했다. 2001년 전문지식과 대량인맥을 보유한 경우 얼마든 일할 수 있는 '시니어스킬계약사원제도'가 그렇다. 2010년 10월 현재 모두 70명이 이렇게 근무 중이다. 최고령자는 72세다. 임금수준은 기본적으로 64세 때와 큰 차이가 없다. 언론이 주목할 수밖에 없는 이유다.

회사가 고령자 근로환경 정비에 착수한 건 역사가 길다. 회사필요에 의한 것이긴 해도 대부분은 생각지도 못한 1975년부터다. 당시 1차 오일쇼크로 판매급감이 계속되면서 공장가동률은 급락했다. 그래서 전국판매망 구축지원을 위해 공장근로자 1,800명 중 600명을 영업으로 돌렸다. 유연성을 갖춘 젊은 사원이 중심이 됐다. 신입사원 채용은 힘들었기에 공장근로자의 고령화는 불가피했다. 이때 고령화대응을 위한 조직개혁에 나섰다. 고령자 고용흡수와 근로자 복지향상 차원에서 ㈜복지서비스를 설립해 물품판매・사택관리・서적보관・차량점검 등의 사업을 시작했다.

고령자라도 편한 자세로 작업할 수 있도록 불편한 근무공간과 중량물 등은 제거하기 시작했다. 1981년엔 고령자대응의 라인개선공사를 마쳤고 이후에도 관련 프로젝트를 다수 진행했다. 풍부한 경험을 완전히 활용토록 하는 하드웨어가 개선된 이후부터는 연장선상에서 고용제도라는 소프트웨어를 개선대상에 올렸다. 1992년의 경우 본인희망 63세·회사선택 65세의 재고용제도를 만들었다. 근무형태는 등록파견·단시간근무·주3일근무·소호(SOHO)·프로젝트근무 등으로 다양화했다.

회사관계자는 "고령근로자는 회사의 지혜주머니인데 출세경쟁 같은 게 없으니 조직문제를 정확히 진단·조언할 수 있다"고 평가한다. 그뿐만 아니라 왕년경험을 되살려 경영부진에 빠진 자회사를 회생시킨 고령근로자도 적잖다. 현재(2010년 3월) 6,379명의 종업원 중 60~64세 근로자는 484명에 이른다. 65세 이상은 57명으로 집계된다.

05 SHISEIDO
시세이도(資生堂)

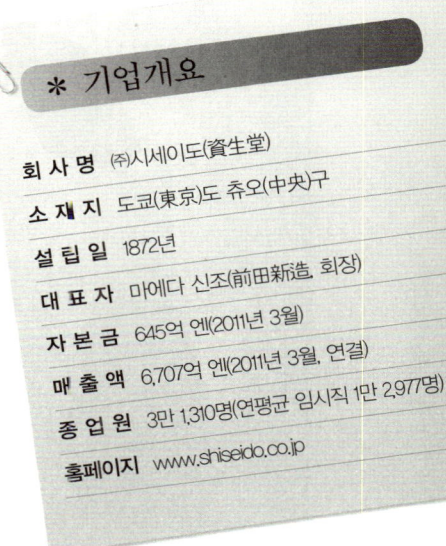

* 기업개요

회사명 ㈜시세이도(資生堂)
소재지 도쿄(東京)도 츄오(中央)구
설립일 1872년
대표자 마에다 신조(前田新造, 회장)
자본금 645억 엔(2011년 3월)
매출액 6,707억 엔(2011년 3월, 연결)
종업원 3만 1,310명(연평균 임시직 1만 2,977명)
홈페이지 www.shiseido.co.jp

미소 가득한 여성천국… '동백꽃이 품은 성공비밀'

성장이 멈추면 기업은 흔들린다. 제아무리 명성을 자랑했어도 예외는 없다. 결국 잘나갈수록 미래전략은 필수다. 내수침체가 목에 찬 한계시장 일본이라면 특히 그렇다. 위기일수록 희비가 엇갈리듯 불황은 많은 걸 갈라놓는다. 순식간에 과거영광을 까먹는 왕년의 최고기업이 있는 한편 조용한 개혁으로 성장발판을 다지는 장수기업도 있다.

주목할 건 후자다. 대부분 배워봄 직한 결정적인 계기가 있기 때문이다. 남들이 힘들어하는 사양·성숙산업 기업이면 더더욱 관심집중이다. 그 선두주자가 명문기업 시세이도(資生堂)다. 과거영광을 잇는 새로운 성공신화에 대한 기대감이 높다. 더욱이 시세이도의 성장스토리엔 직원우

시세이도의 발원지인
도쿄 긴자의 본사전경

선의 배려정신까지 포함된다. 많은 이들이 회사를 애정 있게 지켜보는 이유다.

시세이도는 2012년 현재 창업 140년을 기록 중인 장수기업(시니세=老鋪)이다. 일본 최대의 화장품회사로 이젠 아시아 시장점유율도 압도적인 1위다. 글로벌레벨에선 로레알·P&G·에이본 등과 각축을 다투는 메이커다.

1872년 일본 최초의 서양식 조제약국에서 출발했다. 긴자(銀座)의 '시세이도약국'이 원형이다. "미츠코시(三越)에서 쇼핑한 뒤 시세이도 팔러(Parlor·식당)에서 식사하는 것"이 부유층의 전유물로 여겨질 정도로 긴자의 명물기업이다. 경쟁사와의 격차는 현격하다. 매출액 6,000억 엔대를 안정적으로 유지하며 일본 화장품시장(시장규모 2조 2,000억 엔대)을 쥐락펴락한다. 시장점유율은 25.3%다(2007년). 국내 경쟁라이벌은 '카오우(花王)&가네보'다. 2004년 파산한 가네보를 카오우가 인수한 뒤 덩치가 커졌지만 화장품만 비교하면 시세이도의 시장장악력이 월등하다.

시세이도의 지향점은 동양과 서양의 장점을 합한 잡종추구다. 그런데

이 잡종이 지금 시세이도의 오리지널이 됐다. 요컨대 서양예술과 동양감성의 결합이다. 결과물이 시세이도 스타일이다. 예술을 경쟁력의 원천으로 보듯 최대파워는 디자인이다. 창업 초기부터 '미와 건강과 젊음'을 유지하는 생활문화 제안위주의 사업전개에 몰두했다. 1888년 일본 최초의 고형치약인 '후쿠하라 위생치약비누'를 만들었는데 이게 엄청난 히트를 치며 유명세를 타기 시작했다.

창업 139년의 1위 메이커… '시세이도 스타일의 힘'

1897년 본격적으로 화장품 사업에 뛰어들었다. 1902년엔 소다수 판매대를 설치하며 외식사업에도 진출했다. 1927년 주식회사로 변경한 뒤 1949

◆ 시세이도의 실적추이

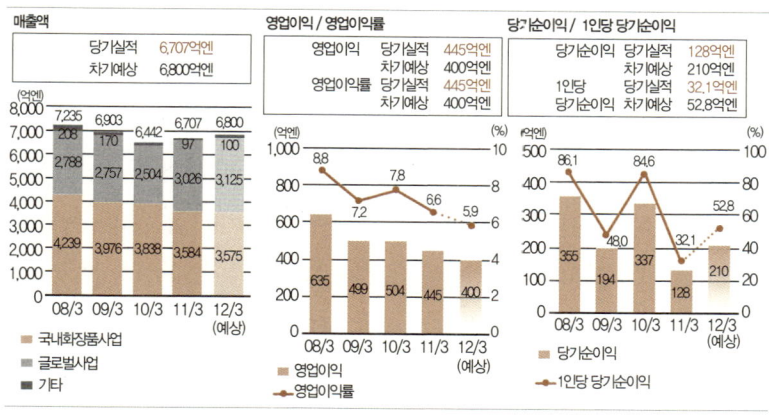

자료: 2011년 연간보고서

년 도쿄증권거래소에 상장됐다. 해외에서도 입소문이 자자한 유명기업이다. 1957년 대만진출을 최초로 이후 미국·이탈리아·싱가포르·프랑스 등으로 영역을 넓혀나갔다. 1981년엔 중국시장에 뛰어들었다. 2010년엔 그루지야를 비롯해 남아프리카·콜롬비아 등에서도 화장품 판매를 시작했다. 덕분에 해외매출이 40%를 웃돈다. 글로벌 현지대리점만 2만 5,000개를 넘긴다.

성장세는 착실한 편이다. 금융위기와 지진재해 등 돌발악재로 매출이 좀 주춤했어도 여전히 확고부동의 'No.1' 지위를 유지한다. 위기 이후 후폭풍이 만만찮았음에도 불구, 6,000억 엔대 후반의 매출액을 기록했다. 지역별 매출(연결)은 국내(3,829억 엔)가 절대적인 가운데 아시아(1,220억 엔), 미국(876억 엔), 유럽(782억 엔) 순으로 기여도가 높다. 미국과 유럽은 역전됐다. 모두 77개국에 진출 중이며 R&D 전담인력은 1,000명에 육박한다.

성장압력과 구원투수… '파괴와 창조의 개혁일기'

회사의 끊임없는 성장행진은 위기 때 등판한 내부승진 CEO 덕분이다. 1990년대 이후 고질적이던 성장지체의 악순환은 무명의 전문경영인이 끊어내는 데 성공했다. 주인공은 마에다 신조(前田新造) 회장이다. 2005년 당시 경영기획실장에 불과하던 그의 사장발탁은 충격이었다. 오너가문이 아닐뿐더러 사내서열을 훌쩍 건너뛴 '깜짝'인사였다.

이사회 선택은 옳았다. 신임사장은 강력한 개혁의지를 내걸며 현장혁신을 요구했다. 이때 나온 게 '즉결주의'다. 60%의 가능성·찬성만 있다면 40%의 위험은 무시하고 즉각 실행하라는 경영방침이다. 일단 시작한 뒤 조금씩 수정하는 게 차일피일 미루며 기회를 놓치는 것보다 나아서다. 취임일성에서 신임사장은 "40%의 난관 때문에 타이밍을 놓치느니 뛰어든 뒤 성공확률을 60%에서 100%로 높이는 게 필요"하다고 했다.

신임사장의 개혁일타는 브랜드통합이었다. 그는 파괴와 창조를 염두에 두고 "회사를 일단 깨버린 뒤 다시 고쳐 세울 것"이라고 강조했다. 최초 타깃은 과다보유의 브랜드였다. 쪼개진 브랜드 탓에 자금·노력 등이 분산되는 건 물론 제품 차이를 알지 못한 고객항의가 잇따랐다. 신임사장은 기존 브랜드를 통합해 '굵고 두터운 브랜드'로 재조합했다. 사내외의 반대가 잇따랐지만 선 굵은 신임사장의 결단은 요지부동이었다.

결국 방목상태에서 우왕좌왕하던 복수브랜드는 6대 메가브랜드로 통합됐다. 과다브랜드가 경영압박이었음은 통합 직후 개선결과로 확인됐다. 핵심브랜드의 시장독주가 확연해져서다. 일례로 7개의 샴푸브랜드를 합해 '츠바키(동백)'라는 통일제품을 내놨는데 출시 3개월 만에 해당 부

문 1위에 랭크됐다.

파격적인 마케팅도 한몫했다. 신임사장은 2006년 미모순위 1~6위까지의 여배우 모두를 단일상품에 기용했다. 그해 광고비만 50억 엔을 썼다. 한 명도 부담스러운 판에 최정상 여배우 전원을 집합시킨 광고발상은 공전의 히트상품을 키운 일등공신으로 지금껏 거론된다.

메가브랜드 전략은 당시로선 의외였다. 고객니즈가 다양화되면서 시대트렌드를 읽어가며 개별브랜드를 확대하는 게 일반적이었다. 하지만 시장축소 앞에 이 전략은 설득력이 줄어들었다. 이때 내놓은 선택이 메가브랜드화였다.

메가브랜드 전략은 선전·판매촉진을 특정 브랜드로 집중시켜 업계 상위를 노리는 것이다. 이 결과 시세이도 브랜드는 크게 ▷메이크업(Maquillage) ▷남성화장품(uno) ▷스킨케어(Aqualabel) ▷샴푸·린스(Tsubaki) ▷메이크업(Interrate) ▷스킨케어(Elixir) 등으로 나눠졌다. 동일품목이라도 괄호 안의 브랜드처럼 특징별로 나눠 어필파워를 높였다. 가격대는 중간수

◉ 시세이도의 사업·지역별 매출비중

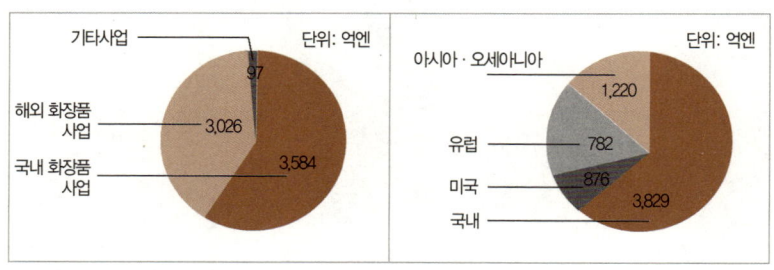

자료: 홈페이지(2011년 3월 기준)

준인 2,000~5,000엔대를 중심으로 조정했다. 이는 브랜드 특징을 유지하면서 광범위한 소비층에 먹혀드는 결과를 낳았다.

판매사원의 업무평가는 양적 매출항목 대신 질적인 서비스부문으로 대체했다. 역시 놀랄 만한 개혁이었다. 판매사원 목표할당제야말로 여전히 업계상식에 가깝다. 반면 매출에 얽매여 고객만족을 소홀히 할 여지를 회사는 없애버렸다. 이후 고객만족은 업그레이드됐다. 만족감을 표하는 고객엽서가 눈에 띄게 급증했다.

브랜드 재구축과 함께 외부적으로는 글로벌진출에 포커스를 맞췄다. 중국진출이 대표적이다. 시세이도에게 중국진출은 제2의 창업선언과 마찬가지다. 이 숙제는 신임사장이 간부였던 시절부터 도맡은 업무라 누구보다 밝다. 중국전용 백화점브랜드 '오프레(aupres)'는 지금은 중국의 국민브랜드로 성장했지만 10년 전엔 상상하기 힘들었다. 시장 자체가 불모지로 인식됐다.

그래도 그는 공장을 지었다. "자동차교습소라도 지을 작정이냐"는 반대에도 불구, 판단은 적중했다. 공장이 없었다면 수요충당 자체가 힘들어졌을 정도다. 현재 도입점만 800개 점포에 화장품 전용점포 계약은 4,500개에 육박한다. 제3의 판매망인 약국채널은 취급점포를 600개 이상으로 늘릴 계획이다. 중국시장은 이제 회사주력으로 떠올랐다. 1981년 최초로 진출한 덕분에 글로벌 경쟁사를 제치고 고급화장품의 대명사로 인식된다. 진출 당시 '아시아인의 피부는 아시아인이 제일 잘 안다'는 콘셉트를 내세운 게 적중했다.

전망은 밝다. 아시아권의 경우 2020년 세대소득 연간 1만 달러 이상을 4억 6,000만 세대로 추정할 때 그중 중국이 78%에 이를 것으로 추정된다. 로드맵에 따르면 2014년까지 아시아에서 압도적인 존재감을 확보한 후 2017년 글로벌 플레이어로 안착하는 게 목표다.

직원만족 으뜸기업 명성… '내 딸은 시세이도로!'

시세이도의 명성 중 상당 지분은 임직원의 높은 근무만족도에서 비롯된다. 근무환경은 그만큼 탁월하다. 2010년 8월 '리크루트'가 조사한 '딸이 들어갔으면 하는 입사희망기업 순위' 1위에 랭크됐다. 산전수전 다 겪은 샐러리맨 아버지가 딸에게 추천한 직장으로 종합적인 근무환경·만족도·평판 등을 알 수 있다는 점에서 의미가 있다. 초임 월급은 20만 5,650엔대(근속자 평균연봉은 705만 엔)로 대기업 평균수준이지만 이를 벌충하고도 남을 각종 혜택이 그만큼 크다고 알려졌다.

이는 인기직장인 공무원·교원은 물론 P&G, 미츠비시도쿄UFJ은행, 베네세, ANA 등 안정감 높기로 유명한 대기업을 모두 제친 결과다. 회

● 직원만족을 위한 주요제도

90년	선택형인재육성제도/ 육아휴업제도/ 리프레시휴가제도/ 연속휴가제도
91년	육아시간제도
93년	개호휴업제도
02년	육아휴업자지원시스템(wiwiw) 개시
03년	사업소 내 보육소 개설
04년	CSR부(사장직할조직) 창설/ 차세대육성지원행동계획 책정
05년	육아휴업제도 변경/ 자녀간호휴가제도
06년	시세이도 쿄우이쿠(共育)선언 발표

사는 "다닐 만한 회사환경을 위해 가능한 모든 노력을 다한다"는 게 기본방침이다. 경기침체라지만 마케팅·인건비만큼은 절감예외다. 이후를 대비해 오히려 더 투자하고 있다. 직원만족도 조사는 연례행사다. 활력 넘치는 조직풍토 실현을 위해 계약·파견사원도 조사에 포함된다.

시세이도는 여성천국이다. 고객의 90%, 사원의 80%, 주주의 50%가 여성인 회사답게 여직원을 위한 근무환경이 잘 조성됐다. 사실 시세이도도 예전엔 결혼·출산과 함께 여직원은 회사를 그만뒀다. 그랬던 게 이젠 출산·육아를 이유로 그만두는 이는 드물어졌다. 덕분에 2004년엔 '균등추진기업표창'까지 받았다. 또 '젠더프리(Gender Free)'를 사내방침으로 내걸고 전체 사원에게 관련책자를 배포한다. 직장의 의식개혁을 통해 여성채용·등용을 추진하기 위해서다.

여직원 채용증가 등에서처럼 성과는 좋다. 관리직 여성비율은 20%에 육박한다. 일본기업 평균(10%)의 2배다. 남녀·연령·자녀유무 등과 무관한 근무형태의 실현이다. 그래도 갈 길이 멀다는 게 회사판단이다. 여성이 관리직의 절반 정도는 돼야 여성중심 화장품업계의 세계표준이라는 입장이다. 강제수단까지 설치했다. 부문장 성과평가 항목에 '근로형태 재인식'을 둬 다양한 근무환경 설정을 강제한다. 평가점수가 10%에 이르니 부문장으로서도 여직원 활용여부를 무시할 수 없다.

근무만족의 핵심개념은 남녀평등적인 직장·가정 양립조화(WLB=Work Life Balance)다. 지금이야 널리 알려졌지만 시세이도는 WLB 개념조차 희박하던 1990년대 초 여기에 공을 들였다. 여세를 몰아 2008년엔 단시간근무제도(1일 2시간 근무시간 단축 가능)를 확충했다. 대상아동 연령을 초등입학 전에서 3학년까지 확대했다. 이 제도를 활용 중인 종업원은 원칙적으로 전근 등 이동대상에서 제외한다. 동료의 추가부담 없이 단시간근무를 눈치 보지 않고 할 수 있게끔 대체요원(캥거루스태프)인 아르바이트 직원을 채용한다. 대체요원은 1,000명까지 증원이 목표다. 결과적으로 퇴직사원은 감소세다. 비록 인건비는 늘지만 경험 많은 여성판매원이 계속 근무하는 게 효율측면에서 유리하다고 본다. 육아휴직 중인 직원은 인터넷으로 PC기술과 영어회화 등을 습득할 수도 있다. '우이우이(w·iw·iw)'제도다. 상사와 연락을 하거나 타사 육아휴가 취득자와의 교류도 가능하다.

인재육성에 각별한 회사… 직종별 임금체제의 고민흔적

시세이도는 인재육성으로 유명하다. 창업 초기부터 공부(책)를 강조하는 사풍 때문에 쇼세이도(書生堂)로 불릴 만큼 사원지도·육성에 공을 들인다. 사풍을 이어받아 2006년엔 '시세이도 쿄우이쿠(共育) 선언'을 발표했다. 인재육성을 위해선 ▷목표관리에 기초한 OJT ▷공정한 평가·대우 ▷적절기회의 연수 ▷이동·로테이션 등의 4가지 도구가 활용된다. 이 구조의 상호연결로 직원의식을 발굴하고 동기를 부여하며 성장기회를 제공하는 게 인재육성 기본방침이다.

  같은 맥락에서 기업대학이 신설됐다. '에코르 시세이도'다. 여기선 분야별 전문가 육성연수와 신입사원연수·관리직연수·경영간부양성연수 등을 실시한다. 사장이 학장, 부문이사가 학부장이 돼 소속직원의 육성책임을 갖는다. 각국의 다양성을 이해하고자 평소 인문학(문학·역사·철학 등)을 교양강좌로 개설해 교육하기도 한다.

임금체계와 관련한 고민흔적도 엿보인다. 1990년대 종신고용·연공서열 붕괴 이후 일본재계는 성과주의 임금체계를 대폭 도입했다. 대략 80% 이상의 기업이 명목상 성과주의를 적용 중이다. 그만큼 업무평가의 적정성을 둘러싼 논란이 많은 것도 사실이다. 명확한 평가기준이 없어 반쪽짜리 제도로 전락한 경우다. 숫자로 나타나지 않는 업무평가가 그렇다.

이를 불식하고자 회사는 직종별 임금체계를 도입했다. 업무내용에 따라 임금수준과 평가기준을 정해 임금격차를 설정하는 식이다. 애초부터 갈등구조를 줄이겠다는 계산이다. 한편 간부직원의 경우 절대평가를 적용한다.

회사의 기업이념은 '무엇으로 세계에 도움을 줄까'로 압축된다. 이를 위한 행동강령이 1997년 제정된 '시세이도 방식(The Shiseido Way)'이다. 구체적으로 행동목표는 고객(우량품질·가치창조), 거래처(프트너십·성심성의), 주주(성과제공·투명경영), 사원(능력발휘·사원만족), 사회(법률준수·연대조화) 등이다.

자연스레 사회공헌활동(CSR)에도 적극적이다. 시세이도의 CSR은 전체기업의 공통적인 공헌활동인 기본적 CSR과 시세이도만이 제공할 수 있는 선택적 CSR로 구분된다. 기본적 CSR은 '2009년 다이버시티 경영대상

WLB 부문상(동양경제신문)' 수상에서 확인되듯 종업원의 일·가정 양립조화 추진 등이 대표적이다. 선택적 CSR은 고령자 등에 대한 화장술 교육, 환경보전 추진, 여성지원 활동 등을 들 수 있다.

■ CEO 연구

배려심의 초식남성… '승부세계 경영자로 변신'

마에다 신조(前田新造) 회장이 중시하는 경영방침은 결단과 속도다. 즉 '빠른 속도로 결단은 확실하게'다. 2005년 사장취임 이후 시세이도의 개혁과정은 사실상 이 둘로 정리된다. 이를 위해 평소 임직원에게 자신만의 리더십을 구축하라고 요구한다. 이리저리 휘둘리지 말고 본인만의 확고한 논리를 갖추라는 주문이다.

필요한 건 끊임없는 공부다. 2007년 사내대학을 신설한 배경이다. 인재육성에 투자를 아끼지 않는 회사답게 필요강좌는 1년간 의무수강하는 제도를 만들었다. '마에다개혁'으로 일컬어지는 시세이도의 새로운 로드맵은 파괴와 창조로부터 출발했다. "깨버린 뒤 다시 만들자"는 취임일성이 실현된 게 메가브랜드 정리과제가 대표적이다.

파괴·창조가 강조되다 보니 그의 이미지는 꽤 딱딱하고 도전적으로 알려졌다. 하지만 젊은 시절 그의 모습은 지금과 많이 달랐다고 한다. 고교 땐 재즈에 빠져 순전히 재즈서클이 좋다는 이유로 게이오(慶應)대를 결정했을 만큼 문학성이 다분했었다. CEO에 어울리는 리더성격보다는 조정자로 기억하는 옛 친구가 많다.

1970년 시세이도에 입사한 이유도 당시 학생운동에 휘말리지 않고 평화로운 산업에서 일하고 싶다는 이유 때문으로 알려졌다. 지금으로 치면 전형적인 초식(草食)남성인 셈이다. 입사 후에도 섬세한 배려로 입소문이 자자했다. 고객피부를 만지는 영업직원의 손이 거칠어질까 대신 점포청소 등 잡무를 도맡아했다는 일화도 있다.

이런 그가 냉정한 승부세계의 최고경영자로 변신한 건 취임 직후 소속팀이 참가한 역전마라톤 우승화면을 본 뒤부터였다. 열심히 뛰며 어깨끈을 주고받는 선수들과 응원동료들을 보며 본인도 시세이도라는 어깨끈을 후세에 잘 넘겨줄 것을 결심했다. 사명감이자 개혁에너지를 얻은 순간이다. 샐러리맨 시절 개인적인 위기상황도 경험했다. 본인의 제안브랜드가 망한 적이 있었는데 단호한 후속조치 탓에 사실상 실직상태에 빠졌던 절망적인 기억이 그렇다. 출근해도 업무가 없어 괴로워하던 시절이다. 이때 한 상사가 희망적인 조언을 해줘 가까스로 사직서를 찢을 수 있었다. "부하심중을 읽는 가슴 따뜻한 상사가 있는 회사라면 좀 더 근무하자"고 생각했다.

2003년 경영기획실장 땐 최초로 50세 이상 사원에 대해 조기퇴직 플랜도입을 제안한 것도 아픈 기억 중 하나다. 당시 구성원 인구구조를 보니 50세가 압도적이라 회사가 과연 지속될지 의문스러웠다고 회고한다. 2년에 걸친 경영진에 대한 설득작업이 시작됐다. 당연히 그 자신도 조기퇴직 대상연령에 포함됐다. 스스로도 "개혁플랜을 끝내면 그만둘 생각"이었다는데 불시에 사장발령이 났다.

그는 1947년 오사카(大阪)에서 태어났다. 1970년 대학을 졸업한 뒤 시세이도에 입사했다. 1996년 마케팅본부 화장품기획부장에 취임한 뒤 발군의 능력을 발휘해 사내외에서 인정받기 시작했다. 1997년에는 국제사업본부 국제사업 1부장·마케팅 개발실장·시세이도아시아태평양사장 등 3개의 주요포스트를 동시에 수행해 화제를 모았다. 2003년 경영기획실장을 거친 뒤 2005년 사장에 취임했다. 주말엔 사원메일을 읽고 답장하며 지내는 경우가 많다. 화장품회사 CEO답게 평소의 피부관리가 철저한 것으로 알려졌다. 로션부터 향수·모발제까지 시세이도 신제품은 거의 모두 그의 손을 거친다.

■ 회사역사

파격적 광고로 입소문… '시세이도=동백꽃'으로 열도장악

1872년 해군병원 약국책임자였던 후쿠하라 아리노부(福原有信)가 긴자에 문을 연 조제약국이 회사원조다. 사명인 시세이도는 역경(易經)의 한 구절인 '지재곤원 만물자생(至哉坤元 萬物資生)'에서 비롯됐다. '놀라운 대지의 은덕은 모두 여기서 출발한다'는 뜻이다. 회사명은 여전히 호평이 자자하다. 한자 하나하나가 가진 안정감과 숭고한 의지는 물론 영문(Shiseido)조차 위화감이 별로 없다. 설립 당시 추구이념은 지금도 통용되는 '와콘요우사이(和魂洋才)'였다. 일본정신과 서양기술의 조화추구다. 이후 성장은 순조로웠다. 1888년 일본 최초의 치약을 발매했고, 1897년 지금까지 팔리고 있는 스테디셀러인 화장수(오이데루민)을 선봤다. 시세이도가 고급화장품메이커로서 위치를 다진 시기다.

시세이도가 발 빠르게 추진한 건 브랜드 확립과제다. 1915년 당시 주력상품이던 머릿기름(香油花椿)에 쓰였던 동백꽃 이미지를 회사마크로 쓰기 시작했다. 이는 사진가이기도 한 초대사장(福原信三)이 그 디자인을 만든 데서 유래한다. 2006년 히트상품이 된 'Tsubaki'도 역시 동백꽃 이미지를 그대로 브랜드화해 '시세이도=동백꽃'을 공고히 했다.

화장품광고가 당대 최고 여배우의 역사를 반영하듯 시세이도의 광고도 여배우에 포커스를 맞춰 사세확장에 기여했다. 전후(戰後) 어떤 회사보다 빨리 인기절정의 대형 여배우를 기용해 광고를 찍은 게 시세이도였다. 1965년 당시로선 파격적으로 유명 여배우의 수영복 포스터를 제작·배포했는데 이걸 떼어내 가져가는 소동이 잇따랐다는 에피소드도 있다.

약 100년 전부터 동백꽃을 회사상징으로 삼은 시세이도

판매조직의 육성·정비는 시세이도의 경쟁력 중 하나다. 1923년 소매점과의 관계강화를

위해 체인스토어제도를 만들었다. 정가판매로 이윤확보를 하겠다며 가맹점을 모집한 걸 두고 업계와 일부 소매점이 반발했지만 소량품목·염가판매에 고전하던 많은 소매점에게 지지를 얻었다. 가맹점은 순조롭게 늘어났다. 이를 통해 다른 화장품보다 좀 비싸긴 해도 상당한 품질·안심감을 주는 제품을 판다는 브랜드이미지가 굳어지기 시작했다. 뒤이어 구매자의 조직화에도 나섰다. 메이커·판매점·소비자의 3각 협

시세이도의 초대사장
후쿠하라 신조

조체제로 이어져 공존공영주의를 실현하는 훌륭한 시스켐으로 발전했다. 지금은 아예 업계의 필수조직으로까지 확대됐다.

일본의 화장품 판매라인은 둘로 나뉜다. 소매업자에 넘겨 판매하는 일반화장품과 자사계열 판매망에서만 판매하는 전매화장품이 그것이다. 전매화장품은 비싸고 이윤도 많아 전속 미용직원을 배치한 컨설팅 제공이 기본전략이다. 지금은 전매품이 압도적인 시장점유를 자랑한다. 전매시스템은 이후 화장품업계뿐 아니라 자동차 등 일본 특유의 유통체제 구축에 기여했다. 시세이도는 1950년대에 이미 전매화장품의 소비욕구와 성장조짐을 읽는 데 성공했다. 여성의 사회진출·지위강화가 대표적이다.

시련도 있었다. 1980년대 미국이 제기한 일본유통망의 장벽시정 요구에 따라 가격유지가 힘들어지면서 가격인하전이 시작돼서다. 재고는 나날이 늘어갔다. 설상가상 1990년대 버블붕괴까지 가세하면서 상황은 한층 악화됐다. 구조조정이 불가피했다. 판매조직 통일과 사업조정 등에도 불구, 상황호전은 기대하기 힘들었다. 2001년 결국 창업일가와 무관한 이케다 마루오(池田守男)가 사장에 취임했다. 이후 화장품사업의 유통부문 개혁을 시작했다. 계열소매점의 밀어내기판매를 철폐하고 과잉재고를 떠맡았다. 대신 POS시스템을 설치해 유통의 신속화와 효율화를 추진했다. 이후 2005년 실무개혁자였던 마에다 사장이 개혁바통을 이어받았다. 명문부활은 이때부터 시작됐다.

06 Asahi KASEI
아사히카세이(旭化成)

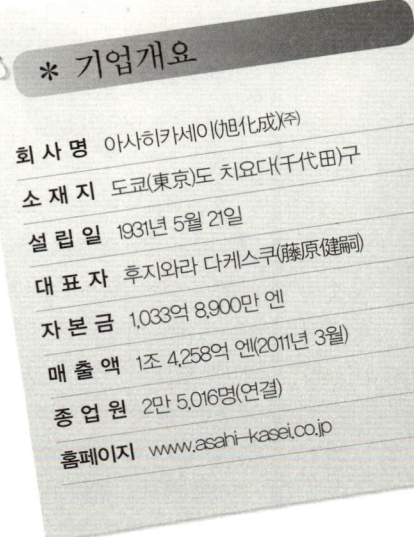

육아휴가 떠나는 남직원… '회사사전에 해고란 없다'

"사람들의 생명과 생활을 위해 공헌합니다."

아사히카세이(旭化成)의 CSR리포트 표지문구다. 회사의 사업부문은 한마디로 '생활환경'으로 집약된다. 생활공간인 집과 거주자에 필요한 물건을 주로 생산한다.

이를 지주회사(旭化成) 밑의 7개 영역·89개 사업회사가 전담한다. 주택건설부터 의료기기·전자재료·전자부품·휴대전화·의류·기저귀·피혁·수지 등 '없는 게 없는' 사업영역을 영위한다.

사업모델의 특수성 때문인지 그래서 회사는 사람을 중시한다. 다만 우선순위라면 고객보단 직원만족이 먼저다. 뉴스매체 〈프레지던트 로

이터〉는 아사히카세이의 경영철학을 "회사는 종업원의 것"으로 간단히 정리·보도했다(2010년 3월 9일).

회사는 종합화학회사다. 섬유회사로 출발했지만 발을 넓혀 특화된 중견기업으로 명성이 확대됐다. 가령 2차전지용 멤브레인은 세계시장 점유율 1위를 기록 중이다. 화학회사지만 특이하게 주택·일렉트로닉스 등에까지 폭넓은 사업내

후지와라 다케스쿠 사장

용을 보유한 덕분이다. 최근 융합이라는 키워드로 시너지효과가 기대되는 사업전개에 관심이 많다. 사업회사는 자주·자립경영을 실천하며 지주회사는 그룹 전체 전략입안과 최적 자원배분 및 집행·감독 역할을 맡는다.

회사의 자랑거리 중 원만한 노사관계와 협조시스템을 뺄 수 없다. 회사는 임직원을 최대한 배려하고 근로자는 회사에 최선을 다하는 상생구조를 완성했다. 노사의 신뢰관계는 상상을 초월한다. "누가 상사이고 부하인지 알 수 없다"는 걸 대놓고(?) 자랑한다. 그만큼 상하관계가 밀접하다.

근로자를 가족처럼 여기니 회사·가정의 가치 충돌은 별로 없다. 즉 일·가정 양립조화(Work Life Valance)에 충실한 회사다. 2008년 남성의 육아휴가 취득촉진 프로젝트로 '제2회 워크라이프밸런스대상'에서 우수상까지 받았다. 이 회사에선 남직원의 육아휴가가 당연하다. 자녀양육시스템이 잘 갖춰졌을 때 받는 후생성 마크(크루민)를 받은 자회사만 8개사다.

그러니 취업희망자에게 인기가 높다. 2012년 3월 졸업예정자 대상 취업희망회사 설문결과 23위에 올랐다(리크루트). 전년(2011년) 88위보다 65계단이나 급등했다. 100위권 중 상승폭 1위다. 전통적인 인기업종인 은행·종합상사·매스컴과 호각을 다투는 수준이다. '일할 맛'을 강조하는 회사라는 입소문 덕분이다.

실제 회사는 자유로운 사풍에 힘입어 개개인의 개성을 중시하는 대신 형식주의는 타파한다. 오죽하면 입사시험조차 형식파괴다. 선정관문은 면접뿐이다. 서류전형·필기시험은 없다. 백지서류에 자유롭게 아이디어와 자기PR을 적도록 해 뽑는다. 기준이 있다면 벤처정신, 성실한 자세, 다양성 존중이 전부다. 또 생활환경과 밀접한 사업을 펼치기에 여직원 채용에 적극적이다.

취업시장에서의 회사이미지는 대체로 '도전적'이다. 영업자든 기술자든 회사멤버라면 '발명자=제안자=개척자' 이미지가 일반적이다. "못할 게 없다"는 비전과 호기심이 강조된다. 회사의 PR포인트가 이를 뒷받침한다. 변화무쌍하고 폭넓은 사업구조를 지녔으면서 기술수준은 최고레벨인 이유로 자유롭고 활발한 조직문화를 첫손가락에 꼽는다. 개별임직원이 아이디어를 내고 시행착오를 거듭해 시너지효과를 낸 결과로 해석한다. 창의적 인재의 도전정신이야말로 오늘의 회사를 키운 핵심엔진이다. 그래서 핵심엔진을 회사가 중시하는 건 당연하다.

인재중시야 어느 일본기업이든 공식적인 추구가치다. 다만 속내는 좀 다르다. 전통적인 종업원주권이 주주주권으로 옮겨간 혐의가 짙다. 갈수록 과잉고용 명목을 내걸고 해고자를 대량으로 노동시장에 쏟아내는 기업이 적잖다. 비정규직 양산구조의 정리해고 유행이다. 불가피할 때 사죄회견장에서 가까스로 꺼내들던 해고카드가 이젠 상황악화와 맞물려 조건반사처럼 등장하는 선택지로 변질됐다. 노동비용을 최대한 묶는 게 지상과제가 돼버렸다.

창의인재의 도전정신이 핵심엔진… "회사는 종업원의 것"

원래는 그렇지 않았다. 과거에도 위기상황은 있었지만 지금처럼 해고 등 구조조정 형태의 인원정리(고용축소)는 별로 없었다. 오일쇼크를 필두로 위기상황일지언정 회사 내부의 자체적인 고용흡수 스펀지를 가동해 최대한 인원유지에 공을 들였다. 근로자 숫자는 유지한 채 과잉고용을 줄이는 방법이다. 잔업단축, 배치전환 등과 응원(應援)·출향(出向)으로 불리는 특유의 인원(관련하청·계열회사)재배치가 대표적이다. 이후 신규채용 중지·삭감 및 일시귀휴(일정 기간 취업정지) 카드를 선택했다. 최대한의 고용유지라는 경영철학이 대전제로 깔린 건 물론이다.

이젠 과거얘기가 됐다. 이런 회사는 보기 드물다. 와중에 아사히카세이는 여전히 '엉뚱한 고집(?)'을 부린다. 유행 중인 신자유주의적인 고용철학 대신 전통적인 고비용 노동모델을 포기하지 않는다. 최대한 고용유지에 나서면서 다른 방법으로 생존·발전전략을 모색하는 방법을 선택한다. 결과는 기대 이상이다. 긴 시간 축적된 종업원주권의 토양 위에서 대개혁을 단행해 강골체질로의 변신에 연거푸 성공하고 있다. 더욱이 그 개혁카드라는 게 경영위기 때 직원반발을 사기 쉬운 지주회사라는 점에서 더더욱 주목된다.

48년 노동쟁의로부터 교훈… 노사협력체제의 선구적 구축

당초 회사는 노사협력과 거리가 멀었다. 국가총동원령이 지배하던 1930년대 전쟁시절 창업한 회사답게 상명하복·회사충성의 기업문화가 지배하던 회사였다. 1948년에는 엄청난 노동쟁의를 경험했다. 노사협력체제는 이때의 갈등경험이 안겨준 생생한 교훈에서 추출됐다. 동시에 이후의 3차례 불황을 슬기롭게 극복하는 원동력이 됐다.

1957년 생산량을 절반까지 떨어뜨린 '화섬 5할 단축조업' 땐 3,700명 사원을 순서에 따라 일시귀휴 조치했지만 이듬해 전원복직 발령을 냈다. 일시귀휴는 조합원에 대한 노조설득이 기여했다. 급여수준은 줄었지만 동종 타사가 희망퇴직을 실시할 때 회사는 오히려 전원복직을 실현했다. 이후 고용유지가 노사의 공통관심으로 정착되는 문화가 자연스레 뿌리내리기 시작했다. 최근 이슈로 떠오른 워크셰어링의 선구사례다.

고용유지로 구축된 노사신뢰는 1961년 캐시밀론 불황과 1973년 오일쇼크 때도 힘을 발휘했다. 1961년 당시 자금부족에 따른 경영정상화를 위해 조합원이 상여 20%를 사내예금 형태로 갹출해 회사를 위기로부터 구해냈다. 오일쇼크 때의 일시휴업 과정에선 복지공제회를 발족해 의료보험 및 육영(育英)대출 등을 실시해 사원생활 안정화에 보탬이 됐다.

반복된 위기극복 스토리는 근저에 신뢰적 일체감이 있었기에 가능했다. '경영핍박=고용위기'의 공통인식을 통해 아픔을 공유하고 위기극복을 위한 일체적인 행동전략을 수립할 수 있었다. 공멸갈등 대신 상생협력을 선택한 셈이다. 회사란 주주가 아닌 경영진을 포함한 종업원의 것이라는 발상이 자연스레 정착된 배경이다. 지금은 기업문화로 안착한 종업원주권주의의 실현이다.

여세를 몰아 회사는 2006년에 지금까지의 기업문화를 기초로 '인재이념'을 재구축했다. 그 첫머리에 등장하는 문구가 '회사의 약속'이다. "그룹인재가 일하는 보람을 갖고 활기차게 일하는 장을 제공해 그룹성장과 발전을 도모한다"는 약속이다. '인재가 최대자산'이라는 회사이념의 명시적 의지선언이다. 임직원에게만 묵시적으로 선전하는 게 아니라 회사와 경영진 스스로 실천할 각오를 가졌음을 공식적으로 밝힌 것이다.

물론 실제로는 어려운 과제다. 요즘처럼 글로벌 경쟁격화 상황에선 더더욱 그렇다. 세파에 휩싸여 포기하기 딱 좋은 선전문구가 고용유지다.

그래서 회사는 2003년 조직개혁을 단행했다. 분사·지주회사체제로의 이행이다. 지주회사는 기업합병의 연착륙 수단으로 자주 사용되지만 이 회사는 지주회사 산하에 중핵사업부문을 분사시켜 자주자립 및 스피드경영을 모색했다.

회사사업은 과거 섬유가 중핵이었다. 하지만 섬유부진 등 산업·환경변화에 대응하고자 다각화 카드를 선택했다. 섬유에서 화학·전자부품·의약의료·주택건설 등 영역을 대폭 확대했다. 변화에 앞서 신사업을 개척하려던 조치였지만, 한편에선 소속부문이 적자라도 기타 사업에 의존해 상여를 받는 등 부작용이 거론됐다. 그룹의 전체 방향이 혼선을 빚었다. 각종 사업부문 대표를 포함한 30명의 이사진이 본인들의 전문분야 외에선 의논부족·결정난항 등의 문제가 발생했다.

그래서 사업회사로 독자적인 현금흐름을 중시하고 책임과 권한을 대폭 부여하는 방향을 골랐다. 감독은 지주회사가 하되 집행은 사업회사에 위양함으로써 신속한 의사결정을 기대한 것이다. 자주·자립경영의 철

◆ 사업회사의 영역

부문	사업회사
화학(케미컬)	아사히카세이케미컬즈 외 23사
주택	아사히카세이홈즈 외 11사
의료·의약	아사히카세이팜 외 5사
섬유	아사히카세이섬유 외 19사
일렉트로닉스	아사히카세이일렉트로닉스 외 11사
건재	아사히카세이건재 외 7사
서비스·엔지니어링	13사

자료; 후생성 홈페이지

저한 실천을 위해 지주회사 이사는 사업회사 사장을 겸직하지 못하게 했다. 동시에 사업회사 사원은 의존적 근무형태를 없애고자 지주회사에서의 일시파견이 아닌 전원 전직형태로 소속을 바꾸도록 했다.

다만 분사가 만능은 아니다. 분사 후 인사전환에 곤란이 생기면 그룹으로서의 일체감이 사라지기 좋다. 비판도 잇따랐다. 방법은 하나뿐이었다. 사업성장을 통해 경영독립성을 높일 필요다. 줄어든 구심력의 한계를 원심력으로 벌충하는 전략이다. 그룹으로서의 일체감을 유지하는 작업에도 착수했다. 원심력과 구심력의 밸런스를 맞추기 위해서다.

지주회사 전환도 고용유지 차원… 과잉고용 흡수장치

지주회사는 그룹 전체 전략입안을 통해 경영자원을 사업회사에 최적분배하고 경영집행을 감독했다. 신규사업 육성차원에선 인큐베이터 역할을 자처했다. 이는 지주회사의 자문기구인 경영견략회의가 맡았다. 개별 사업단위 능력을 초과하는 대형안건을 협의·결정하기 위한 조직이다. 또 분기마다 1회씩 사업회사의 경영상황을 지주회사 사장이 확인하는 '사업인터뷰'를 실시했다.

이 정도로 구심력이 확보되긴 힘들다. 제일 중요한 인사문제가 빠졌다. 이에 지주회사는 사업부장 이상의 고위인사권을 확보했다. 부장 이하는 사업회사에 위임했다. 사업부장 이상의 경우 사업회사 사장의 기안 후 지주회사 사장과의 협의를 거쳐 '인사인터뷰'를 갖는다. 그 이하 인사권은 사업회사에 줬다지만 실은 인사·경리·지재권 등 직능육성과 배

치권한은 지주회사가 유지했다. 인사고과는 사업회사가 하지만 인사부장 평가는 사업회사 사장 이외에 지주회사 담당부장 등이 체크했다. 원심력을 가동시키면서 구심력을 확보하는 묘책이다.

구심력을 높이는 기능으로 그룹 인사부장들이 월 1~2회 만나기도 한다. 인사이동을 포함하는 '인사책임자회의'가 그렇다. 이와 별도로 그룹의 과장 이상으로 구성되는 '그룹인사회의'도 있다. 인사부원 육성과 로테이션, 연수내용 등을 포함한 인재육성 체계검토 등을 실시할 때 과장직부터 포함시킴으로써 구심력을 높이기 위해서다.

이제 사업회사를 넘나드는 인사이동은 비일비재하다. 회사의 인사 기본방침과도 맥이 닿는다. 회사의 인사목표는 인재육성과 적재적소다. 또 고용확보를 위한 회사이동도 명시했다. 사업통폐합 등으로 잉여인력이 발생할 때를 대비한 일종의 안전장치다. 해고 대신 다른 사업회사로 이동시켜 고용을 확보하기 위해서다. 사업폐지로 이동한 직원은 이미 발생했다. 이때의 이동은 법률상 퇴직에 해당한다. 본인동의가 필요한 전적

⁽轉籍⁾이다.

하지만 단 한 명도 이를 거부한 사례가 없다. 자발적인 이동까지 있다. 자발적인 경력형성 관점에서 본인희망에 따라 이동하는 '공모인사제도'다. 현직에서 3년 이상 근무한 사원이 공모할 수 있다. 각 사업회사는 연 4회 인재모집에 나선다. 2003년 이후 모집인원은 약 400명에 달한다. 이 중 합격 후 이동한 사원은 133명이라는 게 회사 설명이다.

고용유지에 최선… 지주회사로 구심력과 원심력 융합

경쟁격화 속 고용안정을 필두로 하는 그룹자원의 최적배분전략(구심력과 원심력의 균형경형)은 회사가 독자적으로 만들어냈다. 일종의 하드웨어다. 하지만 하드웨어는 적절한 소프트웨어가 없으면 껍데기에 불과하다. 그래서 회사는 원활한 제도운영을 위해 임직원 의식개혁에 착수했다. 회사가 제안한 제도에 근로자의 동의와 혼을 불어넣기 위해서다.

먼저 앞서 소개된 '그룹인재이념'을 침투시켰다. △도전과 변화 △책임감과 성실한 행동 △다양성 존중 등이 그렇다. 물론 이는 새롭지 않다. 도전만 해도 회사의 오래된 성공 DNA 중 하나다. 불황일 때 석유화학·주택사업 등 신규분야에 도전해 성공시킨 경험이 있다.

상하관계에 얽매이지 않는 자유로운 커뮤니케이션도 전통적 강점이다. 이를 상징하는 게 40년 전부터 이어져온 독특한 호칭법이다. 누구든 상대를 부를 때 '이름+직함'의 조합 대신 '이름'만 부르도록 한 것이다. 회장만 해도 'ㅇㅇ회장님' 대신 'ㅇㅇ씨(님)'로 불린다. 예외가 없다. 회의에 참석하면 상사와 부하여부는 구분이 힘들다.

이 밖에도 경직된 상하관계를 부추기는 각종 관행은 대부분 폐지됐다. 명절 때 선물을 주고받는 일본의 전통관행조차 없애버렸다. 아랫사람이 부담을 느낄 수 있다는 이유에서다. 이사 등 고위직 자제를 채용하지 않는 것도 비슷한 맥락이다. 보다 독특한 건 '선배의 말에 반대하라'는 사풍이다. 대놓고 반대한 뒤 이유는 그 다음에 생각하라는 식이다. 앞에서 수긍하지 말고 정말 옳은지 천천히 생각하고 의견을 내놓는 게 낫다고 봐서다.

덕분에 이젠 반대의견을 개진하는 부하를 오히려 선호하는 상사가 더 많다. 이는 단순한 평등의식이 아니라 인재를 기르는 기본자세와 맞물린 상징사례다. 이런 교육을 받은 직원이 리더직급에 서면서 기존 틀을 깨는 발상·행동이 덩달아 많아진다. 이 중엔 해당 조직의 벽과 입장을 뛰어넘는 고성과도 많다.

인재중시를 위한 구체적인 툴은 속속 강화됐다. 인재이념은 2가지 기초와 3가지 기둥으로 세분화된 목표를 갖는다. 직무와 관련된 기초능력 및 직능 전문능력 향상이 2가지 기초다. 그 위에 경영리더 육성, 고도전문 능력향상, 글로벌 인재육성 등 3대 기둥이 꽂힌다. 확실한 기초 위에 탄탄한 기둥을 세워 인재를 키우겠다는 발상이다. 물론 추구순서는 있다. 기초능력과 전문능력 향상을 통해 글로벌 인재로 육성한 뒤 고도전문 능력향상을 거쳐 경영리더에 오르는 게 그렇다.

이를 위해 회사는 손발 벗고 나섰다. 임직원의 능력개발에 도움이 되도록 필요한 경우 제도까지 변경했다. 2008년 10월 경영관리직(과·부장) 처우제도를 직급제도(직능자격제도)에서 역할등급제도로 개정했다. 단순직보단 현재역할의 중요성을 명확히 반영한 처우를 실현하기 위해서다. 고도의 전문직급제도도 실시했다. 그룹차원에서의 적극적 지원을 위해 모두 116명을 선정해 활약도록 배려했다. 또 인재육성을 위해 매년 정기적으로 사원을 해외유학생으로 파견한다. 2003년부터는 자기연찬(研鑽)을 지원하는데 능력배양을 위한 필요경비를 일부 지원한다.

'개별사원 존중'이라는 CSR보고서 타이틀처럼 임직원의 특수상황과 개성을 존중하는 기업문화는 광범위하게 적용된다. 정리하면 모든 사원의 성별·국적·연령 등 이유 없는 차별에 반대한다. 덕분에 여성근로자의 채용비율이 크게 늘었다. 1993년부터 사내에 여성채용 전담부서(EO추진실)를 설치·운영한 결과다. 1993년 5명에 불과했던 여성관리직(직책자)은 2010년 281명으로 늘어났다. 여성근로자 배치부서는 계속해 확산추세다.

생명과 생활을 사업모델로 하는 회사답게
WLB에 관심이 많은 아사히카세이

누구든 능력개발이 가능토록 지원하고 특히 장애인 고용촉진과 정년 퇴직자 재고용 등에 열심이다. 장애근로자의 고용비율은 2010년 현재 1.97%(430명)를 넘어 법정비율(1.8%)을 16년째 넘고 있다. 1985년 장애인 고용을 위한 특례자회사(아사히카세이어빌리티)까지 설립해 그룹의 주변·외곽업무를 지원 중이다. 2009년 전국장애자기능경기대회에는 이 회사에서만 모두 7명의 장애직원이 출전했다. 출전기업 중 최다인원으로 기록됐다.

일·가정 양립조화에 최선… 육아휴직은 남직원에게 당연

WLB(Work Life Balance)의 일과 가정 양립조화는 직원존중을 위한 회사의 주요지향점 중 하나다. 출발은 기존 관행의 개선이다. 즉 잔업 등 장시간근로를 줄이는 대신 유급휴가는 최대한 쓸 것을 강조한다. 돌아가는 듯해도 이게 개별근로자의 생산성을 높이는 묘책이란 걸 회사가 누구보다 잘 안다. 2010년 시간단위 연휴(年休)제도를 도입해 휴가취득의 유연성까지 더했다. 양립조화의 지원방향은 개별직원의 맞춤형 근로선택이 핵심이다.

이를 위해 육아·개호 관련제도를 확충했다. 부드러운 제도안착을 위해 키를 쥔 상사의 인식개혁도 중시한다. 덕분에 육아휴가는 증가세다. 2009년 407명이 육아휴가를 갔는데 여성(157명)보다 남성(250명)이 더 많았다. 자녀가 탄생한 남성근로자의 40%에 해당한다. 육아휴가는 자녀가 3세가 될 때까지 갈 수 있다. 이를 인정받아 2009년 '제4회 닛케이(日經)자녀양육지원대상'을 수상했다.

회사는 남성의 육아참가를 전폭적으로 지원하는 회사로도 유명해졌다. 사실 육아휴가의 경우 제도는 존재해도 대부분 기업풍토가 탐탁잖게 여길 뿐 아니라 여직원 위주로 활용되는 게 한계다. 하지만 이 회사의 육아휴가는 여직원은 물론 남직원의 활용도가 높다. 그룹의 육아휴가제도는 1974년 도입됐다. 상당히 빠른 선구적 조치다. 당시엔 자녀가 1세가 될 때까지 여직원이 쓸 수 있는 예외적인 제도에 머물렀다.

하지만 1992년 남직원에 문호가 개방되면서 육아를 위한 단시간근무제도가 도입됐다. 1999년 적용기간을 3세까지 늘렸다. 단시간근무는 이후 보다 확대·적용돼 초등 3학년까지 이용 가능해졌다. 이후 여직원의 육아휴가 취득비율은 비약적으로 늘어났고, 이에 비례해 출산·육아이유의 퇴직사례는 급감했다. 그래도 남직원의 취득사례는 거의 늘지 않는다.

회사는 2005년 젊은 남자직원 8명을 모아 '뉴파파(New Papa)프로젝트'를 통해 그 답을 모색했다. 이유는 △대부분 배우자가 전업주부로 불필요

● 아사히카세이의 일과 육아·개호 양립지원 주요제도

	임신		출산	육아 1기 2기 3기	초등입학	초등3학년종료	간병
여성만	입덧휴가	42일	산전산후휴가 56일	플러스산전 혹은 산후로 14일	3세 도달 후의 4월 1일까지		간병휴가(통산1년)
				육아휴직			간병휴가(신설)
			서포트휴가(실효연휴의 적립제도) 보유한도 40일				
			가족간병휴가				
				육아단시간			간병단시간(통산1년)
				키즈서포트 단시간근무제도			간병단시간근무제도(신설)
			베이비시터 이용보조, 도우미 이용보조				

자료; 회사 CSR리포트(2010)

△무급에 따른 장기적 생계지장 △주변의 특별인식 등으로 요약됐다. 게다가 신청 때의 상사를 비롯한 심리적 부담과 승진에의 악영향 등도 거론됐다.

그렇다고 육아휴가 필요성이 사라지는 건 아니다. 회사로서도 임직원의 적극적 육아필요를 부인할 수 없다. 되레 사회인으로 차세대를 기르는 작업이야말로 중요하다는 공감대가 더 일반적이다. 이 결과 회사는 보다 적극적인 육아휴가 지원방침을 내보내기로 결정했다. 남직원의 주저를 불식시킬 수 있는 방안강구였다.

이에 따라 2006년 노사양자는 육아휴가 개정을 실시했다. 개정요점은 4가지다. △육아휴가의 유급화(5일간) △배우자조건의 철폐(전업주부라도 신청 가능) △휴가의 복수취득 가능 △상사에게 구두신청으로 취득 가능(단기) 등이다. 대부분 취득과정의 간소화로 압축된다. "누구라도 쓸 수 있

◉ 아사히카세이의 육아휴가 취득추이

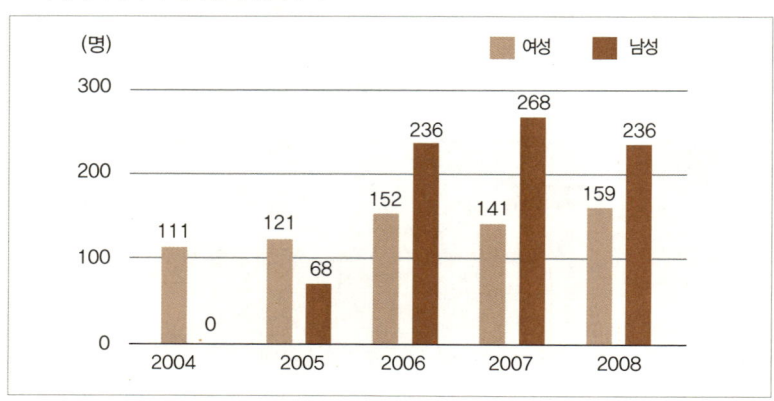

자료; 회사 CSR 리포트(2010년)

을 정도로 요건을 완화해 심리적 허들을 낮췄다"고 회사는 설명한다. 남직원에게조차 육아휴가가 당연하다는 사풍배양이 목표였다.

여기에 더해 배려는 보다 세심해졌다. 휴가취득자에게 자사제품을 이용해 만든 기저귀까지 선물했다. '육아휴가취득촉진캠페인' 차원이다. 자녀출생 이후 8개월이 지났는데 육아휴가를 쓰지 않으면 상사를 경유해 재촉메일을 인사파트에서 보낼 정도다. 당연히 이용자는 늘어났다. 2010년 현재 누계 약 1,000명의 남직원이 육아휴가를 갔다. 배우자 출산일 경우 취득률은 40~50%에 이른다. 평균휴가는 7일로 비교적 짧지만 최근 3개월 이상의 장기휴가자까지 나왔다. 이런 점에서 남직원의 육아휴가 취득관건은 이를 자연스럽게 받아들이는 사풍조성이 중요하다. 상사의 전폭적 이해와 회사의 적극적 지원이 맞물릴 필요다.

인재중시도 성장모델 있을 때 가능… 다각화카드의 설명력

육아를 위해 근무시간을 줄이는 제도장치까지 마련했다. 육아를 위한 단시간근무제도다. 초등학교 취학까지 단축근무가 가능한데 1일 최고 2시간을 줄일 수 있다. 여기에 더해 2007년 '키즈서포트' 단시간근무제를 도입했다. 초등 3학년까지 단축근무를 늘린 것이다. 그룹사 중 이미 탄력근무제가 도입 중인 경우엔 병행해 이용하기 쉽도록 했다. 2009년 기준 육아를 위한 단시간근무자는 208명(여성)으로 집계됐다. 이 중 35명은 키즈서포트 제도를 활용했다. 가족환자를 돌보는 간병지원은 통산 1년에 걸쳐 휴가를 쓸 수 있다. 2010년부터는 직장과 간병을 위한 유연한 근로환경 제공에도 착수했다.

인재중시와 종업원주권주의 실현도 특정 대전제가 깔렸을 때 비로소 빛을 발하게 마련이다. 기업성장이 그렇다. 돈을 벌어야 인재중시든 확장경영이든 가능하다. 이런 점에서 회사는 '변신의 귀재'다. 시대흐름에 맞춰 주력사업을 그때그때 바꿈으로써 새로운 성장루트를 찾는다. 신사업이 등장하는 시간간격은 거의 15년 터울로 짧다.

예를 들어 1970년 전후 70%의 비중을 차지하던 섬유(주력제품)는 현재 7%까지 축소됐다. 대신 석유화학, 주택, 정보전자, 의약 등 신규분야에 착실히 진출 중이다. 회사가 다각화를 채택한 건 1960년대 초반이다. 채산성이 떨어지는 분야를 정리하는 등 선택과 집중을 병행·채택했지만 기본은 역시 다각화노선이다. 다각화는 현재 4개의 주력분야를 완성했다. 회사를 움직이는 4바퀴다. 화학·섬유, 주택·건재, 일렉트로닉스, 의약·의료 등이다.

다각화노선은 요즘 인기가 없다. 덩치를 비대화시켜 부작용을 키운다는 비난여론이 많다. 때문에 선택과 집중카드가 더 환영받는다. 그럼에도 불구, 회사가 다각화카드를 고집하는 데는 이유가 있다. 그것이 사회적 가치를 창출하는 데 도움이 돼서다. 또 이 가치창출에 공유하는 임직원의 흥미와 열의가 있어 고무적이다. 끈질긴 도전은 물론이다. "시작한 이상 절대 성공하지 않을 수 없다"는 분위기가 지배적이다. 주택, 일렉트로닉스 등이 그 성과다.

다각화가 먹혀든 데는 임직

아사히카세기의 직원중시 로고

원의 동의·열정이 큰 역할을 했다. 회사 설명처럼 "잘 모르는 분야일수록 전력을 투입하는데, 특히 최우수인재를 해당 분야에 배치하는 게 관건"이다. 최우수인재의 도전의욕과 진정성이 신규모델의 사활을 건 셈이다. 덕분에 현재 주력이 된 화학과 주택분야는 매출의 70%를 차지한다. 과거엔 생각지도 못한 영역이었다.

다각화의 일등공신은 미야자키 카가야키(宮崎輝) 전 회장이다. 오늘의 회사를 설계하고 일구는 데 혁격한 기여를 했다는 점에 이론이 없다. 사업다각화로 합섬메이커를 종합화학회사로 변신시킨 주인공이기 때문이다. 이른바 '다보하제(검정망둥이)경영'이라는 과감한 다각화를 일궈낸 주역이다. 재임시절 "그가 없으면 아무것도 못하는 회사"란 비난이 있을 만큼 영향력과 존재감이 파워풀했다. 1934년 입사한 후 1961년 사장에 취임했는데 1985년부터 사망한 1992년까지 회장직을 유지했다. 그는 "장수기업의 양축은 성장모델과 인재경영에 있다"고 늘 강조했다.

07
브라더공업(ブラザー工業)

※ 기업개요

회 사 명	브라더(ブラザー)공업㈜
소 재 지	아이치(愛知)현 나고야(名古屋)시
설 립 일	1934년 1월 15일
대 표 자	고이케 토시카즈(小池利和)
자 본 금	192억 900만 엔(2011년 3월)
매 출 액	5,028억 3,000만 엔(2010년)
종 업 원	2만 9,873명(단독 3,639명, 2011년 3월)
홈페이지	www.brother.co.jp

'At Home'의 가족주의 문화… '직원 없이 고객 없다!'

'미싱(재봉틀)' 하면 한때 '브라더'였다. 미싱이 웬만한 가정집의 필수품이던 시절 '미싱=브라더'는 공고한 등식이었다. 그도 그럴 것이 브라더 재봉틀은 가정주부들에게 인기품목 중 하나였다. 시절은 많이 흘렀지만 지금도 미싱은 브라더라고 기억하는 이가 드물잖다.

가정주부를 메인타깃으로 출발한 회사답게 브라더공업의 '가족주의'는 회사명성에 날개를 달아줬다. 가족주의의 출발은 고객만족이 아닌 직원만족이다. 직원이 회사에 만족할 때 고객만족을 실현하는 밑그림을 그릴 수 있다고 봐서다.

직원만족을 위한 회사의 중추적인 실천수단은 투명한 커뮤니케이션과 강력한 노사의 신뢰구축이다. 열린 마음의 쌍방향적인 커뮤니케이션이 정착되면서 이를 기반으로 조직멤버끼리 인간적인 신뢰를 쌓는 데 성공했다.

회사는 '100년 장수기업'이다. 근대화과정에서 채택한 재봉틀 국산화라는 사업모델이 사업출발의 계기가 됐다. 재봉틀 수리업을 원류로 '뛰어난 품질과 무언의 봉사'라는 창업이념을 계승해 지금은 세계적인 정보통신기기메이커로서 변신에 성공했다.

재봉틀에서 출발했지만 요즘엔 팩스·프린터 등 전자부문 전문메이커로 더 유명하다. 끊임없는 신규도전으로 시대변화에 부합하는 사업구조를 착실히 다져가고 있다는 평가다. 즉 재봉틀 전업시대(1908~50년), 기계기술에 의한 다각화시대(1951~70년), 메카트로닉스 시대(Mechanical+Electronics, 1971~90년)를 거쳐 현재(1991년~)는 네트워크 콘텐츠 시대구현에 도전 중이다.

전신은 1908년 야스이 카네키치(安井兼吉)가 설립한 '야스이(安井)미싱상회'다. 이를 1925년 6남 4녀 중 장남인 야스이 마사요시(安井正義)가 계승하면서 회사 이름을 '야스이(安井)미싱형제상회'로 변경했다. 2대인 자녀 합류로 가업이 된 것이다.

당시 재봉틀 국내시장은 95%가 미국산이었고 나머지는 독일제였다. 일본제는 없었다. 이에 회사는 수입품을 수출품으로 변신시킬 것이라는 야심찬 목표 하에 재봉틀 국산화에 사활을 걸었다. 결국 1928년 브라더 상표가 최초로 찍힌 제품출시에 성공했다. 형제가 힘을 합쳐 각자의 특화분야인 기술·판매 등에 매진하면서 시너지효과를 낸 결과다.

완전한 국산화를 위해 중간공정에 필요한 공작기계마저 만들어냈다. 1932년 일본 최초의 가정용 재봉틀 양산에는 이런 노력이 숨어 있었다. 1934년 '일본미싱제조㈜'로 재차 사명을 바꿨다. 1947년에는 꿈에 그리던 해외수

◆ 실적지표 추이

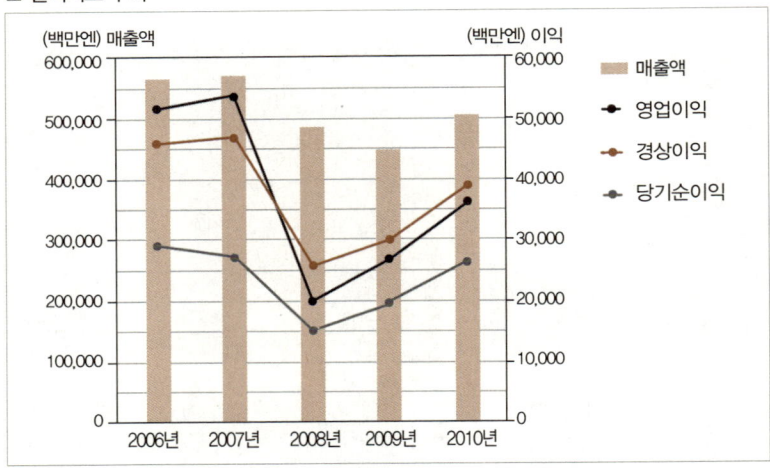

자료: 홈페이지

출이 실현됐다. 미싱산업은 전쟁 이후 급성장했다. 국제경쟁력을 획득한 대표주자로 성장하면서 회사는 한때 일본경제의 상징기업으로 부각됐다.

재봉틀 국산화로 사업개시… '100년 장수기업' 명성

현재 회사는 글로벌기업 반열에 올랐다. 나라 밖에서 벌어들이는 돈이 훨씬 많다. 시장별 매출구성(2010년)을 보면 미국(28.8%)과 유럽(27.3%) 등 선진국이 압도적이다. 일본(23.4%)과 아시아지역(20.5%)이 뒤를 잇는다. 80% 가까운 매출(연결)이 해외에서 발생한다.

분야별 매출구성은 프린터·전자문구(P&S) 등이 절대다수(67.7%)를 차지한다. 그중에서는 프린터복합기와 라벨라이터 등 프린팅사업이 핵심이다. 공업용 재봉틀·공작기계(M&S)와 네트워크 콘텐츠(N&C)가 각

◆ 시장별 매출액 구성비(2010년)

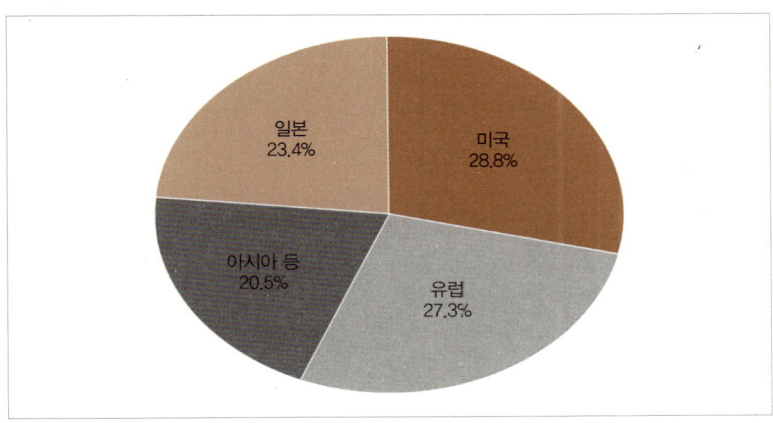

자료: 홈페이지

각 13.2%, 10.5%의 비중이다. 금융위기 때 주춤했지만 매출액(2010년)은 5,000억 엔대 재탈환에 성공했다. 회사의 다음 목표는 매출액 1조 엔에 영업이익 1,000억 엔 달성이다.

회사의 우선순위는 글로벌화다. 그래서 2010년을 글로벌화 원년으로 삼았다. 원년이라고 하기엔 이미 회사의 세계진출은 충분히 '글로벌적'이다. 40개 이상 국가·지역거점으로 글로벌 사업전개에 박차를 가하고 있다. 그런데도 새로운 글로벌화를 외친다. 남과 구별되는 고차원적인 해외진출을 염두에 둬서다.

즉 기술력의 제반원천인 개발파트조차 글로벌화가 목표다. 일본인 엔지니어가 개발·설계한 걸 해외에 내다 파는 게 아니라 해외거점의 외국인 기술자가 이를 대체하도록 했다. 기술유출 등을 이유로 대부분은 꺼리는 전략이다. 그래서 회사는 소프트웨어 개발거점을 중국에 설립했다. 생산거점은 일본인 임직원의 주도권을 현지인에게 차근차근 넘겨 자율적인 로컬경영을 완성할 계획이다. 일본거점은 철저히 혁신제품·기술개발에 역점을 둔다는 청사진이다. 글로벌화의 역할분담이다.

5~10년 후 회사는 또 다른 변신을 기대한다. 지금의 주력아이템만으로 미래를 보장받을 수 없기 때문이다. 회사를 먹여 살릴 신수종 핵심파트를 키우고자 열심이다. 일등공신은 도전정신이다. 임직원의 도전이야말로 새로운 사업기치를 올리는 데 필수불가결하다.

도전정신은 그냥 고양되지 않는다. 밑바닥부터 조성된 철저한 자부심과 신뢰문화가 있을 때 발현되는 법이다. 실제 회사는 기업성공이야말로 근로자의 만족과 관련된 제반변수의 조합결과로 이해한다. 재량껏 일할 수 있고 도전할 수 있는 기업문화 조성배경이다. 불확실성을 낮추기 위

한 경영방침 공개도 그래서 필요하다. 고객만족 슬로건인 'At your side'정신의 출발점이 바로 직원만족이다.

도전정신 강조… 커뮤니케이션과 신뢰로 가족주의 완성

브라더공업의 기업문화는 입소문이 자자하다. 근로자가 회사·경영자를 신뢰하고 일에 자부심을 가지며 함께 일하는 동료와 연대감을 가진 대표적인 일본회사로 선정된 이유다(2010년 제4회 '알할 맛 나는 회사' 베스트 25로 선정). 선배가 후보에게 추천하는 회사평가에서는 톱 20에 포함된다(2011년 신입사원 채용특집·라쿠텐). 이는 성장성과 정보공개·사원이미지 등을 기초로 한 평가로 2만 4,000개 일본기업이 후보에 올랐고 이 중 상위 0.08%에 속했다. 비슷한 업무환경을 지닌 제조메이커 중에선 4위 성적이다.

〈닛케이비즈니스〉는 브라더공업을 "집단이 팀으로 진화해 성공DNA

를 체득했다"며 흔들리는 기업이 본받아야 할 모범사례로 선정했다. 혁신의 씨앗이란 게 작은 팀에서 시작됐는데 이를 위해서는 질책보다 칭찬을, 높은 장벽보다 낮은 장벽을, 뒤에서 밀기보다 앞에서 당기기를, 독재보다 합의를, 지시하기보단 기다려주는 것을 생활화할 필요가 있다고 봤다. 모두 임직원을 대하는 경영진의 인재철학과 처세방향과 관련된 전략이다.

특히 소프트웨어 제1개발부를 예로 들며 회사이념을 1장의 그림으로 그려 공유한 게 최강의 현장조직을 만드는 기초가 됐다고 극찬했다. 추상적인 걸 눈앞에 보이게 만듦으로써 팀을 정비하는 돌파구로 삼았기 때문이다.

회사의 기업문화는 가족주의로 일컬어진다. 임직원 모두가 가족구성원처럼 서로를 위하고 배려하며 결과를 공유한다. 권위주의적인 상명하복과는 거리가 멀다. 대신 임직원의 세세한 개인사까지 챙겨주려는 기업문화로 유명하다. 바꿔 말해 일본전통적인 가족주의 경영관의 고수다. 1990년대 이후 온정주의적 전통가치 대신 개인주의적 혁신성장을 채택한 대부분 일본기업과 비교된다. 많은 기업이 어떤 형태든 주주중시 자본주의적인 미국식 경영전략을 다소나마 채택했기 때문이다. 브라더공업이 위기 때 돋보이는 근거다.

가족주의 경영은 흔히 기업규모가 작고 업력이 짧을 때 내적 단합용으로 활용될 확률이 높다. 그런데 회사는 이제 구멍가게가 아니다. 양과 질 모두 동반성장을 반복하며 탄탄한 중견메이커로 업그레이드됐다. 이런 점에서 브라더공업의 가족주의 경영철학은 다소 특이하다. 사원 개개인이 느끼는 굳건한 신뢰공기는 외부인이라면 이해하기 힘들다.

가족주의는 저절로 만들어지지 않는다. 정착시킨 주역은 2007년 CEO로 취임한 고이케 토시카즈(小池利和) 사장이다. 위로부터의 의식발현과 실천이 브라더공업의 가족주의를 한층 견고한 기업문화로 안착시켰다. "오랫동안 축적된 사내문화를 한 번 더 강조한 것에 불과하다"는 겸손한 발언처럼 이전에도 '따뜻한 기업문화'는 존재했었다. 하지만 그가 키를 쥔 다음 회사와 사원의 쌍방향적인 정보교환·소통은 물 만난 고기처럼 부쩍 잦아졌다. 경영진이 투명한 공개정보와 직접적인 메시지전달을 대단히 중시한다는 게 알려진 이후다.

CEO의 경우 최소 주 2회는 사내통신망으로 메시지를 띄운다. 기업규모가 커질수록 위로부터의 솔선수범이 중요하다고 보고 이를 실천하기 위해서다. 메시지는 공사(公私)를 묻지 않는다. 가급적 모든 정보를 최대

주력제품으로 떠오른 프린터·전자문구

한 담아내려 노력한다. 소소한 사적 관심사의 발신이 자칫 무거워지기 십상인 회사 분위기를 바꾸는 경우가 많기 때문이다. 고이케 사장은 "개인적으로 한 번은 비즈니스 주제로, 그다음은 생활·가족·취미 등 사적인 감상을 발신한다"며 "이를 통해 2만 임직원이 사장을 속속들이 알고 또 그 뜻을 이해하게 된다"고 했다. 딱딱한 상사보다는 옆집 아저씨처럼 느낄 때 비로소 일체감이 생기기 때문이다.

일할 맛을 내게 하는 일등공신… '팀 브라더 프로젝트'

그렇다면 임직원의 반응은 어떨까.

CEO의 발신메시지는 90% 이상이 읽어볼 정도로 평판이 좋다. 적잖은 임직원이 사석에서 사장을 애칭(테리, 미국근무 때의 별명)으로 불러줄 정도다. 메시지가 좀 늦을라치면 "언제 읽어볼 수 있느냐"고 물어오는 이도 수두룩하다. "상황이 이러니 빼먹기도 애매해졌다"며 때론 압박(?)으로 다가온다는 게 CEO의 고충이다.

가족관계를 비롯한 CEO의 많은 정보가 노출되는 건 물론이다. 많은 기업이 추구하는 비밀적인 카리스마 CEO와는 거리가 멀다. 그러다 보니 CEO 스스로 밝고 오픈된 마인드로 활기찬 행동거지를 가지도록 마인드컨트롤이 된다는 후문이다. 말과 행동이 일치하지 않고서는 CEO 자격이 없어서다.

커뮤니케이션에서 시작된 신뢰구축과 가족주의적인 자부심은 결국 제도화로 유지·강화되기에 이르렀다. 회사의 간판 아이디어가 된 '팀 브라더 프로젝트'가 대표적이다. 순전히 임직원의 자부심과 만족도를 높이기 위한 근로환경 설정이 목표다. 이는 회사가 사내외에서 일할 맛 나는 현장으로 평가받는 데 일등공신이 된 제도다. 말만 번드르르한 제도설립보다 공감대가 형성된 실질적인 인재육성·활성화를 위한 조치다.

다른 부서와의 교류강화와 직장견학을 수시로 개최하는 등 세부전략이 추진된다. 주체는 자율을 전제로 한 개별임직원이다. 프로젝트 추진멤버는 300명대로 매월 월례회를 개최한다. 활동멤버는 2,000명을 웃돈다. 1년에 2회 실시하는 종업원의식 조사결과를 분석해 새로운 추진전략 등을 강구한다. 되도록 젊은 사원의 적극참가를 독려해 최근 일본의 사회이슈로 떠오른 직장부적응 등의 문제를 해결하고자 한다.

'팀 브라더 프로젝트'의 출발은 임직원과의 대화였다. 직장을 활기차게 만들어보자는 식의 게릴라식 대화시도였다. 당연히 반응은 "활기찬 게 뭔데?", "그런 것은 위에서나 하는 것"이라는 투의 부정문이 압도적이었다. 다만 반복 앞에 장사는 없듯 대화는 점차 늘어났다.

여기서 두 가지 문제를 압축해냈다. 근로의욕에 관한 마인드와 경영지식을 둘러싼 과제가 그렇다. 문제인식은 곧 코칭연수와 경영교육 활동(외부위탁)으로 연결됐다. 문제는 또 발

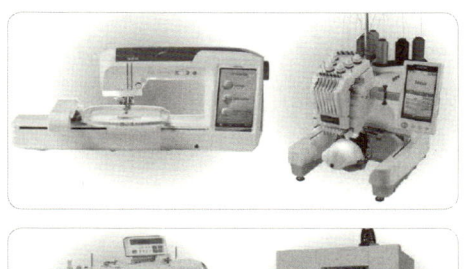

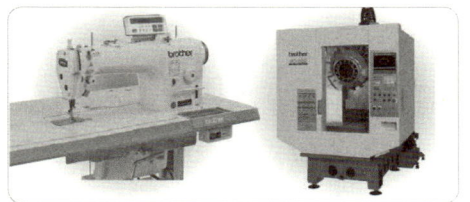

재봉틀 국산화에 성공한 브라더공업

생했다. 연수만으로 활기찬 조직이 만들어지지 않았고, 또 참가여부에 따른 근로현장의 뚜렷한 온도차가 걸림돌이었다. 인재활성화위원회의 필요성이다. 위원회가 깨달은 것은 '활기찬 직장조성'의 공유감이 실제 행동으로 연결되지 않고 있다는 점이었다. 그 결과 CEO 스스로 그 벽을 깨는 공사장 인부가 되기로 작정했다.

인부가 해결해야 할 최우선과제는 커뮤니케이션의 활성화였다. "일할 맛이란 게 남에게 받는 게 아니라 스스로 만드는 것"이라는 발신을 반복했다. 앞서 설명한 메시지 발신수단이 큰 몫을 했다. 시간이 걸렸지만 열기는 뜨거웠다. 좀체 움직이지 않던 근로자가 드디어 입을 열기 시작했다. 관심을 이끌고자 종업원의식 조사 등의 이슈테마도 개발했다.

커뮤니케이션이 일단 뚫리자 사원만족도는 일거에 0.49포인트(1~5 퍼센트포인트) 올랐다. 회사방침에 반대하던 여론은 눈에 보이는 개선수치 앞에서 태도를 바꿀 수밖에 없었다. 직원만족 활동에 가속도가 붙는 건 당연지사다. '팀 브라더 프로젝트'는 전사적으로 확대됐다. CEO는 "ES(Employee Satisfaction) 없이 CS(Customer Satisfaction) 없다"는 방침을 자신 있게 강조하며 스케일을 키워나갔다. ES와 커뮤니케이션을 위한 회사의 시간·노력·비용투자는 성공조직의 모델처럼 알려지기 시작했다.

CEO의 강력한 의지와 실천… "ES 없이 CS 없다!" 실현

신뢰는 이때 강화됐다. 반대파와 무관심파가 없지 않았지만 프로젝트 참가자가 대거 늘면서 자연스레 설득과 이해가 확산됐다. 공식적이지 않은 회식과 볼링대회, 생일파티 등이 늘어났고 회사에는 자연스레 일을 넘어선 유대관계가 생겨났다. 신뢰관계는 곳곳에서 구축됐다. 근무내용의 원활한 커뮤니케이션이 중요하지만 더 결정적인 건 '누가 그 내용을 말하는가'라는 점이 공유되기 시작했다. 개인적인 친분이 있다면 무리한 난제라도 한층 커뮤니케이션이 쉬워졌음은 물론이다.

가족주의 문화를 정착시킨
고이케 토시카즈 사장

회사는 이런 분위기를 'At Home'으로 규정했다. 집의 가족구성원처럼 서로를 챙기며 응원하는 공기조성은 이제 회사의 자랑거리로 정착됐다. 회사관계자는 "조직력을 느끼는 팀이란 멤버 모두가 일대일의 대등관계를 기본으로 일희일비할 때 발현된다는 게 그간의 경험"이라고 평가한다.

이런 점에서 회사는 '비전'이라는 단어를 선호하지 않는다. 본 적도, 해본 적도 없는 것을 '비전'이라고 포장해 헐떡거리며 따라가기보다 원래부터 있던, 숨겨졌던 가치를 꺼내 드는 게 효과적이라고 본다. 'At Home' 문화가 그 결과물이다. 원래 존재했지만 잊혔던 가족공동체적인 기업문화를 재차 발현시킨 셈이다. 사람이란 밖에서부터의 압력에 바뀌는 존재가 아니니 본래 가졌던 것을 확인시켜줌으로써 궁극적인 변화를 도모한다는 전략실현이다. 무분별하게 서구식 기업문화를 좇기보다는 일본인·일본기업의 본연가치를 추구하자는 의미다. 이런 점에서 노사의 원활한 대화시도야말로 위기에 빠진 일본기업의 활로힌트가 될 수도 있다.

활기찬 조직문화와 친근감을 강화하는 사내 커뮤니케이션은 사내통신망(블로그)만이 아니다. 연간 5~6회 정기적으로 실시되는 경영설명회도 중요한 소통터널이다. 사내임직원을 위해 업적 등을 토대로 독자적인 설명회 자료를 만드는 데 많은 공을 들인다. 비록 약 600명의 상급직원이 참가하지만 이들이 재차 주변 동료에게 전파하니 신경을 쓰지 않을 수 없다. 최대한 정직하고 정확하고 정중하게 알기 쉽도록 전력을 기울이는 것으로 알려졌다.

연 5~6회 경영설명회… 위기조차 비켜가는 투명정보의 힘

비밀정보가 없고 늘 공유되다 보니 위기대처 능력은 탁월한 편이다. 2008년 금융위기 이후에도 특단의 대책 같은 건 없었다. 있는 그대로를 보여주고 우선순위를 명확히 설득·규정해 진행했다. 위기임에도 불구, 일상적인 업무의 반복이었다. 충격여파는 최소한에 그칠 수 있었다. 위기가 있었던 2008년 매출은 전년 대비 15% 줄어드는 데서 묶을 수 있었다.

회사와 임직원의 소통은 해외파트에도 그대로 적용된다. 현재 모두 2

만 명 가까운 외국인 근로자가 중국·베트남·말레이시아 등에서 근무 중이다. 해외 매출비중이 절대부분을 차지

할 정도로 의존도가 높다. 사장은 연간 10회 이상 이들 지역을 찾는다. 이때 빠트리지 않는 것이 현지직원과의 살아 있는 직접대화다. 평소 사내통신망의 메시지를 번역해 알려주는 건 물론이다. 현재 8개 언어로 번역된다. 그러니 가끔 봐도 진정성이 통할 수밖에 없다.

특히 젊은 사원의 만족도가 높다. 철저히 현장중심의 권한배분이 이뤄지는 가운데 젊은 사원에게도 충분한 재량권을 부여한다. 이는 일찍부터 가꿔진 사풍이다. 밝고 활기찬 근로현장에 이끌려 입사했다는 근로자가 많다. 대부분 대기업에서 톱니바퀴의 한 날이나 소모품처럼 취급받느니 일정 규모를 갖춘 적정사이즈의 회사에서 본인책임으로 업무를 해보고 싶다는 동기가 작용한 결과다.

또 회사는 이런 도전정신을 높게 사 대접해준다. 고이케 사장만 해도 입사 3년차에 미국파견을 지원했는데 '덜컥' 선발돼 이후 23년을 '쭉' 근무했다. "영어도 안 되는 신출내기에게 많은 권한을 위양해줘 큰 자극을 받았다"는 게 그의 회고다.

회사는 청년사원을 각별하게 배려한다. 지식·견식(見識)·경험의 경우 돈으로 살 수 없다는 인식하에 젊은 사원의 도전의식을 고취시키는 데 매진한다. 실패를 염두에 둔 도전정신의 고양이다. 젊었을 때의 실패야말로 몸으로 성공인자를 배우는 확실한 방법이다. 명확한 의지로 확실히 책임감을 갖고 많은 경험을 일찍부터 해봐야 성공할 수 있다고 본다. 때문에 회사는 2030세대의 청년직원에게 비교적 많은 기회를 제공한다. 실패는 허용된다. "사장 역할은 임직원이 도전하도록 고취하는 대신 실패책임을 지는 것"이기 때문이다.

도전정신의 단위주체이자 가족주의의 구성원인 개별임직원을 위한 회사정책은 다양하다. 먼저 고용·처우에 관한 기본방침부터 보자. 회사는 개개인의 인격과 다양성을 존중하고 신의·존경으로 행동한다는 걸 공개·천명했다. 때문에 채용·평가·승진 등에 차별은 원천적으로 배제된다. 민족, 국적, 종교, 사상, 성별, 학력, 연령, 장애유무 등 거의 모든 영역에서의 차별철폐다. 이를 토대로 의욕과 능력, 성과를 공평·공정하게 평가해 처우에 반영한다. 일반 근로자의 경우 목표관리제를 적용해 납득할 수 있는 평가과정과 결과를 공개한다.

여성근로자의 채용확보 및 등용촉진은 점차 가시적인 성과가 도출 중이다. 특히 중국지역 그룹회사에서 관리직으로 활약하는 여성근로자가 증가세다. 일부 지역 회사는 여성의 관리직 비중이 50%를 웃돈다. 브라더공업(일본)의 여성 관리직은 2006년 1.57%에서 2009년 2.02%로 소

◆ 지역별 종업원 비중

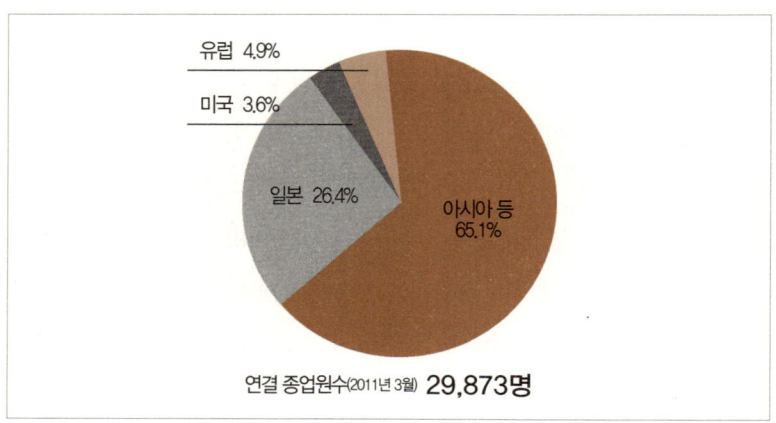

자료; 연간보고서(2011년)

폭 늘었다. 일정 규모 이상 기업에 대해 장애인 근로자비율(1.8%)을 법률로 의무화했는데, 회사는 역시 상한선을 웃돈다. 2009년 현재 2.07%로 집계됐다.

'잡 코치'를 신설해 장애근로자가 원활하게 근로할 수 있도록 조언·지도하는 전문가도 배치했다. 회사는 모델케이스로 청각장애를 지닌 동료근로자와의 원활한 직장생활을 위해 동료·상사에게 수화교실을 개최하기도 한다.

고령근로자의 계속고용은 2006년 만들어진 'SS(신 시니어스태프)'제도를 기반으로 한다. 베테랑답게 그들의 조정능력과 후배육성·지

도능력을 귀중한 전력으로 활용한다. 능력과 의욕을 갖춘 희망자의 경우 전원 재고용이 이뤄지며 2009년 현재 정년 초과의 300명 고령근로자가 활약 중이다. 그들의 눈높이에 맞춘 새로운 업무창출과 활약기회를 제공하는 프로젝트도 시험 중이다.

다양한 근로형태의 제공은 임직원의 근로의욕과 자부심을 강화하는 기초무대다. 회사는 각자의 라이프스타일에 따라 선택적인 근로가 가능한 제도를 마련·제공한다. 회사상황에 본인시간을 맞추는 게 아니라 본인생활을 위해 근로방법을 고르는 형태다. 근무체계의 유연성 확보다. 일과 가정의 양립조화가 대표적인데 이를 위해 육아·간병지원이 가능한 제도형태를 확충한다. 육아·간병휴가제와 단시간근무제 등이 그렇다. 즉 육아를 위한 단시간근무를 초등자녀 3학년까지 연장했고 가족간병을 위한 휴직은 통산 3년까지 늘렸다. 유급휴가 취득률을 높이고자 리프레시(Refresh)휴가 등도 신설했다.

워킹 맘의 자율적인 정보교류와 활동지원을 위해서도 발 벗고 나선다. 일과 가정의 양립조화(WLB)를 지원하는 'Brother Mothers'가 그 예다. 워킹 맘이 네트워크를 형성해 그룹 내부에 포진한 다양한 동료들과 정보·과제를 공유함으로써 일과 육아·가정의 균형을 원활히 양립시키기 위한 기반형성에 도움이 되고자 출범했다. WLB를 촉진하는 데 필요한 방안·힌트를 모아 새로운 제도제안으로 연결시켜 보다 일하기 쉬운 사풍을 만들기 위한 조치다.

여기에는 정보·체험담 등의 커뮤니케이션을 맡은 블로그와 매월 개최의 런치타임 사내교류(자녀동반), 세미나개최를 통한 계몽활동 등이 있다. 덕분에 육아휴가 취득자는 매년 증가추세이며 2007~2009년 육아휴가 취득자의 복귀율은 100%를 기록했다. 향후에는 일하는 아빠(Working Father)에게까지 지원범위를 넓힐 계획이다. 가정이 편하고 원만해야 근로의욕·성취가 높아진다는 판단이다.

지역사회의 공헌에 대한 회사인식은 기본방침에 적시됐듯 기업시민의 지향점과 일맥상통한다. 때문에 다양한 활동지원이 이뤄진다. 자발적인 자원봉사에 대한 적극지원은 물론 2008년부터 봉사휴가제를 신설해 전체 임직원의 봉사활동을 고양한다. 휴가대상은 포괄적이다. 개인·서클

활동은 물론 복지행사, 모금보조, 시설방문 등 취지만 맞으면 인정해주는 분위기다. 이웃과 사회에 공헌하는 비영리활동이면 'OK'다. 활동 중의 사고발생에 대비해 보험을 들면 비용을 회사가 부담한다. 의욕고취를 위해 표창제도까지 만들었다. '자원봉사표창제도'다. 수상자에게는 향후의 활동자금을 증정한다. 가볍게 자원봉사에 참가할 수 있도록 체험기획도 실시된다.

조직이 변하는 데는 크게 3대 요소가 필요하다. 머리(톱)의 진실성, 허리(중간관리자)의 의지력, 발(사원)의 끈기가 그렇다. 브라더공업의 경우 3대 중대변수의 선순환이 가능하도록 한 첫 단추가 경영진의 진실성이다. 머리가 움직이니 허리와 발이 그를 믿고 강력한 의지와 견고한 끈기를 발휘할 수 있었기 때문이다.

괴테는 "일은 동료를 만들어준다"고 했다. 일에 대한 도전과 그 수반노력은 어려운 과정일 수 있다. 이때 최대의 보수체계는 월급도 명성도 아니다. 대개는 부가혜택에 불과하다. 이를 빛내주는 근본가치는 '신뢰하는 동료'와 '그 동료와의 동반성장'이다. '일하는 의미'야말로 이때 발현되는 법이다. 회사에는 이런 분위기가 흘러넘친다.

| 08 | 伊那食品工業株式会社 |

이나식품공업(伊那食品工業)

※ 기업개요

회 사 명 이나(伊那)식품공업㈜
소 재 지 나가노(長野)현 이나(伊那)시
설 립 일 1958년 6월 18일
대 표 자 츠카코시 히로시(塚越寬, 회장)
자 본 금 9,680만 엔
매 출 액 171억 엔(2010년)
종 업 원 398명(2010년 9월)
홈페이지 www.kantenpp.co.jp

열도를 뒤흔든 '작은 식품회사의 큰 기적'

회사의 존재이유는 뭘까.

역시 이윤추구가 최대덕목일 터다. 미국식 경영에 좀 더 충실한 답이라면 주주이익이 꼽힐 것이다. 그래서 변화·속도처럼 경쟁력 강화과제가 일상적으로 요구된다. 다만 세상사 다 그렇듯 예외가 있다. 더구나 이 예외성과가 주류가치를 웃도는 경우도 많다. 새로운 가치발견이다.

이런 점에서 이나(伊那)식품공업은 주류경영학에 반기를 든 돈키호테다. 회사성장은 수단일 뿐 추구목적은 전적으로 직원행복에 둔다. 직원이 행복하면 회사도 행복해진다는 게 회사모토다. 직원행복을 빼면 기타 가치는 모두 부수적이다. 그런데도 실적성과는 탁월하다. 시행착오가 없진 않지만 반세기 가까이 우상향(↗) 성적표를 기록 중이다. 학계를 비롯한 주요언론의 연구대상인 이유다. 도대체 이나식품공업엔 무슨 일이 벌어지고 있는 것일까.

이나식품공업(이하 이나식품)은 일본에선 이미 유명한 회사다. 특이한 추구가치를 실현하려는 뚝심경영 덕분에 언론소개를 자주 탔다. 경영학자 사카모토 코우지(坂本光司)의 『일본에서 가장 소중하게 여기고픈 회사』에 소개되면서 일본 최고의 인기회사 반열에 올랐다. 저자 말처럼 "본인이 연구해온 6,000개 회사 중 상위 5개사에 꼽을 정도로 기적의 회사"라는 호평이다.

직원행복의 힘… '사양사업을 성장엔진으로'

이유는 적잖이 일본적이다. 직원행복을 위한 전통적인 공동체정신을 실현했다는 게 요지다. 문제는 경영성적이다. 대의명분이 좋아도 내치(內治)가 흔들리면 도루묵이다. 현 CEO가 경영을 맡은 1958년 이래 이나식품은 48년 연속 매출·순익 동시증대라는 입지전적인 성과를 냈다. 딱 한 번(2006년) 성장세가 줄었지만 그건 다른 이유 탓이었다.

대신 단 한 번도 구조조정을 하지 않았다. "불황이라고 직원을 자르는 경영은 잘못됐다"는 가치판단에 따라 앞으로도 구조조정은 없다는 게 회사방침이다. CEO가 금융위기 이후 열도전국에서 훈수 한 수를 부탁받는 인기비결이다.

이나식품은 회사표현(사양산업)처럼 성장산업과 거리가 있다. 주력품목

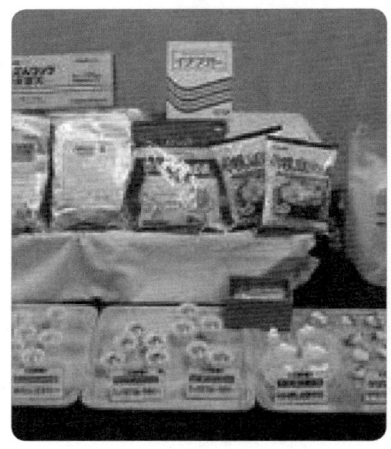

이 해조식품인 우뭇가사리(한천·우무)다. 이를 가공해 부가가치를 얹어 파는 게 사업모델이다. 최근 다이어트·건강식에 좋다고 알려져 인기를 끌었지만 성장성이 높지는 않다는 게 중론이다.

이 업계에서 이나식품은 세계 1위 메이커다. 국내점유율 80%에 세계점유율 15%를 차지한다. 매출액 165억 엔(2007년)에 임직원 400여 명이 근무 중이다. 2007년을 빼면 매출액 경상이익률 평균 10% 이상의 위업을 달성했다. 결코 만만찮은 성장세다. 기후변화에 좌우되는 원료조달 탓에 불확실성이 상존하는 경쟁시장이라는 점을 감안하면 더욱 그렇다.

이때 성장해법은 사람, 즉 직원의 애사심에서 도출됐다. 직원의 놀랄 만한 애사심을 토대로 이익의 10%를 R&D에 투자하자 히트상품이 속속 개발됐다. 지금은 과자·수프·화장품·의약품·필름 등에까지 취급품목을 확대한다. "멀리 보면 부유해지고 가깝게 보면 가난해진다"는 츠카코시 히로시(塚越寬) 회장의 말처럼 직원행복을 최대가치로 두는 독특한 추구가치가 한계장벽은커녕 회사를 키우는 놀랄 만한 성장에너지로 전환됐다.

　회사가 추구하는 직원행복은 구체적이고 공개적이다. 회사 곳곳에 직원행복 실현회사임을 강조하는 풋말이 걸려 있다. 회사의 추구목표와 존재이유는 명확하다. 회사 앞날을 좌우하는 나침반인 사시(社是)가 이를 방증한다. 사시야말로 회사구성원의 공통토대이자 안내판이다. 그래서 전체 사원에게 사시와 이를 실현하는 마음가짐을 정리한 사시카드를 작성해 휴대하게 한다.

'좋은 회사를 만들자' 사시… 패밀리의식 휴대·강조

회사사시는 '좋은 회사를 만들자'다. 자칫 허울 좋은 미사여구일 수 있다. 그런데 이때 '좋은 회사'는 꽤 구체적이라 실현할 확률이 적잖이 높다. 회사구성원 전체가 일상생활에서 참 좋은 회사라고 말할 수 있는 조직을 의미한다.

　사시구현을 위해 요구되는 자세는 △패밀리의식과 일상적인 공사(公私)협조 △창의·열의·성의로 좋은 제품·서비스 제공 △모든 것에 풍부한 인간성으로 배려 △공덕심을 가진 유익한 인간 성취노력 등으로 축약된다. 근무시간뿐 아니라 사적관계에서조차 서로 협조할 만큼 패밀리의식을 강조한다는 얘기다. 그렇다고 폐쇄적이지는 않다. 내부 구성원만의 행복에 그칠 게 아니라 이를 사회에 환원·공헌하라는 행동강령도 뒤를 잇는다. 이때 필요한 게 회사의 영속성이다.

　회사영속은 직원행복을 극대화시키는 전제조건이다. 정신·물질적인 행복감에 영속성을 더해 이를 사회에 공헌토록 하는 게 강조된다. 때문에 매출·이익크기보다 회사가 늘 빛나며 영속하는 게 무엇보다 중요하다. 영속이라면 으레 업적본위를 떠올린다. 돈을 벌어야 오래가서다. 그런데 회사는 눈앞의 돈엔 크게 관심이 없다. 그러니 경쟁이 없다. 단기유혹을 참는 원동력은 장기경영에 답이 있다. 무리한 급성장보단 꾸준한 안정성장의 추구다. '나이테 경영'이다.

회장은 "어떤 나무든 나이테는 매년 하나씩만 생기듯 기업도 순리에 맞게 천천히 성장하는 게 필요하다"고 했다. 이때 요구되는 게 회사의

존재이유를 잊지 않는 초심(初心)이다. 사시에 대한 끊임없는 확인·실천이다. 회사의 영속성이라는 보물은 결코 급성장에서 찾을 수 없기 때문이다. 단기이익 대신 장기생존을 택하면 자원배분도 적정성장을 위해 다시 수정된다. 한 우물을 깊이 파고(깊이경영), 확장보단 이념을 지키며(균형경영), 다 함께 클 수 있고(성장경영), 미래를 봐 길게 준비할 수 있기(미래경영) 때문이다. 이는 모두 회장이 자연에서 배웠다는 나이테 경영을 완성하는 핵심경영관이다. 더디 가도 알차게 내실을 다지며 모두가 행복한 회사를 만들 수 있는 파워다.

버블붕괴 이후 종신고용·연공서열을 경시하는 경향이 심화됐다. 미국식 유연시스템으로 돌아선 기업도 많다. 반면 이나식품은 옹고집이다. 회사 홈페이지에 "인간에게 가장 자연스러운 경영기법"이라며 종신고

용·연공서열의 원칙준수를 밝혔다. 연령에 따른 체험적 판단·지혜야말로 가장 소중한 재산이라는 쪽이다. "취직·결혼·육아 등 입사 후 직원의 라이프스타일 변화를 경제적 부담 없이 행복하게 보조해주는 최선책이 연공서열"이라고까지 적시했다. '회사=가정'으로 보는 회사답게 일본을 건강하게 만드는 필수제도라는 호평도 아끼지 않는다.

직원채용도 비슷한 맥락이다. 나이테 경영의 핵심논리인 '급할수록 돌아가라'라는 방침준수를 위해 직원채용은 신규채용이 원칙이다. 당장 쓸 수 있는 중도채용보다 시간이 걸려도 신입직원을 뽑는 편이 회사경영 및 직원질서를 위해 낫다는 판단이다. 직원을 바라보는 따뜻한 경영자의 눈빛이 확인되는 대목이다.

놀라운 건 월급이다. 이나식품의 인건비는 사실상 목에 찼다. 늘리기가 빠듯하다. 일본최고·업계최고는 아니어도 줄 수 있는 범위 안에서 최대한 지급한다. 적어도 월급 때문에 불행해하는 사원은 만들지 않겠다는 원칙고수 때문이다. 연령에 따라 임금이 높아지는 연공서열을 채택한 것도 이런 이유다. 이익증대조차 직원행복을 달성하는 수단에 불과하다.

회장은 "인건비는 비용이 아니라 행복을 얻고자 하는 임직원의 노동대가"라고 강조한다. 따라서 가능한 한 많이 지급하는 게 목적을 이루는 지름길이다. 이는 '직원=가족'의 등식으로 수립된다. 직원이 가족인데, 가족이 돈을 많이 받으면 그만큼 좋은 일도 없다는 논리다. 이나식품의 인건비는 절감대상의 지출이 아닌 증액대상의 수입에 해당된다.

덕분에 직원만족도는 상당하다. 회사의 엄청난 배려 덕분이다. 직원만족을 위해서라면 낭비도 서슴지 않는다. 직원이 안전·쾌적하게 지내는 데 필요한 전력사용은 좋은 낭비라고 여긴다. 쾌적한 근무환경을 위해 대규모의 '칸텐파파'라는 정원까지 조성했다. 직원은 물론 외부에까지 공개해 지금은 관광객이 찾는 지역명물이 됐다.

매년 사원여행도 떠난다. 2년에 1회는 게다가 해외여행이다. 상당 금액을 회사부담 형태로 40년 가까이 진행 중이다. 이를 통해 공사를 가리지 않는 의기투합이 회사로선 메리트다. 사택은 완비됐다. 본사엔 55채 가량의 단신·기혼용 사택이 있고, 지점·영업소라도 회사가 현지주택을 임대·제공하기에 문제가 없다.

각종 수당은 탄탄한 편이다. 개인능력에 따라 수당삭감이 빈번하다지만 이곳만큼은 예외다. 결혼·출산 때 10만 엔의 축하금이 지급되고 2007년부터는 가족수당이 증액됐다. 덕분에 이 회사 출산율(합계특수)은 2.1명으로 일본평균(1.3명)보다 월등히 높다. 일종의 사회공헌이다.

이나식품의 독특한 복리후생으로 차고수당도 있다. 본사·공장이 위치한 곳은 일본에서도 춥기로 유명한 지역이라 차량동결이 빈번하다. 이럴 때 차고가 있으면 동결방지·가스절약·오염감축 등이 가능하다. 차고수당의 최대목적은 실은 다른 데 있다. 임직원의 따뜻한 출근이 그렇다. 편안한 출근을 위한 회사의 마음 씀씀이다.

사원여행에 사택까지… '월급은 가능한 한 많이'

회사의 붕괴이유는 아이러니컬하게 내부문제 때문일 확률이 높다. 내부 어딘가에서 중대문제가 있기에 회사붕괴라는 결과론적 현상이 발생한다는 게 CEO의 판단이다. 또 조직붕괴는 결국 사원의 귀속의식 혹은 동기문제로 연결된다고 본다. 회사에 대한 사원의 불만·불평·불신이 핵심이유라는 얘기다. 회장은 이를 확실히 짚어내 동기부여를 높이는 쪽으로 집중했다. 그 성과물이 48년 연속성장임은 두말할 필요가 없다.

한번은 여직원이 생산현장에서 본인의 조작실수로 상처를 입는 사고가 발생했다. 회사대응은 빨랐다. 당시로선 회사가 무너질 수도 있는 거액을 투자해 작업환경의 안전성을 높였다. 근로자의 실수였지만, 다시는 위험한 일을 시키지 않겠다는 판단 때문이다. "사람의 희생 덕분에 회사매출을 높이는 건 우리 회사의 목적과 맞지 않는다"는 이유다. 종업원의 감동은 당연했다. 이는 곧 높은 사원만족도로 나타났다.

이 회사는 직원행복이 우선이다. 그렇다고 제 식구만 챙기지는 않는다. 지역과 고객만족도도 상당히 높은 수준이다. 회사 본사는 3만 평이 넘는다. 적송(赤松) 등 심어진 나무를 보면 회사로는 보이지 않을 정도로 아늑하다. 공원수준에 가깝다. 건물 안에 자연 그대로의 나무가 있을 정도다. 자연에 대한 배려다. 어떤 희생도 원치 않는 공장·건물신축 원칙 때문이다.

동시에 회사엔 벽도 문도 경비원도 없다. 누구라도 들어와 즐길 수 있다는 의미다. 경치 좋은 곳엔 벤치까지 둬 즐길 수 있도록 배려했다. 공장 인근에 차량이 많아지자 보행안전을 위해 회사부지에 자비로 육교와 통학로까지 만들었다. 지역일원으로서 이 정도면 훌륭한 존재감이다. 이익 일부는 공공시설과 지역공헌을 위해 쓰거나, 예술활동·산촌진흥 등 메세나를 위해 사용한다.

직원만족도가 높은 회사는 직원들의 응대태도만 봐도 알 수 있다. 사무실에 들어서면 거의 대부분이 일어서 인사를 할 정도로 알려졌다. 화장실을 쓰고 싶다면 직접 앞에까지 데려다주는 게 보통이다. 감격·감동이다. 또 임직원들은 출퇴근 때 우회전을 하지 않는다. 우회전을 할 때 앞차와 뒤차 모두에 폐를 끼칠 뿐 아니라 정체를 야기하고 환경을 오염하기 때문이다. 쇼핑을 할 때 출입구 인근의 배려공간에 주차를 하지 않는 것도 마찬가지 이유다.

행복을 위한 확고한 경영방침… '2006년 성장지체의 교훈'

자발적인 애사심은 곳곳에서 목격된다. 일례로 아침청소다. 회사의 출근시각은 8시 20분이다. 그런데 대부분 8시 전에 출근한다. 회사 내외를 청소하기 위해서다. 회사에서 멀찍이 떨어진 맨홀 속까지 청소한다. 강요는 일절 없다. 주말·휴일에 나와 나무를 돌보는 직원도 많다. 400명의 임직원 중 그걸 취미로 즐기는 이들이다. 자신들의 것으로 여기기 때문에 가능한 풍경이다.

직원행복을 극대화하면서 꾸준한 안전성장을 달성한 데는 명확한 방향설정과 추진전략이 있었기에 가능했다. 방향이 아무리 옳아도 추진체가 빈약하면 성공신화는 완성될 수 없다. 이런 점에서 이나식품은 창업 이후 3대 경영방침을 확고히 지켜왔다. △무리한 성장지양 △적을 만들지 않음 △게을리하지 않는 성장파종 등이 그렇다. 이 셋이 합쳐져 시너지를 낸 건 물론이다.

무리한 성장이란 경기와 유행을 좇지 않는 성장을 뜻한다. 이를 좇을수록 불황 때 과잉투자로 고생하고, 그 결과 해고단행·임금삭감 등이 불가피해서다. 1958년 창업 이후 회사의 연속흑자 행진은 2006년 딱 한 번 멈췄다. 그런데 그 이유가 참 이 회사답다.

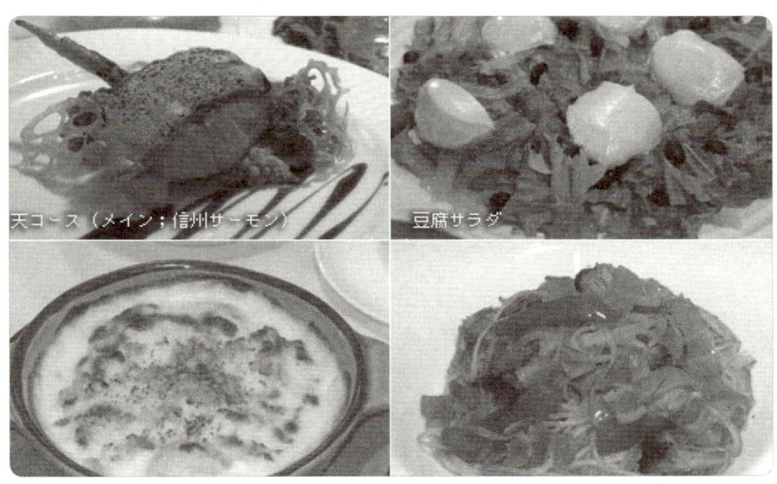

우구를 활용한 새로운 음식들

당시 다이어트 붐이 일면서 우뭇가사리 효능이 입증되자 전국적으로 엄청난 초과주문 사태에 직면했다. 하지만 회장 입장은 분명했다. "모두 거절하라. 이건 일회성 유행이다. 반드시 잦아든 이후 문제가 생길 것이다. 그때 사원을 희생시키고 싶지 않다." 회사는 "우리가 중시하는 건 직원인데 이들에게 잔업을 시키고 싶지 않아 주문에 대응할 수 없다"는 입장을 내놨다. 회사의 기업문화를 모르는 소비자로선 불만이 대단했다. 그러자 이번엔 "회사가 우리를 위해주는 걸 충분히 알기에 고객요구에 부응하는 게 좋겠다"며 직원들이 자발적으로 증산을 요구·관철시켰다.

그런데 당초 우려처럼 인기는 그다음 해 사라졌다. 회사는 수치측면에서 작지만 마이너스를 기록했다. 그래서 50년 가깝게, 혹은 정확히 48년 연속성장이라는 표현을 쓴다. 회장도 '48년 연속 매출·순익증가의 우량기업'이라는 타이틀을 좋아하지 않는다. 그것보단 48년간 직원을 고용하고 월급·보너스를 올려준 걸 더 자랑스러워한다. 지금은 다시 매출·순익증가로 되돌아왔다.

비슷한 에피소드는 또 있다. 회사는 '칸텐파파'라는 상품을 판다. 종류가 200~300개나 된다. 이 중 하나에 매료된 대기업이 독점해 팔게 해달라고 요청했다. "현금거래든 선불거래든 원하는 대로 해줄 것"이라며 납품을 원했지만, 대답은 'No'였다. 스스로 고안한 건 스스로 만들어 판다는 원칙고수 때문이다. 그게 아니면 만든 이의 정성과 노력을 전달할 수 없다는 이유다. 결국 회사는 단기유혹에 혹해 상품만 팔지 않고 공정을 포함해 주변문화, 즉 소프트가치를 팔면서 장기성장을 지향한다.

적을 만들지 않는다는 것은 경영방침 중 하나다. 경영과정에서 발생하는 빈번한 적 중 대표적인 건 동업자다. 실적 등을 둘러싼 치열한 경쟁 때문이다. 승패라고 표현할 정도의 전쟁이 보통이다. 경쟁자의 불행 덕분에 생존·장수하는 기업도 적잖다. 회사번영의 음지에서 괴로워하는 또 다른 회사·사람이 있다는 얘기다.

이런 이유로 이나식품은 적을 만들지 않는다. 회사를 둘러싼 모든 이들이 좋은 회사라고 호평하는 회사를 만들기 위해서다. 이때 평가자는 동종업계·이종업계 모두 포함된다. 그래서 싸움을 싫어한다. 싸움을 피한다는 건 'Only one'을 지향한다는 말과 같다. 세상에 없거나 타사는 못 만드는 제품이면서 고객이 원하는 걸 만들면 적 없이 성장할 수 있어서다. 반대로 아류를 만들거나 타사보다 싸면서 좋은 걸 만들자면 적이 생길 수밖에 없다. 회사가 매년 새로운 부가가치를 더한 지금까진 없는 감동적인 제품을 만드는 이유다.

적을 만들지 않는 경영… 상생의 윈윈전략 힘

하청을 포함한 거래기업은 통상 적이 되기 쉽다. 최근에는 경쟁격화 탓에 거래처에 비용절감을 요청하는 분위기가 일반적이다. 도리나 변명도 없이 그저 깎으라는 일방적인 메시지가 보통이다. 우월적 지위를 이용한 무리한 발주다. 하청기업이면 사실상 피하기 힘든 요구다. 이는 곧 잔업·철야 등 무리수의 확대로 이어진다. 반발이 생기는 건 당연하고, 이게 심화되면 적으로 돌변하는 건 시간문제다.

이쯤에서 거래기업을 배려하는 이나식품의 존재감이 부각되는 건 인지상정이다. 함께 울고 웃는 상생적 윈윈전략을 통해 장기신용을 구축해

가는 구조다. 노력 중인데도 적정이윤을 내지 못하는 거래기업이 있으면 오히려 단가를 올려준다. 수익을 낼 수 있도록 조언해주는 건 일상다반사다. 이 정도면 "저 회사는 정말 좋은 회사로 저 회사를 위해서라면 힘을 내자"고 생각할 수밖에 없다. 자사를 위해 타사 직원이 최선을 다해주는데 연속흑자가 나지 않으면 그게 이상하다.

성장씨앗 뿌리기를 게을리하지 않는 게 마지막 경영방침이다. 연구개발 등 미래경비와 관련된 항목이다. 성장씨앗이 발아하는 건 확률이 3/1,000일 정도로 어렵다. 하지만 그마저 뿌리지 않으면 성장 가능성은 제로다. 회사는 0.3%의 확률을 위해 끊임없이 파종하고 물과 비료를 주며 미래씨앗을 기른다. 회장은 "성장하는 것도 이익을 내는 것도 모두 회사를 존속시키기 위함"이라며 "또 회사존속의 이유는 바로 사원행복을 위함"이라고 했다.

지속성장을 통한 장기존속은 회사 특유의 100년 캘린더 활용에서 그 열의를 엿볼 수 있다. 회사는 곳곳에 100년 캘린더를 붙여둔다. 2000~2100년의 100년짜리 한 장은 어디서든 볼 수 있다. 100년 앞의 먼 시간을 두고 경영이든 사견이든 생각하라는 의미다. "100년 후에도 가치 있는 기업으로 존속하게끔 회사를 가꾸자"는 비전이다. 동시에 100년 시간 안엔 인생 전부가 녹아 있어 일상생활에서 최선을 다하는 효과도 실현된다.

■ 나이테 경영

성장나이테는 '폭의 크기보다 꾸준함이 중요'

나무연령은 천천히 성장하며 매년 하나씩 새겨진다. 그러면서 큰 나무가 된다. 단번에 커버린 나무는 풍설에 견디지 못하는 법이다. 이것이 '나이테 경영'의 요지다. 나이테는 회사가 지향하는 본연모습과 일맥상통한다. 나이테는 어릴수록 그 폭이 넓다가 이후 좁아진다. 즉 좁은 나이테는  성장률이 떨어짐을 의미한다. 하지만 수령이 높아 이미 충분히 커진 나이테라면 조금만 커져도 그 성장의 절대규모가 결코 작지 않다.

경영도 똑같다. 전년 대비의 비교잣대보단 성장 자체의 절대수준이 중요하다. 당면유혹에 넘어가 매출증대를 꾀했던 2006년의 교훈은 느만큼 작지만 안정적인 성장의 중요성을 증명해줬다. "속도위반은 본인뿐 아니라 주변에도 큰 피해를 주는데 경영도 똑같다"며 "급성장으로 큰 회사는 언젠가 반드시 거래처·고객·사원에 피해를 줄 수밖에 없다"고 회장은 경계한다. 무리 없는 균형성장의 중요성이다.

나이테 경영의 핵심은 성장목표의 자연스러운 흐름위탁에 있다. 매출향상을 위한 인위적인 환경조성은 바람직하지 않다. 이나식품이 숫자로 된 성장목표를 제시하지 않는 이유다. 능력발휘를 위해 여건조성만 해주면 매출성과는 저절로 따라온다는 게 CEO의 판단이다. 대신 경영자의 임두는 자연환경이 나빠도 나이테가 지속적으로 생기도록 회사성장을 조절하는 것뿐이다.

■ CEO 연구

죽음문턱에서 사장발탁… "도덕 없는 경제는 범죄"

일본에서 '가장 소중하게 여기고 싶은 회사'의 수장답게 금융위기 이후 그를 찾는 곳이 급증했다. 특유의 나이테 경영을 분석해 성공모델로 벤치마킹하는 곳도 늘어났다. CEO 츠카코시 히로시(塚越寬) 회장은 자수성가한 인물이다. 1937년 산악지대로 뒤덮인 나가노(長野)에서 태어났다. 고등학생이던 17세 때 당시 죽음의 병이었던 결핵에 걸렸었다. 걸을 수 없을 정도의 중병으로 3년이나 입원했었다. 이때 그는 닥치는 대로 책을 읽었다. 흥미롭게 읽은 게 경영·철학서였는데, 나중에 큰 도움이 됐다. 물론 이 정도 학력으로 그를 채용해줄 회사는 없었다. 다행스럽게도 고향인 이나(伊那)에 당시 목재업이 성행해 겨우 목재회사에 취업했다.

이 회사엔 관련회사가 몇 개 있었는데, 대부분 경영부침 탓에 은행관리로 들어간 경우가 많았다. 이때 반 보·한 보 앞을 보는 젊은 친구에게 주목한 관계자들이 그를 발탁했다. 공장장이자 사장대행으로 자회사인 우뭇가사리 회사의 재건을 위임받았다. 21세 때 일이다. 이게 지금의 이나식품공업의 실질적인 창업이다.

죽음의 문턱에서 돌아온 21세 약관청년에게 일할 수 있고 숨을 쉴 수 있다는 건 그 자체가 기쁨이었다. "당시 다른 사람보다 3배 이상 일했다"는 게 그의 기억이다. 약자적인 그의 투병경험은 훌륭한 리더십으로 체현됐고, 사원의 동기부여를 급속하게 업그레이드시켰다는 평가다. 1983년 정식으로 CEO자리에 취임했고, 2005년 그룹 회장으로 올라섰다. "도덕 없는 경제는 범죄이고 경제 없는 도덕은 침언(寢言)"이라는 좌우명을 직원행복의 가치실현으로 입증하고 있다.

09
다이에(ダイエー)

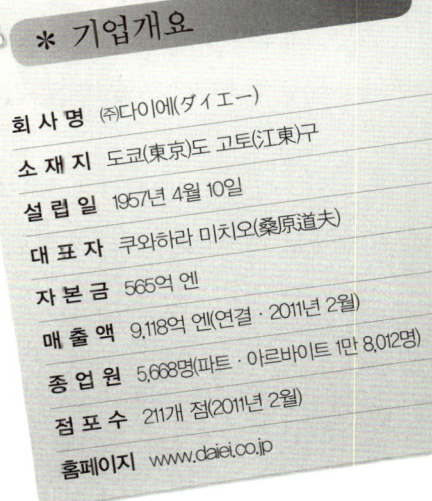

* 기업개요

회 사 명	㈜다이에(ダイエー)
소 재 지	도쿄(東京)도 고토(江東)구
설 립 일	1957년 4월 10일
대 표 자	쿠와하라 미치오(桑原道夫)
자 본 금	565억 엔
매 출 액	9,118억 엔(연결 · 2011년 2월)
종 업 원	5,668명(파트 · 아르바이트 1만 8,012명)
점 포 수	211개 점(2011년 2월)
홈페이지	www.daiei.co.jp

비정규직의 천국… '사람은 소모품이 아니다!'

"내가 웃는 게 웃는 게 아냐!"

샐러리맨의 비애가 담긴 노래 가사다. 웃지만 웃을 수 없는 고약한 처지 때문이다. 피고용자의 아픔이다. 다들 그렇지만 이 노랫말에 전적으로 동의하는 직업그룹이 하나 있다. 판매 · 영업직이 그렇다. 분명 웃되 진짜 웃음은 아니다. 백화점 · 할인점 등 판매현장의 성공관건은 그래서 진심 어린 웃음과 서비스다. 제품도 제품이거니와 판매자가 찡그리면 장사는 물 건너간다. 그래서 웃는 얼굴이 기본이다. 대부분 판매현장은 판매점원의 즐거운 미소와 상냥한 목소리를 반드시 요구한다.

반면 실상은 정반대다. 겉은 웃지만 속은 우는 열악한 근무환경이 태반이다. 오죽하면 가면웃음이라는 말까지 있을까. 경쟁이 세지면서 유통업체 판매현장은 사실상 최악의 근무공간으로 전락했다. 이를 고발하는 뉴스기사는 잊을 만하면 전파를 탄다. 와중에 최고의 접객서비스로 화제를 모으는 예외현장에는 그만큼 눈길이 쏠린다. 일부지만 진심 어린 접객서비스로 명성을 얻는 경우다. 감동의 힘이다.

일본의 유통시장 거물기업인 다이에가 대표적이다. 이 회사 판매직원은 진짜웃음을 몸에 익혔다. 판매현장의 빼어난 접객서비스를 제도적으로 실천·강화하는 회사의 강력한 뒷받침 덕분이다. 그래서 회사는 흔히 "CS(고객만족)보다 ES(직원만족)를 중시하는 회사"로 불린다.

백화점을 비롯한 슈퍼마켓 등 도소매 유통체인을 보유한 다이에는 사업모델 특성상 아르바이트·파트직원 등이 많다. 많을 때는 정규직의 6~7배 정도로 그 고용규모가 컸다. 줄어들었어도 여전히 3~4배를 유지 중이다. 반대로 그만큼 이직이 흔한 업종이다. 신분보장이 안 되니 잠깐하다 그치는 일로 인식할 수밖에 없고, 그래서 충성도와 효율성이 해결

화두다.

다만 다이에만큼은 예외다. 비정규직의 근무만족도가 정규직 못잖게 탁월하다. 노력하면 정당한 보상과 대접을 해주는 시스템을 구축한 결과다. 누구든 능력별 급료·대우가 비례한다. 비정규직 입사 이후 정규직 전환사례도 많다.

높은 비정규직 만족도⋯ 핵심은 '인간적인 대접'

직원만족의 핵심은 '인간적인 대접'이다. 직원을 소모품이 아닌 사람·가족으로 인식하겠다는 자세변화가 주효했다. 이는 2000년대 이후 지속된 체질개선을 위한 제도개혁 차원에서 비롯됐다. 포인트는 두 가지다. 일종의 제도철학인 'CVC(Category Value Center)' 구상과 그 실천수단인 'CAP(Contract of All Partner)' 제도다.

CVC 구상은 '할 수 있는 사람과 하고 싶은 사람'에게 적정업무를 맡기는 개념이다. 모든 종업원을 대상으로 한 유연한 인재배치가 목적이다. CAP 제도는 CVC 구상의 실현방법이다. 종래의 입사 당시 계약신분으로 근로자를 구분하는 게 아니라 본인들이 선택한 근로형태·방법에 따라 계약하는 방법이다. 전체 임직원이 대상이며 일으 요건과 원하는 근로방법을 조화시킨 일관적인 인사시스템이다. 종류는 4가지다.

그렇다면 다이에가 왜 비정규직의 천국으로 변신했는지 알아보자. 적어도 천국까지는 아닐지언정 다른 동종기업보다는 비정규직의 근무환경이 상당히 우호적인 게 사실이다. 회사는 변화무쌍한 성장역사를 가진 연구대상 기업이다. 한때 엄청난 성장행보 속에 ㈜일본을 상징하는 선두기업에 올랐을 정도로 막강파워·지명도를 갖췄었다. 잘나가던 시절엔 연매출 3조 엔에 소속종업원 10만 명, 거래처 3,000개 사를 헤아렸다.

하지만 화무십일홍이라고 1990년대 이후는 바람 앞의 등불 신세로 전락했다. 장기침체로 내리막을 반복했다. 2000년대는 창업자가 반강제적으로 옷을 벗었고 2004년엔 사실상의 법정관리 대상기업으로 선정됐다. 당연히 주인도 바뀌었다.

지금은 사정이 훨씬 나아졌다. 지옥에서 탈피해 정상궤도로의 회귀를 꿈꾼다. 기업재건을 위해 유명한 구원투수가 투입되면서 하나둘 시도됐던 개혁과제가 빛을 보기 시작했다. 아직 갈 길은 멀지만 다이에가 바닥을 벗어났다는 건 대체적인 공감대다. 물론 상처뿐인 영광이라며 여전히 부정적인 전망도 적잖지만 확실한 건 경영부활 기대감의 조성이다.

다이에의 상징키워드는 '가격파괴'다. 소비자주체 유통시스템을 세운 최초 회사다. 동시에 상업시설과 도시설계까지 포함된 유통개념을 실천한 선구기업이다. 출발은 가업이던 작은 약국이었지만 한때 일본 최고의 매출기업에 오르는 성공스토리를 써왔다. 상당한 부침·굴곡이 있었지만 '가격파괴'라는 타이틀로 시장의 가격선택권을 공급자에서 소비자로 되돌려준 다이에의 공로는 현격하다. 1960년대 시장가격은 메이커가 완전히 장악한 반면 소비자는 철저히 약자에 머물렀다. 좋은 제품을 싸게 사는 구매방식·점포가 흔해진 지금엔 상상하기 힘든 상황이었다.

이때 다이에는 남달랐다. 더 좋은 제품을 더 싸게 사려는 소비상식의 편에 섰다. PB(Private Brand) 개념을 업계 최초로 고안(1961년)해 값비싼 물건조차 좋은 품질로 저가에 파는 혁명적인 아이디어를 실천했다. 인기몰이는 당연했고 회사명성은 비례해 높아졌다.

소비자의 가격결정권을 강조한 창업자 나카우치 이사오(中內功)는 입지전적인 인물이다. 일본의 유통혁명을 이끌며 온갖 새로운 혁신시스템을 고안·확산시켰다. 다이에는 오사카(大阪)와 고베(神戶)를 중심으로 유통인프라를 착실히 정비하며 고도성장이 한창이던 1960~70년대를 풍미했다. 1980년대에는 전국의 토착 슈퍼마켓과 제휴·산하에 두면서 유통그룹으로 대변신했다. 이종영역까지 진출하는 적극적인 확장정책은 버블 당시 전성기를 맞았다. 그러다 1990년대 '잃어버린 20년'이 시작되면서 보유부동산이 뒷덜미를 잡았다. 경기침체로 내수소비가 줄고 경영독선·갈등까지 불거지면서 거액채무를 안은 채 기업재생 프로그램에 들어갔다.

부활주역은 여성CEO… "물건보다 사람을 챙겨라!"

문어발식 확장정책은 기회와 위기를 동시에 키웠다. 주력인 유통업태의 다양화는 물론 한때 금융·부동산·호텔 등에까지 진출해 200개 사 이상을 거느린 재벌로 컸다. 하지만 덩치확대기는 공교롭게도 버블이 잔뜩 낀 시기와 맞물리면서 거품붕괴의 충격을 한 번에 받았다. 전국적인 점포출점으로 지가상승과 결부된 성장신화는 땅값하락으로 제동이 걸렸다.

창업자는 2000년 대표권 없는 최고고문으로 물러서야 했다. 2004년 회사는 산업재생기구의 지원이 공식 결정됐다. 산업재생기구는 도산위기에 빠진 기업의 부활을 목표로 만든 구제기구다. 경영악화로 3조 엔에 육박하는 채무압박을 받은 게 계기였다. 정부로선 청산·도산도 방법이었지만 다이에의 영업규모와 파급효과가 워낙 커 사회문제로 불거질 수 있다는 우려 때문에 재생카드를 선택했다. 이후 경영진에 새 피가 수혈되고 외부환경이 개선되면서 회사는 조금씩 체력을 회복했다. 이젠 부채도 거의 상환했다.

다이에의 화려한 성공과 처참한 몰락은 일본열도에 큰 충격을 안겼다. 정부의 재건카드는 세간의 주목을 한 몸에 받았다. 이때 화려하게 등장한 부활 구원투수가 하야시 후미코(林文子)다. 그녀는 부실해진 거대기업의 경영재건 총대를 메며 언론의 집중조명을 받았다. 이 구원투수는 일

본을 대표하는 최고의 여성CEO로 입소문이 자자한 인물이었다. 판매·영업업무 출신으로 입신양명한 그녀는 맡은 일마다 순식간에 최저에서 최고로 벼락부활을 선뵌 탁월한 능력의 소유자였다. 2005년 재건요청을 받고 회사에 합류한 그녀는 개혁을 진두지휘했다.

느닷없는 새로운 프로그램은 별로 없었다. 회사가 힘들어할 때부터 하나둘 착수·진행된 구조개혁이 그녀를 만나 보다 적극·효율적으로 성과를 냈다고 보는 편이 타당하다. 비정규직의 일할 맛과 웃음을 찾아준 CVC 구상과 CAP 제도가 대표적이다. 평가절하도 곤란하다. 허울뿐이던 개혁을 구체·실체적인 성과로 이끌어낸 구원투수의 공로는 그 자체로 대단하다. 3년에 걸친 그녀의 변신작업은 회사부활을 위한 작지만 탄탄한 밑거름이 됐다. 여세를 몰아 다이에를 나온 이후 요코하마 시장선

◉ 다이에의 CAP 제도

제너럴 캡	풀타임 근로로 전근 가능. 종래 정사원어 상당. 관리직은 직무가치에 근거하는 연봉제, 일반직은 연공요소 배제. 역할·일의 발휘에 의한 임금체계(실질연봉제).
캐리어 캡	풀타임 가능하지만 전근 불가능. 유기(1년)계약. 임금은 역할·일 발휘도로 정해짐. 퇴직금은 상여에서 선불. 임금지불은 일급월급제. 주3일 근무 등 '단시간 정사원' 가능성 염두에 둔 까닭.
액티브 캡	파트타임 근로로 전근 불가능. 종래 파트타이머에 해당. 유기(1년)계약. 지불형태는 시간급. 임금은 동등 능력을 가지는 제너럴 캡과 같은 수준 설정. 과장까지 승진 가능.
프로페셔널 캡	파트타임 근로로 전근 불가능해도 기업이 특별히 계약하고 싶은 고도기술·기능을 지닌 인재대상. 유기(1년) 개별계약. 시장가치로 결정하는 완전연봉제. 약제사나 생선직 등 중심.
액티브 캡과 캐리어 캡, 캐리어 캡과 제너럴 캡과의 사이는 근로방법 변화에 따라 자유롭게 왕래 가능구조. 파트타이머로 입사해도 풀타임 가능하면 캐리어 캡에. 여기에 전근까지 가능해지면 제너럴 캡으로 이동 가능. 현장에서 일하는 파트타이머의 의지향상으로 연결.	

거(현직)에 출마·당선되는 기염을 토했다.

여성 CEO의 등장은 구태철폐와 조직변신의 신호탄이었다. 하야시 전 회장은 대중친화적인 이미지를 지닌 화려한 경력의 소유자다. 자동차 세일즈로 사회에 첫발을 내디딘 이후 "물건보다 사람·인간관계를 판다"는 철학으로 대기록을 세웠다. 업계에선 '하야시 신드롬'으로 불렸으며 그녀의 승진행진은 주요뉴스로 부각됐다.

하야시 신드롬… "고객행복의 대전제가 직원행복"

구원투수의 등판결정 이후 회사는 이미지 변신에 공을 들였다. "창립 이후 40년 이상 주부들이 찾는 상점이라는 고정이미지와 맞지 않게 조직 내부에 남성위주의 권위주의가 팽배했기 때문에 이를 개혁해 고객지향적인 주부손길을 강화하기 위한 조치"였다. 판매현장의 웃음소리도 되돌려놓았다. 그녀는 "경영자는 고객·직원을 행복하게 하는 게 일의 전부"라며 "커뮤니케이션을 통해 직원들의 일할 맛을 높이는 게 관건"이라고 봤다.

그녀는 회사조직에 감사와 감동이라는 소프트웨어를 깔았다. 스스로 체득한 감사의 마음과 감동적인 언행의 중요성을 강조했다. "어떤 일이든 모두 사람에게 감동을 받고 감동을 주는 게 작동원리"라며 "사람들과 감동을 공유하면 못할 게 없다"고 밝힌다. 감동을 위한 우선가치는 직원이다. "고객을 행복하게 하기 위해서는 고객과 만나는 종업원이 행복해지는 게 전제조건"이라고 했다. 취임 직후부터 회사·직원의 구석구석에 CEO의 세밀한 눈길이 닿은 이유다. 침몰 직전의 회사부활 임무를 맡은 구원투수가 개혁성공을 위한 큰 그림·동작에 앞서 일선현장의 직원 감동에 무게중심을 실어준 조치는 많은 이들에게 신선한 충격을 안겼다. "사람이 좋다"는 CEO의 취임일성은 낡고 병든 공룡기업의 체력회복을 위한 훌륭한 영양제가 됐다.

그녀는 세상 모든 일이 사람과의 만남·교류에서 비롯된다는 철학을 가졌다. 때문에 누구든 웃을 수 있는 인간관계의 기초무대인 '대접하는 정신'을 강조한다. 돈의 무모한 추구보다 대접받는다는 이미지를 확대·제공함으로써 그 과정을 즐기라고 가르친다. 그러다 보면 어느새 감동 뒤의 만족이 원하는 결과를 안겨줘서다. 고객·직원 모두 마찬가지다. 행복한 직원이 물건을 팔 때 고객의 행복도 높아지기 때문이다.

취임 이후 종업원을 위해 화장실 개조공사를 벌인 것도 같은 맥락이다. "사원이 불만스럽고 피곤해하면 고객만족은 물 건너간 셈"이라며 "이들이 웃을 수 있도록 생활기반을 지원해주는 게 회사 역할"이라고 했

다. 이럴 때 신뢰감과 책임감이 발생하고 보다 힘을 내는 환경이 조성될 수 있다.

특히 강조하는 건 인간관계다. 물건을 팔기보다 인간관계를 쌓고 사람을 만족시켜 웃으며 헤어지도록 하는 게 가장 중요하다. 고객은 물건도 사지만 판매자도 함께 산다고 본다. 때문에 상대 마음을 열면 무엇이든 팔 수 있다. 다이에 수장이 돼서도 회사부활 최초 작업은 인간관계부터 시작됐다. CEO의 고객인 종업원의 마음을 사려는 의도였다. 그래서 먼저 인사말을 던지며 감사의 마음을 말로 담아냈다. "고맙다"는 말은 입버릇처럼 반복했다.

실적 좋은 사원은 결국 돈으로 보상받기에 보통의 상사라면 "잘했다"에서 끝나게 마련이다. 그녀는 달랐다. "많이 팔아줘 고맙다"며 일일이 인사말을 빠트리지 않았다. 감동바이러스의 전파는 사원의 일할 맛을 한

■ 다이에의 4대 계약구분

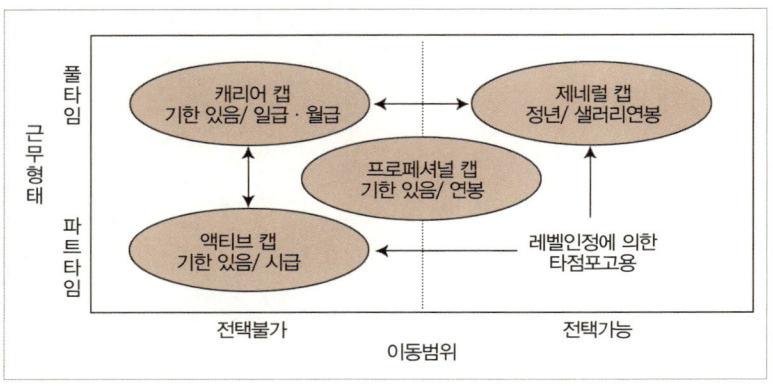

껏 고무시켰다. 팀워크로 연결된 건 물론이다. "물건을 파는 공간은 즐거워야 하며 그 즐거움이 확대될 때 최선결과가 도출된다"는 경험칙의 실천이다. 덕분에 취임 이후 실시된 사원대상 설문조사에서 "직원을 격려하는 모습에 감동을 받았다"는 대답이 압도적이었다.

사원에 대한 감사마음은 제도로 발전했다. 표창제도가 그렇다. 반기에 1회 사장·회장상을 만들어 표창한다. 15명 정도의 수상자는 직후 최고경영자와 허심탄회하게 대화하며 격려를 받는다. 회장이 스스로 나서 입구에서부터 대기실까지 이들을 안내한다. 대접받는다는 느낌을 주려는 CEO의 솔선수범이다. 효과는 즉각적이다. "팔리는 점포와 안 팔리는 점포는 첫발을 내디뎠을 때 이미 알 수 있다"는 그녀는 "판매직원의 얼굴이 그 바로미터"라고 했다. 동시에 회사는 종업원의 능력별 보수지급을 위해 평가시스템을 확실히 수립·운영하기 시작했다.

비정규직의 천국 다이에의 '일할 맛'은 위기타개 차원에서 고양됐다. 내수침체·매출감소·경쟁격화 등의 불황터널을 통과하며 제시된 '신(新) 3개년 계획'이 요체다. 우선은 사업정리·구조조정·부채절감 등이 시행됐다. 희망퇴직자를 모았고 자연감소분은 충원하지 않았다.

파격적 CVC와 CAP 제도… 정규직과 비정규직 장벽철폐

2001년엔 영업회복을 위해 할 수 있고 하고 싶은 사람에게 업무를 맡기는 CVC(Category Value Center) 제도를 내놨다. 입사 당시의 신분제도보다 입사 이후의 근로의지·능력을 중시하겠다는 의식전환이다. 인사제도의 대폭적인 개혁의지로 포인트는 유연한 인재배치다. 과거 인사제도는 처우중심이었다. 고용·근무지별로 인재를 배치해 능력·의지는 큰 상관이 없었다. 하지만 CVC에선 연공요소를 배제해 일·성과·시세에 따라 임금을 나눠 정규직 여부와 무관하게 일에 맞춰 인재를 배치했다.

그 실천수단이 'CAP(Contract of All Partner)' 제도다. 근로요건과 희망근로의 조화추구다. 이로써 회사와 직원 사이의 계약은 새롭게 구분된다. 간부사원부터 파트타이머까지 일괄대상이며 2004년 전체 종업원의 신제도로의 이행이 완료됐다.

종업원은 근무형태와 이동범위에 따라 4개의 계약제로 분류된다. 영업시간이 길고 교대근무가 통상적인 업종이라 풀타임 의미도 바뀐다. 1일 8시간 근무가 중요하지 않고 교대·주말근무 가능여부 등이 기준이다.

■ 기존제도와 CAP제도의 차이

〈CAP제도〉
일에 요구되는 요건에 맞는 인재 및 할 수 있는 인재의 배치·등용

〈기존제도〉
고용구분·한정근무지 구분에 따른 역할한정

자료: 회사보고서

계약 종류는 △제너럴 캡(풀타임. 전근 가능. 과거 정구직 상당. 관리직은 직무가치에 근거한 연봉제. 일반직은 연공요소 배제. 역할에 따른 임금체계. 실질연봉제) △캐리어 캡(풀타임. 전근 불가능. 1년 등 유기계약. 역할에 따른 임금체계. 퇴직금은 상여형태. 일급월급제. 주3일 근무 등 단시간정규직 가능성 염두) △액티브 캡(파트타임. 전근 불가능. 종래 파트타이머 해당. 유기계약. 시간급. 동등 능력의 제너럴 캡과 동일임금. 과장까지 승진) △프로페셔널 캡(파트타임. 전문직종. 특별한 고도기술·기능인재 대상. 유기계약. 시장가치에 따른 완전연봉제) 등 4가지다.

다소 복잡하지만 핵심은 본인 입맛에 따른 근로형태의 자율선택이 가능하다는 점이다. 육아·간병 등 개인사정에 맞춰 계약형태를 정하는 식이다. 액티브 캡과 캐리어 캡 혹은 캐리어 캡과 제너럴 캡은 자유롭게 왕래할 수 있다. 파트타이머로 입사해도 풀타임 가능하면 캐리어 캡이 되고, 전근까지 가능하면 제너럴 캡으로 이동된다. 이는 곧 현장에서 일하는 파트타이머의 의지향상으로 연결된다.

명칭만 바뀌진 않았다. 임금체계도 계약구분에 따라 재설정됐다. 임금체계 혁신이다. 과거 고용구분마다 설정되던 관리직, 일반직, 파트타이머 임금을 시장시세, 일, 성과라는 임금 구성요소로 분해·비교분석을 실시했다. 관리·일반직은 퇴직금까지 포함한 임금총액을 시간급화해 파트타이머와 비교(고용구분 간 임금격차는 ±5% 이내 범위로 설정)했다.

CAP 제도는 종래의 정규직과 비정규직의 차별적인 고용구분을 중단한 상징사례다. 동일노동·동일임금의 균등처우 확보를 위해 시간당 임금체계로 전환하면서 단시간정규직을 포함한 근로형태 다양화에 기여했다는 평가다. 실제 2004년 이후 비정규직에서 정구직으로 신분전환에 성공한 근로자는 셀 수 없이 많다.

한편 회사는 정규직 약 6,000명에 비정규직(파트·아르바이트) 1만 8,000명(1일 8시간 환산) 이상을 고용 중이다. 종합도소매업 지향회사답게 그룹회사의 라인업이 탄탄하다. 슈퍼마켓·백화점·전문점 등은 물론 상업시설 운영업체 및 기타 서비스업체까지 산하에 포진한다. 도쿄시장 1부의 상장회사다. 유통업체 이온(20%)과 종합상사 마루베니(18%)가 주요 주주다. 계열사 지분까지 합하면 최대주주는 약 30%를 보유한 마루베니다.

2010년엔 종합슈퍼(GMS)와의 결별을 선언해 화제를 모았다(중기경영계획). 경쟁사인 이온·이토요카도와의 차별화다. 포인트는 탈(脫)GMS 장벽설치다. 기존 GMS를 DS(Discount Store)와 식품 SM(Super Market), SM에 약국을 조합한 SSM(Super Super Market), SSM+MD(전문판매장), 입지희생적인 대형점포 등으로 나눠 눈높이를 조정할 계획이다. DS로 발판을 다진 뒤 지역특색에 맞게 세분화된 탈GMS 전략을 추진할 전략이다. 탈GMS는 지금껏 쌓아온 다이에의 종합슈퍼 이미지와 고정관념을 지우는 작업이다.

■ CEO 연구

창업과 수성 사이… '다이에의 교훈'

다이에의 성장신화와 좌절·부활스토리는 두 명의 인물분석에서 시작된다. 창업자인 나카우치 이사오(中內功)와 전직 회장·CEO였던 하야시 후미코(林文子)가 그렇다. 창업자가 회사의 존립기반을 다졌다면 하야시 전 회장은 질적인 혁신진화에 매진했다. 둘의 바통교환은 2004년의 부도위기였다. 창업자의 삶은 특히 일본경제의 성장·좌절궤적과 정확히 일치한다. 고도성장과 대량생산·소비사회 때 성장순풍에 올라탔고 거품이 한창일 때 덩치확대에 매달렸다가 버블붕괴로 토지신화·불량채권의 사회이슈와 중첩되다 회사가 힘들어졌기 때문이다. 구원투수인 하야시 전 회장은 역시 입지전적인 인물로 상당한 리더십을 보유해 기업가와 정치가 모두로 입신양명했다. 여성CEO의 등장 이후 회사는 정상화 과정에 복귀했으며 체력도 조금씩 회복 중이다.

◇ **창업자, 나카우치 이사오(中內功)** = 창업자는 1922년 출생해 한평생 유통전문가로 살았다. 지금의 소비자주체형 유통시스템을 구축해 일본의 유통혁명을 주도한 인물로 평가된다. 젊은 시절 그는 파란만장한 삶을 살았다. 일찌감치 공부엔 열정도 관심도 없어 대학에 실패했다. 1943년 태평양전쟁 때는 필리핀에 배치돼 중상을 입고도 기적적으로 생환했다. 이 경험은 훗날 "행복은 우선 물질적 풍요로부터 비롯된다"는 그의 인생관에 큰 영향을 미쳤다.

1957년 가업영향(약사 부친)을 받아 '주부의 가게 다이에약국(다이에 1호점)'을 열었고 이후 식료품 등으로 영역을 확대했다. 점차 점포를 늘려나가던 중 그는 기존 개념을 깬 가격파괴 정책을 도입해 화제를 모았다. 기존 메이커의 압력에도 불구, 큰 갈채를 받았다. 1964년엔 이중가격 고수차원에서 공급중단에 맞선 마츠시타전기와 대립했다. 이는 30년 후(1994년)에야 마츠시타의 굴복형태로 마무리돼 업계에선 '30년 전쟁'으로 부른다.

회사는 승승장구했다. 1972년 대형백화점인 미츠코시(三越)를 누르고 소매업 No.1에 올랐다. 1980년엔 업계 최초로 매출액 1조 엔을 달성했다. 이후 다양한 자회사와 별도회사를 세워 외형확대에 성공했다. 다만 1983년부터 3년 연속 연결적자를 내는 뼈아픈 순간도 경험했다. 이후 V자 회복에 성공하면서 회사는 절정기를 맞는다. 명실상부한 업계리더로서 내적성장과 외형확대를 반복했다.

창업자를 둘러싼 비난은 적잖다. 2세 승계를 위해 주위에 예스맨만 배치했고 원맨(One man)체제를 장시간 유지해 각종 폐해를 보였기 때문이다. 아이러니컬하게 1990년대의 복합불황과 맞물려 다이에의 성공스토리는 마침표를 찍는 듯했다. 1995년의 한신대지진의 충격도 컸다. 2001년 그는 "이젠 시대가 변했다"며 회사를 떠났다. 한때 6만 명의 종업원을 거느린 매출액 일본최고 기업집단의 수장은 2005년 향년 83세로 사망했다. 끝은 '유통제왕' 답지 않게 초라했다.

그의 성격은 파란만장한 삶답게 굴곡이 심했다. 학창시절엔 얌전했지만 사업을 시작한 후 돈 빌리는 것조차 서슴지 않는 적극성을 보였다. 동시에 대단한 일벌레였다. 신혼여행지에서조차 전화로 일에 매달렸다고 한다. 가정보다 일이 먼저였다. 반면 가족애는 상당했다. 부하에게 딸 얘기를 하며 "너무 바빠 아빠 역할을 못 해준다"며 눈물을 흘린 일화가 있다. 화가 나면 누구도 제어하지 못할 정도지만 인정 또한 깊은 인물로 기억된다. 섣달 그믐 늦은 밤까지 고객회사를 방문하던 그를 두고 부하가 들어가라고 하자 "거래처 점원조차 저렇게 일하는데 어떻게 퇴근하느냐"며 거절하기도 했다. 부하가 억 엔 단위 손실을 볼 때도 "그래, 당신 큰 공부가 됐겠군. 앞으로 조심하게"로 끝냈다.

◇ **구원투수, 하야시 후미코(林文子)** = 하야시 전 회장은 1946년생으로 경영인·정치인이다. 다이에와 더불어 BMW도쿄 등의 CEO를 비롯해 요코하마 시장 직함까지 움켜쥐었다. 젊었을 땐 혼다자동차 판매원으로 사회경력을 시작했다. 다이에와의 인연은 2005년 회사재건을 위한 지원기업이던 마루베니의 요청으

로 시작됐다. 애초 고문에 취임했다 1개월 만에 회장·CEO로 취임했다. 이후 3년을 다이에와 함께했다.

2009년엔 민주당 추천의 무소속으로 요코하마 시장에 도전·선출됐다. 여성시장은 19개 정령(政令=인구 50만 이상의 독립행정도시)시 중에선 2번째 당선기록이다. 드물게 자유로운 영혼으로도 평가된다. 2010년엔 남편이 본인을 모델로 해 그린 누드화를 관보에 게재해 화제를 모았다.

하야시 전 회장은 사람 마음을 잘 읽는 인물로 유명하다. BMW에선 특히 동료·고객애정을 한 몸에 받았다. 덕분에 최초의 여성지점장에 발탁됐다. 지점장 시절엔 실적 나쁜 점포에 부임해 부하의 장점을 철저히 칭찬함으로써 잠재능력을 발휘하게 해 1위 점포로 거듭나기도 했다. 그녀는 평소 직원만족과 행복근무를 지론처럼 강조한다. 늘 "사원의 여유가 고객마음을 잡는다"거나 "사원이 잘 쉬고 친절할 때 고객을 위한 새로운 제안이 가능하다"는 철학을 강조한다. 『이상할 정도로 일이 잘되는 말 한마디의 비법』 등의 저서가 있다. 맹렬한 여성CEO에서 정치가로 변신한 그녀가 가장 좋아하는 시간은 '가족과의 저녁식사' 때다.

10 미라이(未來)공업

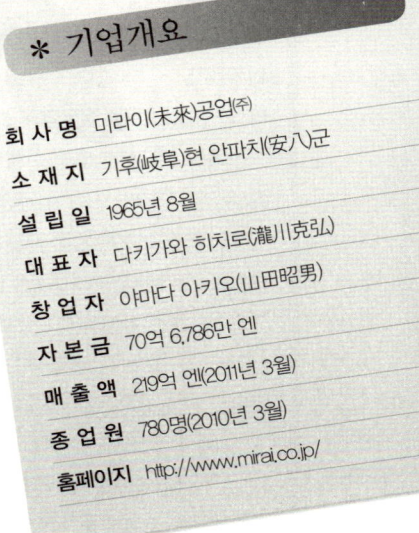

* 기업개요

회 사 명 미라이(未來)공업㈜
소 재 지 기후(岐阜)현 안파치(安八)군
설 립 일 1965년 8월
대 표 자 다키가와 히치로(瀧川克弘)
창 업 자 야마다 아키오(山田昭男)
자 본 금 70억 6,786만 엔
매 출 액 219억 엔(2011년 3월)
종 업 원 780명(2010년 3월)
홈페이지 http://www.mirai.co.jp/

적게 일하고 많이 받는 회사… '필요한 건 당근뿐'

 # 코멘트 1 = "물건을 만든다는 건 대기업이든 영세기업이든 똑같아요. 콘센트와 스위치란 호환성이 없으면 곤란하기 때문이죠. 결국 쓰기 좋은 걸 만들면 팔립니다. 중요한 건 차별성이에요. 다르지 않으면 안 됩니다. 남이 하는 건 안 돼요. 반발적 창의성이 관건입니다. 차별화죠. 이것을 제품에 반영하도록 늘 궁리하는 사풍을 만드는 게 중요합니다. 물론 남들이 따라하겠지만 그런 건 팔리지 않아요. 최초로 선수를 치는 건 그만큼 중요하죠. 작고 싼 상품이라도 반복적으로 궁리해 내놓으면 경쟁사도 포기하게 됩니다. 가격인하로 공격해도 우리는 거뜬해요. 경쟁사가 스위치박스(주력제품) 값을 절반 가격에 팔지만 80%의 당사점유율은 굳건

합니다."

 # 코멘트 2 = "사원이 행복해야 회사가 잘되는 법입니다. 회사는 사장의 것도, 주주의 것도 아니죠. 바로 직원의 것입니다. 자기가 생각해 자기가 좋게 만들면 회사는 저절로 성공합니다. 경영진은 회사주인인 임직원이 자발적으로 일하게끔 만들어주는 게 역할입니다. 그들이 웃도록 만들어야죠. 즐겁게 일하는 직장은 그렇게 만들어집니다. 제일 중요한 게 금전보상이에요. 그러자니 불편하지 않은 건 최대한 아낄 수밖에요. 그래도 돈은 한계가 있어요. 돈 말고 해줄 수 있는 게 뭘까 생각하니 노는 것밖에 없었습니다. 휴가를 대폭 늘렸죠. 다신 잔업도 없고 업무량도 없으며 해고도 없앴습니다. 알아서 하도록 내버려둔 거죠. 그랬더니 결과는 훨씬 긍정적이었습니다. 작은 절약과 큰 낭비의 효과를 톡톡히 본 셈이죠."

이 회사, 느낌이 좋다. 몇 년 전 한국에 소개·화제를 모아 좀 구문(舊聞)이긴 해도 회사의 경영철학은 여전히 일본재계의 스테디셀러로 대접받는 모습이다. 명품기업답게 오래 묵을수록 진면목이 반복해 확인돼서다. 인터넷에 회사 이름을 검색해보면 언론 노출이 상당하다. 〈TV도쿄〉의 CEO 관련프로그램(캠브리아궁전)에

'늘 생각한다'는 회사표어

선 2010년부터 2년 연속 이 회사를 소개했다.

회사가 주목받는 이유는 몇 가지 특징으로 요약된다. 어떤 인용·인터뷰를 봐도 대개 이 설명문에서 크게 벗어나지 않는다. 예를 들어 회사에는 업무량과 마감이 없다. 돈 못 받는 잔업은커녕 무조건 '칼'퇴근이다. 일하라고 스트레스를 주는 사람도 없다. 문제가 생기면 현장의 본인이 모든 걸 판단·행동한다. 쓸데없는 사내 커뮤니케이션은 경계대상이다. 상사 눈치를 볼 일이 없기에 간과 쓸개를 집에 놔두고 출근할 일도 없다. 직원은 모두 정규직이다. 잘릴 일은 더더욱 없다. 철저한 연공서열에 종신고용이 보장된다. 그런데도 연봉은 높다. 휴가는 넘쳐난다.

잔업도 업무량도 해고도 없다!… 창의인재 활약기반

회사는 직원만족의 메카다. 샐러리맨의 유토피아 혹은 직원만족 경영모델의 성지로 불린다. 직원행복을 위해 걸림돌은 거의 모두 없애버렸다. 무한경쟁·효율중시가 일상적인 가운데 대단히 이례적인 기업모델이다. 언론이 주목하는 배경이다. 임직원으로선 이상향으로 추앙되는 근무환경에 표정관리가 필요할 정도다. 실제로도 회사는 근로자 중심의 인간경영을 추구한다. 적자생존·승자독식의 살벌한 성과주의 대신 상호협력·동반성장의 포괄적 인간경영을 선호한다. 목적지로 가는 길은 많아도 결승점은 하나이듯 근로자는 달라도 차별 없이 똑같이 대우한다. 직원 전체가 소중하기 때문이다. 그래서 중시하고 신뢰한다.

그런데 의심이 남는다. 이렇게 막 퍼주다간 직원만 행복하지 회사는 무너질 수 있을 것 같다.
돈 못 버는데 장수할 기
업은 더더욱 없다. 하지
만 우려는 실적수치로
말끔히 사라진다. 재무
제표를 살펴보자. 회사
는 2011년 3월기(2010년 3
월~2011년 3월)에 매출(271
억 6,000만 엔), 영업이익(27
억 4,300만 엔), 당기순이익
(13억 8,600만 엔)을 거뒀다.
전년보다 각각 6.4%(255
억 2,300만 엔), 54.3%(17
억 7,800만 엔), 188.1%(4억
8,100만 엔) 증가한 수치다. 영업이익을 보면 장사를 꽤 잘한다는 의미다.
퍼줘도 번다는 걸 보기 좋게 증명해줬다.

관심사는 영속성이다. 잠깐 운 좋게 회사곳간을 채웠을 수는 있다. '반
짝'스타보다는 장수기업에 의미가 있는 법이다. 그런데 이쪽도 성과가
만만찮다. 창업 이후 단 한 해도 적자를 낸 적이 없다. 연속적인 흑자경
영이다. 경상이익률은 들쑥날쑥해도 얼추 15% 내외에서 실현된다. 일본
제조업 평균이 3% 수준이니 상당한 고성과다. 일등공신은 10여 개를 웃
도는 국내점유율 1위 제품이다. 이 밖에 제품의 98%에 특허라는 영광이
붙는다.

덕분에 회사명성은 나날이 업그레이드된다. 중소기업이지만 지명도는 일본 최고수준이다. 한국기업의 일본시찰 때 빠지지 않는 회사에 도요타와 함께 이름을 올렸다. 대기업은 도요타, 중소기업은 이 회사가 대표주자란 뜻이다. 직원감동 경영실천에 날개를 달아준 경영실적 때문이다. 그만큼 초우량 제조업체로 소문이 자자하다. 고부가가치 제품을 연속해 개발·출시해 해당 업계에서는 대기업조차 부담스러워 하는 거물로 통한다.

도요타와 동급명성… '일본판 꿈의 직장'

이 회사는 '미라이(未來)공업'이다. 주택 등에 사용되는 전기·급배수·가스설비 등의 소재 및 자재 생산회사다. 상품 라인업은 2만 개에 육박한다. 소속직원은 약 800명에 육박하며 자회사는 8개 사를 보유했다. 회사 덩치와 사업무대 등은 평범하다. 하지만 회사를 낙양지가의 파워업체로 키워낸 건 설립자의 독특한 경영철학이다. 철저한 직원감동 경영이다. 감동받은 임직원이 앞다퉈 뭐든 하지 않을 수 없게 만들었다. 일본판 꿈의 직장은 이렇게 만들어졌다.

미라이공업은 혼슈(本州) 중서부지역의 기후(岐阜)현 산골짜기에서 1965년 탄생했다. 연극으로 만난 4명이 창업멤버로 2015년이면 창업 반세기를 맞는다. 후발업체면서 대형경쟁사를 능가하는 톱 레벨 제품을 연속해 개발함으로써 안착했다. 벽에 숨겨진 전기코드의 배선관 혹은 콘센트스 위치 속의 슬라이드박스 등을 만드는 회사다. 주로 주택의 보이지 않는 부분을 커버하는 설비기기 메이커다. 점유율은 대단하다. 80%의 슬라이드박스를 비롯해 압도적인 제품파워를 지닌 게 즐비하다. 후발주자의 딜레마는 최고제품의 연속히트로 털어냈다.

창업자인 '야마다 아키오' 하면 떠오르는 이미지는 구두쇠다. 누가 봐도 쩨쩨하기 짝이 없는 인색한 회사경영으로 외부에 알려졌다. 그나마 회사실적이 탁월하니 구두쇠정신을 비난(?)하기는 힘들다. 회사 곳곳엔 그의 구두쇠정신이 배어 있다. 하나같이 놀라운 절약실천법이다. 그의 절약정신은 '구두쇠(ドケチ)경영'으로 요약된다.

구두쇠경영의 이유는 명백하다. 직원감동 때문이다. 스스로 판단·생각해 차별적인 제품을 내놓도록 하자면 회사는 '작은 절약'을 극대화해 '큰 낭비'에 투자해야 한다. 불편하지 않은 '작은 절약'으로 낭비를 줄여 직원(사람)본위로 압축되는 복리후생에 '큰 낭비'를 한다는 의미다. 설립자에 따르면 CEO란 일하는 자리가 아니다. 임직원이 열심히 일하고 싶도록 환경을 만드는 게 본업이다. 일하고 싶다는 건 일종의 자발성이다. 금전보상과 근무의욕이 그 실천도구다. 명령에 따라 움직이는 회사는 그래서 반대한다. 돈도 못 번다.

이 정도만 해도 설립자는 독특한 경영자다. 쩨쩨하게 아끼는 건 둘째 치고 직원에겐 줄 수 있는 모든 걸 내놓기 대문이다. 가히 따르기 쉽지 않은 사고방식과 캐릭터다. 그런데 좀 더 그의 행보를 살펴보면 이는 약과다. 괴짜란 말이 하나도 이상하지 않을 만큼 행브 자체가 이상하고 특이하다. 남의 시선과 고정관념은 기본적으로 거부한다. 뼛속 깊이 '다름'

을 추종한다. 상식적(?)인 이들 눈에는 이해하기 힘든 행보 천지다.

그의 돌발행동(다분히 계산된 행동일 수도 있다)은 주변의 아연실색과 헛웃음만 요구할 뿐이다. 승진결정을 보자. 후보자 이름을 종이에 적어 이를 선풍기에 날린 뒤 가장 멀리 떨어진 이가 낙점(승진)되는 식이다. 물론 과거 증시상장 때 일부 조건을 맞추고자 간부승진이 불가피해 발생한 에피소드지만 근본사고는 지금도 다르지 않다. 고교 이상 교육을 받았다면 누구나 회사간부를 할 수 있기에 굳이 복잡한 인사시스템을 채택할 이유가 없기 때문이다. 신입사원을 뽑을 때도 제일 빨리 온 순서로 결정했다. "아무나 뽑는다"는 선정원칙이다. "바보라도 한데 모아 신 나게 일하도록 만들면 그걸로 인사업무는 끝"이라고 본다.

괴짜기업의 평가근원…'철저하게 지키는 작은 절약'

직원의 '해보려는 의지'를 키워주는 게 설립자의 경영철학이다. 때문에 이를 저해하는 건 뭐든 없애준다는 입장이다. 풀 수 있는 제약은 가능한 한 풀어준다는 방침이다. 가령 작업복은 자유다. 하루 근로시간은 7시간 15분이고 연간 휴일은 약 140일에 이른다. 정확한 비교통계는 없지만 일본 최고의 휴일제공이라

괴짜 경영인으로 유명한 창업자 야마다 아키오

는 자랑이 빈말로 들리지 않는다. 임직원은 플러스사고를 몸에 익힌다. 경험칙도 없는데 만약을 생각하는 마이너스 사고는 금기다. 먼저 실행한 뒤 문제가 발생하면 그때 개선한다는 사고방식이 회사발전의 기본축이다. 임직원의 자주성 중시경영이다.

CEO의 구두쇠경영을 확인할 수 있는 몇 가지 에피소드를 보자. 먼저 회사위치다. 미라이공업 본사는 논두렁 한가운데 있다. 돈을 벌었으니 좀 편한 곳으로 옮길 만도 한데 복지부동(?)이다. 게다가 본사 현관은 늘 깜깜하다. 외부방문자라면 유령공장처럼 느낄 정도다. 이는 의도적이다. 낮에는 불을 켜지 않는 게 기본원칙이다.

생산·근무공간에는 손쉽게 끌 수 있도록 형광등에 끈을 달아뒀다. 형광등마다 담당자를 붙여 관리한다. 자리를 비울 때 당기기만 하면 전기절약이 가능하도록 했다. 사용하지 않는 공간은 완전히 단전된다. 문손잡이 없이도 열고 닫을 수 있도록 문조차 일부러 개조했다. 처음엔 개조 비용이 들어도 결국엔 남는 장사라는 입장이다.

이뿐만 아니다. 본사 곳곳엔 외부인 입장에선 터무니없는 구두쇠경영 실천이 가득하다. 경영진과 방문손님을 위한 접대용 회사차는 없애버렸다. "일본총리가 회사를 방문해도 낡은 짐차로 모셔올 수밖에 없다"는 자세다. 그 자체가 불필요한 허세라고 본다. 유니폼도 폐지했는데 창의적 발상을 가로막는다는 이유에서다. 사복근무를 채택하면서 연간 1만 엔의 의복비용을 지불한다. 또 회사벽면과 집기 등엔 낭비를 경고하는 안내장이 덕지덕지 붙어 있다. 다섯 걸음에 한 장씩 붙었다는 언론소개도 있었다.

여름엔 에어컨 대신 선풍기만 돌아갈 뿐이다. 설정온도가 27도니 켜봐야 시원하지도 않다. 인쇄비가 아까워 식권도 찍지 않는다. 공장장이 공장 주변의 배수로를 점검하고 사장이 회사벽면에 직접 페인트를 칠한다. "외부에 맡기면 용역비가 들지만 직접 하면 돈이 안 들기 때문"이란 게 설립자가 아닌 임직원 코멘트다.

"총리가 와도 짐차로 모실 것"… 보고 · 연락 · 상담이 없는 회사

회사엔 없는 것도 많다. 정확히 말해 처음엔 있었겠지만 이젠 없애버린 것이다. 직원규제를 위한 룰이 그렇다. 대표적인 게 호렌소(ホウレンソウ)가 금물이다. 보고(報告) · 연락(連絡) · 상담(相談)의 앞 글자(일본발음)를 딴 말로 직장인의 필수덕목으로 이해된다. 신입사원 교육 때 어디든 강조되는 덕목이 바로 호렌소다. 그런데 회사는 이를 금지시켰다. 쓸데없는 짓이라는 판단에서다.

또 상담하러 오면 "아마추어인 나에게 묻지 말고 당신이 판단하라"거나 "다음에 또 상담하러 오면 잘라버리겠다"며 윽박지른다. 철저한 현장주의 경영철학 때문이다. 모든 문제점과 해결책이 현장에 있는 만큼 그곳에서 알아서 판단 · 행동하라는 메시지다. 책임회피를 위해 상사에게 묻거나(상담) 서류를 작성(보고)하고 일일이 허락(연락)받는 행위야말로 불필요하다. 그만큼 현장에 대한 신뢰가 높다. 현장공기를 읽고자 끊임없이 개별현장을 방문하는 여타 CEO와 달리 미라이공업 경영진이 현장과 멀찍이 떨어진 이유다.

휴대전화는 전면금지다. 휴대폰이 없으면 비즈니스를 못 한다는 게 일반상식이다. 그런데 회사는 이것마저 거부한다. 아예 없애버렸다. 회사 관계자는 "휴대폰은 비용이 비싼데 이 돈을 내고까지 연락할 정도로 중요한 일은 없다"는 설립자의 지론을 설명한다. 하기야 보고 자체가 없으니 휴대폰이 있을 이유가 없다. 연락채널이 없으니 현장은 한층 자발적인 문제해결에 나설 수밖에 없다. 정 필요하면 주변에 널린 공중전화를 쓰면 충분하다고 강조한다. 본인이 아는 일은 철저히 본인 방식대로 처리해야 하는 작업환경이 조성된 셈이다.

일률적인 사원교육은 실시하지 않는다. 이것도 일종의 낭비로 본다. 작은 절약의 실천대상이다. 신입사원은 총무부로부터 2일간 오리엔테이션을 받는 게 전부다. 곧 현장에 투입된다. 이후 퇴직 때까지 일체의 강제교육은 전혀 없다. 대신 회사가 선택한 건 자율적 직무능력 향상방법이다. 본인이 자격 공부를 하고 싶다면 이를 지원하는 식이다. 제휴대학에 수업을 소개하고 자격취득자에겐 비용을 전부 회사가 대준다.

대신 자격수당은 매월 지급한다. 자격난이도에 따라 수당이 결정되지만 실무와 관계없는 자격이라도 기본적으로 준다. 가령 사회보험노무사 자격을 취득한 영업사원도 예외는 아니다. 이유는 2가지다. 사원의식의 고양과 사내전문가 육성이다. 재미난 건 사내전문가 육성목적이다. 어떤 분야든 전문가가 있다면 사내문제를 저절로 해결할 수 있어서다. 외부에 비싼 돈을 줘 해

결하기보다 내부사정에 정통한 사원에게 저렴하게 부탁하는 편이 일거양득이기 때문이다.

돈까지 지불하며 전문가를 키웠더니 부서전환 혹은 전직희망이 발생할 수 있다. 하지만 아직까지 이런 경우는 한 번도 없었다는 설명이다. 설사 자격취득 후 퇴사해도 회사는 괜찮다는 쪽이다. 우수인재를 사회에 배출시켜 공헌할 수 있다면 그걸로 충분하다. 전직희망자가 있어도 회사는 가타부타 대응이 없다. 본인이 선택할 문제인 까닭에서다. 대신 회사는 근로자가 근무하고 싶은 회사를 만드는 게 역할의 전부다.

지나친 절약에 대한 곱지 않은 시선이 있을 수 있다. 여기에 대한 회사 입장은 명확하다. 절약은 작은 것에 한정된다. 무턱대고 아끼는 절약을 위한 절약은 허용되지 않는다. 낭비하기 쉬운 전기·물 등은 한번 흘려버리면 되돌릴 수 없기에 충분히 작은 관심으로 아낄 수 있다. 게다가 이 정도 절약실천으로 회사존립을 뒤흔들 정도로 반발이 생기지는 않는다. 회사공동체 전원이 동의하고 부담 없는 절약에 한정해 실천될 뿐이다.

창업자의 구두쇠 경영철학서

반면 직원들을 불편하게 만드는 비용절감은 하지 않는다. 지금 실천하는 절약행위는 반대로 불편하지 않다는 얘기다. 불편함과 무관한 불필요한 비용요소를 줄이는 데 매진한다. 불편한 비용절감의 대표사례는 임금삭감·인력감축인데 이는 회사와 거리가 먼 단어다. 전등을 훤하게 켜놓고 임금을 줄이는 회사야말로 바보라는 게 창업자 지론이다. 대신 직원을 자르기보단 임금을 더 올려줘 열심히 일하도록 해 돈을 버는 게 더 낫다는 생각이다. '큰 낭비'다.

또 하나의 큰 낭비는 설비투자다. 아끼는 것에 몰두해 설비투자 등 쓸 때 확실히 쓰지 않으면 곤란한 것까지 아끼면 안 된다. 이때 설비도입 등은 완전히 현장판단에 일임한다. 실패해도 별로 신경 쓰지 않는다. 기계를 도입했는데 결과적으로 사용하지 않아도 현장에선 어떤 식이든 쓰려고 생각하기 때문이다. 정 쓸 일이 없다면 부품을 전용해 활용하는 방법도 있다. 어떻게 봐도 회사로서는 크게 손해 보는 장사는 아니다.

큰 낭비의 대표사례가 직원후생이다. 직원감동이라면 회사는 막 퍼주는(?) 느낌이다. 작은 절약도 사실은 큰 낭비인 직원감동을 위한 재원마련이 목적이다. 아낀 돈과 번 돈은 기본적으로 직원감동의 고취를 위해 투여된다. 구두쇠경영이 통제하는 절약대상에서 빠지는 큰 낭비가 사실상 직원감동의 원재료로 활용된다. 임직원이 맘 편히 즐겁게 일하도록 룰은 없애고 대접은 극진하게 이뤄진다. 샐러리맨의 천국은 이렇게 시작된다.

직원감동의 핵심가치… '큰 낭비를 주저 마라'

회사임직원은 800명 안팎이다. 하지만 파견사원이나 파트직원은 없다. 전원 정규직이다. 근로자 10명 중 3~4명 이상이 비정규직인 일본에선 드문 케이스다. 월급절약을 통한 경비절감은 득보다 실이 많다고 본다. 연봉 절반에 보너스는 10%, 게다가 퇴직금마저 없는데 정규직과 일이 똑같다면 어떤 비정규직이 회사를 위해 일할지 반문한다.

때문에 정말 회사를 키우고 돈을 벌고 싶다면 비정규직부터 없애는 게 수순이다. 사람중시를 강조하면서 비정규직을 고용하는 회사는 대놓고 경멸한다. 그러니 해고가 없는 회사다. 정년은 70세다. 원래 61세였는데 2006년 단번에 9년이나 늘렸다. 사실상 종신고용이다.

근무시간은 최대한 줄였다. 이는 금전보상과 함께 직원감동을 위한 양축이다. 종업원은 8시 30분 출근해 16시 45분에 퇴근한다. 1일 근로시간은 7시간 15분이다. 법정 근로시간인 8시간보다 짧다. 타임카드는 없다. 누가 지각하고 조퇴하는지 감시눈길도 없다. 믿으니까 가능하다. 휴일은 넘쳐난다. 연간 140일이 휴가다. 일반 기업보다 20일 더 많다. 연말연시엔 몰아서 19일이나 쉰다. 추석·연말 등 명절엔 2주간 휴가도 있다. 3개월에 한 번씩 10일짜리 휴가가 주어진다. 샌드위치 휴가는 무조건 논다. 개인휴가는 별도다. 육아휴업은 3년까지 얻을 수 있다. 3회를 쓸 수 있으니 최장 9년이다. 아무리 봐도 많이 노는 회사다.

잔업이 없는 건 불문가지다. 공짜잔업(서비스잔업)은 물론 특근수당이 붙는 유급잔업도 없다. 회사는 잔업 자체를 악(惡)으로 본다. 물론 잔업이 필요할 때도 있다. 이때 해결책은 증원뿐이다. 잔업이 정말 필요하면 더 뽑아서 근무시간 안에 처리하는 게 최선이다. 기본적으로 잔업은 없는 게 옳다고 본다. 하루 8시간 근무로 흑자를 못 내는 회사라면 존재이유가 없다. 잔업 없이 이익이 없다는 건 경영파탄을 의미할 뿐 다른 뜻은 없다. CEO의 말이다.

"잔업이 필요할 정도로 일이 있다면 한 사람 더 고용하면 되죠. 잔업필요가 고용수요로 맞춰지니 말입니다. 하지만 우리 회사에 사람을 더 뽑자는 부서는 없어요. 한 사람 고용분의 잔업 정도는 모두 지혜를 짜내면 해결할 수 있기 때문이죠."

더 중요한 건 잔업업무란 게 기본적으로 안 해도 될 일이라는 회사 입장이다. 대신 큰 낭비란 표현처럼 직원보수는 가능한 수준에서 한껏 준다. 급여는 최고수준이다. 평균연봉이 600만 엔이다. 인근 지역에선 가장 높은 연봉을 받는 것으로 알려졌다. 아껴 모은 비용은 임직원에게 고스란히 돌려주기에 연봉이 높다. 연간보너스는 5.5개월분을 제공한다. 일본평균(3개월)의 2배에 가깝다. 월급을 많이 받으면 더 열심히 일한다는 경험칙의 실천이다.

성과주의 인센티브는 없다. 연공서열에 따라 나이가 많을수록 월급이 늘어난다. 대부분 회사가 성과를 확인한 후 보상을 해주는데 여기에 대해 반대한다. 그렇다면 근로자가 재주를 넘는 돌고래와 결국 다를 바 없다고 봐서다. 성과크기보다는 오히려 최선여부가 더 결정적이다. 능력이 다른 사람에게 획일적인 성과를 요구하기보다 돈인의 보유능력을 최대한 발휘하는 게 중요해서다. 할 수 있는 수준에서 열심히 하면 그걸로 족하다. 성과주의는 일본회사와 맞지 않는다는 게 설립자의 판단이다. 비인간적인 까닭에서다.

상상초월의 직원로열티… '늘 생각한다'의 실천

임직원이 어울리는 사내 서클활동은 왕성하다. 골프·장기 등 어떤 서클이든 회사에서 월 1만 엔이 지급된다. 파격적인 해외여행도 제공된다. 2011년엔 5년에 1회 실시하는 사원여행이 있었는데 방문지가 이집트다.

비용은 전액 회사 몫으로 500명 이상이 참가한다. 단일행사에 1억 5,000만 엔이 들지만 약속을 깬 적은 없다. "한번 해보자고 느낄 정도로 회사가 대우해주면 사원은 반드시 움직인다"는 게 설립자가 강조하는 경영술의 전부다.

결국 임직원에게 채찍은 불필요하다. 채찍과 당근이 모두 필요하다는 게 상식이지만 채찍은 효과적인 통제법이 아니라고 본다. 무용지물의 채찍 대신 당근만 제공된다. 그것도 먼저 크게 주어진다. 당근만 주면 게으름을 조장할 것이란 의견이 있지만 의외로 먼저 큰 당근을 제공하면 사람은 더 열심히 일하더란 게 회사판단이다. 회사는 "직원불만을 해소하는 게 경영이 할 일"이라며 "직원의 동기부여를 어떻게 고양시킬까가 전부"라고 설명한다. 당근과 채찍의 양손전략이 아닌 당근만으로 동기부여는 충분하다고 봐서다.

회사가 믿고 대접해주니 종업원 의욕은 하늘을 찌른다. 회사는 "많은 기업 중 이곳을 믿고 선택했으니 정규직으로 탄탄한 대우를 하는 건 기본"이라는 입장이다. 임직원 대우방향을 한계가 존재하는 금전보상에서 유급휴가로 확대·전환시킨 것은 실체적 고민결과다. 임직원도 이를 잘 알기에 자랑스러워하고 회사를 더 키워보려 노력하게 된다. 일하라고 강요하지 않아도 저절로 잘 굴러가는 시스템의 안착이다.

자발의욕이란 그만큼 파워풀한 경영변수다. 물론 업무할당량이나 부여업무는 없다. 일하지 않아도 월급을 받는 게 가능하다. 그런데도 회사는 잘 굴러간다. 자발성 덕분이다. 업무량이 넘쳐 잔업이 일상적인데도 사내실업자를 대량으로 보유한 일반회사가 보기엔 턱도 없는 근무환경이다.

회사가 자랑하는 현장의 개별판단도 실패할 수 있다. 하지만 괜찮다. 실수해봐야 회사를 뒤흔들 정도로 큰 문제일 확률은 낮아서다. 때문에 작은 실수를 걱정해 이를 얽매기보다는 스스로 생각·판단하는 습관을 익혀주는 게 회사로서는 훨씬 플러스라고 본다. 회사가 가능한 한 룰을 없애버린 이유도 여기에 있다. 어차피 사람인생 절반가량을 일에 파묻혀 사는데 룰에 묶여 움직이는 것보다 본인 의사에 따라 판단하는 게 훨씬 인간적이고 경제적이기 때문이다. 룰이 있다면 오직 하나다. 스스로 생각한다는 것뿐이다. 무엇을 어느 정도까지 생각할지는 철저히 본인 판단에 달렸다.

자발성은 훌륭한 결과로 되돌아온다. 스스로 고민·창조해 일류제품을 개발·생산해내서다. 하루 1~2개의 신제품은 꼭 탄생한다고 할 정도다. 덕분에 슬라이드박스만 해도 무려 85가지 종류가 있다. 장치구멍이 2개뿐이던 걸 4개로 개량하는 등 일상적인 개량으로 신제품이 계속해 개발된다. 사내벽면 곳곳에 걸린 '늘 생각한다'라는 표어의 생활적 실천결과다. "경쟁사와 같은 걸 만들면 지기 때문에 늘 생각하고 생각해 차별화하라"는 차원에서다.

영업사원도 마찬가지다. 지켜내도록 요구받는 노르마(업무량)는 없지만 고객을 필사적으로 방문해 제품개발의 씨앗이 될 뭔가를 찾아온다. 이 결과 개발부문에는 전국 영업망에서 매일 10건 정도 요구·제안이 쇄도한다. 즉 새로운 제품화의 기회제공이

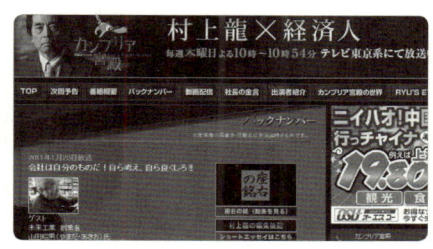

일본언론의 단골주제로 유명세를 치른
미라이공업(도쿄TV의 출연소개 장면)

다. 때문에 회사는 "비용이 들기에 안 된다는 게 아니라 어떻게 하면 팔릴까 혹은 고객이 편리하게 느끼는 건 뭘까 생각하면 그걸로 최고"라고 본다. 아이디어를 위한 개량제안은 건당 500엔씩 포상도 주어진다. 제품에 적용되면 최고 3만 엔의 인센티브가 나온다. 이런 걸 모으면 출품 아이디어는 매년 1만 건에 육박한다.

'늘 생각한다'는 명령·지시가 아니다. 생각하자는 제안·호소도 아니다. 누군가에게 들어서가 아니라 스스로의 의지에 따른 '자발적인 생각'을 의미한다. 자립적 사고로 뭉친 개개인이 모인 조직은 결국 강해질 수밖에 없다. 생각하는 집단의 근본파워다.

이런 점에서 연극과 경영은 닮은 점이 많다. 감동의 우선순위가 관객·고객이 아니라는 게 대표적이다. 가장 먼저 감동해야 할 사람은 배우와 직원이다. 배우가 감동해야 비싸도 관객이 찾아오듯 직원이 좋아해서 일해야 장사도 좋아진다는 지론이다. 막이 오르면 모든 걸 배우에게 맡기듯 현장직원을 괴롭히듯 지시하는 건 실패의 첩경이다.

자발적 근로의욕 왕성… 혁신제품 탄생배경

직원감동을 위한 구두쇠경영 및 창의경영 사고방식은 불쑥 완성되지 않았다. 설립자 표현을 빌리면 "이해시키는 데 20년이나 걸렸다"고 한다. 그도 그럴 것이 팔리지 않는 건 그만두는 게 맞다. 하지만 회사는 팔리지 않는 걸 만들라고 한다. 그만큼 창의적 독창성을 중시한다. 이유는 간단하다. 창의적이지 않으면 살아남기 힘들어서다. 이때 창의는 사장 한 명이 아니라 여러 명의 머리에서 나오는 게 효과적이다. "나는 바보라 다른 많은 이들이 협력해주지 않으면 아무 일도 할 수 없다"는 창업자의 말처럼 역설적인 플러스 사고철학은 어쩌면 당연한 전략이다.

많은 경영자의 추구가치인 '큰 회사'는 회사사전에 없다. 덩치를 키우는 데 애초부터 관심이 없다. 때문에 지금처럼 내수시장이 포화일 때는 슬럼프에 빠질 수밖에 없다. 그래도 괜찮다는 판단이다. 적극적인 해외시장 판로개척으로 해결할 수 있지만 대답은 역시 'No'다. "세계를 위한 작은 공장(世界の町工場)은 반대"하기 때문이다.

대신 머리를 쓰면 아직도 수요는 얼마든 있다고 자신한다. 때문에 "경기가 나쁘다"는 코멘트는 경영자가 뱉어선 절대금물이다. 회사를 키우는 것에 반대하는 또 다른 이유가 있는데 바로 직원만족 때문이다. 그에 따르면 기업이 커져서 월급이 크게 늘어난 경우는 보지 못했다. 적당한 규모일 때 월급도 많이 줄 수 있다고 본다.

여전히 회사는 은퇴한 창업자의 경영철학에 정확히 보조를 함께한다. 회사위기란 그간 지켜왔던 기업문화가 무너질 때 발생한다고 봐서다. 그래서 창업자의 경영정신은 강조되며 계승된다. 세상은 변해도 회사근본이 어디에 있는지 만큼은 변해선 안 되기 따문이다. 미라이공업의 괴짜정신이 시간이 갈수록 주목받는 이유도 여기에 있다. 비인간적인 시장실패의 교훈을 여기서 찾을 수 있어서다.

일본TV에 소개된 설립자의 금언이 두고두고 귓가를 맴돈다.

"감동을 이기는 경영은 없다."

■ CEO 연구

연극에 심취한 괴짜경영인… 전국적 지명도 자랑

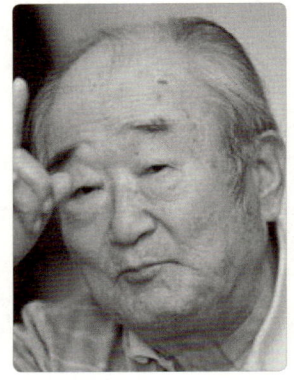

설립자는 야마다 아키오(山田昭男)다. 2011년으로 80이 된 노구다. 수년 전 병을 앓아 몸이 꽤 불편해졌지만 활동은 왕성한 편이다. 일본재계의 유명인사 반열에 오른 독특하고 튀는 성격의 소유자다. '중소기업 경영의 신'이라는 별명처럼 상식파괴의 경영실천으로 집중조명을 받았다. 지금은 고문(상담역)으로 활동 중이다. 매월 10회 이상 전국에 불려 다니며 강연한다. 전국적인 지명도를 갖춘 카리스마 경영자라는 평가가 압도적이다. 후임은 4명의 창립멤버 중 한 명에게 물려줬다.

그는 전쟁시절인 1931년 중국 상하이에서 태어났다. 어렸을 적 연극에 미쳐 살다 보니 부모와도 의절했다. "순전히 먹고살려는 이유"로 1965년 극단친구 4명과 회사를 세웠다. 가업이 전기설비 자재공장이니 사업모델은 익숙했다. 이때부터 특유의 상식파괴적인 역발상 전략이 실천됐다. 그의 경험과 생각을 기록한 책을 여러 권 냈는데 모두 흥행에 성공했다. 발상과 차별화로 굴뚝산업(로테크)에서도 이길 수 있다는 부제가 붙은 『즐겁게 벌다(楽して、儲ける)』와 『일본에서 가장 사원의욕이 높은 회사(日本でいちばん社員のやる気がある会社)』 등이 대표적이다. 내용은 결국 하나다. 즐겁게 일하도록 직원을 감동시키면 모든 게 잘 풀린다는 줄거리다.

Chapter 3

웃음 넘치는
파격의 강소기업 10

01

나카무라브레이스
(中村ブレイス)

＊ 기업개요

- **회 사 명** ㈜나카무라브레이스(中村ブレイス)
- **소 재 지** 시마네(島根)현 오오다(大田)시
- **설 립 일** 1982년 10월(법인전환)
- **대 표 자** 나카무라 토시로(中村俊郎)
- **자 본 금** 2,000만 엔
- **매 출 액** 9억 엔(2010년 9월)
- **종 업 원** 70명
- **홈페이지** www.nakamura-brace.co.jp

산골마을의 강소기업… '사람에게 경영을 묻다!'

시마네(島根)현은 일본열도 서쪽에 붙은 변두리다. 일본에선 과소화가 가장 심각한 지역으로 사람냄새 사라진 지 오래다. 오오다(大田)시도 그 중 하나다. 경제성장으로 도시화가 진전되면서 일찍감치 유령도시로 전락했다. 과거엔 화려했었다. 16세기 중반엔 세계 은 생산량 1/3의 거대 은광(石見銀山) 덕분에 실버러시로 복작거렸다. 당시 20만 인구에 사원만 100개 소일 만큼 도쿄에 버금가는 전성기를 구가했다.

이 작디작은 시골동네에 최근 발자국이 부쩍 늘었다. 인구 500명의 산촌마을에서 비롯된 작은 기적 때문이다. 인구유입의 결정적인 역할은 어느 중소기업 덕분이다. 대중교통 3~4번은 갈아타야 닿는 한적한 이곳에

세계가 주목하는 전문기술을 지닌 강소기업이 위치해 있어서다. 물어물어 일부러 이곳에 사람이 몰려드는 이유다.

입지요소는 기업성쇠를 가름하는 주요변수로 흔히 거론된다. 말이 옳다면 이 중소기업 회사입지는 낙제점이다. 원래라면 기업은커녕 사람조차 떠나는 전형적인 시골마을인 까닭에서다. 그래서 기적이라는 타이틀이 붙은지도 모른다.

주인공은 ㈜나카무라브레이스(中村ブレイス)다. "장소가 중요한 게 아니라 좋은 걸 만들면 반드시 평가받을 것"이라는 생각을 고집한 나카무라 토시로(中村俊郎)가 1인으로 창업한 회사다. 주력은 의료기기 제조다. 의지장구(義肢裝具) 전문메이커로 신체기능을 도와주는 보정(補正)기기 회사다. 의지장구란 손발을 잃었을 때의 보조기기(의지)와 손발은 남았지만 기능마비·관절변형 때 쓰는 보조기기(장구)를 말한다. 의수·의족 등이 그렇다. 이 밖에도 200여 종에 이르는 다양한 제품 라인업을 보유했다.

산골기업 기적의 힘… "사람을 떠받치고 활기를 넣자!"

나카무라브레이스는 약자를 위한 회사다. 사고·질병으로 신체 일부를 잃어버린 이들에게 희망을 안겨주는 사업모델을 가졌다. 신체적 약자가 인간존엄을 잃지 않도록 자신감을 되찾아준단 얘기다. 실제 회사의 경영이념은 사회공헌 그 자체다. 고객·직원만족을 통한 사회공헌 실천이다. 회사명의 브레이스(Brace)도 영어로 '(사람을) 떠받치고 활기를 불어넣는다'는 뜻이다.

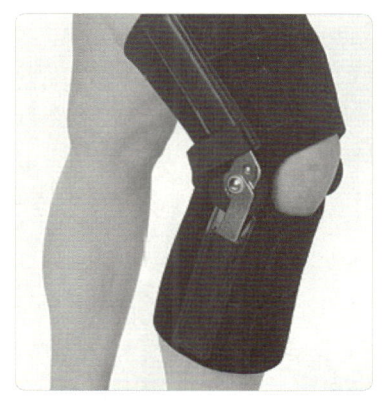

고객만족을 위해선 최고기술이 반영된 일류제품 개발·제공이 필수다. 신체 일부를 단순히 물리적으로 보충하지 않고 사용자의 자기존경·자기애까지 회복시키기 위한 제품을 고집한다. 예술개념이 반영된 인공유방이 대표적이다. 빼어난 기능성과 아름다움에 탄복한 고객사연이 줄을 잇는다. 일본에서 감사

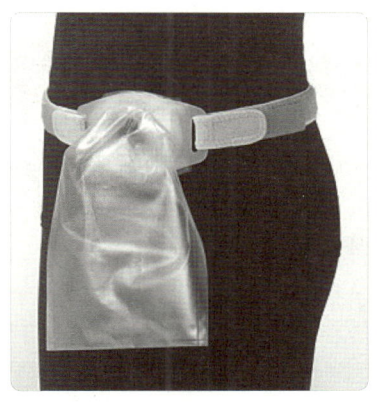

편지를 가장 많이 받는 회사로도 알려졌다. 경영학자 사카모토 코우지는 "일본의 가장 변두리 회사지만 지금은 일본 전역서 입사희망자가 몰려들고 세계에서 고객이 찾아오는 성과를 이뤘다"고 평가했다. 산골마을의 강소기업 탄생엔 이렇듯 고객만족이 큰 역할을 했다.

이 과정에서 효율우선은 배제됐다. 세계 30개국에 수출하며 10년 넘게 무차입경영을 지속 중이지만 요컨대 큰돈을 벌진 못했다. 빠듯한 흑자다. 이유는 제품라인에서 찾을 수 있다. 생산라인은 크게 양산제품과 주

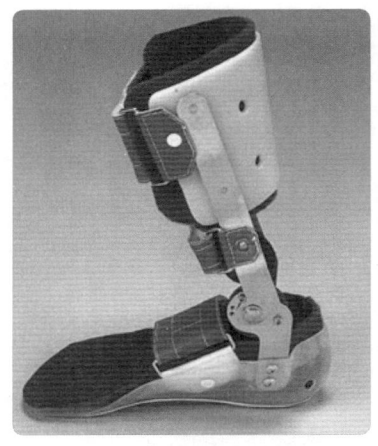

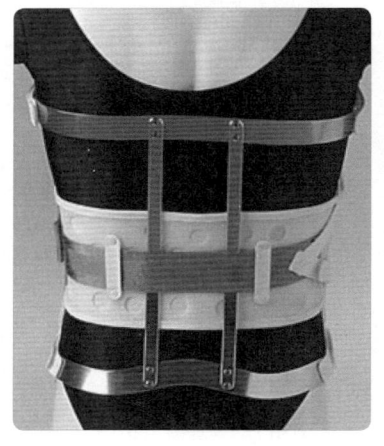

문제품으로 나뉘는데 핵심수익원은 양산부문이다. 반면 1994년 설립된 완전수주 전담의 메디컬아트연구소(100% 자회사)는 20년 가까이 적자다. 이름에서 엿보이듯 기기를 제품에서 예술로 승화하는 전담조직이다. 없애면 이익규모가 더 커지지만 그럴 마음은 조금도 없다는 게 CEO의 속내다. "건전한 흑자부문으로 필요한 땀"이라는 이유에서다.

실제 연구소부문은 돈으론 환산되지 않는 상당한 성과를 낳았다. 높은 기술력과 고객만족이 그렇다. 그리고 이는 전체 회사의 브랜드파워 상승으로 연결된다. 장인정신의 고집도 유명하다. 회사엔 독자적인 판매망이 없다. 전국병원에 납품하는 동업자와 대리점계약을 맺고 위탁판매 중이다. 당연히 영업사원이 없다. 개발과 제조에만 특화함으로써 '파는 것'보단 '만드는 것'에 전력하는 시스템이다.

회사는 1974년 만들어졌다. 나카무라 사장이 산골짜기 고향마을 집 옆에 붙은 창고를 개조해 사업을 시작한 게 유래다. 창업자는 고졸 후 우연히 의지장구 회사에 입사한 뒤 2년 넘게 미국현지에서 선진노하우를 익힌 베테랑이었다. 매뉴얼조차 없어 선배 어깨너머 눈으로 배우는 도제식이 전부일 때 과감히 미국행을 선택했고 귀국 후 시골창업을 선택했다.

창업 초기 한계는 컸다. 기술력은 탁월했지만 수요는 그다지 없었다. 고객기대에 맞춰 리얼하게 만들면 채산이 맞지 않는 상황이 반복됐다. 최초의 히트상품은 창업 8년차인 1982년 탄생했다. 실리콘 고무로 만든 구두깔창이었다. 사원 한 명이 전시회 기념품으로 가져온 실리콘 재떨이를 보고 1년에 걸쳐 개발해 제품화에 성공했다. 애초부터 해외진출을 염두에 둔 그는 9개국에 특허를 취득했다. 지금까지 누계 150만 개 이상 판매했다. 1986년엔 해외진출과 관련한 또 다른 전기를 맞았다. 무릎통증을 경감시키기 위한 밴드주문이 최초로 벨기에에서 들어왔다. 세계시장 첫 출하였다.

고객만족 앞선 직원만족… 일부러 찾아온 취업러시

나카무라브레이스 이름이 결정적으로 확대된 건 1991년의 일이다. 유방암으로 가슴을 절제한 여성을 위한 인공유방 개발에 성공하면서 기술진보를 이뤄냈다. 회사 출세작이기도 한 '비비화이'의 탄생이다. 실리콘고무로 만든 인공유방은 옆에서 볼 때의 모양조차 정밀하게 계산해 위화감이 없을 정도로 리얼하다. 혈관은 물론 미묘한 주름살까지 완벽하게 재현했다. 전용접착제로 붙이면 목욕도 무난한 것으로 알려졌다.

비비화이 개발 후 회사 기술력은 단기간에 업그레이드됐다. 회사제품을 봤거나 써본 이들은 "마치 살아 있는 듯 압도적인 사실감"에 감탄이

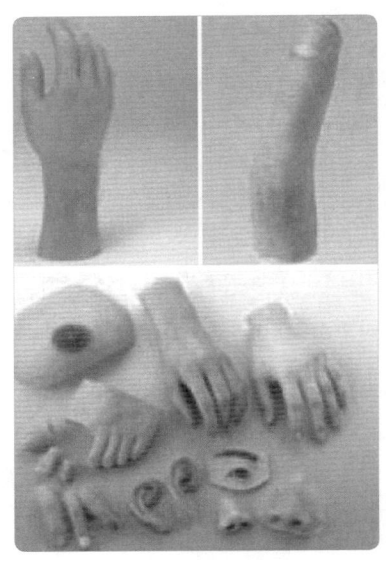
절로 나온다고 할 정도다. 그러면서도 환자입장을 고려해 쓰기 편하게 배려했다. 2011년 연초 〈TV도쿄〉 다큐멘터리에선 '유방에 건 어느 기업의 결단'으로 방송돼 화제를 모으기도 했다. 의지장구는 주문제작일 경우 완성까지 2~3개월은 걸리는 고단한 작업이다. 고도기술과 정성·감성·인내력이 없으면 완성하기 힘들단 점에서 더더욱 주목을 받았다. 현재 주문건수만 연간 400~500건 이상으로 알려졌다.

　고객만족은 직원만족이 전제됐기에 가능하다. 그만큼 직원의 회사사랑과 만족도가 높다. 앞서 설명했듯 회사입지는 낙제점이다. 전형적인 산골풍경의 제조현장이다. 하지만 현장분위기는 밝고 젊고 열정적이다. 젊은 직원들이 상당수에 달한다. 반면 근무공간은 전형적인 3D현장처럼 보인다. 힘들고 너저분하고 위험해 보인다. 실리콘·점토 같은 걸 뒤집어쓴 채 땀 흘리며 일하는 게 보통이다. 그래도 표정은 밝다. 자부심과 만족감이다.

　회사에 따르면 직원은 도쿄·오사카 등 대도시에서 일부러 이곳에 찾아와 취직한 경우가 태반이다. 다리를 잃고 자포자기였던 한 여학생은 "나 같은 사람을 위해 의족을 만들고 싶다"며 편지를 보내 결국 입사하기도 했다. 고교 입학을 포기한 채 회사로 오겠다는 걸 "공부하며 많은 경험을 쌓은 뒤라면 언제든 자리를 비워놓을 것"이라던 약속 덕분이다. 실제 그녀는 5~6년 후 입사했는데 지금도 이런 젊은이가 적잖다는 게 회사설명이다.

직원과의 신뢰관계는 1호 직원을 뽑을 때부터의 확고한 경영철학이다. 문제가 있어도 믿고 맡기니 젊은 직원들은 곧잘 따라왔다. 따라온 게 아니라 끈질기게 고민하며 반드시 결과를 갖고 왔다. "눈앞의 한 명 한 명을 중요하게"라는 CEO의 생각은 결코 틀리지 않았다.

신뢰는 보답으로 돌아왔다. 일상적인 휴일반납이 그렇다. 회사 휴일은 주말이다. 하지만 많은 사원이 주말에도 출근한다. 사장이 아무리 쉬라 해도 몰래 출근하는 일이 다반사다. 일의 특성상 상당한 시간이 걸리기에 한시라도 빨리 완성하는 게 고객에게 도움이 된다는 이유에서다. 이 마음이 고객에게 전달되는 건 물론이다.

의지장구는 주문식 수작업이 많다. 손 길이나 발 모양 등이 모두 달라 개별고객에 맞게 대응하는 게 필수다. 또 제작 땐 모형마다 고객 이름을 붙여 정성을 다한다. 고난도 작업이 끊이지 않는 배경이다. 자발적인 노력투하가 없으면 곤란한 업무다. 회사는 실제 혈관·지문·털 등을 진짜 피부처럼 재현해내는 걸로 유명하다.

고객만족·직원신뢰는 선순환을 거쳐 지역부활이라는 기적을 낳았다. 제품혁신·매출증대·기업번창의 선순환이 황폐한 시골마을을 사람이 북적대는 유명동네로 탈바꿈시켰다. 수많은 이들이 일부러 찾아오면서 잃어버린 마을활기를 되찾아서다. 이는 창업자가 어초부터 생각해온 "많은 젊은이가 고향에서 일하고 성장해 가계를 꾸리는 꿈"을 실천해줬다.

죽어버린 산골마을은 새롭게 고쳐져 종업원의 기숙사·사택으로 제공됐고 덕분에 점포도 점차 살아나기 시작했다. 종업원·가족복지에 투자할 땐 마을경관의 보존을 염두에 둬 전통마을의 현대혁신이라는 하모니까지 연출해냈다. 사람이 찾는 마을을 만들자는 CEO의 고향사랑은 2007년 이시미(石見)은광이 세계유산에 등록되면서 절정에 달했다. 일본 최초의 산업유산 유치를 위한 실행위원장이 나카무라 사장이었다. 은광에 관한 고지도와 문헌 등을 사비를 털어 모아온 그의 노력이 결정적인 도움이 됐다는 후문이다. 또 지자체의 교육위원장으로도 활동 중인데 중소기업 사장이 지역교육의 사령탑이 된 건 교육문제에 대한 CEO의 관심·애정이 크다는 방증이다.

종업원·가족복지 투자로 마을경제까지 수혜

회사의 차기목표도 제시됐다. 이미 상품화된 인공항문을 개량해 대장암 환자의 고민을 해결하겠다는 포부다. 인공항문은 직장·대장암 등의 수술로 항문을 절제한 경우 대체용품이다. 현재 관련수요는 수십만 명에 이르는 것으로 집계되는데 대부분 수입품을 사용한다. 애초부터 일본인을 위한 게 아니라서 다양한 부작용도 적잖게 거론된다. 이에 회사는 10여 년 전부터 일본의 기후풍토·식생활에 맞는 인공항문 개발·상품화에 나섰고 성공했다. 가격까지 낮춰 많은 이들에게 도움이 될 걸로 자신한다.

또 하나 열심인 제품개발이 있다. 대나무를 활용한 의족제작이다. 소득수준이 낮은 개발도상국 공략차원이다. "정부보조와 기부금 없이는 의족을 살 수 없는 사람이 아직도 세계에 많다"는 게 이유다. 이들이 의족을 사려면 저가제공이 필수다. 그러자면 원부자재·구조를 처음부터 혁신하는 게 필요하다. 그 결과물이 값싸고 어디서든 구하는 대나무 활용이다. 보통의족이 20~30만 엔인 데 비해 500엔 정도의 제작비로 충분하다. 세계 곳곳의 약자를 위한 고민의 결과다.

나카무라브레이스는 일본은 물론 세계에 없어서는 안 될 회사를 지향한다. 그래서 없어서는 안 될 걸 만든다. 급성장하진 않지만 묵묵히 제 길을 걸으며 많은 이들의 웃음을 찾는 데서 보람을 느낀다. 덕분에 상복이 터졌다. 최근 2~3년엔 거의 매달 상을 수상할 정도로 칭찬이 자자하다. 특히 사회공헌에선 대표적인 모델기업으로 이미지가 굳어졌을 정도다. 가령 2010년 연초엔 '제7회 기업철학 대상'을 수상했다.

갈 길 잃은 일본기업의 방향제시에도 자주 언급된다. 그의 인터뷰 자료를 찾아보면 끝머리에 나오는 공통훈수가 있다. 불황 앞에 고전 중인 일본을 향한 메시지다.

"일본은 숫자에 현혹돼 자신감을 잃었다. 대량생산으로 세계시장에 나선 중국을 보는 시각이 특히 위축됐다. 일본은 숫자보다 제조파워에 승부를 걸어야 한다. 파는 것만 관심을 갖지 말고 만드는 것 자체에 집중할 필요가 있다. 아쉽게도 일본은 자신의 강점을 잊고 있다."

의미심장한 분석이 아닐 수 없다.

■ CEO 연구

죽을 고비에서 창업결심… '7년을 기다려준 직원배려'

창업자 나카무라 토시로 사장

나카무라 사장은 5남매의 막내로 태어났다. 부친은 마을 공무원이었지만 생활은 그다지 윤택하지 않았다. 고교 졸업 후 취직할 수밖에 없었다. 이때의 우연한 만남이 오늘의 그와 회사를 만들었다. 그의 누나는 국립병원 사무직에 근무했는데 당시 진로상담을 위해 병원을 찾아간 게 계기였다. 병원 부원장이 그에게 의수·의족처럼 약자를 위해 꼭 필요한 일을 해보면 어떻겠느냐고 권유했다. 바로 관련회사에 입사했고 이후 많은 정보와 교류를 쌓을 수 있었다.

밝은 미래성도 확인했다. 대학 통신교육을 이수한 뒤엔 미국에까지 찾아갔다. 단신으로 미국에 찾아와 관련공부를 하려는 그의 적극성에 반한 일본계 회사가 취직자리까지 내줬다.

어느 날 그에게 불행일 수 있는 불상사가 터졌다. 뺑소니차에 치여 의식불명인 채 귀에서 피를 흘리며 병원으로 후송됐다. 힘들겠다는 판단에 영안실로 옮겨지기까지 했다. 하지만 이때의 경험이 사람을 떠받치는 의료기기의 필요성을 한층 더 느끼게 해줬다. 그로부터 2년 후인 1974년 귀국했다. 당시는 의지장구 수요가 거의 없을 때로 주변에선 대도시에서의 창업을 줄곧 권유했다. 하지만 쓸쓸해진 고향을 지키고자 반대를 무릅쓰고 고집대로 고향에서 회사를 창업했다. 일은 없었다. 처음엔 허리가 아프다는 삼촌 부탁을 받고 코르셋을 만들어준 게 고작이었다.

하지만 입소문은 빨랐다. 본격적인 비즈니스는 최초로 사원을 뽑으면서 시작됐다. 물론 사원채용조차 결코 순탄치 않았다. 최초 직원은 주변의 채용청탁에서 비롯됐다. 한눈에 봐도 약해빠진 젊은이였지만 "사람을 위해 공헌하는 회사라면 당연히 뽑는 게 맞다"는 생각에 입사를 허락했다.

하지만 1시간만 일해도 곧 힘들다며 나가떨어졌다-. 병이었다. 수시로 조퇴·병가를 반복했다. 그래도 묵묵히 뒤를 봐주며 버티다 보니 7년 반이 지나서야 결국 정상근무가 가능해졌다. 당시 자르지 않은 이유로 "그 친구 나름대로는 열심히 했기 때문"이란 게 그의 답이다. 실제로도 그랬다. 최초 사원은 아플 때조차 전문지식을 쌓고자 책을 읽는 등 최선을 다한 것으로 알려졌다. 현재 주력상품 중엔 그의 아이디어가 적잖다는 게 회사 설명이다.

02 株式会社KAYAC

카약(カヤック)

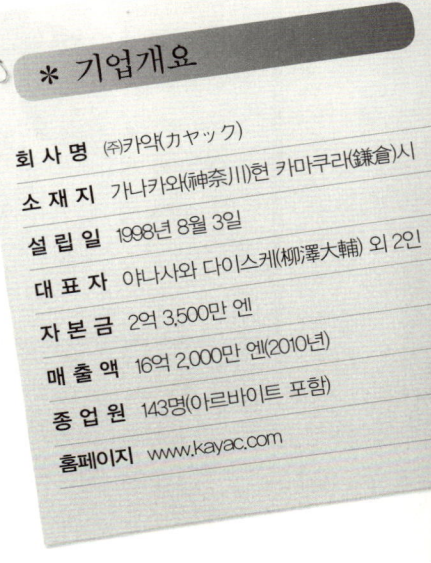

＊ 기업개요

회 사 명 ㈜카약(カヤック)
소 재 지 가나카와(神奈川)현 카마쿠라(鎌倉)시
설 립 일 1998년 8월 3일
대 표 자 야나사와 다이스케(柳澤大輔) 외 2인
자 본 금 2억 3,500만 엔
매 출 액 16억 2,000만 엔(2010년)
종 업 원 143명(아르바이트 포함)
홈페이지 www.kayac.com

주사위 던져 월급결정… '웃음 떠나지 않는 회사'

이 회사, 굉장하다.

살다 보면 별 희한한 걸 다 본다지만 회사조직까지 이럴 줄 몰랐다. 첫 대면부터 평범함을 버렸다. 회사 이름이 특이해 살펴보니 잘 설명하다 삼천포로 빠진다. '카약'은 에스키모가 수렵 때 사용하는 가죽으로 만든 작은 배다. "가혹한 환경에서도 카약은 결코 침몰하지 않는다"는 강력한 설립의지다. 에스키모가 토지에 집착하지 않듯 활동공간은 어디라도 좋으며 신속한 결정을 위해 개인결단을 굉장히 존중한다는 추가설명까지 보탠다.

이 밖에도 카약이라는 단어가 지닌 의미를 다각도로 회사레벨에 맞춰 설명한다. 기업성장에는 큰 배보다는 가볍고 빠른 카약이 최고라는 투다. 그래 놓고선 맨 마지막에 카약의 진짜 의미를 밝히며 뒤통수(?)를 친다. 창립자 3인방의 이름에서 따왔다는 것이다. 당최 속을 알 수 없는 회사소개다. 아니면 일 자체에 신중함은 전혀 없는 비상식적(?)인 회사가 분명하다.

이상한 회사를 만든 주체는 괴짜 3인방이다. 1998년 학창시절 친구 3명이 자본금 3만 3,000엔의 합자회사로 문을 열었다. 이후 1999년 7월 7일에 7가지 오리지널 서비스를 배포하면서 본격적인 사업기반을 다졌다. '777카약 페스티벌'의 시작이다. 2000년엔 티셔츠 오리지널사이트 (T-Select)가 탄생했다. 이듬해엔 그룹회사인 ㈜CUPPY를 설립했는데 이는 카약의 수탁부문을 분사한 것이다. 2002년엔 '떠나는 지사'를 이탈리아 피렌체에 만들어 회사로서의 기행(?)을 이어갔다.

2005년엔 주식회사로 변신했다. 2006년부터 회사연혁은 부쩍 늘어나기 시작한다. 본격성장이다. 수많은 인터넷 관련서비스가 사업화됐고 또

카마크라에 위치한 본사내부 전경

제휴·매각·합병되며 자본금이 불어나는 것(증자)만큼 활동반경이 넓어졌다. 입소문이 나면서 2010년 신입사원 경쟁률은 전년보다 16배 높아졌다. 매출은 급성장이다. 2005년(120만 엔)부터 최근(2010년, 16억 2,000만 엔)까지 매년 거의 2배나 커졌다.

괴짜 3인방이 창업… 시골본사 이유 "그냥 좋으니까"

회사의 이상함은 본사 위치부터 시작한다. 본사는 카마쿠라(鎌倉)에 있다. 도쿄 도심에서 지하철로 1시간이나 떨어진 거리다. 회사를 하겠다면서 굳이 이곳에 터를 잡은 건 접근성의 상당한 포기를 작정했기에 가능했다. 이유는 뭘까. "바다와 산과 절(신사)이 있기 때문"이다.

이 설명 하나면 더 이상 추가질문은 없다. "우리가 좋다는데 어쩔 것인

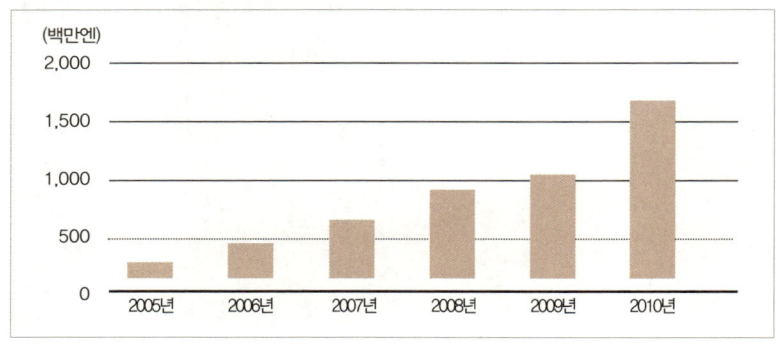

◆ 카약의 매출액 추이

자료; 홈페이지

가"라는 투다. "최소한 감정적으로 는 공감할 것"이라며 자신감 넘치 는 자의적 해석도 곁들인다. 3인방 은 "일하는 장소와 사는 공간만큼 은 절대 양보하지 못한다"며 "카야 이 최고로 여기는 장소가 바로 이 곳일 뿐"이라고 입을 모은다. 전제 는 깔린다. "지금 기준에서는…"이

가위바위보로 순서를 정하는 주사위 월급

다. 또 언제 옮길지 모른다는 포석이다.

　카야에 유명세를 안겨준 건 이상하고 독특한 사내제도 때문이다. 게다가 이런 제도가 셀 수 없이 많다. 대표적인 게 월급시스템이다. 〈닛케이비즈니스〉는 '힘이 솟는 멋진 제도'를 다룬 커버스토리(2011년 8월 1일)에서 이 회사의 임금체계를 '멋진 복리후생'의 상징사례로 꼽았다. "월급을 주사위를 던져 결정하기 때문"이다.

　월급은 파격 그 자체다. 월급 전날에 주사위를 던져 월급을 정한다. 자칭 '주사위 월급'이다. 스스로 "세계에 유례없는 독특한 구조"란다. 월급 전날 전체 직원이 모여 주사위를 던질 때는 만감(?)이 교차한다. 주사위 월급은 기본급에 +알파가 붙는 형태다. 기본급에 주사위 숫자를 곱한 금액이 플러스돼 지급된다. '기본급 + 기본급×즈사위 숫자(%)=월급'의 구조다. 가령 기본급이 30만 엔인데 주사위를 던져 6을 얻었다면 월급은 31만 8,000엔(30만 엔+1만 8,000엔)이다. 반발은 없다. 요행수가 정하는 금액 자체가 별로 크지 않아서다. 그래서 '재미'다.

　주사위 던지는 날엔 웃음이 떠나지 않는다. 기본적으로 마이너스는 없

기에 부담 없이 즐기는 일종의 놀이기회다. 물론 단순히 재미만으로 주사위 월급을 채택한 건 아니라는 게 회사 설명이다. "월급 정도는 주사위로 정하는 게 딱 좋다"는 게 기본사고다. 사람이 사람을 평가한다는 게 어렵다고 봐서다. 상사평가를 기본적으로 거부한 셈이다. 객관적 평가가 중요하지만 이는 남이 아니라 본인이 하면 충분하기 때문이다. 자본주의가 못 재는 가치의 재발견이다.

주사위 월급은 창업 때부터 적용됐다. 창업 3인방의 만장일치였다. 주사위 월급은 지금도 이들 3인방이 초심을 잃지 않고 돈에 대한 가치관을 지키는 주요장치다. 또 주사위 월급은 철저히 인트라넷에 공개된다. 랭킹마저 매겨버린다. 매달 속보치를 올리며 과거기록을 전부 오픈한다. "주사위 당첨숫자에 그다지 일희일비하지 않기에 즐거울 뿐"이다.

월급은 '기본급 + 기본급×주사위 숫자(%)'로… 스마일·야채 월급까지

'스마일 월급'이라는 것도 있다. 비용부담 없이 직원 기분을 띄워주는 기발한 발상이다. 2006년 어느 사원의 아이디어로 새롭게 채택됐다. 웃음은 공짜라는 광고에서 힌트를 얻었으니 지급액은 제로다. "일의 즐거움을 돈만으로 재는 게 불합리할뿐더러 돈으로 환산되지 않는 보수도 월급이 되지 않을까"라는 시도였다.

구조는 간단하다. 누군가가 매월 다른 이를 평가하는데 그때 장점만 거론한다. 이게 '열심히 일해 고마운 월급', '프로젝트로 수고한 월급', '사장의 관록월급', '주변을 편하게 해주는 오로라 월급' 등의 타이틀로 급여

명세에 기재된다. 누가 누구에게 어떤 이유로 월급을 주는지 캐리커처로 처리돼 한눈에 알 수 있다. 액수는 0엔이다. 칭찬타이틀의 규정은 없다. 적당히 이름 붙여 이를 인트라넷에 공개·설명하면 된다. 모든 직원이 열람하는 칭찬의 값어치가 바로 스마일 월급이다. 0엔이지만 결코 0엔이 아닌 스마일 월급의 힘이다.

주사위 월급을 포함해 카약의 급여제도는 재미 그 이상의 고민·가치가 체화된다. 창업 당시부터 회사는 급여제도야말로 기업의 사고철학을 가장 잘 표현한 시스템 중 하나라고 봤다. 여러 회사의 사례연구를 통해 다양한 사내제도를 공부한 결과 그렇게 단정했다. 급여항목에 뭐가 있고 어떻게 평가하는지 등 그 자체가 회사성격을 규정한다고 본다.

게다가 기업은 늘 변화한다. 성장과정에 발맞춰 사내제도는 함께 변화하게 마련이다. 그런데 기업의 근원철학이 반영된 각종 사내제도는 성장변화가 반복돼도 좀체 사라지지 않는다. 어떤 식이든 잔존해서다. 그만

카약의 창업 3인방 캐리커쳐

큼 중요하다. 카약에게 그 불변가치란 주사위 월급이다. 언론이 주사위 월급에 주목하는 이유도 비슷하다. 채택배경에 "돈보다 더 중요한 게 있다"는 가치가 반영됐음에도 불구, 그 제도가 돈과 관련됐기에 더 흥미롭다. 긍정적인 입장에서 돈의 매력을 되살리고 기업의 추구이상을 바라볼 수 있기 때문이다.

스마일 월급도 마찬가지다. 단순한 칭찬여부를 급여항목에 넣음으로써 돈의 가치를 잘 이해하고 0엔 이상의 파급효과를 기대할 수 있다. 한편 '주먹 월급'도 있는데 이는 스마일 월급의 반대개념이다. 개선해야 할 점을 지적하는 형태로 시스템은 똑같다. 스마일 월급과 동시에 지급된다. 칭찬과 함께 지적받기에 겸손하게 받아들인다. 칭찬 후 지적하면 화내기 힘들 것이라는 인간특성에 착안한 0엔짜리 월급항목이다. 회사는 "함께 일하는 동료이고 신뢰하는 관계며 무엇보다 상대의 성장을 바라기에 정착에 걸림돌이 없었다"고 설명한다.

7가지 카약스타일… 즐겁고 기발한 아이디어의 원천

'야채 월급'이라는 듣도 보도 못한 보수제도도 있다. 자사 농원(덮밥전문 레스토랑 사업부)에서 키운 신선야채를 월급과 함께 나눠주는 형태다. 카약은 음식사업부를 운영하는데 이를 위해 볼스(Bowls)라는 농원을 보유했다. 이때 파종·수확을 도와준 사원에게 지급하는 게 야채 월급이다. 사계절에 맞춰 야채 종류는 다양하다. 시골농원에서 기분전환과 함께 윤택한 생활수준을 즐기려는 사원들에게 특히 인기가 높다. 수확량이 많으면 다른 동료직원에게도 분배된다. 야채 월급은 복리후생 차원의 급여제도로 스마일·주먹 월급과는 구분된다.

회사를 제대로 이해하자면 '카약스타일'을 정복할 필요가 있다. 카약스타일이란 경영이념을 실천하는 회사의 판단잣대이자 행동기준을 지배하는 일종의 규칙이다. 동시에 남들이 카약이라는 회사를 들었을 때 떠오르는 이미지다. 크게 7가지다. △'무엇을 할까'보다 '누구와 할까' △카마쿠라 본사와 떠나는 지사 △주사위 월급과 스마일 월급 △그건 만화다운가? △양이 질을 낳는다 △브레인스토밍 △감사 등이다.

우선 '무엇을 할까'보다 '누구와 할까'다. '누구와 할까'를 고민하면 '무엇을 할까'도 자연스레 결정된다고 본다. '누구'가 결정되면 '무엇'은 저절로 해결돼서다. 맞는 말이다. 때문에 필요한 건 그 '누군가'가 되는 일이다. 좋아지도록 인간·업무적인 매력을 높일 필요성이다. 스스로 변화·성장해 함께하고픈 사람이 되면 인간관계가 넓어지는 장점도 있다.

이를 위해 본인의 선택결과에 자신감과 책임감을 갖는 게 권유된다. 그래야 신뢰관계가 생긴다. "더 좋은 선택이 있지만 당신과 일하는 기쁨을 공유하고 싶다"는 인정이 그렇다. 이는 자연스레 사업전략으로까지 파급된다. 즉 카약의 사업전략은 전적으로 조직전략에서 비롯된다. 우선순위가 '조직→사업'이다.

포인트는 '무엇을 할까'보다 '누구와 할까'다. 이는 일단 사업모델을 정한 후 함께할 사람을 규합하는 일반적인 창업과정과 차별적이다. 동업자 3인방도 처음부터 사업모델 같은 건 생각하지 않았다. 조직이 우선이었다. 가치관이 일치하는 동료를 규합하는 게 더 중요했다. 어떤 이들과 어떤 회사를 만들까가 최초 미션이었다. 그리고 고민했다. '조직전략→사업전략'의 선후관계다. "둘 중 어떤 걸 우선하느냐에 따라 회사성격은 크게 갈린다"며 "서로 존중하는 동료만 있다면 뭐든 상관없다"는 게 카약의 본질이라고 한다.

카약의 조직전략 핵심은 'Web Creator 집단'이다. 사원의 90%가 이들로 채워졌다. 비즈니스를 만드는 사람과 파는 사람으로 나눈다면 카약은 '만드는 사람'의 집단이다. 원래부터 이렇게 규정했다. 사원모집은 여기에 포커스를 맞췄다. 카약의 인재에게 요구되는 정보·방침을 전부 오픈해 가치관에 동참하는 이들로 조직을 구성했다. 강한 조직이야말로 사람의 정열에서 나온다고 봐서다. 그래야 즐거운 일이 가능하다. 이로써 바람직한 사원이미지는 분명해졌다. 근무자세·과정·평가 등도 만드는 사람에 맞춰졌다. 이들을 위해 사내제도·행사를 도입·운영 중이며 상위의 행동지침으로 경영이념('만드는 사람을 늘린다')을 명문화했다.

사업전략은 그때그때 괜찮은 게 있으면 신속히 인재를 투입하고 그렇지 않으면 조속히 물러서는 유연성이 대원칙이다. 단, 드는 사람을 늘리자면 매출액이나 사원수나 그 스케일을 확대할 필요가 있다. 이때 도입한 기준이 '14% 룰'과 '3% 룰'이다. 14%의 룰이란 전체 Web Creator 중 14%를 다음 해를 위한 신규아이템 개발에 투입하는 것이다. 물론 상황변화에 따라 100% 혹은 0%의 인력투입도 있지만 기본원칙은 14%다. 이는 호평을 얻은 카약의 성공방정식 중 하나다. 3%의 룰은 이 세상에 존재하지 않는 독창적인 것을 만들 때 적용된다. 수익을 도외시해도 재미나고 필요한 것을 개발하고자 할 때 전년 매출의 3%를 투입한다.

카약은 'Web Creator 집단'… '무엇'보단 '누구와'가 중요

'카마쿠라 본사와 떠나는 지사'는 독창적인 카약스타일이 반영된 제도다. 공간적인 제약을 거들떠보지 않고 맘 가는 대로 선택·행동하는 독창성과 결단력이다. 때때로 전혀 다른 공간에서 지내고 싶다는 보통 샐러리맨들의 바람은 떠나는 지사로 행동에 옮겨졌다. 공간문제보다 더 중시하는 건 '24시간 놀고 24시간 일하기'다. 지리조건보단 일할 각오·의지를 높이 산다. 때문에 노는 과정에서 일의 힌트를 얻고 일하는 중에 인생을 즐기는 아이디어를 강조한다. 언제 어디에 있든 중요한 건 철학과 의지일 뿐이다. 본사와 지사의 선택위치는 '워크스타일' 제도와 맞물린다. 일하는 방법의 비범함과 다양함을 실현하는 회사의지가 돋보이는 제도다.

'떠나는(여행) 지사'는 파격적인 발상이다. 인터넷만 있으면 어디서든 일할 수 있다는 전제 하에 기간을 정해 사무실을 이동해보는 제도다. 1년에 2~3개월 정도 국내외의 일하고 싶은 장소에 임시사무실을 설치하는 형태다. 지금까지 하와이·이탈리아·베트남 등에 사무실을 설치해봤다. 이는 어디서든 일한다는 실험적인 시도로 온종일 놀고 일한다는 카약스타일의 체현사례다. 본사를 바다·산·절이 있는 시골구석에 잡은 이유와 때때로 다른 근무환경에서 일하자는 떠나는 지사의 채택배경은 동일하다. 때문에 여행지는 어디든 상관이 없다. 일단 사무실을 몇 개월 빌려놓고 사원들이 돌아가며 색다른 경험을 맛본다. 길 경우 1개월 이상 체재하는 직원도 있다. 이 정도면 임시지사 설립 프로젝트나 마찬가지다.

'24시간 놀고 24시간 일하기'의 카약스타일은 시골본사·여행지사와 관련이 깊다. 모두 활동공간에 구애받지 않는 스타일을 추구한다. 회사의 핵심영역(IT부문)은 운 좋게도 장소제한을 받지 않는다. 인터넷만 연결되면 어디든 직장이다. 최근 TV회의를 적극 활용하는 것도 같은 맥락이다. 기술진화로 원거리인데도 옆자리에 앉은 것처럼 체감할 수 있다. 때문에 근무공간의 속박에서 벗어나려는 시도는 자연스럽다. "전체 직원이 닭장의 닭처럼 빽빽한 고층빌딩에 앉아 있을 필요는 없기에 먼저 도전해보는 것"일 뿐이다. 물론 여전히 지리조건이 비즈니스에 영향을 미치는 건 사실이다. 그래서 시간활용이 중요하다. 놀기와 일하기를 굳이 구분하지 말고 24시간 양자 사이에서 힌트를 찾자는 의도다. '24시간 놀고 24시간 일하기'다.

떠나는 지사의 운영결과는 합격점 이상이다. 2010년 베트남이 선정됐는데 상당한 효과를 본 것으로 알려졌다. 애초 베트남 기술자 채용까

지 시야에 넣었기에 더더욱 그렇
다. 이때 몇 가지 스마트폰 애플리
케이션을 개발할 수 있었다. 재미
난 에피소드가 있다. 당시 베트남
이 우기로 매일 비가 와 정작 타국
여행은 못했다고 한다. 온종일 사
무실에 앉아 개발업무에 집중하
는 우환(?)이 발생한 것이다. 2008
년에는 이탈리아가 떠나는 지사로

기발한 아이디어의 '떠나는 지사'

선정됐는데 사원들에게 좋은 경험을 제공했다. 떠나는 지사의 해외진출
은 2004년 하와이가 최초다. 이후 성과와 만족도가 높아져 정규제도로
정착됐다. 2011년엔 센다이(仙臺)와 교토(京都)가 지정됐다.

한편 워크스타일제도에는 '울트라 맨' 근무시스템이 있다. 영화주인공
(울트라 맨)의 에너지가 다할 때 점멸하는 컬러타이더에 착안해 단기결전
을 원하는 직원이 선택할 수 있는 근무형태다. 라이프 스테이지가 다양
화되면서 시간을 정해 집중적으로 근무하길 원할 때 신청할 수 있다. 본
인탄생을 축하·감사하자는 차원의 생일휴가도 있다.

원하면 어디서든 '공간제약 No!'… 만화다움의 발상추구

'그건 만화다운가'라는 카약스타일은 좀 색다르다. 몇 개의 선택지로 고
민스러울 때 카약사원이 자문자답하는 키워드다. 가능한 한 있을 수 없

는(불가능) 것을 실천하고자 하는 게 포인트다. 남과는 다른 길의 선택이다. 황당해도 좋다. 차라리 그런 편이 낫다. 다만 과도하게 이상하면 곤란하다. 황당해도 본질적으로는 바람직한 게 목표다. 누구든 "멋지다"는 얘기를 듣고 싶은데 그게 카야사원이라면 "굉장히 만화 같다"는 표현으로 요약된다. 대단한 칭찬이다. 만화다움을 완성하는 7가지 조건이 있다. 필살기(독창성), 올곧음(성실), 설마 하는 전개(변화), 결정적인 대사(성격규정), 승리(이윤), 뛰어난 동료(인간관계), 약점(인간성) 등이다.

'양이 질을 낳는다'도 카야스타일이다. 전제는 천재가 아닌 범재다. 천재야 작품 하나로 이름을 떨치지만 대부분은 그렇잖다. 평범한 사람이 남과 다른 독창적인 뭔가를 생각하기는 어렵다. 이때 범인이면 범인다운 방법론에 몰두하자는 게 '양 > 질'의 사고방식이다. 보통 사람이 할 수 있는 건 반복하는 것이다. 중요한 건 즐거운 반복이다. 이렇게 되면 범인일지언정 타의 모범이 된다. 평범함과 비교된 자신감의 자연스러운 확산이다. 반복이유는 실패 때문이다. 실패하기에 도전횟수에 무관하게 양을 고집한다. 이렇듯 상상력을 철저하게 낭비(도전)함으로써 결과적으로 누구도 생각하지 못한 새로운 가능성을 만나는 것이다. 즉 실패에 목을 매면 곤란하다. "범인이 천재를 목표로 하는 유일한 길이 실패를 두려워하지 않는 것"이다.

회사와 직원들의 입버릇 중 하나는 '브레인스토밍'이다. 집단발상의 회의 방법이다. 역시 카약스타일이다. 거의 매일 브레인스토밍을 이유로 집단논의가 펼쳐진다. 회사는 이를 원동력으로 본다. 지금껏 만들어진 대부분의 서비스가 여기서 도출됐다. 운영원칙은 두 가지다. 상대를 긍정하고 부인하지 않는다는 것과 질보다는 양을 우선하는 것이다. 긍정적인 맞장구는 사소한 것에서 재미난 발상으로 연결되는 경우가 일상다반사이기 때문이다. 무시·비난하면 씨앗 자치가 사라진다. 양을 고집하는 것도 사소한 발상을 중시하려는 조치다. 가령 '1시간에 100건을 내자'고 하면 양 자체에 함몰돼 턱도 없고 말도 안 되는 황당한 아이디어가 쏟아지게 마련이다. 1건조차 못 건져도 100건의 긍정적인 동기부여가 반복되기에 회의는 즐겁다.

마법의 단어인 '감사'는 마지막 카약스타일이다. 감사한다는 건 상대방만을 위한 게 아니다. 본인을 위한 단어다. 감사하지 않을 때조차 감사라는 단어를 내뱉으면 그 효과는 커진다. 말을 내뱉는 순간 감사라는 단어가 지닌 마법이 펼쳐져서다. 스스로 변하기 때문이다. 예외는 없다. 속는 셈 치고 한번 해보면 누구나 느낀다는 게 회사 설명이다. 감사를 사회에 퍼뜨리고자 만든 서비스가 '땡스(Thanks)'다. 일종의 기부서비스다. 2011년 3월 도호쿠(동일본) 대지진 피해자를 위해 모금활동도 진행했다. 감사마음을 입력하면 회사가 건당 39엔씩 계산해 의연금으로 기부한다.

임직원의 독창성 발현을 지원·독려하는 관련제도는 이 밖에도 많다. 'Creative'제도로 불리는 독특한 시스템이 대표적이다. 먼저 만화명함이다. 사원이라면 본인 얼굴을 모티브로 한 만화 형태의 명함을 지닌다. "명함 한 장 한 장이 작품"이라는 판단에 대해 임직원들은 "상대방이 놀라거나 즐거워해 만족도가 높다"고 밝힌다. 이는 회사가 개별직원을 개성적인 독립존재로 인정한다는 메시지가 내포됐다.

'Creative' 휴가제도는 매년 3월 9일에 주어지는 '뭔가'를 만들어내고자 하는 이들을 위한 휴가다. 뭔가를 만들어내는 작업에 감사하고 그 즐거움을 진작하고자 고안됐다. '만드는 사람을 늘린다'는 경영이념에 발맞춰 회사 전체에 이를 전파하기 위한 발상이다. 퇴직자를 위해서는 카약사원 전직명함과 추천장(스마일 월급명세와 동료추천장 등)을 선물한다. 전직할 때 도움이 됐으면 하는 바람이다. 퇴직 이후에도 모든 임직원이 그를 응원한다는 상징이다.

질보다는 양이 중요… 기발함을 끌어내는 무한보고(寶庫)

카약의 기업문화를 공유하기 위한 기발한 장치도 화젯거리다. 일명 '전원 사장합숙'이다. 매년 1월과 6월 전체 사원이 사장입장에서 회사의 모든 것을 면밀히 검토하는 자리다. 팀으로 나눠 합숙 마지막에 토론결과를 발표하는데 우승할 경우 주사위 월급의 2배를 보너스로 제공한다. 바쁜 일상에선 경영이념·사내제도 등을 깊이 있게 고민할 수 없다는 점에서 밀착논의를 위해 고안됐다. 진중한 논의장소답게 연회는 없다.

비전공유를 위한 '카약검정'이라는 것도 있다. 회사이념과 기업문화를 배우는 차원의 독특한 시험제도다. 입사한 지 얼마 되지 않은 이들을 대상으로 치러진다. '카약어워드(Award)'는 반기에 1회 최선을 다한 팀·직원에게 표창되는 시상제도다. 연말에는 유행어를 선정하고 주사위 월급의 최하위 직원에게 '주사위 유감상'을 준다.

그렇다면 카약의 사업모델은 무엇일까. 역시 하나같이 기발하고 톡톡 튄다. 소소한 고객마저 놓치지 않겠다는 발상을 녹여낸 특화서비스가 즐비하다. 서비스 중단 중인 것까지 포함하면 수백 개에 달한다. 크게는 △소셜게임 △스마트폰 애플리케이션 △인터넷서비스 △신규사업 △음식사업 △출판사업 등이다. 소셜게임은 야구게임인 '우리들의 고시엔(甲子園)'을 비롯해 7개 종류가 출시·판매 중이다. 판매종료·매진된 것도 8개에 달한다. 30개의 스마트폰 애플리케이션도 중요한 서비스다. 무료부터 250엔짜리까지 각양각색이다. 아이디어는 상상을 초월한다. 인터넷서비스는 89건이다. 결혼식 하례객에게 감사인사를 전달하는 맞춤형 서비스부터 유명건축가와 만나 집을 짓는 소셜미디어 운영까지 커버주제가 방대하다.

오프라인도 공략대상이다. IT회사인데 음식사업까지 도전장을 냈다. '돈부리 카페 다이닝 볼스'와 '스마일도그'가 그렇다. 식당운영에는 곳곳에 재미가 포진한다. 용기바닥에 당첨글자를 써넣어 다 먹은 뒤 그 글자가 찍힌 그릇이면 가격을 깎아주는 식이다. 2개 전용점포에서 판매 중인 핫도그는 스마일 이미지로 만들어 인기가 높다.

또 다른 식당 콘셉트는 몸에 좋은 음식제공이다. 사원이 매일 먹는 것처럼 신경을 써 첨가물을 넣지 않고 야채 위주로 식단을 짰다. 그럼에도 맛있다. 직접 손으로 만들기에 안심하고 맛난 음식을 먹도록 했다. 그래서 야채농장까지 직접 운영한다. 야채농장에선 일반인의 가족체험이 가능하며 식당에선 요리교실을 정기적으로 개최한다.

회사는 또 기획부터 편집까지 독창적인 아이디어가 체현된 출판에 2011년 출사표를 던졌다. 『똥 연산』 등 아동수학책을 필두로 애플리케이션으로 출시해 화제를 모았다. 카야사원의 일상사와 아이디어·사고법 등을 출간하기도 했다. 자사의 운영노하우와 전문지식 등을 상세히 설명한 전문서도 있다. 게임이라면 이를 스토리로 엮은 소설책으로 출간하는 작업에도 열심이다. 재미·사람·아이디어 등 카야의 추구가치를 전파하기 위한 서적출간은 일상적이다. 이들 중 몇몇 책은 일본사회에 상당한 반향을 불러일으켰다.

'재미' 있으면 모든 게 사업… 경영이념 '만드는 사람 늘리기'

회사의 경영이념은 '만드는 사람을 늘리는 것'이다. 경영이념이야말로 회사의 존재이유라는 생각에 직원 전체가 자연스레 이를 암송하는 조직창조가 목표다. 만드는 사람을 중시하는 이유는 간단하다. 사람이 사는 이유가 행복 때문이듯 회사도 마찬가지다. 이때 행복은 사람관계에서 도출된다. 인생 그 자체가 인간관계라는 얘기다. 법인도 사회와의 관계설정 속에서 행복을 느낀다. "경제활동을 통해 사회에 공헌하고 그 결과 회사 자체도 행복해질 수 있다"는 연결고리다.

 이 정도 경영이념은 사실 어느 회사든 채택하는 '빛 좋은 개살구'다. 카야는 한발 더 나아갔다. 실천방법론에 주목했다. 그 결과가 만드는 사람에 대한 애정적인 고집이다. 개인행복·사회공헌 방법론으로 '만드는 사람을 한 명이라도 더 늘리는 것'을 선택했다. 만든다는 건 본인을 깊이 이해하는 일이다. 그래서 개인의 가치기준이자 행복기준으로 연결된다. 동시에 만든다는 것은 남과 나에게 즐거움을 주는 것이다. 또 만드는 즐거움은 시장을 형성해 사람들을 연결시킨다.

이때 회사 역할은 '만든다'는 것의 제반지원이다. 만든다는 것의 의미를 잃지 않도록 끊임없이 격려·독려하는 게 카약의 사명이다. 더불어 회사인데도 이익추구 의지를 경영이념에 넣지 않았다. 돈을 버는 게 지상최대 과제는 아

기발한 아이디어의 회사 연하장

니라는 포석이다. 회사의 추구목적은 이익이 아니다. 목적은 인간행복·사회공헌이다. 이익은 필요수단일 뿐이다. 때문에 "목적추구를 위해 이익이 필요하되 진짜 이익은 목적추구 이후 그 결과로 생겨난다"고 본다.

카약의 경영이념은 유명하다. 일반 포털인 구글·야후 등에 검색어 '경영이념'을 입력하면 제일 먼저 뜨는 정보가 카약의 경영이념이다(2011년). 그 밑에 일본이 자랑하는 유명·거대기업의 경영이념이 줄줄이 소개된다. "경영이념은 일본에선 최고"라는 회사자랑은 빈말이 아니다. 회사 홈페이지엔 별로 상관도 없는 다른 회사의 수많은 경영이념까지 일일이 소개한다. 자신감이다.

사람이 사람을 평가하는 것을 거부하지만 그래도 인사평가제도는 갖췄다. 반기에 1회씩 전체 사원이 참가하는 오리지널 360도 평가가 그렇다. 사람마다 상사·부하를 포함한 다양한 관계자로부터 평가를 받는 제도다. 이념·행동지침에 잘 따르는지를 묻는 정성평가와 직종별로 독창기술을 확인하는 정량평가로 구분된다. 13개 항목에 걸쳐 본인평가와 주

변평가가 이뤄진다. 평가내용은 사내에 공개된다. 누가 어떤 평가를 했는지 알 수 있는데 평가결과를 또 평가할 수도 있다. 평가자 랭킹을 매기는 것도 이 제도의 특징 중 하나다.

회사는 포트폴리오와 라이프사이클에 정확히 맞춰 인적자원을 배분한다. 이때 적용되는 게 프로젝트제도다. 사내에는 모두 40개의 팀이 존재한다(2011년). 사원은 평균 약 2.5개의 프로젝트에 소속돼 본인역량을 100% 발휘하도록 설계됐다. 가령 A프로젝트에 50%, B프로젝트에 30%, C프로젝트에 20%라는 식이다. Web Creator의 1인당 이익률이 높은 사업에 최적배분을 유도하기 위해서다. 비율배분과 목적설정은 분기마다 재조정한다. 신속한 자원배분이다. 또 A프로젝트의 책임자가 B프로젝트에선 멤버로 소속되기도 한다. 관리직도 원하면 활동할 수 있다.

경영이념 일본서 'No.1'… 최적배분으로 효율극대화

임직원의 복리후생에도 각별한데 직원기숙사가 대표적이다. 일본의 대표적인 고급 별장지역인 본사 인근에 기숙사를 만들어 제공한다. 바다까지는 걸어서 1분 거리로 최고의 주거환경을 자랑한다. 본사까지도 걸어서 출퇴근이 가능하다. 1층에 만화서재를 두고 칸칸이 만화책으로 가득 채워 카야스타일을 실천한다. 인턴을 포함해 회사 입사를 원하는 이들에게 단기체제(3개월)를 전제로 할 경우 무료로 빌려주기도 한다. 계절마다 다양한 파티가 열리는 곳도 여기다. 외국인 직원을 포함해 20명이 거주할 수 있다. 본사 근처로 이주를 원할 경우 일정 비용을 회사가 부담한다. 대졸신입 월급은 일본평균치보다 높다(월 23만~27만 엔).

이 밖에 카약은 특정시기에 시행되는 연간행사를 정기적으로 운영한다. 1월 1일은 '연하 프로젝트'다. 회사는 일본에선 표준체제로 인정받는 종이연하장을 2006년 폐지했다. 대신 웹디자인·모바일콘텐츠와 해당 간지(干支)를 연결시킨 독창적인 인터넷연하장을 제작·배포했다. 전체 직원이 팀을 짜 아이디어를 제시해 사내경쟁을 통해 가장 재미나고 즐거운 1위를 뽑아 시상한다. 중요한 건 '무엇을 만드는가보다 누구와 만드는지'이다. 우승자는 1월 주사위 월급의 2배를 받는다. 일종의 세뱃돈이다.

4월 1일은 '미션 4.1'이 시행되는 날이다. 재미추구의 회사성격에 어울리는 기발한 아이디어를 경연하는 날로 얼토당토않은 코미디 같은 가상 이벤트가 쏟아진다. 7월 7일은 창업 이후 한 번도 빠진 적이 없는 '777카약 페스티벌'이 펼쳐진다. 그간 개발한 7가지 독창적인 오리지널서비스를 배포하는 날이다. 2011년에 13회를 맞았다.

카약이 자랑하는 사내제도가 승승장구한 것만은 아니다. 시도했다가 폐지 혹은 유명무실 신세로 전락한 제도도 수두룩하다. '주말 3일 연휴'는 팀제로 움직이기에 홀로 쉬어봤자 기대효과가 적어 폐지됐다. '룰의 샘'은 새로운 룰을 제안·투고하고자 만들어졌는데 현재 활용정지 상태다. '애인채용'은 채택 당시 화제를 모았지만 "진짜 사랑하는 사람과 함께 일하는 건 어렵다"는 이유로 폐지됐다. 또 '패션데이'는 월 1회 양복·기모노·초록색 등의 테마를 정해 출근하자고 했는데 즉흥적인 발상답게 지속성이 낮아 없어졌다.

부정기적으로 룰렛으로 정해진 사람과 점심을 먹으러 가자는 '런치 De 데이트'도 부지불식간에 사라져버렸다. 'MVP크리에이티브'는 카약어워드에 흡수·폐지됐다. 같은 맥락에서 회사의 재미난 각종제도는 지금도 '도전' 중이다. 재미나고 좋은 게 있다면 뭐든 채택하겠다는 투다. 비록 사라지는 한이 있어도 기발한 도전 자체가 재미를 선사한다.

유쾌한 재미와 기발한 독창성으로 무장된 카약멤버의 이모저모는 '재미법인백서'에 망라됐다. 전체 직원 중 남자(75%)가 많고 전직(64%)이 또 대부분이다. 카약이 2~4번째 회사라는 이들이 절반(56%)을 넘는다. 이들이 매일 이용하는 SNS 수는 1~3개(79%)가 압도적이다. 아마존에서의 매월 지출액은 1만 엔 이상(35%)이 가장 많다. 흡연자는 아무도 없다(0%). 또 입사 1년 미만(37%)이 가장 많을 정도로 젊다. 프랑스·중국 등 외국인 근로자도 함께 일한다. 카약인재가 만들어낸 업적성과는 각종의 화려한 수상이력으로 확인된다. IT 및 독창성 관련 국내외 수상실적은 타의 추종을 불허한다. 2010년에만 무려 30개에 육박하는 상을 싹쓸이했다.

사내외의 원활한 커뮤니케이션을 위한 각종 수단은 대거 구비했다. IT기업답게 인터넷 사내활용이 대표적이다. 접근성이 좋아 원활한 커뮤니케이션을 보장하는 인트라넷과 블로그 운영에 적극적이다. 인트라넷은 '모두를 위한 정보포털(MINPO)'을 지향하며 업무정보·사원소개·지식자료 등을 제공한다. 그중에선 특히 '에피소드 블로그'가 인기절정이다. 업무상 발생한 실패·성공담은 물론 전체 사원의 사적인 특이·재미난 에피소드까지 모두 아우른다. 신입사원은 입사 이후 이것부터 읽는 게 과제로 지정됐을 정도다.

회사는 '재미'를 아예 대놓고 강조한다. 회사 타이틀에조차 '재미'라는 단어를 빠트리지 않는다. 회사라면 법인격이 있게 마련이다. 카약은 주식회사다. 1998년 합자회사로 창업한 후 2005년 주식회사로 갈아탔다. 하지만 회사 타이틀 앞에 붙는 법인격은 '재미(面白)컵인'이다. 스스로 회사를 이렇게 '재미법인'으로 부른다. 법적구속력은 없지만 자칭 '재미법인'의 완성을 위해 3단계 스텝을 설정했다. '카약멤버의 재미난 근무→주변에서의 재미 인정→주변이 재미나도록 도움' 등의 3단계다.

1단계인 재미난 일하기를 위해선 좋아하는 일(천직)을 찾는 게 먼저다. 아니면 일에서 나름의 재미를 찾아내는 게 중요하다. 재미 인정은 2단계다. 원래 본인이 재미있다는 사람치고 재미난 이는 별로 없다. 그래서 용기가 필요하다. 재미를 확신하자면 독창성이 필수다. 독창성은 도전근거이자 전파도구다. 실제 포털에서 '재미난 회사'를 치면 검색 1위는 카약이다. 이게 반복되면 3단계인 주변에 영향을 줄 수 있다.

■ CEO 연구

대학동기 3명의 도원결의… '재미난 일에 승부 걸자!'

가이하타 마사노리

야나사와 다이스케

쿠바 토모요시

카약은 3명의 도원결의로 만들어졌다. 셋은 하나같이 독특한 캐릭터의 소유자다. "기존 잣대로는 이해하기 힘든 특이한 인물들"로 카약스타일을 제안·완성한 주역들이다. 동업인데도 회사설립·운영에 불협화음이 없다. 스스로들 "기발한 발상으로 재미나게 일하며 기존 관념을 깨는 회사운영·사회공헌을 즐기기 때문"이다. 이상하리만큼 특이한 지향점마저 똑같으니 부딪힐 일이 없다.

게다가 20대에 만난 대학동기들이다. 인터넷 1세대답게 IT에 혼이 빼앗긴 이들 3인방은 학창시절부터 "뭔가를 함께 해보자"고 의기투합했다. 오키나와 중국 등에 함께 합숙을 가며 아이디어를 논의하는 등 젊은 창업열기를 한껏 불태웠다. 창업 3인방의 면면은 다음과 같다.

CEO인 야나사와 다이스케(柳澤大輔)는 "의외로 끈질긴 인물"로 평가된다. 직원들에게선 카약스타일의 체현비율 100%를 자랑하는 멋진 CEO이자 인생선배로 거론된다. 1974년 홍콩 출생으로 명문사학인 게이오대에서 환경정보학을 전공했다. 이후 강사를 다그칠 정도로 공부에 열중했다. 소니 통판부서에서 2년 정도 샐러리맨을 했다. 카약스타일을 소개하는 책을 5권 썼으며 명강사로 이름이 났다. 각종 미디어에 재미나게 일하는 방법 등에 대해 노하우를 전달 중이다. 고교시절 취미로 마작을 즐겨했는데 이게 훗날 CTO와 인연을 이어줬다.

가이하타 마사노리(貝畑政徳)는 기술담당 CTO다. 사실상 카약의 핵심적인 사업모델을 주관하는 브레인이다. 기술개발 총괄담당답게 하루를 둘로 나눠 철저히 지키는 걸로 유명하다. 특이한 라이프스타일의 고수다. '24시간 놀고 일하기'를 이끌며 취미와 근무가 어떻게 상호시너지를 내는지 몸소 확인시켜준다. 이 사람에겐 노는 게 일하는 것이고 일하는 게 노는 것이다. 1974년생으로 고교시절 역시 마작과 럭비를 즐겼다. 마작 때문에 CEO와 친해졌다. 게이오대 출신으로 대학에서 데이터베이스 등의 연구를 진행했다.

쿠바 토모요시(久場智喜)는 3인방 중 최고령자다. 카약의 돈벌이 중 하나인 수탁업무를 이끈다(CBO). 카약이 밸런스를 유지하기 위해 반드시 필요한 인물로 일컬어진다. 그가 있기에 조직원이 안심하고 좋아하는 일에 빠질 수 있다고 한다. 그를 '보호자 겸 구세주 겸 교주'로 부르는 이유다. 1971년 오키나와 출생으로 의학부에 들어가고자 3수를 했다. 이후 게이오대 환경정보학으로 방향을 틀었다. 서양미술과 사상사에 흥미가 깊다. 미국방랑 시절엔 뉴욕에서 골동품을 팔며 시각을 키웠다. 육체개조에 성공해 한겨울에도 티셔츠만으로 지내는 인물이다.

워크스 어플리케이션스
(ワークスアプリケーションズ)

＊ 기업개요

회 사 명	워크스 어플리케이션스 (Works Applications)
소 재 지	도쿄(東京)도 미나토(港)구
설 립 일	1996년 7월 24일
대 표 자	마사노 마사유키(牧野正幸)
자 본 금	36억 2,650만 엔(2011년 12월)
매 출 액	209억 엔(2010년 6월)
종 업 원	2,216명(연결)
홈페이지	www.worksap.co.jp

일할 맛 나는 명문벤처… '취업인기 일본 No.1'

벤처정신의 실종이다.

일본엔 벤처다운 벤처가 없다는 게 통념이다. 경기침체·의욕저하 등으로 기업가정신이 현저히 줄어든 결과다. 옆어진 청년벤처가 대표적이다. 다만 그 속에서도 무에서 유를 만들어낸 혁신벤처는 있다. 수는 적지만 파워풀한 성장모델을 체현시킨 사례다.

최근 일본사회의 관심 속에 부상 중인 '워크스 어플리케이션스'가 훌륭한 사례다. 놀라운 건 성적표뿐만 아니다. 사회공헌을 중시하며 일할 맛 나는 최고의 근무환경까지 제공해 화제다. 공부도 잘하면서 착하기까지 한 모범회사다. 도대체 그 비밀은 뭘까.

"100% 실패한다."

1996년 창업 때 주변에선 이렇게 악평했다. 될 수 없는 일을 하겠다고 나선 까닭이다. 세평은 엇나갔다. 엇나간 정도가 아니라 완전히 벗어났다. 회사는 일취월장 성장 중이며 창업자는 일약 화제의 뉴스인물로 부각됐다. ㈜워크스 어플리케이션스의 성공모델을 진두지휘한 창업사장 마사노 마사유키(牧野正幸)가 주인공이다.

주력사업은 일본판 ERP(통합기간업무시스템=전사자원관리시스템) 패키지소프트의 개발·판매다. 인사관리·급여계산·회계·판매관리·영업기술 등 기업이 원하는 모든 소프트웨어를 제공한다. 제로에서 시작해 5년 만에 국내점유율 1위 제품을 보유할 만큼 급성장했다. 회사보다 더 유명한 건 사장이다. 마사노 사장은 요즘 인기절정의 CEO로 다양한 채널을 통해 성공신화를 전파 중이다.

창업 5년에 1위 제품… '일할 맛 나는 회사 1위'

회사의 결산실적은 벤처기업답게 매년 꾸준히 성장 중이다. 매년 전년보다 향상된 성적이다. 매출액은 많은데 당기순이익이 적은 건 벌어들인 이윤의 대부분을 인원채용 등 재투자하기 때문이다. 제품파워는 상당하다. 인사급여 패키지시장에선 8년 연속 시장점유율(55.3%) 1위다(2010년 현재). 재무회계(15.7%)와 ERP패키지(20.7%)는 업계 'No.2'에 랭크됐다. 글로벌 유력경쟁사의 견제를 물리치며 거둔 성과라 더 빛난다.

이 정도면 단순히 괜찮은 벤처기업에 머물 수 있다. 회사에 관심이 집

중되는 건 실적을 한층 빛내는 내적 추구가치의 묵묵한 실현 때문이다. 인재가 몰려드는 일할 맛 나는 회사라는 명성이 그렇다. 실제 이 회사는 2010년 제1회 '일할 맛 나는 회사' 조사(GPTW)에서 1위에 올랐다. 2008년 25위, 2009년 4위에 랭크된 후 3년 만에 1위로 뽑혔다. '종업원이 회사·경영자를 신뢰하고 본인 업무에 자부심을 가지며 동료와의 연대감을 지닌 회사'로 'No.1'이라는 분석이다. 〈닛케이비즈니스〉는 이 회사가 신용·자부·공정·연대감 등 항목에서 높은 평가를 얻어 1위에 올랐다고 호평했다. 취업시장에서의 인기순위도 최고수준이다. 2011년 봄 입사예정자(350명·신입)는 무려 7만 5,000명 중에 엄선됐을 만큼 경쟁률이 높다.

● 매출액 및 경상이익 추이

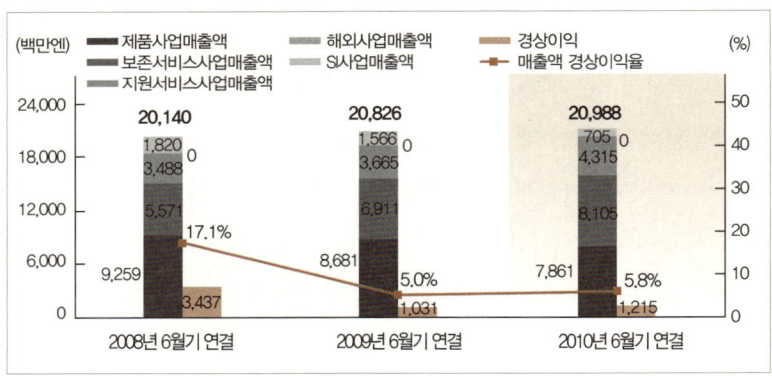

자료: 홈페이지

일할 맛 나는 회사명엔 창업사장의 존재감이 큰 몫을 했다. 카리스마 CEO로 불리는 마사노 사장은 "리크루팅은 직접부문"이라며 인재확보에 정성을 쏟는다. "당사에 인재확보란 일종의 연구개발로 이익 전부를 사용해도 괜

회사경영을 책임진 3인방

찮다"고 할 정도로 중시한다. 실제로 투자자를 설득해 특정라인을 뺀 이윤은 몽땅 재투자 중이다. 회사의 인재상은 명확하다. 회사는 기업이념에 부합하는 인재를 채용해 자기성장이 가능하도록 난이도가 높은 업무를 계속해 부여한다. 본인 스스로 성장을 원하는 인재라면 보람이 높을 수밖에 없도록 제반환경을 제공하는 게 회사 역할이다.

인재확보에 거금투하… '카리스마 CEO의 힘'

이는 사업모델의 특수성에서 기인한다. ERP는 쉬운 작업이 아니다. 특히 대기업 ERP는 더더욱 그렇다. 중소기업 ERP는 예외기능이 없어 비교적 간단하지만 대기업은 회사 특유의 업무방식이 있어 패키지소프트로 대응하기가 꽤 어렵다. 제품을 만들어도 기업마다 추가기능을 넣기에 웬만하면 표준기능을 사용하지 않는다. 그만큼 업무 자체가 어렵다. 결국 보통 사람이 생각하지 못하는 걸 해내는 문제해결형의 엔지니어가 많이

필요하다.

　엔지니어뿐만이 아니다. 제품을 팔아내는 영업부대도 마찬가지다. 지금껏 대기업에 ERP패키지를 판매하자면 대리점 등 기존 체인을 사용해야 했다. 하지만 대리점은 브랜드상품을 선호하게 마련이다. 또 하나의 거대장벽인 셈이다. 결국 고객의 문제를 확실히 파악한 뒤 구미에 맞게 메리트를 제시해야 하는데 이때도 문제해결 능력은 필수다.

　제품판매 후의 AS도 똑같다. 회사가 임직원 전원이 고도의 문제해결 능력을 겸비하지 않으면 사업 자체가 힘든 영역에서 출발했기 때문이다. 이젠 아예 문제해결이 가능한 사람을 뜻하는 보통명사까지 정착시켰다. '크리티컬 워커(Critical Worker)'다. 조직·방법론이 아니라 스스로 생각해 문제를 풀어가는 인재를 일컫는다. 실리콘밸리처럼 우수인력이 모여 어려운 일을 해결해가는 성장모델에 꼭 필요한 인재다. 크리티컬 워커 없이는 생존이 어려운 영역에 도전한 회사답게 관련인재를 최대한 대우한다는 게 기본입장이다. 어려운 문제에 흥분해 적극적으로 해결하려는 우수인재야말로 기업성장의 자양분인 까닭에서다.

원할 때 출근보장… '실패에 관대한 문화'

인재확보에 숫자는 무의미하다. 소수라도 좋으니 정예의 우수인재가 확보목표다. "뭔가를 창조할 수 있는가 여부"만이 채용기준일 뿐이다. 채용시험은 필기·면접보다 문제해결법을 중심으로 진행한다. 과제를 준 뒤 어떤 설명·질문도 없이 맞다 틀렸다만 알려주는 시험이다. 불만이

인터십 프로그램 소개장면

많지만 결국 해내는 사람이 있고 이들이 인재로 채용된다. 지원자로선 황당해도 하루하루를 정답 없는 과제와 직면하는 벤처업계나 CEO 입장에선 가장 공평무사한 현실반영식 시험이 아닐 수 없다.

더구나 관문통과자들은 언제든 원할 때 출근하면 되는 '입사패스'가 주어진다. 유효기간은 3년 혹은 5년인데 합격자 중 절반가량만 바로 출근하는 것으로 알려졌다.

하지만 처음부터 인재가 몰려든 건 아니다. 초기 3~4년엔 중도채용을 위해 '문제해결 능력발굴 프로그램'을 가동시켰다. 경험이 없어도 잠재력을 갖춘 이들을 대상으로 무료로 프로그램을 운영한 뒤 최종적으로 이직 여부를 제안하는 형태였다. 교육기간 중 급료를 제공하지만 싫다면 언제든 그만둬도 되도록 했다.

결과는 대성공이었다. 대기업에서 우수인재가 쏟아져 들어왔다. 거대조직의 부속품처럼 사는 데 염증을 느낀 이들이 대부분이었다. 미숙했지만 대기업 경험과 풍부한 발상으로 무장된 이들을 실전에 배치하는 데는 긴 시간이 필요하지 않았다. 이후 폭넓은 인재확보를 위해 신입사원에까지 문호를 넓혔다.

이런 맥락에서 장부상 급성장은 무의미하다. 단기실적보단 장기생존이 더 중요해서다. 이익을 탈탈 털어 인재확보에 투여하는 이유다. 사장은 "사람을 많이 뽑으면 돈은 덜 남아도 꽤 좋은 뿌듯함을 남긴다"고 본다.

이렇게 입사한 이들에겐 흥분할 수 있는 무대를 제공한다. 사업이 확장되면서 업무난이도가 계속 어려워져 그나마 다행이다. 고객만족을 위해 새로운 기능갱신을 무료로 지속하자면 어려운 과제에 도전하지 않을 수 없다. 실제 높은 목표를 설정해도 매번 뚫어내는 우수인재의 능력은 일상적으로 목격된다. 불만보단 목표달성에 매진하며 근성보단 노력을 통해 난관을 해결하려는 움직임이다.

중요한 건 단순한 고객응대가 아니다. 고객요구·상상을 초월하는 추가가치를 만드는 게 중요하다. 그래서 늘 묻는 게 "뭐가 놀라운 점이야"라는 질문이다. 노력하면 누구나 다 만드는 것보단 특이한 도전사례를 높이 사기 때문이다. 실패는 일상다반사다. 실패용인의 기업문화가 정착된 이유다. 성공하든 실패하든 중요한 건 과정이다. 열심히 했기에 OK라는 평가보단 어떤 뛰어난 걸 시도했는지 여부가 중요할 뿐이다.

이직률 6.3%… '출산복귀 땐 보너스까지'

사장이 실패자를 지키는 최후보루라는 점에서 입사 후의 인재시책은 적잖이 특이하다. "혁신인재는 반드시 실패하며 그것도 연속실패가 많기에 이를 지키는 게 사장 본업"이라는 원칙이다. 인사제도는 혁신중시를 위해 설계됐다. 혁신창출형의 문화유지다. 이를 위해 머리를 딱딱하게 만드는 사원교육은 순위가 밀린다.

직원평가는 동료가 실시한다. 그것도 본인보다 우수·동등·열위 등의 3항목(상호다면평가)뿐이다. 중간에 낀 이가 상하 모두를 방해할 수 있다는 이유로 가능하면 횡적체계를 유지할 방침이다.

떠나려는 직원을 둘러싼 대응방법은 독특하다. 퇴직자 중 우수자로 평가된 이라면 '컴백패스'를 줘 언제든 문호를 열어둔다. 무리하게 잡아두기보다 돌아올 길을 열어둠으로써 오히려 로열티를 높일 수 있어서다.

일하는 여성에 대한 배려는 충실하다. 출산 후 돈귀 때는 퇴직권유 대신 특별보너스를 주는 게 그렇다. 그 돈으로 육아전념을 이유로 퇴직을 재촉하는 부모·친지를 되레 설득하라는 용도다. 자녀의 초등졸업 때까지 단시간근무도 용인된다.

권한위임은 파격적이다. 입사 초년 때부터 고객을 전담시킬 정도다. 주요고객을 신입사원에게 맡겨 낭패를 당한 일이 있지만 평가기준은 결과보다 과정이기에 그냥 넘어간 경우도 있다. 권한위임은 동시에 능력평가 기회로도 작용한다. 어차피 우수인재라면 1년째라도 문제해결을 하지만 아니면 일찍 그만두는 게 낫기 때문이다. 사장은 "빨리 키우기 위해 권한을 주는 것"으로 설명한다.

물론 속도조절도 있다. 능력발휘의 개인별 시차를 알고 여기에 걸맞게 업무를 주기 위해서다. 이 결과 힘든 업무에도 불구 흥분하고 싶어 들어온 직원이 많은 탓인지 이직률은 6.3%에 머문다. 입

사결정 때 "정말 힘들고 어려운 일"이라고 워낙 확실히 말해 채용의사가 없다는 투의 오해를 살 정도로 회사 분위기를 설명해도 그렇다.

반면 회사가 직원을 자르는 경우는 거의 없다. 주변에 폐를 끼치니 그만두는 게 나을 것이라는 권고사퇴는 있어도 그 수는 한 자리 대에 불과하다.

5대 Works Way의 힘… '은퇴 땐 기업 쪼갤 것'

회사에는 인재가 넘쳐난다. "우수인력이 그룹 안에만 1,000명이나 있다"는 말은 빈말이 아니다. 이를 가능하게 한 회사의 업무환경은 '워크스 방식(Works Way)'이라는 독특한 기업문화로 정리할 수 있다. 모두 5가지로 세분화되는 회사가 지향하는 일종의 행동지침이다. 문제발생 때 주변 탓을 하지 않는 '남탓금지(他責NG)'와 문제본질을 뚫고 들어가는 '왜왜사고(なぜなぜ思考)'가 대표적이다. 남탓금지는 광범위하게 강조된다. 남을 탓하는 대신 크리티컬 워커답게 스스로 과제를 해결하는 능력이 중요하다는 이유에서다. 이 밖에 예상외의 일에도 대응할 수 있는 다양한 시나리오를 만들어내는 '긴급대책(Contingency Plan)'과 이상적인 이미지를 상정해 도전해 가는 '돌파(Breakthrough)', 비즈니스 환경에서도 상대방을 생각하는 '휴먼스킬(Human Skill)' 등이 있다.

일할 맛 나는 회사로 꼽힌 건 우연이 아니다. 어쩌면 창업 초기 때부터 세운 사회공헌을 실천한 것에 불과하다. 회사의 사회공헌은 둘로 나뉜다. 일본기업의 정보투자효율을 세계적인 수준으로 높이는 것과 우수인재가 일하고 싶어 하는 실리콘밸리처럼 해당필드를 제공하겠다는 것이다. 후자의 사회공헌이 바로 회사의 일할 맛으로 직결된 것이다.

앞으로도 마찬가지다. 상장기업 500개사를 비롯한 고객증가로 새로운 제품수요가 점점 늘고 있다. 우수인재가 보다 더 필요해진 것이다. 창업 후 10년이 '워크스1.0'이었다면 이젠 '워크스2.0' 버전이 필요한 시점이 됐다. 그리고 그 핵심은 여전히 인재다. 때문에 사장은 은퇴 때 회사를 30개로 나눠 벤처기업 상태로 되돌릴 것까지 결심했다. 그러면 회사직원들은 다시 제로에서 시작하는 회사 만들기의 쾌감을 느낄 수 있다.

다만 사장은 일할 맛 나는 회사 1위로 뽑힌 게 다소 이상하다는 반응이다. 현재 일할 맛이 난다는 평가 자체를 이해하지 못한다. 일의 보람이란 현재가 아니라 훗날 뒤돌아봤을 때 느끼는 것이기 때문이다. 그만큼 현실업무는 어렵고 힘들며 실패반복이라고 단정한다. 심지어 자신감을

◉ 제품별 도입유저 숫자(누계)

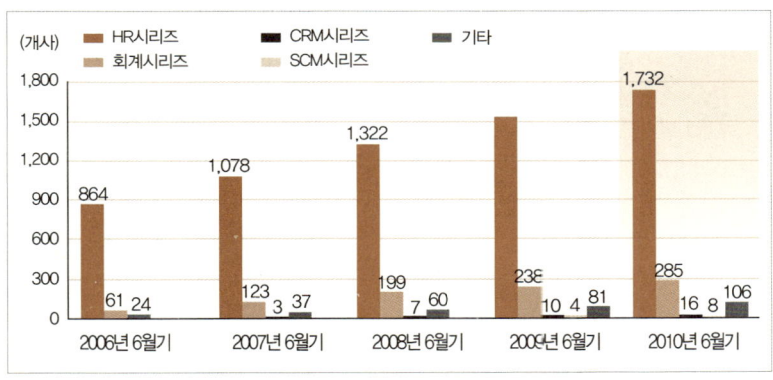

자료: 홈페이지

상실하는 경우가 비일비재하다.

하지만 진짜 성장은 이때 이뤄진다는 게 사장 생각이다. 포기 없이 전진할 때 비로소 훗날 일할 맛을 느낄 수 있는 결과를 낼 수 있어서다. 무기력에 빠진 젊은이들에 대한 한 수도 빠트리지 않는다. 그는 "벤처기업엔 줄줄이 풀어야 할 문제해결 기회가 많다"며 "언제든 도전함으로써 문제해결 능력을 기르다 보면 창업기회도 무수히 있다"고 일갈한다.

회사의 성장성은 무궁무진하다. 현재 일본의 ERP시장은 도합 3,000억 엔대 규모다. 미국시장이 3조 엔 수준임을 감안하면 아직 갈 길이 멀다는 게 회사 판단이다. 장기불황 속에 단기간·저비용의 경영효율화를 원하는 기업수요가 급속히 확대 중이란 점에서 더더욱 고무적이다.

종업원은 평균연령 28.8세로 모두 2,216명(연결)이 근무 중이다. 8개 그룹회사와 6개 관련회사를 갖고 있다. 창업사장을 비롯해 회사는 3인 공동대표제로 운영된다. 경영을 책임진 마사노 사장 외에 기술대표 이시가와 요시로(石川芳郎) 및 집행대표 아베 타카시(阿部孝司) 등 3인이 회사방향을 결정한다. 개인주주 중엔 이시가와 대표 지분(11.49%)이 마사노 사장(6.11%)보다 더 많다.

■ CEO 연구

납득불가면 따르지 않는 수재스타일… '첫 직장에선 고배'

마사노 마사유키(牧野正幸) 사장은 1963년 효고 (兵庫)현에서 출생했다. 어려서부터 본인이 납득하지 못하면 따르지 않은 걸로 유명했다. 학원을 경영하던 아버지는 한 번도 공부를 재촉하지 않았다. 오히려 "좋을 대로 해라"며 놔두는 방목스타일이었다. 덕분에(?) 초등 6년간 숙제를 한 번도 하지 않았다. 수업내용도 알고 시험점수도 잘 나왔기에 굳이 숙제를 해야 하는 이유를 몰랐다. 그래도 책만큼은 열심히 읽었다. 모르는 게 있으
면 바로 책을 찾아 해결했다. 결국 그에게 선생님은 책이었다. 자신이 생각한 걸 머릿속에서 공상하는 것도 즐기는 취미였다. 공부를 잘해 고교는 어렵기로 소문난 명문(공립)학교에 진학했다.

첫 직장은 건설사였는데 도면을 읽지 못하는 그에게 인생 최초로 고배를 안겨줬다. 이후 우연히 옮긴 부서에서 소프트웨어 업무와 맞닥뜨렸다. 행운이었다. 문제해결을 위해 뭔가를 창조하는 재미는 그만큼 빼어났다. 하지만 대형회사는 집단으로 움직였고 본인은 여기에 휘말리는 게 싫었다. 선배의 창업회사로 옮긴 뒤 물고기는 물을 만났다. 남들보다 4~5배 불철주야 일했지만 지치지 않고 7년을 보냈다. "취미조차 24시간 일하는 것"이라 말할 정도로 '문제해결'의 매력에 푹 빠졌었다.

당시 시스템컨설턴트로 수많은 대규모 프로젝트에 참가했다. 이때 일본의 소프트웨어업계가 직면한 문제가 눈에 들어왔다. 대기업 시스템개발에 비용이 과다하게 쓰인다는 점이다. 시스템개발·유지에 드는 막대한 경비 탓에 경영측면에선 부담이 되기도 했다. SAP·오라클 등 외국 ERP패키지를 그대로 샀기에 별도의 시스템 개발이 필요했다. 일본 대기업에 맞는 업무용 패키지는 존재하지 않

있다. 1994년 그가 시스템 컨설턴트로서 창업무대에 나선 배경이다. "일본 대기업을 위한 ERP가 없다"는 문제해결을 위해서였다. 결국 1994년 이와 관련된 개발프로젝트를 발족했고 1996년 회사를 창업했다.

사회공헌은 일찌감치 고민했다. 그가 패키지소프트를 만들어 세상에 퍼트리는 메이커로 창업한 것도 일종의 사회공헌 실천이었다. 자금모집은 힘들었다. 어떤 기업도 그의 제안에 귀 기울이지 않았다. 패키지소프트의 필요성은 인정해도 버블붕괴 직후로 자금이 끊어진 데다 이미 외국제품까지 들어와 있던 상태였다. 100% 실패할 것이란 평가에 동의하지 않을 수 없는 상황논리였다.

결국 스스로 만드는 길을 선택했다. 구미기업이 IT를 비용절감 무기로 활용하는 것에 비해 일본 대기업은 정반대의 부담거리로 전락한 걸 해결하고 싶었다. 삼고초려로 해당분야 전문가와 손잡고 3인 공동체제로 회사는 첫발을 뗐다. 정당성은 있었지만 현실은 매서웠다. 어렵게 구한 3,000만 엔을 바탕으로 사업은 순조롭게 진행됐다. 창업 전 청사진에 따라 1년 후 흑자와 5년 후 자스닥 상장계획은 모두 달성됐다. 중핵제품인 ERP 'Company' 시리즈 등이 탁월하게 성장해준 덕분이다.

그는 카리스마 넘치는 CEO다. 특유의 자신감 넘치는 일거수일투족은 많은 젊은 이들의 자신감을 일깨워줬다. 개인생활도 다소 특이하다. 취미가 힘들기로 소문난 트라이애슬론인데 "극한도전을 긍정적으로 스스로 열심히 즐기기 위해" 선택했다고 한다. 반면 담배도 즐긴다. 오히려 슬로라이프를 보다 오래 느끼고 싶어 3초 만에 사라지는 담배 대신 길고 오래가는 시가로 갈아탔을 정도다. 여유롭게 시간을 즐기고 싶어서다. 그는 나름 미식가다. 늘 "이 음식보다 더 맛있는 건 없을까"하는 생각으로 음식점 찾아다니는 걸 즐긴다고 밝혔다.

04
EC studio

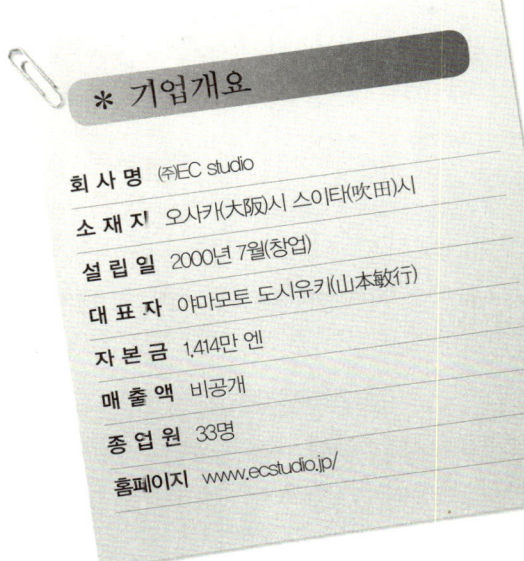

직원행복이 최대가치… '놀랄 만한 얼굴을 감춘 회사'

인생 십인십색이듯 회사도 각양각색이다. 세상에 별난 회사는 그만큼 많다. 일본 오사카 구석동네에 위치한 ㈜EC studio도 그렇다.

이 회사는 겉보기엔 평범하다. 창업가정신이 풍부한 젊은 사장이 세운 많고 많은 벤처회사 중 하나일 뿐이다. 급성장이냐 하면 그것도 아니다. 매년 140~200%씩 매출이 성장 중이라지만 그래 봐야 매출총이익(매출액-매출원가)이 5억 7,000만 엔에 불과한 소형회사다(2010년 3월). 사업모델은 무난하다. 인터넷기반의 업무효율을 높이도록 기업에 컨설팅하고 관련서비스를 파는 게 전부다. 직원은 고작 33명에 불과하다.

이런 지극히 평범한 회사가 최근 주요언론의 집중조명을 받는다. 무명의 벤처기업에서 일약 화제의 명망기업으로 변신했다. 〈닛케이비즈니스〉는 회사를 "어디서든 볼 수 있는 작은 IT벤처회사지만 실은 놀랄 만한 얼굴을 감췄다"고 평가했다. 놀랄 만한 얼굴이란 높은 직원만족도를 뜻한다.

직원만족도 No.1 회사… 비상식적인 근무방식 유명

㈜EC studio는 2010년 일본의 직원만족도 'No.1' 회사다. 종업원의 높은 근로의욕과 만족도조사에서 2년 연속 1위(관서지역)에 꼽혔다(링크앤모티베이션). "경험과 무관하게 본인이 잘하고 원하는 일을 할 수 있다"는 이유가 첫손가락에 꼽혔다. "사장과 상사에게 가볍게 고민을 상담할 수 있다"는 근무환경도 장점이다. 야마모토 도시유키(山本敏行) 사장은 이를 "IT환경의 철저한 활용으로 업무효율화를 실천한 결과 일을 많이 하지 않아도 매출·이익이 꾸준한 사업구조 덕분"이라고 설명한다.

회사는 낭비를 철저히 줄였다. 웬만한 건 모두 IT화로 저비용·고효율을 추구한다. 전체 사원에게 아이폰을 지급해 연락사항은 트위터·메일로 주고받도록 했다. 회사에 전화가 없고 종이도 없으며 고객과의 만남도 없다. 사업모델의 적극적인 발신에도 열심이다. 2010년 2월엔 『아이폰과 트위터로 회사는 돈을 번다』는 책까지 냈다. 출간 직후 아마존 일본 서적 종합랭킹 1위에 올랐다. 여세를 몰아 『일본에서 가장 사원만족도가 높은 회사의 비상식적인 근무방식』이라는 신간까지 냈다. 언론의 취재열기가 뜨거운 이유다.

사업모델은 중소기업 경영과 관련한 IT화를 지원하는 것이다. IT로 매출과 업무효율을 높이면서 비용은 줄여 결과적으로 이익을 늘리도록 유도하는 사업이다. 이익의 추가상승을 위해 사원만족도와 커뮤니케이션 활성화도 IT로 지원한다. 결국 웹컨설팅 기반의 경영개선 지원회사다. 컨설팅 결과를 메일로 조언해 고객사 웹사이트 개선을 지원하는 사업이다. 동시에 실제 회사 내부에서 써보고 좋았던 다양한 소프트웨어를 권유해 판매하는 일도 한다. 즉 자사가 도입해 효과를 본 IT기반의 경영환경을 타사에 조언하거나 관련 소프트웨어를 판매하는 게 주업이다.

회사는 2000년 미국유학 중이던 야마모토 사장이 현지에서 창업한 게 계기가 됐다. 청년 벤처창업이다. "IT를 활용하니 혼자서도 얼마든 수익기반을 확보할 수 있었다"던 경험이 일본에서의 본격적인 창업씨앗이 됐다.

EC studio의 사업모델은 크게 3가지다. △홈페이지 매출향상 지원 △업무효율 개선지원 △커뮤니케이션 활성화지원 등이다. 홈페이지 매출향상은 접속해석 소프트웨어를 활용해 그 성과를 개선하도록 지원하는 업무다. 지금은 중단된 서비스지만 검색엔진 등록대행도 큰 비중을 차지했다. 누계 약 5만 개 회사가 해당 서비스를 제공받는다.

이상한 점은 이렇게 많은 고객에게 서비스를 제공하는데 직원 중 누구도 고객과 만나지 않는다는 사실이다. 홈페이지 대표번호로 전화해도 '메일로 상담하라'는 녹음만 들릴 뿐이다. 눈앞에서 서비스·소프트웨어를 주문해도 "사이트에서 구입하라"는 회답이다. 고객사 회의에 참석을 부탁받아도 대답은 'No'다.

이유는 딱 하나다. 생산성이다. 방문영업을 하면 효율이 나빠지는 데다 교통비와 시간도 낭비라는 입장이다. 이런 쓸데없는 비용을 상품가격에 반영하기보단 IT에 특화해 경영효율을 높여 저가에 공급하는 게 낫다고 봐서다. 그것도 파격적인 저가공급이다. 이상하고 불편해도 고객이 늘 수밖에 없는 이유다. '안 만나는 경영'은 이렇게 탄생했다.

전화·종이·미팅이 없는 회사… 저가공급의 이유

실제 전화도 없이 안 만나는 영업이 가능할까. 고객응대를 채팅·메일 등으로만 한다면 걱정스러운 문제가 적잖을 걸로 보인다. 비상식적인 영업형태로 상대방의 기분을 상하게 할 수 있다. 본인들은 편해도 상대방이 불편함을 호소할 수 있다. 최악의 경우 거래불가를 외칠 수 있다. 채팅을 해도 기본적으로 짧은 단문의 커뮤니케이션이기에 자칫 마음이 전달되지 않을 수도 있다. 메일도 비인간적이긴 매한가지다.

회사도 인정한다. 그래서 이런 염려를 막고자 간혹 있는 오프라인 모임에서 인간관계를 중시한다는 걸 고객사에 강조한다. 회사의 최고이념이 원만한 인관관계라는 점을 확인하면 신뢰가 쌓여 채팅·메일의 단점을 충분히 커버할 수 있다고 본다. 신뢰적 인간관계는 고객과의 대등한 조건설정으로 이어진다. 만약 상대방이 갑의 지위를 지나치게 강조할 경우 원만한 인간관계가 불가능하다는 판단에 거래하지 않는다는 게 회사방침이다.

전화 없는 영업은 단골고객의 벤치마킹으로 연결되기도 한다. 전화가 없기에 근무환경이 조용하고 집중력이 높아졌다는 효과전염이다. 많은 방문자가 회사에 와본 순간 "전화가 없으니 이렇게 좋다"며 감탄할 정도란 게 회사설명이다. 이를 뒷받침하듯 회사매출은 한 번도 전년 대비 하락한 적이 없다. 이익은 5년에 걸쳐 6배나 늘어났다.

'3무 경영'으로 직원만족도를 높인 야마모토 도시유키 사장

업무효율 개선지원 사업도 흥미진진하다. 지금껏 자사가 시험해본 업무효율 개선사례를 다른 중소기업에 알려주는 비즈니스다. '플레이스테이션3(PS3)'를 이용한 TV회의가 대표적이다. 도쿄지점과 논의가 필요할 때 화상회의가 절실했는데 대기업이 쓰는 시스템을 도입하자니 1세트에 100만 엔 이상의 경비부담이 문제였다. 이때 한 직원이 PS3의 비디오채팅으로 대체할 수 있다는 아이디어를 냈고 실제 시험해보니 꽤 괜찮은 결과가 나왔다. 비용은 1/10이면 충분했다. 이후 도쿄지점과 부담 없이 커뮤니케이션이 가능해졌다. 거래처에도 PS3를 증정해 비디오회의를 추천한다. 상호 출장비가 들지 않는 건 물론이다.

듀얼모니터를 도입한 것도 업무효율에 도움이 됐다. 비용은 1인당 2만 엔가량 더 들지만 생산성은 그 이상이었다. 파워포인트를 금지한 것도 업무효율 때문이다. 사내회의를 위해 파워포인트 자료를 만드는 건 낭비라고 봤다. 대신 중앙에 키워드를 써넣고 마치 가지처럼 관련단어를 넓혀가는 마인드맵 작성 소프트웨어를 활용한다. MS사의 비싼 소프트웨어를 쓰지 않는 것도 비용 대비 효율이 낮다고 봐서다. 게다가 메일 대신 채팅도구를 도입해 과거이력을 검색하는 등 효율을 높였다. 요컨대 다양한 하드·소프트웨어와 테크놀로지를 이용해 비용절감·효율증대를 실현하는 방법을 연구·판매한다.

커뮤니케이션 활성화도 사업부문 중 하나다. 위의 두 가지 사업모델이 두각을 보이면서 자연스레 고객·종업원이 늘기 시작했는데 이때 커뮤니케이션이 과제로 떠올랐다. 이는 애플의 스마트폰인 아이폰과 140자까지 입력할 수 있는 트위터로 해결했다. 이미 2007년부터 아이팟(iPod)을 지급해 조례·미팅·PT 등을 동영상으로 촬영해 사원 전체에게 송신해왔다.

이를 보다 발전시킨 게 2010년 2월부터의 아이폰 활용이다. 트위터 의무화는 직원 목소리를 청취하는 데 유효했다. 푸념처럼 입력한 개별직원의 다양한 목소리가 노무관리에 도움을 준다. 커뮤니케이션 활성화 지원방안이 회사의 또 다른 수익모델로 기능하는 건 물론이다.

사업모델보다 더 놀라운 건 회사의 추구이념이다. 작은 회사인데도 직원만족을 위해 전사적 지원을 아끼지 않아서다. 회사의 경영이념은 'Make Happiness'다. IT를 활용해 행복을 창출한다는 개념이다. 이때 행복이란 마음의 풍요를 뜻한다. 이는 경제적 풍요와 시간적 여유, 그리고 원만한 인간관계로 완성된다. "중소기업은 대기업에 비해 자본·인력·제품 등 모든 경영자원이 부족하지만 IT를 활용하면 대기업에 지지 않는 환경을 만들 수 있다"는 게 회사주장이다.

CEO는 "직원이 만족하지 않는 회사가 고객을 만족시킬 순 없다"는 말을 달고 산다. 이를 위해 직원이 원하는 모든 걸 제공한다는 게 추구하는 경영목표다. 덕분에 회사엔 인재가 몰려든다. 평균연령이 20대 후반일 정도로 회사분위기가 젊다. 아직은 33명의 작은 회사지만 처우수준은 탄탄하다. 25명이 정규직이지만 나머지도 고정급이 있는 준사원(아르바이트)으로 불린다. 업무책임이 있기에 정규직처럼 직원으로 불리고 대접받는 게 옳다고 본다.

IT를 활용한 'Make Happiness' 추구… 해고불가 실현

직원을 자르지 않는다는 건 추구이념 중 하나다. 부서이동으로 문제가 해결되지 않을 경우 해당직원의 장점을 발휘할 수 있는 신규부서를 만들어준다. 이렇게 해서 2개 부서가 실제로 생겨났다. 예를 들어 IT에 익숙하지 않아 채팅을 힘들어하는 동료를 돕고 사내 네트워크 문제해결을 담당하는 업무추진부가 그렇다.

또 하나는 연구를 담당하는 랩이다. 일상의 주부발명가처럼 말도 안 되는 문제조차 모든 걸 해결해내는 부서로 사내만족도가 특히 높다. 비록 IT엔 약해도 새로운 도전을 즐기는 직원을 충분히 활약하도록 배려해준 결과다. 이전 직장에서 3개월도 버티지 못한 싱글마더였지만 이 회사에선 벌써 6년째 근무 중이다.

유명매체에 소개된 장면

신입사원 교육은 동영상으로 이뤄진다. 체험입사로 불리는 2일간의 경험을 제공한 뒤 진짜 일할 건지 여부를 결정하게 한다. 자칫 원하지 않는 회사에 들어오는 미스매치를 피하기 위해서다. 선본 뒤 바로 결혼하는 것보단 짧더라도 동거를 해보는 편이 서로를 이해하는 좋은 결혼이라고 본다.

직원의 동기부여를 위해선 진정 원하는 일이 뭔지 알고 그 업무를 맡기는 게 최고다. 그래서 회사간부들은 늘 귀가 열려 있다. 면접과정에서 하고 싶은 일을 캐치한 뒤 그게 회사이념·비전과 맞는 내용이면 신입·아르바이트와 무관하게 큰 프로젝트도 맡긴다. 경영진 역할이란 직원이 하고 싶은 일에 집중할 수 있도록 환경을 만들어주는 게 전부다.

때문에 업무는 쌍방향이다. 해야 할 일만 억지로 하는 게 아니라 하고 싶어 하는 일을 찾아 단 10%라도 할 수 있게 배려한다. 그래야 90%의 해야 할 일도 즐겁게 할 수 있다. 때문에 평소 하고 싶은 일을 버릇처럼 묻는다. 이를 위해 월 1회는 직원이 상사와 점심을 함께하도록 했다. 가벼운 일상대화 속에서 사원 고민을 추출해 이를 상사 전원이 공유하는 시스템이다. 지향점은 100% 하고 싶은 일만 하도록 조정하는 일이다. 아이디어를 낸 사원이 프로젝트 리더로 뽑히는 일은 일상다반사다. 누구든 손을 들면 이를 거들어주는 토양이 만들어졌다.

충실한 복리후생, 안정적인 근무조건, 가족에 대한 배려 등은 두말하면 잔소리다. 연간휴가는 유급휴가를 포함해 120일에 달한다. 10일 연속 유급휴가도 연 4회 주어진다. 유급휴가는 일본기업치곤 드물게 100% 소화된다. 잔업은 오후 9시 이후 금지된다. 런치토크라는 제도가 있어 월 1회 상사와 점심을 같이 먹을 때 1,400엔의 보조가 이뤄진다. 1대1로 상사와 밥을 먹는 런치토크는 의무사항이다. 주택수당도 제공한다. 특히 주택수당과 관련해선 전체 직원에게 만보계도 나눠줬다. 대다수 직원이 반경 1.4km 내에 살기에 운동부족일 수 있단 이유에서다. 만보계 데이터를 개인·부서별로 관리해 부족한 부서의 경우 운동을 시키라는 경고(?)가 떨어진다.

'Go Home' 제도는 "가끔은 부모님 얼굴을 보라"는 차원에서 시작된 귀성비용 제공제도다. 효도보수다. 또 본사 1층엔 융단이 깔린 휴게실을 설치해 직원을 배려했다. 3개월에 1회씩 도쿄지사 직원을 오사카본사로 불러 2주간 합숙도 진행한다. 책상머리 근무환경이라 직원건강을 우려해 매월 의료보조식품도 지급한다.

직원행복을 위해 양립과제도 순조롭게 해결 중이다. IT를 활용해 업무효율을 꾀함으로써 가정시간을 가지도록 했다. 즉 재택근무를 선택하면 오후 4시에 퇴근해 자녀양육을 할 수 있다. 자택 컴퓨터로 회사 네트워크에 접속하면 회사와의 동일 근무환경이 제공되기 때문이다. 일을 계속할 수 있는 데다 월급에 큰 차이가 없다.

직원이 파트너를 데리고 참가하는 생일(Birthday)제도도 있다. 원래 회사는 3개월에 1회와 합숙 때 술자리를 제공한다. 이때 누구든 파트너를 데리고 올 수 있다. 회사 입장에선 직원의 세세한 개인사를 알 수 있어 가능한 한 많은 이들이 참석도록 독려한다. "매번 정해진 이들하고 마시느니 새로운 이들과 교류하는 게 훨씬 낫다"는 게 사장 생각이다.

이런 차원에서 생일제도도 만들어졌다. 가볍게 누구든 참가할 수 있는 명분을 찾은 결과다. "안심하고 일할 수 있는 건 파트너가 존재하기 때문"이란 이유에서다. 매월 자유로운 회식기회도 있다. 동료사원끼리 커뮤니케이션을 확보하라는 차원에서 무료로 제공하는데 참가율이 보통 95% 이상이다.

하고 싶은 일 하도록 환경구축… 런치 · 회식비용 보조

한편 회사는 숫자 1과 4에 각별한 애정을 갖는다. 사명의 EC도 E(1)와 C(4)의 일본어 발음에서 그대로 따왔다. 사실 특별한 의미 · 근거는 없다. 그렇지만 한번 정한 이상 숫자를 둘러싼 고집은 엄청나다. 자본금은 1,414만 엔이고 조직은 1명의 매니저에 4명의 리더가 붙는다. 1명의 리더엔 역시 4명의 부하가 배치된다. 창립일은 1월 4일이고 신서비스 배포일도 매월 14일 14시다. 회의도 참가자는 4명까지로 제한된다. 신사옥의

임대료는 1평당 4,000엔이고 주택
수당은 사무실에서 반경 1.4㎞ 이
내로 이사할 경우 월 1만 4,000엔
지원된다.

그뿐만 아니다. 출장수당은 일
1,400엔이고 귀성수당은 1회당 1
만 4,000엔 지급된다. 파트너 생일
땐 1만 4,000엔의 식사비를 지급해
근무의욕을 높인다. 외국인 강사
를 초빙해 1회 400엔만으로 영어
회화를 배우는 기회도 있다. 경영
목표에도 1과 4는 적용된다. 2014
년 1월 4일까지 14만 개의 고객사

를 만들어 14억 엔의 매출을 올릴 계획이다. 그때까지 사원은 40명으로 늘리고 경상이익률은 14%를 달성한다는 방침이다.

창업 당시부터 지켜지는 '하지 않아야 할 14개조'도 특이하다. 시대와 경영환경이 아무리 변해도 14개조만큼은 반드시 관철한다는 방침이다. 우선 IT를 활용할 수 없는 일은 하지 않는다. IT경영 실천기업답게 방문·전화영업 대신 인터넷상에서만 영업한다.

또 주식공개를 하지 않는다. 사업모델 자체가 설비투자가 불필요한 데다 영업도 홈페이지를 활용하면 충분하기에 굳이 매수위험이 있는 주식공개 필요가 없다고 봐서다. 타인자본도 들이지 않으며 경영이념에 공감하는 회사가 아니면 거래하지 않는 것도 원칙이다. 수익성이 아무리 높아도 경영이념과 어긋나면 'No'다. 종업원 제일주의 관점에서 특정조직에 소속되는 것도 거부한다.

이 밖에 해고하지 않으며 매출목표에 연연하지 않는다. 서비스향상엔 타협하지 않으며 고수익이라도 품질에 문제가 있으면 즉각 중단한다. 또 고가서비스를 제공하지 않고 회사규모를 추구하지 않으며 일본에 플러스가 안 되는 사업엔 관심이 없다. 그렇지만 일본시장만을 고집하진 않는다.

원래 회사는 완전초보에서 출발했다. 회사경영과 관련한 일반상식조차 없었다. 사장의 경우 청구서·영수서·납품서의 차이조차 알지 못했다. 1년짜리 계약이 있어 선수금이 들어오면 비용계산도 없이 모두 이익인 것처럼 생각했을 정도다. 주변 CEO들이 재무전공자를 소개해 채용하면서 비로소 그간의 사업이 얼토당토않음을 이해했다. 또 지시명령만할 줄 알았지 이를 부하직원이 어떻게 느낄지는 생각도 못했다.

업무환경은 아주 열악했다. 아침 9시부터 저녁 9시까지 내내 강행군이었고 휴일·유급휴가는 당연히 없었다. 게다가 2개월에 1회는 2주간 합숙까지 했다. 엄청난 고강도 부하였다. 그런데도 월급은 짰다. 반면 사장 체력은 대단했다. "창업 당시는 잠잘 시간조차 없다고 생각했다"고 회고할 정도다. 힘든 근무환경은 직원들의 두통을 낳았고, 이를 본 사장은 "아픈 머리는 술을 마시면 낫는다"는 투로 인정하지 않았다.

하지만 이후 사장은 조금씩 변했다. 많은 모임에 참가하고 공부하면서 제일 중요한 추구가치가 사원만족이란 점을 깨달았다. 1년에 걸쳐 1,000명의 CEO를 만났을 정도다. 본인이 일반사원 입장에서 생각하는 습관도 갖기 시작했다. 지각을 해도 꾸중을 하지 않는 따뜻한 분위기를 만들었다. 이젠 6시면 칼퇴근하는 신입사원마저 생겨났다. 동기부여를 위해 사원과의 접촉시간도 늘렸다.

덕분에 사장은 화를 내지 않는 사람으로 유명하다. 화를 내야 회사가 돌아간다면 정상조직이 아니란 이유에서다. 입사 때부터 회사이념을 알고 들어오기에 화낼 일도 없다는 게 회사판단이다. 위에서 불만·불평이 없으니 동료관계도 자연히 원만할 수밖에 없다. 굳이 지적할 일이 있으면 조용히 입장을 설명하는 수준에서 그친다. 사람이란 착하게 태어났다는 성선설(性善說)을 믿기 때문이다. "화를 내서 좋은 일은 하나도 없다"는 게 CEO의 철칙이 돼버렸다. 오히려 후회와 명성만 깎아먹는다.

EC studio의 놀랍지만 바람직한 경영실험은 성공적이다. 문제는 앞으로다. 회사가 커지고 직원이 늘었을 때도 지금처럼 직원행복이 실현될지 궁금하다.

05

세이카츠노키 (生活の木)

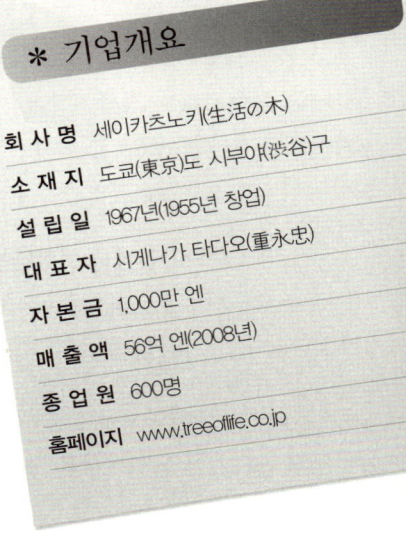

* 기업개요

회 사 명 세이카츠노키(生活の木)
소 재 지 도쿄(東京)도 시부야(渋谷)구
설 립 일 1967년 (1955년 창업)
대 표 자 시게나가 타다오(重永忠)
자 본 금 1,000만 엔
매 출 액 56억 엔(2008년)
종 업 원 600명
홈페이지 www.treeoflife.co.jp

사회공헌 통한 No.1 직원행복… '아로마와 인간미의 절묘한 결합'

기업의 사회적 공헌은 이제 필수 경영과제로 정착됐다. 냉혈적인 이윤추구만으로는 영속성은커녕 존재 자체가 힘들어진 결과다. 1990년대 불황 이후 다양한 자본주의적 한계에 봉착한 일본의 주류기업이 사회공헌 카드를 통해 생존해법을 모색하려는 이유도 여기에 있다.

CSR(Corporate Social Responsibility) 전담부서 설치가 붐인 것도 같은 맥락이다. 다만 주도권은 여전히 자본력이 탄탄하고 인력구성이 방대한 거대기업에 한정된다. 대부분 중소기업으로선 그럴 만한 여유도 능력도 없다.

와중에 사회공헌으로 이름을 떨친 중소기업이 있어 화제다. 회사이념·환경 자체가 사회공헌을 추구하기에 덩치가 커질수록 공헌수준은 덩달아 높아진다. 사회공헌에 철저히 동의·공유하는 임직원의 자발성 덕분에 직원만족도는 최고수준이다. 삶의 질을 높이는 배려하는 기업답게 감사와 웃음이 떠나질 않는다.

회사의 존재이유는 두 가지다. 이윤추구와 사회적 목적추구다. 공익이라는 사회적 목적을 실현하고자 비즈니스 수단을 채택한 형태다. 통상임금과 근로조건을 통해 제품·서비스를 판매한 뒤 이익을 사업에 재투자하는 일련의 과정을 반복해 결과적으로 사회적 목적을 실현하는 구조다. 사회적 기업(Social Firm)이 지향점이다.

사회공헌이 회사의 존재이유… 지향점은 Social Firm

주인공은 '세이카츠노키(生活の木)'다. 아로마 관련브랜드의 기초를 닦은 일본 최대의 메이커다. 1978년부터 허브·아로마테라피·유기농화장품 등의 보급·개발·판매·교육 등에 본격적으로 뛰어든 전문회사다. 허브 등 직접원료는 수입하지만 자체적으로 개발·생산·판매하는 일관시스템을 갖춘 회사로는 세계에서 유일하다. 식물이 지닌 자연축복으로 생활을 풍요롭고 행복하는 것을 숙명으로 하는 회사조직이란 설명이다.

허브와 아로마테라피 관련문화를 창조하고자 현재 약 2,500개 아이템의 상품을 컨트롤한다. 모두 8개 업태의 직영전문점을 운영 중이다. 가령 아로마테라피스트를 양성하는 학교(Herbal Life College)만 18개를 오픈·교육 중이다. 직영점 100개와 제휴점포 180개 등 전국적인 네트워크를 보유했다. 최근엔 대만 등 해외출점을 시작했다.

원료는 35개국에서 300개 품종을 직접수입 중이다. 스리랑카에선 투숙하며 몸의 밸런스를 맞춰주는 호텔을 운영한다. 비약적이진 않아도 성장세는 꾸준하다. 연 10% 내외의 성장은 내수불황을 감안하면 괜찮은 성적이다. 매출액은 지난 10년간 4배나 늘어났다. 비공개회사로 정확한 재무제표는 없지만 매출은 56억 엔대를 기록 중이다(2008년).

고객에서 직원으로 변신사례 많아⋯ 문화를 파는 회사

세이카츠노키가 유명해진 계기는 2010년 발표된 사원만족도 조사결과 1위에 랭크되면서부터다. 2010년 〈WBS〉 TV의 사원만족도조사 수도권(關東)지역 1위로 집계된 데 이어 컨설팅회사 '링크앤모티베이션'이 1,000개사를 대상으로 실시한 사원만족도 조사에서도 1위에 올랐다. '세계 No.1 배려기업'이라는 슬로건다운 화려한 수상경력이다.

최근엔 직원급여를 인상하는 등 복리후생에 적극적이다. 사원성장에 발맞춘 다양한 복리후생과 연수제도를 두루 갖췄다. 특히 만족도가 높은 이유는 사업모델이 사회공헌으로 연결된 특유의 행복감 때문이다. 실제 임직원은 회사의 사회공헌을 공유하며 또 주도한다.

회사자료를 보면 NPO · NGO 등에 흥미를 갖고 회사가 추진 중인 해외와의 공정무역에 임직원의 지지가 높다. 인재육성도 사회공헌에 포커스를 맞춰 진행된다. 때문에 중소기업으로선 드물게 교육 전담부서를 갖췄다. 환경부하를 경감시키는 비즈니스답게 환경을 배려하는 다양한 활동도 유명하다. "제품을 파는 게 아니라 문화와 뜻을 전달하기 위해서"

란 게 CEO의 설명이다.

최고수준의 사원만족도는 결국 그에 비례하는 높은 고객만족도로 이어진다. 그만큼 고객호평이 자자하다. 회사제품을 오랫동안 써오다 입사한 직원도 적잖다. 주력고객인 2030 여성세대에겐 그 정도로 명성이 높다.

회사는 슬로라이프 스타일을 제안·실천한다. 사회 전체가 효율과 속도경쟁을 강조하는 지금이야말로 최소한 사적 시간만큼은 여유롭게 천천히 쉬는 시간을 보내

는 데 가치를 두기 때문이다. 회사는 여유·휴식·풍부한 시간을 보내는 것에 큰 의미를 부여한다. 회사제품은 이를 위해 자연축복을 고객에게 소개·제공한다.

세이카츠노키의 보다 구체적인 회사미션을 보자. 모두 3가지다. 우선 식물이 주는 자연축복으로 사람을 치유하는 것이다. 한발 나아가 세계의 자연축복을 활용해 세계에 그 치유서비스를 제공하는 게 둘째 미션이다. 마지막은 자연축복이 고갈되지 않도록 꾸준한 식수 등을 통해 자연환경을 소중히 하는 것이다. 결국 회사의 존립기반일 수 있는 자연축복을 보호·재생하는 건 일종의 의무에 가깝다는 인식이다.

그 출발로 리사이클에 열중한다. 아로마 오일을 넣는 병의 경우 오일

을 다 쓴 뒤 빈 병을 각 점포에서 회수해 재활용한다. 약초농원에선 병설 레스토랑과 인근 가정·보육원 등에서 나온 음식쓰레기를 재가공해 허브비료로 사용한다. 사무실 쓰레기의 재활용도 예외가 없다. 사내에서 나오는 방대한 사무폐지를 압축해 상품발송용 종이박스로 사용하는 게 대표적이다.

환경은혜에 대한 보답은 경비절감보다 의식공유가 우선 고려사항이다. 자원재활용 등이 결국 경비절감에 도움은 되지만 이는 결과론에 불과하다. 환경을 배려하는 비즈니스의 성공열쇠는 '무엇을 위한 것인가'라는 문제의식을 직원과 대화로 공유하는 것이기 때문이다. 경비절감을 우선했을 경우 동료사원을 설득하지 못할 수 있다. 회사의 추구이념인 자연축복을 위한 제반활동에 경비절감이란 개념이 어울리지 않기 때문이다. 오히려 순환구조를 만들기 위한 적극투자의 필요라는 마인드가 더 일반적이다. 직원들도 회사가 단순한 이익추구보다 지구환경에 적극적인 데 찬성한다.

재활용을 넘어 원료식물을 생산지에 식목하는 활동도 병행한다. 세계를 무대로 한 나무심기 활동이다. 상품원료로 사용되는 다양한 초목을 벌채만 하는 게 아니라 식목함으로써 자연축복에 보답하기 위한 차원이다. 또 공장에서의 사용전력은 그린에너지로 대체 중이다. 풍력과 바이오매스에 의한 발전전력을 상시업무에 사용해 자연환경에 적으나마 기여하고자 위함이다. 일상생활 속에서 1인 1일 1kg의 이산화탄소 배출량 감소를 목표로 실천운동도 전개 중이다.

이 밖에 공장·물류센터에 허브정원을 꾸며 근무환경을 업그레이드시키는 작업에도 착수했다. 국내에선 장애인센터에서 비누제조를 도와주는 프로젝트를 실시한다. 생물다양성의 섬으로 불리는 마다가스카르에서는 화전농법에 의해 망가져가는 숲을 부활시키는 활동도 하고 있다. 가나 등 개발도상국에 농원과 공장을 설립해 기술지원을 함으로써 소득배증에도 심혈을 기울인다. "해당 국가의 산업육성을 지원해 그 사람들이 행복할 수 있는 사업을 전개하고 싶어서"다.

높은 직원만족도는 돈의 힘이 아니다. 회사의 임금수준은 일본평균치에 가깝다. 대졸(20만 8,400엔)과 전문대졸(18만 8,500엔) 모두 그렇다(2009년). 월급만 놓고 보면 매력은 '별로'다. 그런데도 입사를 원하는 젊은이가 셀 수 없이 많다. 매년 10명 안팎을 뽑는데 경쟁률이 엄청나다. 2011년 채용된 7명은 무려 3,800명의 경쟁자를 제치고 입사했다. 최근 몇 년간 평균 경쟁률도 500대 1 이상이다. 이들 임직원은 자립주의를 통해 스스로 원하는 일을 찾고 매진한다. 흉내 내지 않는 독자적인 가치창조다.

회사는 직원만족에 심혈을 기울인다. 적재적소의 인재배치를 우선하는 이유다. 신입사원은 입사 후 1년~3년은 점포에서 실무경험을 쌓는다. 업무흐름과 상품지식 및 고객목소리 등을 들어두는 게 중요해서다. 이후 상품개발·마케팅·영업 등 개별업무에 적성을 고려해 배치한다. 또 신입사원 장래희망은 내정시점에 개별청취를 통해 기록해두며 이를 상시적으로 존중·공유한다.

　방대한 상품 종류와 지식확보를 위해 연수제도가 적극 활용된다. 입사 이후 점포배속·상품연수를 시키는 배경이다. 정기적인 집합연수에선 다른 점포동료들과 적극 교류해 본인 실력을 향상시키는 기회로 삼는다. 기타 선택연수에선 필요에 따라 세분화된 교육을 받을 수 있다.

월급도 적은데 입사경쟁률은 500대 1… 돈을 넘어선 만족감

사적 라이프스타일을 위한 회사배려는 능동적이다. 여성사원의 비율은 압도적으로 높다. 전체 임직원(약 600명) 중 95% 이상이 여성이다. 관리직도 70%가 여성으로 구성된다. 때문에 출산·육아·개호 등 개별상황이 다를 수밖에 없는 제반문제에 대처하고자 충분한 관련제도를 도입했다. 대전제는 개인사정에 맞춘 탄력적 운용이다. 그만큼 복리후생이 두텁다.

　휴가제도는 즉시대응 시스템이다. 자녀가 아프거나 학교배웅 등 돌연적인 사태가 발생할 때 휴가를 사전에 허락받지 않고도 언제든 쓸 수 있도록 했다. 부담 없는 휴가다. 물론 영업시간 등이 정해진 점포스태프의 경우 출산·육아·단시간근무 등이 힘들다. 어쩔 수 없는 딜레마다. 하지만 장벽최소화를 위한 일상적인 제도개선을 통해 일과 가정 모두를 지키도록 배려한다.

　고용형태의 안정화를 위한 길은 늘 열어뒀다. 비정규직에서 정규직으로의 전환 가능 인사제도다. 판매직원이 많은 회사가 대부분 그렇듯 이 회사 직원도 70%는 준사원이다. 고용불안을 느낄 수 있다. 그래서 만든 게 풀타임으로 1년 이상 일했을 때 정규직으로 전환할 수 있는 기회 제공(2008년)이다. 각각 2월과 8월에 승격할 수 있는 구조를 갖췄다. 2009년 2월엔 20명이 정규직으로 전환됐다.

준사원의 정규직 등용에 공을 들이는 건 회사성장과 관계있다. 꾸준한 성장 덕에 점장업무를 담당할 정규직이 추가적으로 필요해졌다. 대졸신입이나 중도채용도 실시 중이지만 우선 고려대상은 준사원을 정규직으로 등용하는 방법이다. 실제 대부분 직원은 판매사원에서 시작해 점장클래스까지 성장하는 경우가 보편적이다.

승진과 관련한 인사고과에 직원 불만은 별로 없다. 명확한 점수제에 기인한 누적점수에 의해 승진

이 결정되기에 주관적인 평가는 원천적으로 개입하기 힘들다. 정규직이 되면 점장과 부서장 등 점포 총괄업무는 물론 상품개발 등 본사업무에 지원할 수 있다. 사내스쿨을 통해 전문스킬을 지닌 강사로 활약하는 직원도 적잖다.

회사조직은 보통의 피라미드식이 아니다. 둥근 원의 형태로 조직관계는 평평한 플랫구조다. 불가피하게 상사와 부하가 존재해도 기본은 평등한 조직시스템이다. CEO는 "포지션 차이는 역할차이일 뿐 개인의 열위기준은 어디에도 없다"고 강조한다.

회사 분위기도 비유컨대 "바람흐름이 좋다"고 한다. 사무실은 개방적이고 사장실도 유리칸막이가 전부다. 심리적인 공평함을 넘어 물리적인 평등의지를 강조한다. 모든 직원은 언제든 CEO를 비롯해 누구든 만날 수 있다. "고객만족도를 높이기 전에 직원만족도를 높이는 게 무엇보다 중요하다"고 본다.

그렇다고 욕구불만이 없을 수는 없다. 그래서 사장은 늘 공부한다. 임직원 니즈를 정확히 읽고자 인사부에 미루기보단 스스로 공부해 현장에 다가선다. "경영자가 사람(종업원)에 관심을 갖지 않으면 그걸로 끝"이라는 판단이다. 실제 CEO는 600명이 넘는 전체 직원에 세심한 배려를 아끼지 않는다. 사장이 종업원을 일일이 챙긴다는 게 공유되니 직원의식은 높을 수밖에 없다. 사장의 말이다.

"좋은 회사를 만들고 싶다는 목표를 전체 사원이 공유하죠. 이때 목표는 규모의 경제가 아닙니다. 중요한 건 배려가 넘치는 회사예요."

회사이념은 전체 직원이 철저히 공감한다. '공사(公私)일체'로 자연보호 등의 일상과제는 개인차원에서도 자발적으로 실천된다. 이 명분과 과제는 고객그룹과의 공유단계로까지 접어들었다. 사장은 "물건이 넘쳐나는 지금 같은 시대엔 시간이 걸려도 회사의 가치관·공감대를 형성한 뒤 이를 기반으로 상품을 제공해야 지속적인 발전이 가능하다"고 했다.

좋은 이념이니 공감이 형성되고 또 좋은 고객이 모여든다고 봐서다.

고객이 응원해주고 싶은 회사이자 동시에 취업하고 싶은 회사라는 의미다. "인생에서 좋은 가족과 친구를 만나는 게 최고의 행복"이라는 생각이다. 또 사장에게 회사란 "소중하게 여기는 친구들이 모인 장소"다. 때문에 사람냄새 물씬 풍기는 회사로 남고 싶다.

배려감 충만한 공사일체… 좋은 사람 모인 곳이 회사

그래서 사원에 대한 채찍질 대신 사원 스스로의 내발(內發)성을 중시한다. 임직원의 동기발현 노하우도 별로 없다. "사장 이상으로 일과 허브·아로마를 좋아하도록 해주는 것뿐"이란 게 CEO의 강조 포인트다. 실제로도 공적을 사원에게 돌리고 성과를 모두가 나눠 가지며 모든 구성원이 좋은 사람이라는 이미지·풍토가 회사 전체에 가득하다. 이러니 직원만족이 자연스레 회사실적으로 이어진다.

  CEO의 관심사는 하나다. 세상을 위해 뭔가를 하고 싶은 사람을 모아 기쁨을 나누는 즐거운 조직창조다. 그건 회사일 수도 동네일 수도 세계일 수도 있다. 중요한 건 자연·동료와 함께 즐겁게 사는 것이다. 인재우선이다. 이를 위해 주요언론이 이름 붙여준 '배려경영'이 정착됐다.

  CEO는 이를 "반경 1m를 행복하게 하는 경영"으로 바꿔 표현한다. 대상은 직원이며 목표는 직원행복이다. 때문에 대부분 기업이 채택한 경영효율·경비절감을 위한 아웃소싱은 회사사전에 없다. 좀 번거롭고 힘들어도 모든 걸 회사 내부에서 처리함으로써 보람을 확산시키기 위해서다. 흉내를 내기보단 모든 걸 스스로 개척해나간다는 건 회사역사와 일맥상통한다. 스스로 생각하고 발전시키고 실천하는 인재를 추구하기 때문이다. 회사는 올라운드 플레이어를 원한다. 상품은 물론 광고·점포까지 모든 걸 사내에서 처리한다는 게 원칙이다. CEO의 말이다.

"1년 후를 생각하면 곡물을 심고 50년 후를 보면 나무를 심으며 100년 후를 생각하면 사람을 키우라는 말을 좋아해요. 직원에서 시작해 고객을 넘어 사람 모두의 인연을 중시하는 경영이 그 답이라고 봅니다."

회사는 성장도약대에 섰다. 국내시장에서의 확고한 지위를 바탕으로 세계판로를 확대할 계획이다. 이미 대만에 자회사를 설립했고 한국에 인터넷판매도 개시할 예정이다. 자연의 축복이야말로 다양한 분야에 활용할 수 있다는 판단에 교육사업과 여행사업 등에도 적극적이다. 의료·간병복지·초등교육 등 폭넓은 분야에 사업을 전개할 방침이다. 세이카츠노키의 사회공헌과 여기서 행복감을 느끼는 직원만족이 한층 확대될 수 있는 계기를 마련한 셈이다.

일할 맛이란 게 월급과 복리후생에 비례하지 않는다는 작은 경험이 큰 상식으로 받아들여질 날도 멀지 않았다. 회사는 사회공헌이라는 공익추구와 평등한 조직실현이 금전가치 이상의 높은 만족도·행복감으로 이어진다는 걸 멋지게 증명해줬기 때문이다. 이런 점에서 세이카츠노키는 참 좋은 회사 중 하나다.

■ CEO 연구

사리사욕은 금물… "건강하고 즐겁게 살자!"

CEO인 시게나가 타다오(重永忠)는 일본에 아로마를 소개한 개척자다. 1961년 도쿄 하라주쿠(原宿)에서 태어났다. 대학 졸업 후 세븐일레븐에 입사하며 사회경험을 쌓았다. 대형 유통회사에 취업한 건 가업을 전국단위로 전개하기 위한 포석이었다. 그러자면 점포출점·경영 등 다양한 노하우가 필요했기 때문이다. 이후 경제산업성 중소기업대학교 경영코스를 거쳐 1988년 세이카츠노키 대표로 취임했다. 할아버지가 창업한 회사를 물려받은 것으로 3대 CEO가 됐다.

3대라 해도 사업내용은 모두 달랐다. 할아버지(사진관)에 이어 아버지(도자기점) 모두 각각이었다. 그럼에도 불구하고 그가 회사를 물려받은 건 선대의 점포유지라는 대의보다 어릴 적 개인적 경험이 컸었다. 초등 6학년 때 신장병을 앓았는데 서구의학은 그에게 평생 스포츠를 금지시켰다. 야구소년의 충격은 상당했다. 절망감에 시달리며 내원치료를 하던 중 모친이 주변 조언을 듣고 한방치료를 시키기 시작했는데 결국 완치했다. 자연축복이 서구의학이 해결하지 못했던 병을 치료해줬다는 기억이다. "당시 강렬한 경험이 지금도 가슴속 깊이 남아 있다"고 할 정도다. 이후 17세 때 부친이 해외출장 때 가끔 갖고 온 허브·포푸리 등이 허브와의 첫 조우였다. 당시 일본엔 없었기에 본격적으로 소개하기 시작했다. 허브와의 사업계기는 이렇게 출발했다.

3대 사장이긴 해도 그의 기여도는 결정적이다. 사업성공의 첫 열쇠였던 포푸리를 히트시킨 게 그의 공로이기 때문이다. 1980년대 소녀만화잡지 〈나카요시〉에 포푸리 기획만화를 시작한 게 계기였다. 주인공 소녀의 취미를 포푸리 만들기로 설정해 매회 스토리에 포푸리를 등장시켰고 마지막에 포푸리 레시피(제작법)를 실었다. 동시에 독자의 포푸리 작품을 모집해 시상하는 콘테스트를 실시했다. 결과는 빅히트였다. 매번 엄청난 포푸리가 응모해왔고 전국적인 붐을 형성했다. 입상작은 회사 본점 1층에 전시했는데 당연히 포푸리 원료를 팔라는 요청이 쇄도했다.

원료판매 이후 회원규모는 4~5년에 걸쳐 20만 명까지 늘어났다. 자연축복을 세상에 확대시키는 주역이 어린 세대들이라는 인상도 강하게 받았다. 이 경험을 토대로 1990년대 이후에는 허브 차와 아로마 오일 등 관련한 여러 가지 상품개발과 보급에 본격 나섰다. 이후 자연축복을 생활에 채택해 건강하게 산다는 콘셉트는 제품 다양화와 판로 다각화에 크게 기여했다.

CEO는 지역부활에 관심이 많다. 현재 고향이기도 한 도심번화가인 하라주쿠 오모테산도(表參道)의 지역활동에 열심이다. 상점가부흥조직 간부를 맡는 등 지역에 천착해 폭넓게 활동 중이다. "내가 태어나고 자랐을 뿐 아니라 선대뿌리도 이곳에서 출발했기에 조금이나마 은혜를 보답하고 싶기 때문"이다. 고향을 사랑하는 것이야말로 극히 자연스럽다는 반응이다. 지금은 이런 지역부활 움직임이 좀 더 폭넓게 퍼지기를 희망한다. 모토는 '자연스럽게 건강하게 즐겁게 살자'로 요약된다.

개인시간일 땐 밴드활동을 하며 사회공헌을 목표로 한다. 합창단 멤버로도 활동 중이다. 향후 꿈은 소박하지만 크다. "결코 큰 꿈은 아닌데 평생현역으로 살고 싶다는 것"이라고 밝힌다. 일도 지역공헌도 어떤 형태로든 은퇴 없이 계속할 것이라는 포부다. 젊은이들에게 당부도 잊지 않는다.

"뭐든 사리사욕이면 반드시 실패해요. 세상을 위해 사람을 위해 사업과 봉사를 하려는 목적의식을 가져보세요. 그러면 보다 많은 이들에게 보다 깊은 기쁨을 줄 수 있죠. 이게 결과적으로 당신의 꿈과 희망을 이뤄줄 겁니다."

06 ㈜21

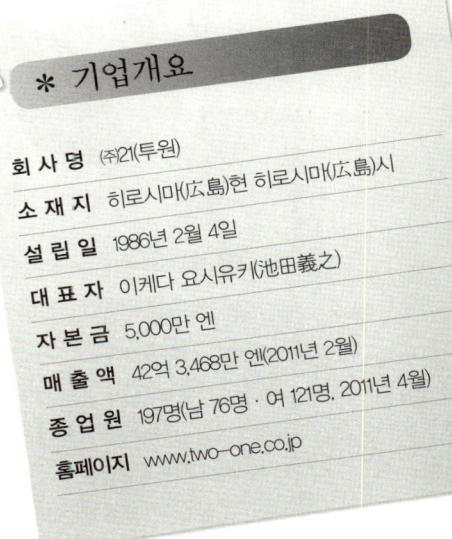

※ 기업개요

회 사 명	㈜21(투원)
소 재 지	히로시마(広島)현 히로시마(広島)시
설 립 일	1986년 2월 4일
대 표 자	이케다 요시유키(池田義之)
자 본 금	5,000만 엔
매 출 액	42억 3,468만 엔(2011년 2월)
종 업 원	197명(남 76명·여 121명, 2011년 4월)
홈페이지	www.two-one.co.jp

직원행복의 마법… '남은 이익은 세금보다 보너스로'

"성과(20%) 있는 곳에 보상(80%) 있다."

　많은 CEO가 믿고 따르는 경영학의 기본원리다. 파레토는 이를 20대 80으로 봤지만 나날이 일극집중은 심화된다. 이젠 10대 90도 이상하지 않다. 적자생존·승자독식의 시대개막이다. 이런 이유로 일본에서도 1990년대 이후 미국식 성과주의가 대폭 수용됐다. 물론 성과주의엔 반발논리도 많다. 일본처럼 사회주의 이데올로기가 잔존한 국가에선 더더욱 그렇다.

　그럼에도 불구, 대세는 확실히 미국식이다. 일본재벌을 비롯한 거대기업 대부분이 1990년대 중반 이후 미국식을 추종하기 시작했다. 다만 시

각을 좀 넓히면 아직도 일본식의 직원행복을 우선가치로 두는 기업이 많다. 종신고용·연공서열로 근로자의 생애행복을 보장하는 게 결국 업적증대·가치실현의 지름길이라는 의미에서다.

안경체인점인 ㈜21도 이 중 하나다. 최근 ㈜21의 경영혁신은 언론의 집중조명을 받으며 각광을 받는 분위기다. ㈜21의 경영혁신은 상식파괴의 전형이다. 기존 회사가 가진 경영통습은 뿌리째 없애고 대신 새로운 개념을 넣었다.

회사목표는 이익추구에서 직원행복으로 전환했다. 그러니 이익을 안 남기고 관리직이 없으며 노동목표(노르마)가 없다. 결과적으로 직원만족도는 일본 최고수준이다. 어느새 많은 이들에게 가장 행복한 회사로 알려졌다.

근무환경만 좋아서는 회사존속이 힘들다. 그런데 ㈜21의 매출업적은 상식수준에선 이해하기 힘든 구조다. 장사는 잘했는데 남는 게 없다. 2010년 결산년도(2010년 3월~2011년 2월) 매출액은 42억 3,468만 엔에 달한다. 반면 당기순익은 -195만 엔이다. 비밀은 원가율 공개에 있다. 매출에서 원가(31억 503만 엔)와 판관비(11억 2,132만 엔)를 빼면 경상이익은 220만 엔에 불과하다. 여기서 법인세를 제하니 손에 쥔 세후수익은 마이너스일 수밖에 없다. 무려 72%에 달하는 원가율 때문이다. 상장기업 경쟁사(T사) 원가율(32%)보다 턱없이 높다.

주목받는 혁신적 행복기업… 원가율 72%의 비밀

원가율이 높다는 것은 그만큼 남는 것 없이 장사했다는 의미다. 이는 '일본 최저가'를 추구하는 회사방침과 일치한다. 저가제공을 통한 고객만족이다. 회사에 이익을 남기지 않고 가격인하로 환원하는 전략이다.

회사 홈페이지에 소개된 판매가격 인하노력은 한눈에 쏙 들어올 정도로 파격적이다. 가령 박형렌즈(1.60×2매) 가격추이를 보면 1988년 1만

◆ 박형렌즈 1.60(2매)의 세후 판매가격 추이

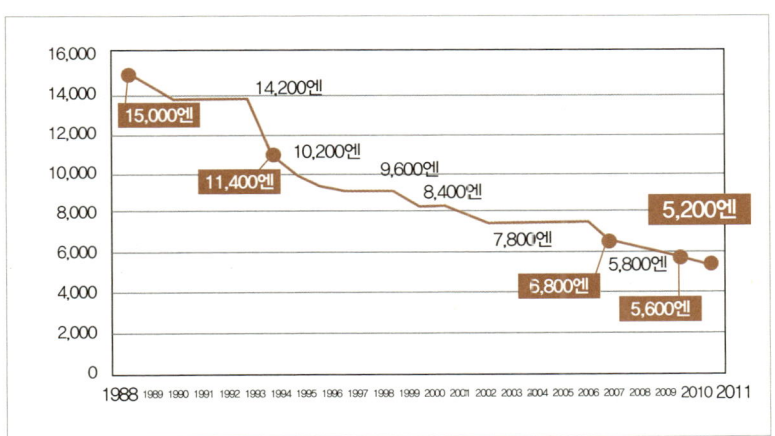

자료; 홈페이지

5,000엔에 팔던 걸 2010년 5,600엔, 2011년 5,200엔까지 인하했다. 1990년대 이후 디플레가 있었고 엔고(円高) 환원세일 호재가 있었다 해도 상당한 노력이 분명하다.

무엇보다 경쟁사에선 뚜렷한 가격인하를 찾을 수 없다. 그러니 고객 발걸음이 문전성시인 건 불문가지다. 싸고 좋은데 안 찾을 이유가 없다. 그 결과가 꾸준한 매출증대다. 그룹 전체로 따졌을 때 매출액은 1986년 창업 당시 2억 엔에서 현재 85억 엔까지 늘어났다. 점포는 3개에서 130여 개로 불어났고 종업원은 전체 550명(본사 200여 명)에 달한다.

㈜21이 직원행복을 최대가치로 둔 데는 창업 당시 경험이 한몫했다. 회사는 1986년 대형안경회사에 다니다 구조조정으로 잘린 4명의 퇴직사원이 설립했다. 구조조정 경험은 가히 충격적이었다. 누구보다 열심히 일했지만 철저히 회사에서 버림받았기 때문이다. 다니던 회사가 경영 대

◆ 저가공급 실현비밀 원가율 구성비

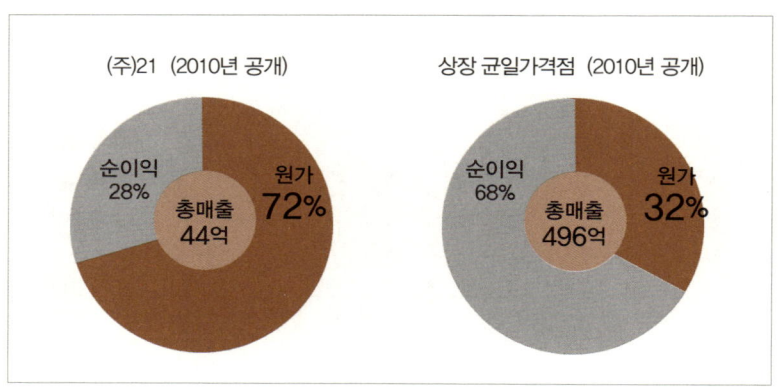

자료: 홈페이지

물림을 단행한 게 단초가 됐다. 임직원의 존경을 한 몸에 받던 사장이 사망한 후 미국유학을 마친 딸이 후계를 이으며 상당한 무리수를 뒀다. 경영합리화를 이유로 강력한 구조조정을 단행한 것이다.

직원복리는 땅에 떨어졌고 고객만족은 후퇴했다. 이 과정에서 경영자의 중요성을 새삼 절감한 건 물론이다. ㈜21은 이에 대한 반발과 호구지책을 위해 퇴직사원이 출자해 만들었다. 10% 직원만 만족하는 미국형 경영보단 100% 전체 직원이 행복한 경영모델을 실천하기 위해서다.

직원행복을 위한 장치는 곳곳에 설치됐다. 먼저 회사사시(社是)부터 직원·고객 최우선주의로 압축했다. 직원행복과 고격신뢰가 그 추구방향이다. 직원이 불행한데 고객행복이 실현될 리가 없다는 이유에서다. 이는 세간의 고객만족 지상주의와는 다르다. 고객만족을 추구한다면서 정작 직원 노동강도를 높이고 돈만 강조하는 회사가 적잖아서다.

때문에 ㈜21은 고객입장에서 판단할 수 있는 직월모럴을 보다 중시한다. 피부에 와 닿는 직원·고객만족의 실현이다. 이를 위해 회사의 존재목표인 이익추구는 과감히 버렸다. 저가제공으로 이익을 덜 남겨 고객을 위하고 그래도 생긴 최종이익은 연간단위로 고스란히 직원통장에 입금한다. 회사금고엔 한 푼도 남기지 않는다. "좋아하는 사업을 계속하기 위해 오히려 이윤을 남기지 않는다"는 게 CEO 이케다 요시유키(池田義之)의 말이다. 이익을 남기지 않는다는 경영방침은 의심 받기 딱 좋다. 믿기도 힘들거니와 꼼수일 수도 있다. 그래서 만들어둔 장치가 '완전한 투명경영'이다.

투명경영은 직원행복을 실현하는 ㈜21의 뼈대장치다. 실제 회사자료는 사내 웹에 100% 공개된다. 재무데이터브터 개별 점포매출·고객요구·불만사항 등 없는 게 없다. 여기엔 인사평가도 급여도 예외가 아니다. 경쟁사를 비롯해 외부로 사내정보가 유출될까 우려스럽기도 하건만 회사 입장은 "쓸데없는 기우"란 의견이다. 되레 정보공개로 모든 걸 오픈하니 불만·갈등이 줄어들었다고 했다.

직원행복을 위한 투명경영은 기업소유·지배구조와 일맥상통한다. 회사는 사원에 의한 100% 공동출자·공동경영 형태다. 은행차입은 없다. '근로자=출자자'이기에 노사교섭도 없다. 본인자금으로 직장을 떠받치기에 상사 눈치를 볼 이유도 없다.

인사평가는 전원공개다. 인사는 금전적 리스크 부담정도와 개별업적으로 평가된다. 경영에 필요한 자금원이 되는 사내예금에 출자한 금액과 업무내용·업적을 기초로 개별사원에 대해 절대평가를 실시한다. 이 결과에 따라 상여금액을 정한다.

이때 치밀한 평가기준은 불필요하다. 정확하겐 누구도 개별업적을 정확히 평가할 수 없다고 본다. 인사평가를 정확히 한답시고 인사부를 만들고 시스템을 도입하는 것 자체가 낭비란 인식이다.

직원모럴 가장 중시… 최종이익은 고스란히 직원통장으로

투명경영은 비용절감에 특히 기여한다. ㈜21엔 영업일선을 지원하는 관리직이 없다. 인사·총무는 물론 사장실조차 없다. 여직원 8명이 그 역할을 전담할 뿐이다. '인사파괴'로 불리는 ㈜21의 핵심 경영전략이다.

대신 아웃소싱(하청) 및 인터넷조직을 가동해 인건비 등 경비절감을 실현한다. 재고관리는 개별점포에 위탁한다. 비생산적인 부문해소를 통한 경영합리화다. 이때 본부부문도 독립채산제로 운영된다. 이는 경영학계에서 최근 주목하는 첨단기법으로 자주 소개된다. 경영학계에선 "가격파괴가 되는 회사는 인사파괴도 가능하다"며 ㈜21의 발상전환에 힘을 실어줬다. 높은 원가율에도 불구, 거액상여를 제공하는 모순을 푸는 열쇠여서다.

투명경영을 강조한 사장의 책

의사결정은 꽤 파격적이다. CEO에겐 특별한 권력이 없다. 인·허가권을 소수가 쥐면 문제가 생긴다고 봐서다. 대신 중요사안을 가상공간에 공개 회의로 붙여 부인·반론이 없으면 찬동으로 간주하는 묵인(黙認)제를 채택했다. 인터넷에서의 공개와 질의응답으로 저렴하고 빠른 의사결정이 가능해졌다. 인사파괴는 피라미드식 기존 조직의 부작용을 창업멤버들이 뼈저리게 체험했기에 가능한 발상이었다.

직원채용은 다소 엉뚱하다. 일반직 채용공고에 회사사정을 있는 그대로 모두 노출한다. 가령 30세로 승급이 멈추기에 세대주로 가족부양을 해야 할 경우 입사를 재고하라고 권한다. 연공서열을 기대해 들어왔다 추후 후회할 수 있기에 애초부터 있는 정보를 모두 알려주자는 차원이다. 이와 관련해 후생성의 법률위반(남녀기회균등) 지적까지 받았지만 회사실정을 감춰 혼선을 야기해선 안 된다고 반박, 일부 문구를 고치는 걸로 대체하기도 했다.

사원의 교육시스템은 꽤 엄격하다. 고객클레임은 모두 공개해 전체 직원의 케이스스터디로 삼고 해당 점포엔 옐로카드를 제시한다. 경고건수가 증가하면 광고지 삭감 및 배포금지 벌칙이 부과된다. 그래도 안 되면 해당자를 전근시키고 점포이름을 변경한다. 고비용의 내부감사보단 실효성이 높은 고객의견을 중시한다. "가장 엄격한 입장의 재판관인 고객에게 지도를 받는 게 낫다"는 이유다.

상사·부하거부권이란 것도 있다. 함께 일할 동료를 고를 수 있는 제도다. 상생붕괴로 일할 맛이 나지 않을 경우 전속·전근희망을 할 수 있다. 이때 잔류·전출자 누구에게도 책임은 묻지 않는다. 개인가치관에 따라 근무형태(휴가·근무지·독립여부 등)를 고를 수 있다. 퇴직금이 없기에 중도퇴직도 가능하다.

투명경영으로 직원만족도를 높인 이케다 요시유키

파벌·권한 없는 CEO… 4년 후 무조건 교대

영속적인 기업경영을 위한 장치도 마련됐다. CEO의 4년 교대제가 그렇다. 창업 당시 초기멤버 중 부문별 경험자는 모두 갖춰졌었다. 하지만 사장 경험자는 아무도 없었다. 고민 끝에 결국 최고연장자가 사장을 맡았다. 물론 경험상 사장 역할이 업적향상에 그리 결정적인 변수가 아닌 걸 배웠기에 큰 부담은 없었다. 대신 ㈜21의 사장도 특별업무는 물론 특별권한·보수 자체가 없도록 조치했다. 자연스럽게 4년 교대제가 발생한 배경이다. CEO 등장에 따른 폐해도 파벌도 없는 이유다.

㈜21의 경영권 위양구조는 이른바 MBO(Management Buy-out)로 설명된다. 후배사원이 정년퇴직하는 선배사원의 경영권을 순차적으로 받는 방법이다. 자금조달을 외부기관에 의존하지 않기어 가능한 시스템이다. 선배사원의 보유주식은 사내매도로 후배사원에 넘겨진다. 액면이지만 주식보유만큼 일종의 퇴직금으로 활용할 수 있다. 근로의욕이 증대될 수밖에 없다.

㈜21의 MBO식 경영위양이 가능한 건 회사에 이익을 남기지 않기 때문이다. 회사이익이 없는 관계로 원활한 경영이양과 권력투쟁 배제 등이 최대 메리트다. 돈 많은 우량기업을 남기면 후세대에 흔히 갈등이 발생한다. 반면 이익이 없으면 주가는 액면 이하로 평가돼 후계자로의 바통터치가 손쉬워진다. 게다가 자본금은 5,000만 엔으로 홀로 상속받아도 상속세가 제로다. 누가 차기 CEO가 되건 부담이 없는 구조다.

또 매년 이익이 모두 정리되기에 배수진을 친 심정의 근무환경을 만들 수 있다. 못 벌면 연봉 자체가 쪼그라들기 때문이다. 요컨대 무능한 사장이 이어받지 못하는 어려운 기업체질이다. 반면 경영판단이 잘못되면 사원소득이 급감하기에 해임압박은 순식간에 나타난다. 봉사정신이 왕성하지 않으면 ㈜21 CEO로서의 삶을 버틸 수 없다.

그렇다고 직영점만 챙기는 기업이 아니다. ㈜21은 안경점 프랜차이즈를 사업모델로 한다. 직영점도 있지만 가맹점이 적잖다. 창업 초기엔 직영점 위주로 확장전략을 실시했다. 4명의 창업멤버를 비롯한 초기 직원 자체가 과거 안경판매 베테랑이었던 관계로 회사는 금방 안착했다. 안경점의 경우 1인당 생산성이 낮은 관계로 거액급여가 불가능한 구조였다. 당연히 경쟁격화로 구조조정은 일상적이었다.

㈜21은 이들 구조조정 대상자를 모아 프랜차이즈를 개시했다. 사원 1,000명을 모아 1,000개 점포로 키우겠다는 목표를 설정했다. 추후엔 독립점포도 프랜차이즈에 합류시켜 규모가 점차 커져갔다. 이때 독립점포에게도 많은 걸 양보했다. 일례로 프랜차이즈 가맹수수료는 매출의 1%뿐이다. 지불책임이라는 위험변수를 생각하면 지나치게 낮은 수준이다. 그래도 숨통을 터준다는 차원에서 고집스레 적용 중이다. 다행히 도산경험은 없다. 설혹 생겨나도 전체 가맹점의 손실분산으로 방어하거나 보증금을 돌려줘 재건을 도와주는 시스템을 갖췄다.

'근로자=출자자'의 구조… 동반성장 프랜차이즈의 힘

프랜차이즈 확장전략엔 무이자·무보증·무담보의 자금지원이 핵심이다. 3무 전략이다. 이는 창업 초기 경영자를 키우는 즐거움을 가르쳐준 '감춰진 상담역'으로부터 기인한다. 제대로 된 예비경영자를 골라내면 본사노력이 줄어든다는 점에서 3무(無) 지원전략은 되레 이득이란 게 ㈜21의 경험칙이다.

또 경쟁격화로 고심 중인 인근 점포에도 ㈜21의 저가상품을 그대로 공급한다. 사내외 반발이 적잖았지만 "우리만 싸게 팔면 그 이상 노력하지 않고 기술·접객품질도 떨어질 것"이라며 설득했다. 라이벌이 있기에 더 멋진 경기를 할 수 있다는 이치와 같다.

게다가 최근엔 같은 값이면 직영점보단 프캔차이즈 확대에 치중한다. 본사직원의 단신부임·가족전근 폐해보단 오너경영을 원하는 지역출신자가 점포를 맡아 경영하는 게 더 합리적이란 이유다. 때문에 신규점포는 팔릴 만한 지역이 아닌 기술자의 영주지역을 선호해 배치한다.

파격엔 늘 염려가 뒤따른다. ㈜21도 마찬가지다. 가령 내부유보가 없다는 우려를 보자. 통상 내부유보가 없으면 실적악화 때 이를 저지할 자금여력이 없다는 걸로 해석된다. 곧 기업도산이다. 이에 ㈜21의 대답은 신축적인 대응전략으로 충분히 난국타개가 가능하단 입장이다. 워크셰어링 등으로 동료를 지키는 시스템에 기초한 인건비 관련지출 삭감정책이 그렇다.

구체적인 4대 대응전략도 소개했다. △제1탄(연간 800만 엔까지 설정된 최고상여 감축 및 사내예금이율 10%에서 0%로 인하) → △제2탄(잔업·휴일근무 줄여 1인당 평균수당 161만 엔 절감) → △제3탄(파트사원 근무시간 삭감) → △제4탄(설비투자 중지로 정률의 감가상각비 절약) 등의 순차방어막이 그렇다.

특히 상여는 애초부터 워낙 상한을 높게 설정해 비상시 감축여지가 충분하다고 강조한다. 이런 점에서 회사는

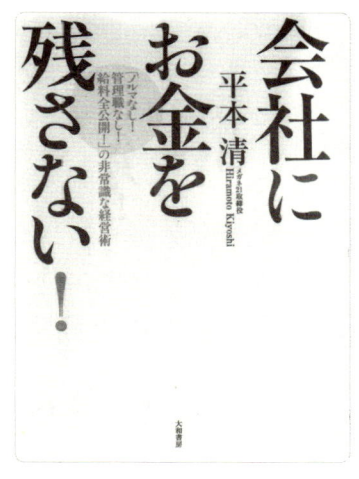

호사에 돈을 남기지 않는다는 철학을 강조한 책

"내부유보는 없는 게 아니라 실은 임직원 본인들에게 있다"는 답변이다. 신용등급 등은 신경 쓰지 않는다. 신용등급 자체가 주가등락에 따른 투기용도라고 일축한다. 주가차익이 아닌 주주배당이 진정한 투자란 얘기다. 더욱이 평균 2,000만 엔을 출자한 100명의 주주그룹이 있어 추가적인 일반투자가 불필요할 정도로 ㈜21의 자금여력은 탄탄하다고 덧붙인다.

■ ㈜21의 상여시스템

특이한 자금조달… "월급은 낮아도 연봉이 높은 비밀"

이익 전부를 직원에게 돌려줘서인지 ㈜21의 연봉수준은 굉장히 높다. 매스컴에선 "실적압박이 없는데 보너스만 500만 엔이나 받는 즐거운 회사"로 소개된다. 이 연봉시스템은 ㈜21만의 독특한 구조다. 사실 월급수준만은 그리 높잖다. 대졸 신입의 경우 월 21만 엔으로 연봉은 281만 엔에 불과하다. 경력자 연봉이 많지도 않다. 경영위기를 대비해 최고월급도 27만 엔으로 묶어뒀다. 여기엔 잔업비용까지 포함했기에 숙련기술자의 경우 타사보다 턱없이 낮다. 퇴직금이 있는 것도 아니다.

중요한 건 상여로 불리는 보너스다. 업적에 비례하는 거액보너스가 그렇다. 회사 순이익이 전부 보너스형태로 지급되니 결과적으로 임금수준이 높을 수밖에 없다. 이익이 남으면 회사는 광고증액·비품구입 등으로 경상이익을 제로로 맞춘다. 그리고 최종적으로 장부수치가 제로가 되도록 순이익 전액을 기말상여로 지급하는 식이다. 과거 3년까지의 적자상각과 계산착오를 대비해 약간의 흑자는 남겨두지만 장부금액은 제로가 원칙이다. 이 때문에 세무조사도 있었다. 돈을 적잖이 버는데도 법인세를 내지 않는 의심스러운 회사로 보여서다. "급성장으로 큰돈을 버는데 그걸 모두 사원에게 돌려주니 의심을 받는 게 당연했다"는 회사 설명이다. 물론 이는 합법적이었다.

CEO의 연봉욕심도 없다. 사장연봉은 상한 1,000만 엔을 설정해뒀는데 2010년의 경우 780만 엔에 불과하다. "돈 욕심이 없는 사람이 있겠느냐만 1년마다 실적에 걸맞게 높은 상여를 받기에 불만은 없다"는 게 CEO의 반응이다. 상여 이외의 파격적인 연봉벌충 장치도 있다. 사내예금이 그렇다. 사내예금의 경우 임직원이 여윳돈을 회사 운영자금으로 맡기는 제도다. 연 10% 이자를 지급한다. 은행에 예금하듯 사내에 저축해 추후 퇴직금처럼 활용란 배려다. 제로금리 시중은행에 비하면 상당한 매력이다. 회사도 운영자금을 사내에서 모아 불필요한 조달 비용은 낮추고 복리수준은 높이는 장점이 있다.

그래도 염려는 남는다. 주주직원과 일반직원·비정규직과의 연봉격차 우려다. 이를 위해 회사는 다양한 복지정책을 실시한다. 공헌이 있는 임직원에게 렉서스를 지급하는 등 사원만족을 위해 노력 중이다. 파트사원 임금수준도 높게 설정했다. 입사 때 1,330엔의 시급은 10년 근속일 때 1,520엔까지 뛴다. 퇴직금 매년 지급 형태처럼 파트사원의 임금을 보장하는 조치다. 특히 ㈜21은 일본회사치고 드물게 남녀는 물론 시급·일급 무관한 동일노동·동일임금을 실시 중이다.

07

오쇼푸드서비스
(王将フードサービス)

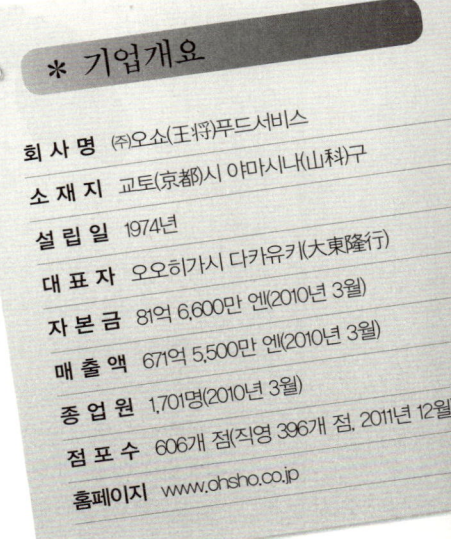

비정규직의 천국… '직원모럴로 싸고 맛있는 메뉴창조'

'먹는 장사'에 불황은 없다는 게 통설이다. 어차피 먹는 건 기본이기 때문이다. 다만 그게 일본이면 좀 다르다. 확연히 시장규모가 줄어서다. 특히 외식이 그렇다.

일본의 음식시장은 연 88조 엔에 이르는 대형마켓이다(2011년). 그중 외식산업은 24조 엔을 차지한다. 적잖은 규모지만 시장규모는 연일 감소세다. 1997년 30조 엔이었으니 두말할 필요가 없다. 패밀리레스토랑 대형업체인 '스카이락'이 점포폐쇄 후 저가 레스토랑으로 업태를 변경하는 등 전체적인 상황이 아주 어렵다.

와중에 뚜렷한 우상향(↗) 성장곡선을 그리는 업체가 있어 화제다.

'교자의 왕'으로 불리는 '오쇼(王將)푸드서비스(이하 오쇼)'가 주인공이다. 2005~2010년(3월기)의 6년 연속매출·순익이 전년 대비 100% 이상 성장했다. 언론관심이 쇄도했던 2010년은 126%의 과거최대 성장기록을 세웠다. 주력제품인 교자(만두)를 중심으로 일일고객이 20만 명에 육박했다. 2011년(3월기)의 경우 붐이 다소 식어 성장률이 전년 대비보다 떨어졌지만 여전히 플러스 성장 중이다. 지진 이후 소비정체 상황에서도 선전했다. 불황에 강한 기업체질의 대명사로 정착된 이유다.

회사의 성공배경은 품질 대비 저가공급에서 찾아진다. 실제 내수한파가 엄습한 이후 고객온기는 어디든 저가 인근에만 머문다. 회사의 최대 무기는 20~30% 싼 가격경쟁력이다. 경쟁업체보다 확실한 저가파워를 쥐고 있다. 다만 단순저가만으론 설명력이 좀 떨어진다. CEO는 "집객력이 떨어지면 아무리 가격이 싸도 고객을 못 부른다"고 본다. 출혈경쟁으로 장부상황만 악화시키는 악순환일 확률이 높아서다.

◉ 영업이익률 추이

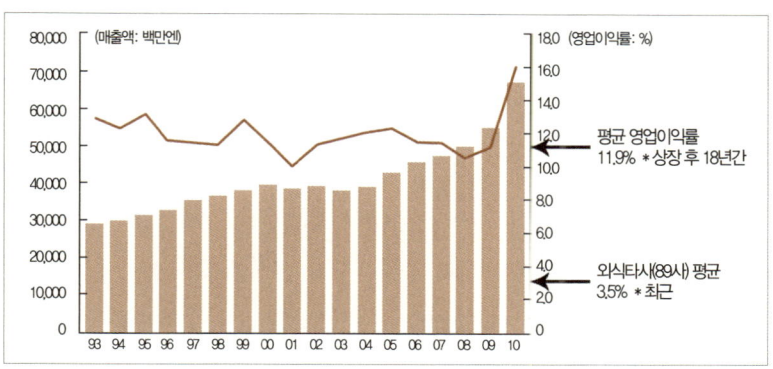

자료: 홈페이지

　핵심은 집객력이다. 싼 것과 함께 맛에 대한 고집이 그렇다. '맛있는데 싼'이라는 추가가치의 실현이다. 이는 디플레가 만연한 일본사회에서 설득력이 꽤 높은 성공비결이다. CEO는 "싸다는 것에 맛있다는 가치가 더해질 때 저가의미가 한층 먹혀든다"고 했다.

　이를 위해 메뉴와 맛의 개선작업은 일상적이다. 포인트는 예전보다 가치가 더해졌는지 여부다. 가격변동은 없다. 상황변화에 따라 가격이 오락가락하는 건 용납되지 않는다. 원가상승 등 위기상황이 닥쳐도 최대한 버틴다는 게 회사방침이다. 그보단 상품력을 높이는 게 더 중요하다.

사람을 생명으로 여기는 외식메이커… 핵심비밀은 人

　복수의 일본매스컴이 회사의 성공 DNA로 꼽은 핵심비밀은 '사람(人)'이다. 사람에 대한 철저한 고집과 가치추구가 V자 회복을 넘어 ／자 호성적의 근본이라고 평가한다. 2008년 전대미문의 금융위기 후폭풍으로 일본가계의 소비지출이 급감했을 때 회사는 오히려 교자 붐을 이끌며 승승장구의 발판을 다졌다. 싸고 맛있는 교자는 주머니사정이 나빠진 고객눈높이와 맞아떨어지며 연일 문전성시를 이뤘다. 언론이 주목한 건 물론이다. 불황에 강한 예외기업으로 꽤 좋은 상징사례였다.

벤치마킹을 원하던 업계시선은 이 회사에 집중됐다. 그럴수록 부담은 커졌다. 갈수록 업무집중은 힘들어졌다. 고전 중인 동종업계를 위해서도 홀로 성장하는 독주뉴스는 바람직하지 않았다. 결국 "더 이상 언론취재에 응하지 말라"

는 방침이 떨어졌다. 인간미 넘치고 사람냄새 가득한 열혈경영자로 평가되는 CEO 오오히가시 다카유키(大東隆行) 사장의 결정이었다.

CEO의 추구가치는 "사람이 생명인 회사"다. 그의 인재중시 고집은 '인활경영(人活経営)'으로 불린다. 종업원의 생기 넘치는 활발한 움직임에 전사적 역량을 투입한다. "인간력의 향상이야말로 기업성장을 좌우하는 관건"이라는 신념을 강조한다. 때문에 사원연수는 단발적인 신입사원뿐 아니라 일상적인 전체 직원이 대상이다. 상시·반복적 의식개혁으로 고객만족을 본능처럼 몸에 익히는 접객서비스를 완성하기 위한 조치다.

'인활경영' 전도사는 특히 상사그룹이다. 상부조직이 변해야 전체 조직으로까지 의식전환이 조속히 확산된다고 본다. 그래서 본사 상사일수록 더 바쁘다. 또 주문을 받고 음식을 내주는 단순한 현장작업은 지양대상이다. 눈 맞추고 인사하고 음식을 만들어 내줄 때까지 모든 과정에 인간미를 넣는 게 가장 중요하다. 즉 매출향상과 가치증대의 일등공신은 현장을 책임진 점장그룹의 향상된 인간력이다. 회사 허리를 책임진 주력파워답게 이들의 존재감과 역할이 오늘의 회사를 만들었다.

그도 그럴 것이 부도위기 때 사업을 물려받은 현직사장은 다른 건 다 잘라도 직원만큼은 끝까지 지켜냈다. 적자가 났지만 보너스까지 줬다. 여름·겨울 계절보너스는 물론 특별보너스까지 준 이유는 경영재건에 종업원 도움이 필수라고 봤기 때문이다. 사람과 사람의 관계가 원동력이 될 것이라는 판단은 결국 옳았다. "종업원을 생각하지 않는 조직은 붕괴한다"는 신념과 맥이 닿는 조치였다. CEO 스스로 현장주의를 실천했기에 현장직원의 파워를 누구보다 실감한다. 지금도 500명 이상의 점장 신상을 모두 외우고 있을 정도다.

구속보다 돈 원하는 비정규직 위해 보너스 적용

회사에게 점장은 단순한 점포책임자가 아니다. 일선현장의 선두에서 많은 팬을 거느려야 하는 리더십의 최종적인 발현주체다. 사장 설명이다.

"점장을 비롯한 상사는 팬을 만들지 못하면 안 돼요. 이 사람을 따르면 뭔가 좋은 일이 있을 것이라는 예감을 줘야 합니다. 점장은 품격과 인격을 늘 향상시킬 필요가 있죠. 고객과 동료를 배려해야 합니다. 솔선해서 이끌어가는 활발한 자세를 주변에 전염시켜야 하기 때문이죠."

이런 이유로 점장권한은 파워풀 하다. 기본메뉴(40종류)를 빼면 재량껏 음식개발이 가능하고 해당 점포만의 독자서비스를 할 수 있다. 지역밀착형 점포경영을 위해 권한을 대폭 위양했다. 점장권한이 별로 없는 타사와 구별되는 차별화다.

권한이양 후의 본점 역할은 후방지원뿐이다. 고객접점이 부족한 본사가 이래라저래라 간섭하기보단 실제사정에 능하고 의욕이 충만한 점장에 모든 걸 맡기는 게 낫

다고 이해한다. 이게 지금은 사풍이 됐다. 회사의 향후전략 중 하나인 점포개장 권한도 점장에게 전폭 내줬다.

타사와 차별되는 또 다른 결정적인 포인트는 무차별주의다. 정규직은 물론 아르바이트·파트직원 등 비정규직이 일하기 좋은 직장환경을 정비했다. 현재 회사엔 정규직이 1,700명을 웃도는데 비정규직 규모는 이를 초과한다. 이 중 20년 이상 근무 중인 비정규직이 80명이 넘는다. 이직률 높은 음식업계에서 비정규직이 20년 넘게 일하는 경우는 사실상 거의 없다.

비정규직이 오래 일하는 근무환경 비결은 역시 인간력을 강조하는 회사철학에서 답을 찾을 수 있다. 비정규직이라도 원하는 근무시간을 재량

껏 선택하도록 한 게 대표적이다. 자녀양육이 신경 쓰이는 엄마직원이면 오후 2시에 퇴근해도 될 정도로 유연성을 갖췄다. 인간력이 강조·실천되는 작업환경은 고객만족을 낳는데 이때 다양한 근로보람을 느낄 수도 있다. 고객·직원의 쌍방향 커뮤니케이션을 통해 일회용품의 비정규직이 아닌 한 사람의 근로자로서 체감하는 일하는 보람이 그렇다. 단순히 시간급을 받는 임시직 한계를 떨쳐버리는 직원행복의 실현인 셈이다.

무차별주의는 복리후생에도 적용된다. 오쇼는 비정규직에게도 확실한 보수체계를 적용한다. 일례로 정규직이든 비정규직이든 장기근속의 장려여행에 차별은 없다. 10년 이상 근속이면 하와이여행을 보내주고 20년이면 하와이 부부티켓을 제공한다. 30년이면 유럽여행을 부부가 회사경비로 즐길 수 있다. 유일한 차별은 비정규직일 경우 일한 만큼의 시간급을 받는다는 것뿐이다. 이 외엔 모든 직원이 평등하게 대우받는다.

휴가를 쓸 땐 융통성이 많다. 파트직원의 경우 휴가를 낼 땐 건강악화·자녀양육 등 불가피한 때가 많다고 봐 이를 전혀 문제 삼지 않는다. 질책은커녕 남은 직원이 일치단결해 벌충하는 게 기업문화로 정착됐다. 비정규직인데 필요할 때 휴가를 쓴 이의 복귀 후 근무의욕은 두말할 필요가 없다. 보통의 음식점 파트직원이면 쉬고 있는 다른 종업원에게 본인이 직접 연락해 휴일교체를 부탁하는 등 점포운영에 차질을 줘선 안 되는 게 업계 룰이다.

이 결과 비정규직의 애사심은 상당하다. 오래 일할 수 있고 요리·접객 등 근무내용도 정규직과 동등해서다. 그만큼 비정규직의 실력이 상당하다. 그렇다면 정규직으로의 전환이 더 인간적이지 않을까. 회사 설명은 좀 다르다. 구속받기 싫어하는 자발적 비정규직이 적잖기 때문이다. 개인사정에 맞게 재취업하는 전업주부의 경우 스스로 부담스러운 정규직을 원치 않는 경우가 많다.

원하는 건 구속보다 현금이란 설명도 덧붙인다. 그래서 회사는 보너스제도를 만들었다. 매월 업적우량 점포에 장려금이라는 형태로 주는데 1위의 경우 50만 엔이다. 이하 30만 엔부터 1만 엔까지 지급된다. 과거엔 150만 엔까지 주기도 했다. 그것도 전액현금이다. 분배는 역시 점장권한이다.

애사심은 밝은 직원 표정에서 확인된다. 직원이 직접 길거리에 나가 자발적으로 쿠폰을 뿌릴 정도다. 아르바이트를 써도 되지만 마음을 담아 전달하기 위해서다. 할인쿠폰 금액만 연 1억 3,000만 엔에 달할 만큼 혜택이 많다. 처음엔 손해라도 나중에 이득이란 게 그간의 경험판단이다. 실제 판촉효과는 발군이다.

봉급체계는 비공개다. 하지만 업계평균 이상이라는 게 정설이다. 일례로 지역(Area)매니저의 경우를 보자. 오쇼의 경우 성장세가 느린 점포는 있지만 연간기준 적자점포는 없다. 성장정체가 확인된 점포의 경우 개선작업이 필수다. 이때 나서는 게 지역(Area)매니저다. 1인당 20점포를 담당하는 지역매니저가 정체점포에 부임해 활성대책을 함께 고민하며 실행한다.

이들은 전원 예전에 점장경험을 해본 프로들이다. 스스로 부진경험을 해봤기에 적절한 대응방안이 가능하다. 이들 지역매니저 학력은 결코 높잖다. 고졸 혹은 고등학교 중퇴가 많다. 그래도 이들 연봉은 1천만 엔을 웃돈다. 대기업 간부에 육박하는 높은 수준이다. 이는 또 다른 차원에서 '인활(人活)경영'을 실천하는 루트다. 학력과 보수의 무차별주의다. CEO 본인도 중졸에 경리전문학교를 나온 게 전부다.

시스템보다 인간력… 비정규직 장기근속 때도 해외여행

사고·도전하는 인력자원이 중시되기에 회사엔 표준시스템이란 게 없다. 표준을 만들면 오히려 인간이란 안주할 수밖에 없다는 이유다. 때문에 오쇼의 경영테마는 "어제와 같은 걸 오늘은 하지 않는다"로 요약된다. 시스템보다 인간력을 믿는다.

물론 전국적인 체인점은 대부분 표준적인 작업방법·입지·매출목표 등을 설정한다. 맥도날드라면 1인당 4시간씩 쪼개 파트직원을 고용한다. 그래서 인사통제가 아주 완벽히 운영되는 걸로 보인다. 하지만 오쇼에는 어떤 표준화된 기준이 없다. 최선을 다하면 목표는 있을 수 없다. 표준을 추구하는 시스템을 만들면 추후 개혁이 힘들다는 점도 고려됐다. 시스템이란 원천적으로 보수적이다. 표준이 없다는 건 변화를 두려워하지 않는 대신 흉내를 내지 않는다는 말과 같다.

회사는 1,000점 돌파라는 목표를 내걸었다. 한때는 꿈이었던 숫자가 이제 반환점을 돌아섰다. 2011년 현재 600점포를 넘어섰다. 직영점이 가맹점보다 2배 정도 많다. 다행스러운 건 공백지역이 많다는 점이다. 즉 출점하지 못한 지역이 많아 희망적이다.

다만 시간은 다소 걸릴 전망이다. 속도경쟁이 아닌 품질경쟁 때문이다. 1개의 점포와 1명의 점장이 탄생하는 데 그만큼 철저한 과정을 거친다. 이를 설명할 때 CEO는 제조업에서나 통용되는 단어를 꺼내 든다. "숙련이 축적된 기술자 양성·육성"이 그렇다. 이런 점에서 출점전략은 팽창이 아닌 성장이다. 언제 파열할지 모를 팽창을 경계하기 위해서다.

"교자는 가장 간단하면서 가장 어려운 음식이기에 그만큼 고객어필·불만이 잦다는 점에서 맛을 지키고 높이는 기술자야말로 가장 소중하기 때문"이다. CEO의 말이다.

"손님이 가게에 들어온 순간의 분위기와 오로라가 중요해요. 그래서 항상 당연한 걸 최고레벨까지 높이라고 강조하죠."

흔하디흔한 교자로 상식을 넘은 특별한 성장신화를 낳은 비결이다.

■ CEO 연구

부도위기 때 사장취임… "원점회귀가 재건발판"

경영재건에 성공한
오오히가시 타카유키 사장

오쇼는 1967년 1호점을 냈다. 창업자 처남이던 오오히가시 현 사장은 1969년 입사했다. 1941년 오사카 출생으로 얼음판매를 하다 회사에 들어온 이후 교자를 구우며 10년간 일했다. 이후 도쿄·나고야 등 전국 출점의 진두지휘 책임자로 선정됐다. 이후 부사장으로 승진했다.

성장세는 실로 대단했다. 동시에 다각화를 위해 패밀리레스토랑에 손을 댔다. 부동산 투자까지 단행했다. 당연히 부채는 늘어났다. 본업이던 교자는 뒤로 밀렸다. 교자를 공장에서 대량생산 후 점포에선 단순히 구워 내놓는 정도까지 전락했다. 창업 2대가 아무리 경영전략이 잘못됐다 지적해도 기존 세력은 한마디로 이를 일축했다. 나중엔 경영회의에까지 그를 소외시켰다.

그래도 오오히가시의 현장순례와 사원교육은 정열적으로 계속됐다. 그러던 어느 날 사장으로부터 호출전화가 왔다. "부(副)라는 글자를 이젠 떼라." 사장취임 요구였다. 2000년의 일이었다. 취임 직후 회사는 그래도 이익을 냈지만 분명 무리수에 의한 결과였다. 재무내용을 꼼꼼히 살펴보니 장부상 흑자일 뿐이었다. 600억 엔에 이르는 막대한 부채가 계산됐다. 게다가 당장 갚아야 할 빚의 상환기간이 속속 다가왔다. 부도위기였다. 지인에게 돈을 빌려 막고 은행에도 빚을 졌다. 은행이 움직인 건 순전히 오오히가시의 인간성과 됨됨이, 그리고 열의를 믿은 덕분으로 알려졌다.

남은 건 경영재건이었다. 1주일간 회사재건을 위해 종이박스를 깔고 자며 고군분투했다. 회고처럼 "그야말로 지옥 그 자체였기 때문"이다. 부도위기에서의 부활계기는 현장순례에서 얻은 힌트가 주효했다. 여느 날처럼 점포를 돌던 그에게 교자를 먹으러 온 모자(母子)의 대화가 귀에 들어왔다. "예전엔 교자 굽는 곳이 보였다"는 엄마 말에 아들이 "그거 한번 보고 싶다"고 답했다. 무릎을 쳤다. 답은 원점회귀였다.

피어오르는 연기와 굽는 소리. 활기 넘치는 스태프의 조리모습은 곧 실현됐다. 손님과의 장벽을 없앤 오픈 키친이었다. 이때부터 재료를 익히지 않고 점포로 운송해 오픈 키친에서 직접 가공해 고객 앞에서 구웠다. 오쇼 점포에서만 쓰던 특이한 용어도 부활시켰다. 점장권한을 대폭 부여하기 시작한 건 이때부터다. 지역별 뿌리내리기다. 가령 학생이 음식비가 없으면 식사 후 30분 식기세척만으로 비용을 대체해줬다. 2009년 기준 5,000명 이상의 학생이 식기를 닦았다. 스태프와 가위바위보 후 이기면 교자 한 그릇을 공짜로 주는 재미난 점포도 생겨났다. 2002년 오쇼는 드디어 창업 35년 만에 흑자결산을 냈다.

08 EC나비(ECナビ)

※ 기업개요

회 사 명	㈜EC나비(ECナビ)
소 재 지	도쿄(東京)도 시부야(渋谷)구
설 립 일	1999년 10월 8일
대 표 자	우사미 신스케(宇佐美進典)
자 본 금	3억 7,262만 엔
매 출 액	73억 2,400만 엔(2010년 9월)
종 업 원	260명(2010년 12월)
홈페이지	http://ecnavi.co.jp/

사람과 문화가 최고화두… '6시 30분을 기다리는 이유'

'노미니케이션(飲む+Communication)'이라는 말이 인기다. 일본어 마시다(飲む)와 영어 커뮤니케이션의 합성어다. 한마디로 음주교제 정도로 해석된다. 술자리를 통해 동료·지인과 사귀고 친해지는, 그래서 개인만족과 사교능력을 업그레이드시키는 전략을 말한다.

요즘 일본에선 노미니케이션을 높이자는 목소리가 높다. 시간이 갈수록 일본사회에서 직장동료와 터놓고 술을 마시는 경우가 드물어진 행태반영이다. 사적교제를 위한 기회가 봉쇄되면서 공적업무·의사소통에 문제가 생겨나는 건 물론이다. 특히 상사·부하의 갈등근원이 노미니케이션의 부재로까지 이해된다. 실제 회식문화는 예전보다 급격히 줄어들었다.

하지만 'EC나비'라면 노미니케이션 부재염려는 별로 없다. 되레 노미니케이션 환경을 복리후생 차원에서 가장 효율적으로 제공하는 회사로 더 유명하다. 아지토(AJITO)로 불리는 회사 내부에 설치된 바(Bar) 때문이다.

회사방문자라면 첫인상부터 강렬하기 짝이 없다. 엘리베이터에서 내리자마자 SF영화의 배경화면을 묘사한 아지토와 직면해서다. 가까운 미래의 해적선을 모티브로 해 치장했다. 간접조명을 채택한

샹들리에는 물론 테이블과 소파가 구비됐다. 최대 40명이 앉을 수 있다. 오픈공간으로 임직원이면 누구든 자유롭고 여유롭게 지낼 수 있다. 점심과 생일잔치·회식 등 이벤트 장으로도 활용된다.

노미니케이션을 강조하는 기업답게 업무시간 종료 이후부터 모든 주류·안주가 무료다. 그래서인지 관련자가 아니라도 한 번은 방문해보고 싶다는 요청이 쇄도한다. 인터넷엔 아지토 방문기가 끝없이 올라온다. TV화면으로도 자주 소개된다. 그렇다면 아지토를 만든 이유가 뭘까. 우선 사업내용부터 살펴보는 게 순서다.

'EC나비'는 일본의 대표적인 가격비교사이트다. '사명=서비스명'으로 최근 일본에서 주목받는 IT기업 중 하나다. 사이트오픈 3개월 만에 100

회사에 설치된 무료 바인 '아지토'

만 회원을 돌파했을 정도로 영향력이 높다. 사업내용은 다양하다. 가격비교사이트를 중심으로 하되 검색지원서비스(adingo)와 네트리서치서비스(리서치패널) 등을 사업모델로 구축했다. 일본뿐 아니라 중국·한국 등에도 진출했다.

모두 13가지 사업영역을 보유했다. 검색서비스는 최근 지자체·신문사 등도 이용 중이다. 사명과 서비스명이 동일한 건 그만큼 서비스품질에 대한 자신감이 높다는 의미다. 2005년 가격비교사이트로 주력모델을 전환하면서 사명을 바꿔버렸다. "사명이야말로 사업운영의 주요요소로 향후 주력서비스가 바뀌면 사명도 또 바뀔지 모른다"고 설명할 정도로 유연성이 높다.

최첨단 IT기업답게 2010년엔 트위터로 신입사원을 뽑아 또 한 번 화제에 올랐다. 이 회사 우사미 신스케(宇佐美進典) 사장의 아이디어였다. 그는 본인 트위터로 신입사원 모집공고를 냈다. 자격은 10명 이상의 팔로워(트위터를 받아보는 사람)가 있는 경우로 한정했다. 지원도 트위터로만 받았다. 이유는 간단하다. "트위터를 한다면 보다 영리할 것으로 판단했다"는 게 CEO 설명이다.

사장 자신이 1972년생의 'X세대'답게 튀는 아이디어를 선호하는 덕분이다. 아무것도 없지만 그만큼 가능성이 무궁무진한 인터넷공간을 사업무대로 한다는 점에서 고무적인 파격결정이란 평가다. 회사성적은 화려하다. 1999년 설립된 이래 시간이 갈수록 매출수준이 급증세다. 2008년(37억 3,700만 엔)에 이어 2009년(53억 8,600만 엔)은 물론 2010년(73억 2,400만 엔)까지 연속으로 괄목상대의 성장세를 달성했다. 같은 기간 금융위기 여파로 대부분 기업이 고전 중이었음을 감안하면 대단한 고성과다. 2010년의 경우 영업이익만 5억 6,000만 엔에 달했다.

술자리 사교능력 노미니케이션 주도… 회사에서 한잔?

EC나비가 아지토를 만든 건 2007년 10월이었다. '가까운 미래의 해적 비밀기지'라는 콘셉트였다. 사무실 안에 바를 설치해 딱딱할 수 있는 근무환경을 부드럽게 자유로운 발상공간으로 변신시키기 위해서였다. 결과는 임직원은 물론 방문자조차 놀랄 정도로 파격적이었다. 어필효과는 상당하다. 자유로운 횡적조직 이미지를 가진 해적을 떠올리게 한 인테리어가 주효했다.

바는 언제든 이용할 수 있지만 알코올은 오후 6시 30분부터 제공된다. 맥주·소주칵테일 등이 냉장고에 들어 있는데 누구든 원하는 만큼 마실 수 있다. 그렇다고 아지토가 마시는 공간만은 아니다. 일상회의를 비롯해 신입사원 회사설명회나 크리스마스·핼러윈 파티 등 사내행사도 자주 치른다. 간부멤버의 조식회의도 이곳에서 열린다.

수천만 엔을 들여 만들었고 매월 유지비용은 수십만 엔에 달하지만 애초 염려됐던 갈등은 전혀 일어나지 않았다. 회사로선 "비용 대비 효과가 아주 만족스러운 투자"라는 입장이다. 주요 매스컴은 이 회사의 아지토를 재미있고 신선한 대표적인 복리후생 모델로 설명할 정도다.

회사가 아지토를 만든 이유는 회사이념을 살펴보면 힌트를 얻을 수 있다. 회사이념은 '360도 멋지게'다. 이를 위한 실천발판(신조)이 △지속도전 △자발적 생각·실천 △본질추구 △압도적 스피드 △동료와 목표달성 △모든 걸 즐겁게 △똑바로 성실히 △꿈과 뜻 그리고 정열 등으로 요약된다.

하나같이 사람이라는 키워드가 공통분모다. 결국 회사의 최대자산이 임직원이다. 이들이 최대한 즐겁고 만족스럽게 일할 수 있는 근무환경을 제공하는 게 목표다. 이를 360도 전부를 아울러 멋지게 실천하는 게 회사의 미래지향점이다.

자유로운 발상공간으로 정착… 재미·신선한 복리후생 상징

회사강점을 물으면 반드시 등장하는 단어가 2개 있다. '사람'과 '문화'다. 회사 사업모델이 무에서 유를 창조하는 인터넷에 뿌리를 뒀다는 점에서 사람과 문화의 키워드는 그 관련성이 밀접하다. "뭐든 할 수 있다는 것에 기쁨을 느끼는 직원이 많아졌다"며 "흉내가 아닌 창조를 만들어내기 위해선 문화와 이를 실천할 사람이 관건"이라는 게 CEO의 생각이다. 사업모델은 흉내를 내도 사람과 문화는 결코 따라하지 못한다는 이유에서다. 요컨대 인터넷과 사업모델의 끊임없는 변화를 이끄는 기업문화를 만들고 가꾸는 최대근거가 사람이라는 얘기다.

아직 적용해본 적은 없지만 '독립지원'이라는 제도구상도 CEO 머릿속엔 있다. 회사를 일종의 기회로 활용해 본인이 원하는 길을 창조하려는 임직원을 적극 지원하자는 차원이다. 자칫 배신자(?)로 낙인찍힐 수 있는 사직희망자조차 오히려 회사가 뒤를 봐주겠다는 것은 EC나비가 사람을 얼마나 중시하는지 단적으로 보여준다.

기업근간은 그곳에서 일하는 종업원에 있다는 믿음은 회사 안팎에 넘쳐난다. 종업원이 활기차게 본인능력을 발휘하고 고수준의 팀워크를 실현하며 성장속도를 가속화한다면 기업발전은 저절로 이뤄진다고 본다. 동시에 이외의 이해관계자에 대한 공헌도 자연스레 성취된다. 때문에 회사는 이를 위한 만족스럽고 창조적인 근무환경 제공에 매진하는 게 전부라고 본다.

따라서 '함께 일하는 동료'의 존재감은 절대적이다. 옆자리 동료가 편하고 도움이 돼야 업무성과를 높일 수 있어서다. 사람이 존중받는 문화 제공을 고집하는 회사방침과 직결되는 철학이다. CCO(Chief Culture Officer)라는 인간존중적인 기업문화 창조를 책임지는 자리까지 신설했다.

같은 맥락에서 회사는 다양한 수단으로 사내 커뮤니케이션을 활성화하는 데 역점을 둔다. 21개에 달하는 사내서클(취미동호회)에 대한 회사의 운영비 일부 지원이 그렇다. 사원총회란 것도 있다. 1년에 2회 개최되는 회사의 최대이벤트로 다양한 형태의 수상식이 치러진다. 회사의 일방적

행사가 아닌 임직원이 적극 참여하는 협력적 운영형태로 유명하다. 매월 다양한 멤버와 폭넓게 만나는 교류런치 기회도 제공된다. 신입입사 후 1년간 선배가 뒤를 봐주는 엘더(Elder)제도도 있다.

'사람+문화'가 경쟁력 근본… 직원존중 위한 CCO까지 신설

창업 10년을 겨우 넘긴 신생 벤처회사지만 복리후생 관련제도는 탄탄한 편이다. 역시 회사상징인 사내 무료 바 아지토가 첫손가락에 꼽힌다. 이 밖에 사내설치 자동판매기의 음료는 공짜다. 주택임대비용도 보조해준다. 회사에서 2㎞ 이내에 거주하면 약 5만 엔의 집세보조를 지원한다. 점심식대는 일부 보조가 가능한데 본인부담 300엔만 지급하면 시가와 무관하게 도시락을 구입해준다. 차액은 전액 회사부담이다.

특별보장제도란 것도 있다. 근속연수가 5년을 맞은 사원에 대해 100만 엔 혹은 4주간 휴가 중 하나를 필요에 따라 고르도록 배려했다. 직원건강을 위한 제도도 있다. 척추지압요법(chiropractic)의 국제적 전문가를 정기적으로 초빙해 희망직원에 한해 시술을 받도록 했다. 비용 일부는 회사가 전담한다. 이 밖에도 근무환경을 개선시키는 아이디어가 제안·채택(CANI제도)되면 수시로 새로운 복리후생을 시작한다는 게 회사방침이다.

급여수준은 상당하다. 신입사원의 경우 월 34만~35만 엔에 업적별 결산상여를 별도로 지급한다. 연봉제지만 연 2회(4월, 10월) 급여조정을 실시해 갈등소지를 원천적으로 경감시켰다. 대기업이 갖춘 웬만한 휴가제도도 완비했다. 여름휴가 4일 이외에 연말연시휴가와 유급휴가도 실시한다.

경조사와 출산전후휴가는 물론 생리휴가까지 있다.

사람을 키우는 효과적인 방법론인 연수제도는 다양하다. 신입사원연수부터 시작해 펠로우·리더·패러다임시프트연수 등 종류별로 각양각색이다. 커리어체인지(CC)와 커리어업(CU)을 지원하는 제도도 있다. 자격취득을 원할 땐 이를 손쉽게 달성할 수 있도록 지원하는 제도도 구비됐다.

노미니케이션을 강조하는 우사미 신스케 사장

동시에 회사는 특유의 사업모델을 활용해 사회공헌을 위한 각종 기부활동으로 유명하다. 인터넷인프라를 통해 다수의 우저가 지닌 선의를 효과적으로 모아 공생가치를 실현하는 형태다. 재해의연금·해외식림활동 지원 등이 그렇다. 클릭모금이라는 게 있는데 이는 유저가 모금단체를 클릭하면 1포인트 기부되는 시스템이다. 그렇다고 유저의 포인트가 주는 게 아니라 되레 회사가 감사표시로 1포인트를 증정한다. 검색모금을 이용하는 것만으로 매일 간단히 사회공헌을 실천할 수 있다. 2011년 5월 현재 모금적립액은 7,700만 엔을 돌파했다.

사장은 1972년 아이치(愛知)현 출신으로 와세다 상학(경영학)과를 졸업했다. 이후 컨설팅회사·벤처회사를 잠깐씩 거친 뒤 1998년 회사를 창업했다. 창업은 사실 불가피한 선택이었다. 19세에 결혼해 20세에 아빠가 된 독특한 이력 탓에 일반회사 입사가 어려울 것이란 생각을 늘 가진 결과였다. 스스로 창업해야겠다는 일종의 동기부여였다. 실현무대는 인터넷이었다. 인터넷의 무궁무진한 가능성에 매료돼 "일단 해보자"는 기분으로 도전장을 던졌다.

그래서일까. 좌우명은 나름 독특하다. "할 수 있다와 없다보단 할까 말까가 중요하다"는 인생지침처럼 늘 진취적인 도전정신을 강조한다. 오늘의 회사로 성장한 것도 시의적절한 도전의 결과였다. 3~4년이면 수명이 끝인 인터넷공간에서 장수할 수 있는 사업모델로 변신하고자 2004년 현상(懸賞)사이트에서 가격비교사이트로 서비스방향을 튼 게 그렇다.

72년 젊은 CEO의 도전정신… "필요하면 탈선하라!"

결과적으로 타이밍은 좋았고 선택은 옳았다. 아지토라는 사내 무료 바를 설치한 것도 난국타개를 위한 환경변화 차원에서 시도된 카드였다. 2007년 매출이 요동칠 때였다. "당시 외부대응이 늦은 게 아닌지 판단돼 내부변화와 체질개선을 시도했는데 그때 보다 벤처다운 기업냄새를 내고자 사무공간의 내장을 바꿨다"는 게 사장설명이다.

폐색감에 사로잡힌 일본청년들을 위한 조언도 빠지지 않는다. 혼자서라도 얼마든 살아갈 수 있는 생존능력을 익히라는 메시지가 그렇다. 때문에 35세까진 고생스러운 길을 선택할 필요가 있다. 경험이 고될수록 생존능력은 높아진다. 학생결혼 경험을 지닌 CEO는 "세상기준으론 탈선했어도 얼마든 나은 결과를 만들어낼 수 있기 때문"이란 설명이다.

이미 깔린 레일 위를 벗어나 정글로 들어가도 겁낼 필요는 없다. 정글 안에서 누구도 못 본 맛난 먹을거리와 진귀한 동물을 만날 수 있어서다. "어차피 한 번의 인생 안 해봐서 후회하기보단 일단 해보는 쪽이 낫기 때문"이다.

09 NISHIJIMAX
니시지마(西島)

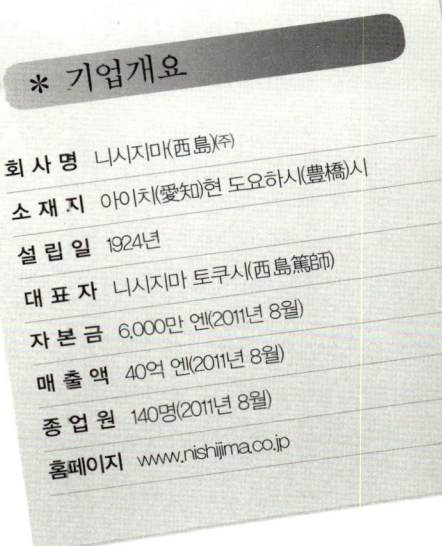

* 기업개요

회사명 니시지마(西島)㈜
소재지 아이치(愛知)현 도요하시(豊橋)시
설립일 1924년
대표자 니시지마 토쿠시(西島篤師)
자본금 6,000만 엔(2011년 8월)
매출액 40억 엔(2011년 8월)
종업원 140명(2011년 8월)
홈페이지 www.nishijima.co.jp

평생현역의 실천가치… '노(老) · 장(壯) · 청(靑)의 밸런스'

"원래 일본에 정년제도란 없었습니다. 그럴 이유도 환경도 아니었죠. 그렇다면 정년제가 왜 생겼을까요? 원조는 독일이었습니다. 프로이센 수상이던 비스마르크가 60세 정년제도라는 걸 도입했죠. 정적을 내보내기 위한 정치적 차원의 조치였습니다. 이게 전쟁(2차 대전) 이후 일본에 폭넓게 퍼지면서 취업규제로 정착됐어요. 따라서 근거도 빈약하고 더구나 이질적인 서구제도를 일본이 굳이 좇을 필요는 없습니다. 100년도 더 된 옛날 것을 고수한다는 건 말이 안 돼요. 60세라는 나이도 문제죠. 그때야 60세면 노인이었겠지만 지금은 건강상태 · 근로의욕 · 사회참가 등을 감안하면 정년이라는 이름의 일률퇴사는 전혀 합리적이지 않습니다."

공작기계메이커 니시지마(西島)㈜의 3대 사장 니시지마 토쿠시(西島篤師)의 말이다. 그는 정년무용론을 통해 평생현역을 실천한 유명 CEO 중 한 명이다. 기회가 있을 때마다 "인원정리를 안 하고 정년이 없다는 것"이 얼마나 중요한 경영철학인지 강조한다.

이 회사는 창업 이후 '정년 없는 근무환경'을 고수한 메이커로 잘 알려졌다. 이런 기업문화는 버블붕괴와 금융위기 등 불황시기일 때 한층 빛나는 성과를 안겨줬다. 당연한 얘기지만 수주가 줄어들면 경영압박은 피할 수 없다. 어떤 회사든 마찬가지다.

하지만 니시지마는 갖은 수를 다 써 인재중시의 경영철학을 지켜냈다. 그러기에 반복성장의 기틀을 갖췄다. "정년제는 숙련자의 장기경험을 갑자기 제로로 만들어버리는 것으로 경쟁력 유지·확대차원에서 보면 엄청난 손실"이란 게 회사 입장이다.

고령근로 선구사례… "정년퇴직은 숙련경험의 집단파기"

2000년대 이후 일본열도의 최대이슈는 고령화다. 부쩍 늘어난 고령인구가 각종 사회·가정문제의 갈등이슈로 부각된 결과다. 그래서 해법으로 제시된 게 고령근로다. 은퇴 없는 계속근무로 생애주기적인 단절문제를 해결하자는 차원이다.

이 결과 고령인구의 경제활동 참가독려와 관련한 선구적인 프로그램을 가동 중인 기업이 많다. 정부는 정년연장을 비롯한 고령근로 촉진방안을 법·제도적으로 구축하고 있다. 다만 실상은 적잖이 어렵다. 일자리를 둘러싼 노사갈등과 임금부담 등의 첨예한 갈등이슈가 발목을 잡고 있어서다.

물론 회사의 핵심전력으로 고령근로자를 대우하는 기업도 증가세다. 사회인식과 제도기반에 앞서 베테랑의 기술을 활용해 기업경쟁력을 확보하려는 시도다. 이때 니시지마는 고령근로자 활용기업을 언급할 때 빠지지 않는 대표사례다.

회사는 1924년 창업했다. 거래처는 세계 톱 수준을 자랑하는 자동차·전기·조선·건설기계메이커들이다. 회사와 거래처의 장기신용이 일류제품으로 구축된 덕분이다. 회사 이름은 창업자 가문의 성씨를 그대로 차용했다. 창업자 니시지마 키치사부로(西島吉三郎)가 1932년 개발한 발동기가 회사성장의 계기가

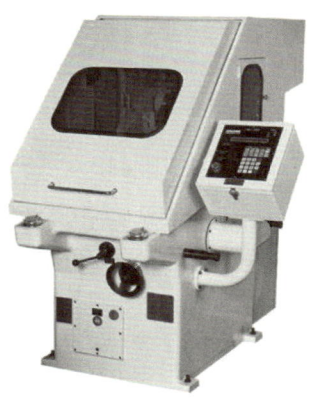

주력제품인 머시닝센터와 연삭반

됐다. 주로 농업과 토목공사 때 사용되던 것으로 간단사용과 중량경감·연료대응 등에서 획기적인 제품으로 인정되면서 해외수출이라는 개가까지 올렸다. 이후 1945년 아들인 마사오(正雄)가 2대째 경영권을 물려받으면서 선박·농업용 발동기로 생산을 확대했다.

창업 당시 회사는 선박·농업용 발동기를 주로 생산했다. 발동기와 함께 절삭공구·고속선삭기를 거쳐 지금은 NC제어(컴퓨터를 활용한 수치제어) 등 자동차 제조관련 전용(專用) 공작기계를 만드는 게 주력이다. 하청 없

이 자사의 일관생산체제를 갖춰 고객니즈에 유연하게 대응 중이다. 세부 파트에서는 냉정한 자기관리와 엄격한 품질관리를 통해 고품질의 제품을 최후까지 책임을 지고 납품하는 시스템을 완비했다. 일관생산체제의 효율적 기능담보를 위해 소수정예의 다기능근로자를 육성함으로써 신속한 고객대응과 저렴한 비용구조를 갖췄다. 전체 제조공정에 베테랑의 노하우가 집적돼 독자적인 자사기술을 축적시키는 원동력이 된 것이다. 일류제품 생산에 다기능이 필수라 직무순환(Job Rotation)을 통해 사원이 다양한 기술을 습득하도록 했다.

현재 사장(니시지마 토쿠시, 西島篤師)은 가업을 물려받은 3대 손자다. 1974년 입사했는데 부친이 사망한 1995년 43세로 3대 사장에 취임했다. 취임 당시는 버블붕괴가 한창이던 시절로 작은 중소기업에 불과했던 회사의 위기감은 상당했다. 내수불황이 매출감소로 이어질 건 불을 보듯 뻔했다.

다만 늘 그렇듯(?) 위기는 명장을 길러냈다. 신임 CEO의 길은 굴곡 천지였지만 그는 곧 위기타개의 전환점을 만들어냈다. 우연찮게 귀에 들어온 참신한 아이디어가 회사를 위기에서 구했다. 국화를 자동으로 묶어주는 기계를 만들자는 제안이었다. 국화 자동결속(結束)기는 당시 회사에겐 어안이 벙벙해질 수밖에 없는 아이템이었다. 원래 자동차부품 관련기기만 취급하던 회사로 다른 분야는 전문성은커녕 도전경험조차 희박했기 때문이다.

하지만 그는 'OK'했다. 자동차부품만으로는 앞날을 보장할 수 없다는 절박함이 컸다. 다른 분야지만 회사경험을 잘 살려 응용하면 승산이 있을 것이라는 자신감이 있었다. 성공만 하면 주력 이외 분야까지 진출할 수 있는 중요한 교두보를 마련할 것이란 점도 매력적이었다. 임직원을 설득한 뒤 개발결의를 다졌다.

베테랑 기술자의 힌트로 난관탈출… '고령근로자 파워실감'

그렇다면 왜 국화를 묶는 자동결속기였을까.

회사가 위치한 아이치(愛知)현은 연간 5억 송이의 국화를 수확하는 일본의 최대 산지다. 국화는 출하 때 잎을 떼고 줄기를 묶어주는 게 필수다. 당시 이 공정은 거의 수작업이었다. 국화재배는 그만큼 품이 많이 드는 일이었다. 반면 농촌고령화로 일손은 나날이 줄어들었다. 기계도움이 절실한 상황이었다. 많은 곳에서 아이디어를 모으고 시행착오를 반복했지만 성과는 별로였다. 국화란 게 생물로 송이마다 굵기와 딱딱함이 달랐기 때문이다. 이를 자동화한다는 건 암초에 부딪히기를 자초한 것과 같았다. 반대가 많았던 이유다.

하지만 난관은 극복됐다. 회사의 베테랑 기술자가 놀랄 만한 힌트를 준 덕분이다. 잎을 잘라내는 기계의 힘 조절과 관련된 것으로 시험 결과 완벽에 가까웠다. 즉시 생산에 착수했는데 이는 애초 개발기간(1년)을 절반가량 앞당긴 쾌거였다. 그해 자동결속기를 100대나 팔았다. 이는 연간 매출액(30억 엔)의 절반 규모였다.

이후 회사는 베테랑근로자를 본격적으로 우대하기 시작했다. 대표적인 게 정년폐지다. 자동결속기 개발을 계기로 CEO는 정년무용론에 대한 자신감이 한층 강해졌다. "고령근로자의 경험과 노하우야말로 회사의 큰 재산"이라는 점을 실감한 뒤 회사는 정년 자체를 공식적으로 없애버렸다. 물론 창업 당시부터 회사에 정년제도는 사실상 없었다. 그렇다고 정년 이후까지 계속해 일하는 게 특별한 권유사항은 아니었다. 일하면 하는 것이고 말면 그걸로 끝이었다.

그랬던 게 1998년 3대 사장이 회사조직을 개인경영에서 주식회사로 변경할 때 정년개념을 명확히 명문화했다. 이후 관습적으로만 여겨졌던 회사의 정년폐지는 보다 확실히 기재됐다. 선택은 옳았다. 갈수록 정년폐지의 경제 합리성이 주목받기 시작했다. 근로자는 화답했다. 고령근로자의 만족감이 생산성 증대로 직결됐다. 주요언론은 "일을 통해 존재가치를 인정받는 최고 회사"라고 호평했다.

베테랑의 일할 맛은 업무의 역학관계에서도 확인된다. 고령근로자의 배당업무는 회사의 핵심파트에 가깝다. 베테랑답게 기계의 정밀가공과 베어링 조정 등 공작기계의 정밀도를 좌우하는 중요공정에 배치된다. 숙련도가 약하면 절대 커버할 수 없는 일이기에 베테랑의 자부심은 하늘을 찌른다. 가령 공작기계 드릴은 1분에 1만 번 고속회전을 하며 자동차부품 등에 정확하게 구멍을 뚫는 역할을 한다. 그 회전부분을 지탱하는 베어링에 조금이라도 문제가 생기면 구멍 위치는 달라진다. 정밀의 극치다. 동시에 기계에 맡길 수도 없다. 사람의 손끝만이 미세변화를 체크할 수 있기 때문이다. "어떤 부분에 어느 정도의 힘을 줘야 좋은지 손은 안다"고 할 정도다.

정년이 없는 대신 은퇴는 있다. 이때 은퇴는 전적으로 개인이 결정한다. 정신적인 이유든 신체적인 원인이든 혹은 가족과의 시간공유를 위해서든 은퇴사유는 상관없다. 중요한 건 개인이 은퇴여부를 결정한다는 점이다. 20대나 30대라면 가질 수 없는 가치와 경험·노하우를 축적한 고령근로자가 회사에 남아 일하겠다면 언제든 '웰컴'이다. 기술직 등 특정 직원만 정년이 없는 것은 아니다. 즉 자발적 은퇴선택은 회사근로자면 누구에게든 해당한다. 영업직이든 업무직이든 전원 정년제도와 무관하다. 어떤 업무든 특수경험과 노하우는 반드시 지녔다고 봐서다.

공작드릴은 정밀상징… '기계보다 고령숙련이 더 파워풀'

근로자의 연령별 구성을 보자. 현재 전체 근로자 140명의 대부분은 정규직이다. 파트타임 및 아르바이트는 극히 일부다. 근로자 평균연령은 37세로 그중 60세 이상이 22명에 달한다. 70세 이상 근로자도 7명이다. 최고령자는 81세로 알려졌다(2007년). 때문에 근속 50~60년의 근로자는 매년 배출된다.

사장은 "기술·기능은 평생을 통해 추구되는 것으로 이것이야말로 회사의 최고보물"이기에 "하루 8시간에 주5일 근무만 가능하면 몇 살까지든 정규직이 될 수 있다"고 했다. "제조란 사람이 만드는 것"으로 사람만 기능한다면 얼마든 평생현역이 가능해서다.

베테랑으로 불리는 고령근로자 활용을 위해 회사는 다양하게 준비했다. 현장근무는 물론 스스로 기술유지·향상을 탄복하도록 근무환경을 업그레이드시켰다. 일정 연령에 달한 기능공은 '기술고문'으로 처우한다. 후진지도에 전념하라는 메시지다. 이때 중요한 건 어떤 형태든 현장참가의 독려다. 현장을 이탈하면 기술이란 곧 진부해질 수밖에 없기 때문이다.

또 회사는 고령근로자의 효율적인 기술전승을 위해 그 경험을 수치화했다. 암묵적인 지식을 형식적인 지식으로 전환시킴으로써 전승효율을 높이기 위해서다. 요컨대 기술을 매뉴얼로 적시한 것이다. 가령 절삭 정도의 변화를 그래프로 기록해 근로자가 자발적으로 참가하도록 했다.

이 밖에 고령근로자를 위해 식당메뉴를 손질했다. 야채를 많이 넣거나 염분을 줄인 식사를 제공한다. 커뮤니케이션을 보다 밀접하게 진행시키는 세세한 각종배려도 뺄 수 없는 조치다.

평생현역을 떠받치는 상징제도는 근속표창제도다. 회사에 오래 다녔을수록 이를 표창한다는 건 서구기업 마인드에선 찾아보기 힘든 제도다. 5~25년의 장기근속표창제도를 비롯해 그 기간을 30년까지 늘린 특별표창도 운영한다. 2007년엔 '근속 50년 표창제도'를 신설해 평생현역을 독려 중이다. 표창 원년에 대상자가 3명이었는데, 이 중 2명이 73세로 56~57년을 근속해 부러움을 샀다. 정년제가 존재한다면 사실상 50년 근속은 불가능하다. 65세 정년제일 경우 20세에 취업해봤자 45년이 천장이다. 50년이면 16세에 취직해야 가까스로 셈이 가능하다.

50년 표창자 중 한 사람은 언론인터뷰에서 "숨 쉬는 한 계속해 일해달라는 회사가 있어 정말 행복하다"고 했다. 50년 근속직원에겐 순금메달, 특별휴가(3일), 숙박권(1박2일), 휴가비 등 부상이 제공된다. 원래 특별휴가는 1주일을 제시했는데 당사자들이 3일이면 충분하다고 해 줄어들었다는 후문이다. 자발적 충성심이다.

정년무용론의 장점은 크게 4가지다. 회사는 이 근거들을 토대로 고령근로자의 계속고용을 실현 중이다. 우선 회사의 높은 기술력을 유지할 수 있다(1). 고도의 숙련도를 갖춘 베테랑선배가 정밀가공 등의 기술유지를 떠받치는 핵심근거다. 신규분야에의 원활한 진출도 가능하다(2). 기술에 한계가 없기에 계속해 진화시킬 수 있는 여력을 갖출 수 있다는 얘기다. 앞서 언급한 국화 자동결속기의 성공적인 기술개발이 대표적인 사례다.

젊은 후배사원에게 돌아가는 특유의 메리트도 장점이다(3). 기술·기능·경험의 후속전승을 위해 숙련공 1인당 2~3명의 후배들을 배속시켜 OJT(On the Job Training)의 효율을 높인다. 공정 하나를 마스터하는 데 5년이 걸린다고 할 때 선배의 장기근무는 큰 도움이 된다. 이렇듯 젊은 후배는 기회비용을 줄이는 한편 기회를 얻을 확률을 높이고 고령근로자는 새로운 기술진화에 도전하기에 좋다. 이는 스스로 경쟁력을 갖추려는 후배들의 동기부여로 연결된다. 안정적인 일자리를 평생 보장받자면 경쟁력을 키워야 해서다.

마지막은 창업자정신의 전승이다(4). '품질에는 절대 타협이 없다'는 정신이 자연스레 장기근무와 맞물려 그 효과를 상승시킨다.

"기술을 전승하라!"… 근속 50~60년 직원 매년 배출

그렇다고 회사가 고령근로자만을 위한 천국은 아니다. 인재중시 경영철학은 전체 직원이 해당대상이다. 일례로 고령근로자를 위해선 차별대우도 없지만 특별대우도 없다. 근무형태와 근로시간 등은 전체 직원이 동일하다. 나이가 많다고 근무시간을 줄여주는 유연근무는 없다. 다소 무리일 수 있지만 모든 사원이 하루 8시간을 일하도록 했다.

임금제도도 마찬가지다. 입사 후 5~10년 정도는 연공이 중심이지만 이후엔 기능레벨과 회사공헌 등에 따른 임금격차가 존재하는 능력급이 핵심이다. 회사공헌이 높으면 고령자라도 최고보수가 가능하다. 다만 연금수급 근로자의 경우 본인희망에 따라 수급액이 줄지 않도록 임금을 조정해준다. 일찍부터 능력주의에 익숙하기에 은퇴연령이 돼도 대부분 근로자가 충분한 경쟁력을 갖추게 된다. 설혹 정년제가 있다 해도 정년사원의 계속고용을 위한 선별작업은 필요 없다. 이 밖에 고령근로자의 경우 특별대우가 없는 대신 젊은 직원과의 알력이 생기지 않도록 장치를 마련해뒀다.

이는 관례에 연연하지 않는 개혁지향적인 기업문화 덕분이다. 기술개혁은 물론 중소기업인데도 외국 기업과의 적극적인 업무제휴를 주저하지 않을 정도다. 거의 업계 최초로 연공서열을 완화하는 대신 능력주의를 도입한 것도 마찬가지다. 그리고 그 개혁내용은 대개 많은 이들을 감동으로 이끈다. 근로조건의 상향조정을 위한 개혁과제가 값진 이유다.

필요한 경우 유연한 근로환경을 위해 고정관념을 과감히 깬다. 일례로 베테랑 특유의 기술·노하우를 챙기되 젊은 층의 발탁인사가 일반적이다. 젊은 근로자의 일하는 보람도 베테랑만큼 중요하다. 실제 회사관리직은 대부분 젊은 사원 몫이다. 50세를 넘긴 관리직은 점차 평사원 혹은 기술자로 직무에 컴백한다.

회사주최의 가족회 전경

대신 2030세대의 관리직이 등용된다. 젊은 관리직은 책임과 권한을 부여받고 영업과 생산관리 등을 담당한다. 불황일 때 수주가 없으면 젊은 관리직이 시장개척에 나서고 늙은 기술자가 기술개발로 이를 떠받친다. 위기극복은 이런 2인3각이 있었기에 가능했다. 향학열기가 왕성한 사원을 위한 백업시스템도 탄탄하다. 그 결과물이 요컨대 '노(老) · 장(壯) · 청(靑)'의 밸런스다.

늙든 젊든 모든 직원이 소중하다는 생각은 사시에 그대로 반영된다. 니시지마의 사시는 '일류제품은 일류인격에서'다. 이를 상징하는 문구가 '평생건강 · 평생현역'이다. 이때 일류인격이란 무엇일까. 한마디로 정의하긴 어렵지만 사장은 이를 3가지로 구분 · 설명한다. △속이지 않는 것 △선의에 편승하지 않는 것 △음덕을 쌓는 것 등이다.

회사는 설계부터 조립까지 일관생산체제를 갖춰 팀워크가 특히 중요하다. 한 명이라도 어정쩡하게 하거나 타협하면 모든 과정이 삼류로 전락할 수밖에 없다. 선의에 편승한 신용훼손이다. 때문에 선의를 실망시키지 않도록 스스로 책임지는 행동습관이 필수다. 보이지 않는 곳에서 좋은 일을 하는 음덕은 그래서 중요하다. 이 모든 걸 갖춘 인재가 모여 일할 때 일류는 저절로 실현된다. 일류인격이 일류제품으로 연결되는 구조다.

물론 회사의 지향점은 '고객만족'이다. 최고의 추구가치다. 다만 이를 위해 필요한 기본전제가 '직원만족'이다. 사원 개개인에게 직장생활에서의 충실감과 만족감이 보장될 때 비로소 고객만족이 가능해진다는 것이다. '직원만족'과 '고객만족'을 토대로 지구적 차원의 지속적인 사회공헌을 한다는 게 최종목표다.

평생현역이라는 개념 채택은 이런 직원만족을 위한 조치다. 대체적인 평생현역의 실현조건이 정년 이후의 임금하락이란 점에서 볼 때도 회사는 예외적이다. 일하는 보람이 임금하락으로 훼손돼선 곤란해서다. 관리직에서 현장기술직으로 회귀할 때 임금은 거의 변화가 없다. 관리직일 때 기본급에 관리직수당과 전업수당을 받았다면 그다음엔 기본급에 기술수당과 지도수당이 이를 벌충해준다. 즉 30대 때와 거의 수입격차가 없다. 인사평가도 연령차별과 무관하다. 기술항목 등 세세한 인사평가가 연 2회 이뤄지지만 연령에 따른 수당결정은 없다.

불황을 해고 대신 교육기회로… 신규채용은 신뢰문제

회사가 자랑하는 특유의 '노(老)·장(壯)·청(靑)' 밸런스는 상당한 교훈을 제공한다. 주지하듯 공작기계 쪽은 경기부침이 특히 심한 업종이다. 2008년 금융위기의 불경기 상황에선 수주가 전년보다 80% 이상 급감하는 빙하기를 보내야 했다. 규모가 작은 중소기업일수록 불황여파는 충격적이다. 이럴 때 대부분 기업은 익숙한 듯 습관적으로 인원정리 카드를 꺼내든다. 고정비 삭감으로 잠시나마 버텨낼 여력을 갖추기 위해서다.

그런데 이 회사는 다른 길을 선택했다. 니시지마 사람들은 업계가 구조조정 불안감에 치를 떨 때 오히려 한층 단결해 위기를 극복해냈다. 회사가 결코 자신들을 자르지 않는다는 걸 누구보다 잘 알기 때문이었다.

흔히 경기침체로 돈벌이가 시원찮을 때 회사가 집중하는 대안과제는 크게 3가지다. 우선 설비자동화다. 회사는 위기 당시 보유한 130여 대의 설비기계를 자동화하는 기회로 삼았다. 바쁠 때는 하기 힘든 일로 일손이 놀 때 제격인 과제다.

두 번째는 기능공 육성이다. 잉여인원을 개발에 돌림으로써 새로운 기술개발에 박차를 가했다. 직원감동은 당연한 결과였다. 동기가 부여된 임직원은 고객니즈를 읽고자 2~3배 더 뛰었고 곧 새로운 수주로 이어졌다. 수주가 없다고 근로자를 놀리지도 않았다. 즉 꾸준한 교육으로 내일을 대비했다. 세 번째 과제다. 인재중시의 기본이 채용이란 점에서 타사가 채용을 주저할 때조차 신규채용을 중단하지 않았다. 매년 10명 안팎의 새 피(신입사원)는 자연스레 수혈된다. "중단 없이 채용함으로써 학생을 추천해주는 학교와의 신뢰관계를 지킨다"는 점도 기여했다.

회사는 불황을 인정하지 않는다. 불황일 때조차 과거최고치의 매상을 기록하는 기업이 주변에 존재하기 때문이다. 능동적 변화로 위기를 기회로 변신시킨 사례다. 이런 점에서 최근은 100년에 한 번 올까 말까 한 변화타이밍이다. 역사적 전환점일지 모른다. CEO의 말이다.

"이럴 때 눈앞의 위기를 피하고자 사람을 자르거나 쉬게 하고 정책수혜로 지원금을 받는 행위는 바람직하지 않아요. 이 선택은 잠깐 편하자고 회사를 망하게 하는 지름길이죠. 되레 시장변화를 읽는 호기로 삼는 게 좋습니다. 불황 때 좀 더 땀을 흘려 새로운 수익구조를 갖추는 게 더 낫기 때문이죠."

'불황→도전→변화'의 연결고리가 늘 적용되는 것은 아니다. 도전과 변화가 가져오는 기대효과가 아무리 커도 변화해선 안 되는 절대가치는 반드시 지켜내야 한다. 창업자정신과 사풍이 그렇다. 회사의 창업자정신은 '품질·성능 제일주의'다. 문제는 품질·성능이란 게 늘 업그레이드된다는 사실이다. 창업자 시절만 해도 오차는 1/10mm이면 좋은 평가를 받았지만 2대 사장 때는 그게 1/100mm로, 지금은 1/1,000mm로까지 정밀성이 강화됐다.

여기에 발맞춘 끊임없는 새로운 기술개발은 일종의 숙명이다. 고객니즈의 변화도 이와 맞물린다. 때문에 설비·기능·기술은 덩달아 진화할 수밖에 없다. 즉 품질·성능향상을 위해 변화란 화두는 필수불가결하다. 다만 변화 와중에도 예외사항은 철저고수다. 회사DNA가 체화된 사풍이란 지켜지는 게 미덕이기 때문이다. 창업자정신을 지키고자 '변화'하되 이를 실현하는 사풍은 '변화'하지 않는다는 게 기본입장이다.

사풍 중 최대 매력은 '사람=재산'의 사고방식이다. 다 변해도 사람이 재산이라는 점은 결코 변할 수 없기 때문이다. 사장이 말한다.

"돈을 버는 건 직원들 덕분입니다. 반면 무너지는 건 전적으로 경영자의 책임이죠. 사람이 재산입니다. 일본에는 천연자원도 희귀광석도 없기에 사람만이 자원이에요. 사람을 키워드로 회사든 국가든 운영되지 않으면 절대 일본이라는 나라는 성립되지 못합니다. 일본이 고도성장을 이루며 유수의 선진국이 된 것도 선배세대의 근면과 향학심 덕분이죠. 즉 사람입니다. 앞날을 위해서도 사람을 우선하는 게 기초가 될 겁니다. 위기를 뛰어넘는 원천은 사람이에요. 사원들의 힘이 회사를 50년, 60년 지속시킨 원동력입니다."

후속세대에 회사를 물려줘도 '사람=재산'의 사시만큼은 절대 양보할 수 없는 최후보루다. CEO 스스로 부친에게

니시지마의 홈페이지

서 물려받은 절대불변의 존재가치이자 존속이유이면서 회사성장의 핵심 경쟁력으로 이해하기 때문이다.

'사람=재산' DNA는 절대가치… 회식노래는 단체곡만 허용

회사는 근무환경을 친(親)직원 방향으로 전환하고자 평생현역을 필두로 하는 다양한 세부제도를 운영한다. 먼저 근로자의 안정된 생활지원을 위해 재산축적을 지원하는 재형(財形)제도가 있다. 소속회사가 근로자의 월급운용을 제도적으로 도와줌으로써 재산축적이 가능하도록 만든 제도다.

직원과 함께하는 이벤트도 매년 변함없이 개최된다. 가령 1월 1일에는 신년회가 열린다. 2월 11에는 건국기념일이자 동시에 사원 가족을 포함한 300명이 참가하는 가족회가 개최된다. 4월 첫째 주 토요일에는 신입사원 환영등산회가 있는데 신입사원뿐 아니라 전체 직원이 모두 산을 오른다. 6월에는 소프트볼, 10월에는 1박2일의 사원연수를 진행한다. 또 숙련공의 가족을 초청해 연 1회 식사자리를 마련해 가족구성원으로서의 노고를 치하한다. 이 밖에 급식과 피복비를 제공하며 연수여행과 가족회, 신입직원환영회 등이 일상적으로 진행된다.

휴일·휴가는 연간 108일을 못 박았다. 가능한 한 주5일 근무를 유지하며 연 3회 정도의 연휴를 제공한다. 복리후생은 중소기업치고는 꽤 탄탄하다. 독신기숙사를 비롯해 사택을 마련해 근로자에게 제공한다. 일본적 경영의 주요특징 중 하나인 사택제공은 1990년대 이후 대부분 일본기업에서 축소·폐지되는 추세인데 니시지마는 여기서 일단 예외다.

한편 회사에서는 가라오케가 금지된다. 대신 회사가 만든 노래책자로 선곡한다. 대부분 합창 등을 위해 만들어진 단체노래 등이 실려 있다. 노래자랑보다는 단합계기를 중시한다. 같은 맥락에서 연회는 반드시 다다미방에서 전통음식으로 제공된다. 일본식 연회형태야말로 상대방과의 커뮤니케이션을 즐겁게 해주는 구조를 갖췄기 때문이다. 많은 이들이 참가하는 연수여행에서도 이런 전통식 연회원칙은 반드시 고수된다. 인연을 나누는 특별한 의식인 셈이다. 이기주의 대신 상대를 즐겁게 해주고 배려하는 전통가치를 깨우치기 위함이다. 140명을 수용하는 큰 방에서 다 같이 부르는 노래로 공동체의식을 공유토록 하는 이유다. "거액경비가 들지만 신입사원을 비롯한 만족감은 돈으로 표현하기 힘들다"는 게 회사설명이다.

회사는 한마디로 '사람냄새 가득한 직장'이다. 그만큼 찬사가 끊이질 않는다. 2006년 정년연장 · 정년폐지 · 재고용 중 하나를 선택하게끔 한 고령자고용안정법(개정)이 시행될 때 〈NHK〉를 비롯한 많은 언론이 니시지마를 선구사례로 보도했다. 언론에선 금융위기 이후 극적인 부활스토리를 써낸 중소기업의 선두주자로 조명됐다.

슈퍼맨 CEO가 아닌 수많은 일반근로자가 그 주역이었기에 더더욱 호평이 퍼졌다. 2005년엔 독일 TV방송국이 일본을 테마로 한 프로그램에 벤치마킹 사례로 집중분석해 화제를 모았다. 니시지마와 함께 일본제조업의 대표주자로 꼽힌 회사는 도요타와 혼다, 소니 등이다. 2006년엔 〈USA Today〉가 이 회사를 집중적으로 탐방했다. 학계에선 정년적용, 학력차별, 기술한계가 없다는 의미로 회사의 3무(無) 경영방침에 주목한다.

사장의 코멘트다.

"인생은 전부 초보자예요. 이제 나이가 됐으니 하고 물러나면 안 됩니다. 인생이란 게 2번, 3번 있다면 모르죠. 60도 싱싱한 나이입니다. 초보자처럼 힘 있고 자신 있게 살며 전진하는 게 좋아요. 나이를 핑계로 타협하면 곤란합니다. 100세를 산 노인 눈에 비치는 60세는 아직 창창해요. 변화에 걸맞게 인생을 새로 살아도 충분한 나이죠. 내일은 생각 따라 바뀌게 마련입니다. 전향적이고 긍정적인 자세로 밝은 날을 만든다면 미래는 그 사람 편이 될 겁니다."

■ CEO 연구

가업 물려받은 3대 사장… 부친에게서 '직원중시' 배워

현직 CEO인 니시지마 토쿠시(西島篤師) 사장은 조부·부친에 이어 3대 사장에 취임했다. 대학 졸업 후 곧 가업에 합류하면서 경영권 승계는 자연스레 이뤄졌다. 1995년 부친 사망으로 CEO에 올랐다. 그는 센슈(專修)대에서 경제학을 공부했다. 학창시절 공수(空手)부에서 주장을 맡을 정도로 운동에 관심이 많았다. 스스로 가라데를 통해 "목표를 갖는 것과 단결의 중요함을 배웠다"고 밝힌다.

부친 회사에 입사하자마자 어학공부를 위해 독일유학을 떠났다. 원래 4개월 예정이었던 게 6년이라는 긴 시간으로 늘어났다. 독일어가 유창해지면서 칼스루헤

(Karlsruhe)공대에 입학, 문외한이었던 공작기계와 기계설계 등을 마스터했다. 한 번 내딛으면 다신 되돌릴 수 없다지만 그는 "젊은 시절 고생은 사서도 하는 게 옳다"는 걸 경험했다.

사람냄새 나는 회사조성은 현 사장의 부친인 2대 사장 때부터 강조돼온 기업문화다. "사람은 사람에게 의지하며 살 수밖에 없다"는 가르침이 대표적이다. 2대 사장은 특유의 리더십과 인격을 지닌 매력적인 선각자였다. 이를 고스란히 물려받은 게 3대 사장이다. 그 아버지에 그 아들이다.

아들이 떠올리는 아버지는 복잡한 사람이었다. 장례식 때 부친 친구가 "(2대 사장은) 멀리서 보면 도깨비 같지만 가까이서 보면 부처님"이라고 평가했는데 딱 그랬다. 본인이 생각한 건 그대로 밀어붙여 주변을 곤란하게 만들지만 한 꺼풀만 벗기면 인정 넘치는 캐릭터였다. 아들조차 "이런 성격을 지닌 사람은 만나본 적이 없다"고 할 정도였다.

10 maruho
마루호(マルホ)

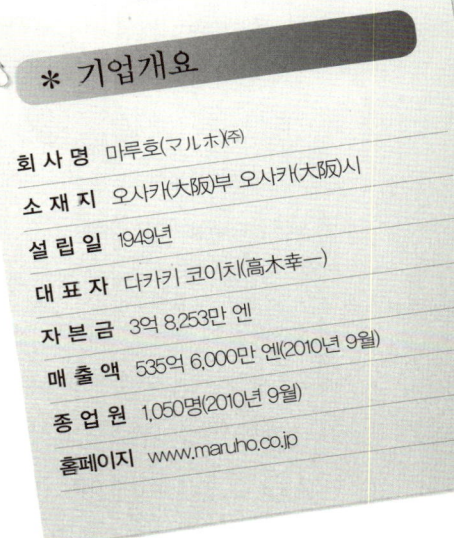

* 기업개요

회 사 명 마루호(マルホ)㈜
소 재 지 오사카(大阪)부 오사카(大阪)시
설 립 일 1949년
대 표 자 다카키 코이치(高木幸一)
자 본 금 3억 8,253만 엔
매 출 액 535억 6,000만 엔(2010년 9월)
종 업 원 1,050명(2010년 9월)
홈페이지 www.maruho.co.jp

참견경영이 낳은 감동문화… '쓸데 많은 연대감'

'여럿이 들러붙어(よってたかって)'

  이 말은 적잖이 부정적이다. '여럿이 들러붙어' 괴롭히고 강요했다는 투의 의미로 연결되는 수가 많아서다. 반대로 '여럿이 들러붙어' 칭찬하고 도와줬다는 수식관계는 좀체 듣기 힘든 말이다. 실제 야후저팬에 이 단어를 입력해보면 예문의 상당수가 부정적이다. '여럿이 들러붙어' 긍정적인 결과로 연결되는 사례는 거의 없기 때문이다.

  역발상은 모 아니면 도인 것일까. '여럿이 들러붙어' 회사를 꽤 괜찮은 근무환경으로 변모시킨 회사가 있어 세간의 관심을 끈다. 이렇듯 기대하기 힘든 결과를 낳음으로써 '여럿이 들러붙어'는 이제 본받음 직한 새로

운 기업문화로 세를 확산 중이다. 오사카의 작은 제약회사가 주인공이다. 회사명은 '마루호(マルホ)'다.

일반적인 지명도는 낮다. 다만 피부와 관련된 외용도포(바르는)약품에서는 높은 점유율을 자랑하는 숨겨진 톱 기업이다. 회사덩치는 비교적 작다. 제약업계 랭킹 40~50위권이다. 업계 리더인 다케다(武田)제약 매출액의 3~4%에 불과하다.

그래도 피부약에선 독보적이다. 국내 최대 매출과 함께 세계랭킹 10위권에 접한 실력파 회사다. 피부약과 관련해선 가장 폭넓은 제품 라인업을 자랑한다. 고객(의사)만족은 아주 높다. 피부병은 생명과는 별 상관이 없지만 증상이 눈에 잘 띄기에 그만큼 즉각적인 효능기대감이 높다. 대부분 환자만족도가 낮은 이유다. 하지만 이 회사 피부약이면 사정이 좀 다르다. "흡수가 좋아 효과적이고 바르는 감촉이 뛰어난 데다 부작용이 적다"는 평가가 많다. 유효성·안전성·사용감 등에서 뚜렷한 차별화에 성공했다는 게 일반적인 분석이다.

'여럿이 들러붙어'… 동료에게 간섭하는 이유

회사 사업모델은 좀 특별하다. '피부과학 관련의약품의 부티크컴퍼니'를 지향한다. 제약업체라면 사활을 거는 신약개발은 순위가 밀린다. 대신 선택한 게 기초효능의 응용확대를 통한 제품육성 전략이다. 회사능력에 맞춘 기발한 틈새전략은 회사를 강소기업으로 변신시켰다. 경쟁사가 가지 않은 길을 택한 만큼 마루호의 최대강점은 라이벌이 없다는 것이다. 기술

(외용제품)과 시장(피부영역)이라는 특화영역에 위치한 덕분이다.

회사는 "우리가 선점한 기술·시장영역에선 연구개발력·생산능력·정보제공력·네트워크 등에서 모두 톱클래스 실력을 갖췄다"고 자부한다. 이들 4대 경쟁력은 핵심고객인 의사와의 신뢰관계가 기반이 됐다. 2002년부터 의료용 피부약부문 시장점유율 No.1을 유지 중이다. 2007년엔 포터상을 수상했다. 미국의 경영학자인 마이클 포터가 제안, 독창적인 경영

전략을 통해 고수익성을 달성·유지한 기업에 주어지는 상이다. 주력제품인 '힐드이드(피부보습제)'와 '오키사롤(심상성건선 치료제)' 등을 통해 현재 500억 엔대의 안정적인 매출성장세를 기록 중이다(2010년 535억 엔).

회사의 유명세를 완성하는 건 특유의 사업모델뿐이 아니다. 이보다 더 주목받는 회사명성의 근원파워는 높은 직원만족도다. 근무환경이 좋은 탁월한 직장이란 얘기다. 업계에서는 이미 '일할 맛'이 넘쳐나는 회사로 정평이 자자하다. 독특한 사풍은 갈수록 인구회자 중이다.

이를 뒷받침하는 단적인 사례가 취업시장에서의 높은 평판이다. 일종의 B2B 사업모델인 탓에 지명도가 낮고 회사규모도 크지 않지만 입사희망자는 끊이질 않는다. 취업사이트를 뒤져보면 "사원을 제일 먼저 생각

해주는 따뜻한 회사"라든가 "결과만이 아닌 과정도 중시하는 사풍", "밝고 즐거우며 힘찬 분위기를 갖춘 조직"이라는 평이 대부분이다. 일방적이지 않고 사원 개개인의 눈높이에 맞춘 교육시스템도 자주 거론된다.

실제로 회사는 임직원의 동기부여에 각별히 신경 쓴다. 업무에 필요한 아이디어를 적극적으로 제안하면 제안자에게 전권을 주며 실현기회를 제공한다. 근로자의 의사판단을 존중하고 필요한 지원을 아끼지 않는다. 회사는 개별근로자의 성장을 도와주는 공간제공자 입장에 아주 만족한다. 회사비전·경영방침은 임직원의 '일할 맛'을 구체적으로 강조한다. CEO인 다카키 코이치(高木幸一) 사장은 "크고 싶고 행복해지고 싶으며 사회에 공헌하고 싶은 개인바람을 실현시켜주는 게 회사"라고 못 박는다. 회사란 그 공간과 기회를 제공하는 게 기본 역할이라고 본다.

회사임직원의 90%는 대졸신입으로 회사에 들어왔다. 신입사원이 커야 회사가 커진다는 일종의 운명공동체 사풍의 실현 덕분이다. 좋은 회사가 되자면 임직원이 맘 놓고 열심히 일하도록 응원할 수밖에 없다. 이를 위해 꾸준한 교육연수뿐 아니라 원활한 커뮤니케이션 및 도전기회를 제공한다.

이때 기본은 '와글와글·왁자지껄(わいわい·がやがや)'이다. 커뮤니케이

션이 활발해지고 정보가 투명해질 때 개인성장이 가능하다고 봐서다. 그 상징사례가 독특한 신입사원 교육방침이다. 한마디로 '잘 챙겨주기'다. '여럿이 들러붙어' 잘 챙겨주니 직원 사이의 연대감은 꽤 파워풀하다. 동시에 커뮤니케이션은 빠르고 짧다. 경영진과의 거리가 짧고 누구든 속내를 드러내 공유할 수 있는 소통환경을 구축했다. 그래서 외부에선 "바람흐름이 좋은 회사"로 불린다.

'와글와글 · 왁자지껄'한 커뮤니케이션… 챙겨주기의 기본

그렇다면 마루호의 임직원은 무엇 때문에 일하는 보람을 느끼는 것일까. 많은 직장인의 최고관심사인 연봉을 비롯한 금전보상에 대한 만족이라면 사실 거리가 멀다. 정답에 가까운 건 회사가 지닌 나름대로의 철학과 사고방식이다.

　마루호의 높은 직원만족도에 주목한 〈닛케이비즈니스〉는 이를 '참견'으로 갈무리했다. '참견경영'의 재발견이다. 흔히 참견이란 대부분 쓸데없는 참견을 뜻한다. 안 해도 될 것에 무리하게 개입해 문제를 악화시킨다는 의미다.

　그런데 마루호의 참견은 좀 다르다. 굳이 풀어 설명하면 쓸데 '있는' 참견이다. 그 쓸데란 바로 직원만족을 높이는 결과를 얘기한다. 이때 '참견'의 구체적인 방법이 앞서 언급한 '여럿이 들러붙어(よってたかって)'의 형태다. 일례로 선배사원이 부하·신입사원을 가르칠 때 '여럿이 들러붙어' 교육하는 문화가 정착됐다.

'여럿이 들러붙어' 참견하는 것도 대상과 정도가 문제다. 그렇다면 어떤 상황에 어느 정도 들러붙어야 바람직한 결과로 연결될까. 회사 설명에 따르면 여기에 제한은 없다. 누구든 가능한 한 들러붙어 주변을 도와주는 게 마루호의 기업문화다. "곤란에 빠질 경우 '반드시'라고 할 정도로 주변 동료가 관심을 갖는다"는 식이다. 경쟁업체에선 "이 정도일 줄은 몰랐다"고 할 만큼 직장동료의 관심·지원이 광범위하다.

가령 영업에 필수인 프레젠테이션에 약한 후배사원이 있다면 주변에서 그를 위해 연습기회를 만들어준다. 월 1회 정기적인 교육기회를 자발적으로 만들어 약점을 강점으로 승화시킨다. 회사제도나 명령 때문이 아니다. 주변 선배의 반강제적(?)인 자발성에 의한 참견이다. 안 가르쳐줘도 누구 하나 지적하지 않지만 하지 않고서는 못 배기는 장기간 축적된 마루호만의 DNA 때문이다. 그리고 그 DNA는 입사와 함께 자연스레 체득·전승된다.

당겨주고 밀어주는 선배사원의 집단적인 '들러붙기'는 이뿐만이 아니다. 공식적인 고민공유는 물론 개별적인 사적문제라도 언제든 따뜻하게 어깨를 감싸주는 동료사원이 수두룩하다. 삶을 조금 더 경험해본 선배답게 이런저런 다양한 관점의 선택지를 제공함으로써 후배의 앞날에 기여한다.

여기엔 독특한 사풍이 한몫했다. 영업, 특히 제약영업은 사실 각개전투가 태반이다. 1주일에 한두 번 미팅한 뒤 대부분 영업현장에 투입되니 동료 얼굴을 볼 기회가 없다. 동료 얼굴을 모르는 영업사원마저 있을 정도다. 그래서 회사는 이 관행을 깨뜨렸다. 마루호의 경우 전체 직원과의 커뮤니케이션을 위해 아무리 늦어도 회사에서의 퇴근을 원칙으로 삼았다. 영업소는 모두가 복귀할 때까지 전원대기다. 밤 10시가 넘어 컴백해도 선배사원은 거의 대부분 후배를 챙기고자 남는다.

자칫 불합리할 수 있다. 회사인간을 강요하는 게 아닌지 우려스럽다. 그래서 회사는 영업조직을 7~10명 단위로 최소화했다. 영업조직이 이 인원을 넘어서면 영업소를 나누는 게 원칙이다. 준거집단을 최소화해 연좌피해 여지를 줄이는 대신 연대감을 높이도록 한 조치다.

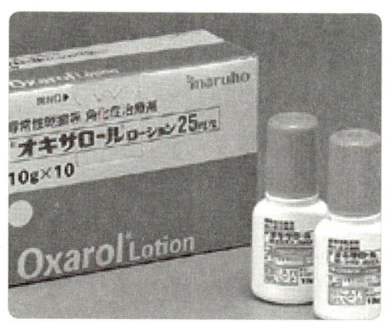

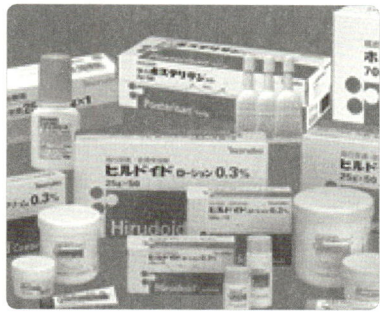

뒤를 잘 챙겨주는, 즉 참견을 잘하는 기업사풍은 수십 년에 걸쳐 조금씩 기틀이 다져진 마루호의 독특한 전통이다. 지금의 선배사원도 모두 비슷한 참견세례를 톡톡히 받았다. 후배의 업무계획을 들으면 반드시 피드백을 해주는 것도 오래된 전통으로 남았다. 거의 매일 근무종료 후 회식하며 돈독히 애정을 쌓는 것도 마찬가지다.

예전에는 더했다는 증언도 있다. 차를 사는 후배를 따라가 교섭력을 높여주거나, 감기에 걸린 미혼 후배를 위해 직접 집에까지 찾아가 음식을 만들어주는 선배도 있었다고 한다. 지금 선배사원이 후배를 챙기는데는 이런 학습효과가 컸다. "내가 받은 걸 후배에게도 돌려주고 싶다"는 발상이다.

'여럿이 들러붙어' 참견하는 걸 경영학 교과서의 정제된 단어로 표현하면 '연대감'이다. 무한한 존경과 끈끈한 신뢰가 주변 동료를 방치하지 않도록 일종의 연대감으로 승화된 형태다. 특히 마루호의 연대감이 주목받는 이유는 그 연속성에 있다.

신입사원을 비롯한 후배를 챙기고 가르치는 건 어쩌면 모든 회사의 당연한 과제다. 하지만 이 회사는 선배에게서 후배에게로 들러붙는 참견이 반복·계승된다는 게 특징이다. 개인주의와 성과주의가 만연하면서 인간관계가 옅어지는 가운데 마루호의 농밀한 직장관계가 매스컴의 관심을 받는 이유다.

공사구분 없는 참견경영… '직장인간 형성론'이 뿌리

'여럿이 들러붙어' 주변을 챙기는 참견문화의 뿌리는 '직장인간 형성론'이다. 이는 1951년 회사(마루호상점)사장에 취임한 다카키 지로(高木二郎) 현 명예회장이 제안한 기업문화다. 인재육성을 위해 그가 내놓은 이념 중 하나다. 요컨대 '직장이란 사람이 성장하기 위한 장소로 일을 통해 사람으로, 사원으로, 사회인으로 성장해가는 장소'다.

때문에 회사는 근로자 '상호' 간의 '성장'을 가장 중시한다. 이를 실천하고자 회사는 신입사원 연수 때 늘 "당신은 목적이자 코스트"라고 일갈한다. 선배사원은 신입사원을 최고가치의 생명을 지닌 존재(목적)로 인식해 소중하고 엄격하게 대접한다는 것이다.

반면 막 입사한 신입사원은 코스트다. 사회진출 때까지 오직 소비만

해온 존재로 그대로라면 아무것도 만들지 못하고 소비만으로 삶을 마친다. 소비해온 것만큼 가치를 창출하라는 메시지다. 이를 반복된 교육연수로 뼛속 깊이 각인시킨다.

선배로부터 후배로의 '참견경영'이 종적인 연결구조라면 신입사원 연수는 횡적인 연대를 강조하는 기능을 맡는다. 즉 이 회사의 신입연수는 지금은 찾아보기 힘들 정도로 엄격하다. 신입사원은 4월에 입사하면 지방공장에서 연수생활을 시작한다. 여기서 '직장인간 형성론'을 비롯해 회사역사와 연혁, 제약산업의 특징·트렌드 등을 배운다.

이 정도면 평범하다. 문제는 그다음부터다. 대다수의 영업사원은 12월의 인정시험에 통과하고자 4개월에 걸쳐 합숙연수에 돌입한다. 스케줄은 빡빡하다. 6시 50분에 일어나 밤 12시 소등 때까지 오직 공부만을 위한 집단생활이 펼쳐진다.

규칙은 빡빡하다. 휴일 외에는 외출이 원칙금지다. 휴대전화나 컴퓨터는 일요일에만 쓸 수 있다. 일요일 아침에 회수한 휴대폰·컴퓨터를 되돌려준 뒤 밤 9시에 다시 거둬들인다. TV나 잡지도 휴일에만 볼 수 있다. 강사는 15년차 이상의 중견사원이 맡는다. 이들도 신입사원 스케줄에 따라 똑같이 움직이며 4개월간 생활한다. 아침저녁에 빠지지 않고 늘 하는 좌선 때 어깨를 내려치는 것도 이들 선배 역할이다. 합숙연수의 목적 중 하나는 상부상조의 교육이다. 한 사람 때문에 지각이라도 하면 벌칙은 연대책임이다. 가히 '감옥 같은 생활'이다.

마루호의 채용정보 사이트

물론 과거엔 보다 '스파르타식'이었다. 예전의 합숙장소는 섬이었다. 배가 아니면 이동이 불가능해 물리적이든 심리적이든 고립감이 대단한 장소였다. 가족과의 연락은 편지뿐으로 전화도 불허됐다. 용돈은 적고 놀 장소도 없었다. 오직 할 수 있는 건 공부뿐이었다. 이렇게 100여 일을 함께 고생하면 빛을 발하는 게 있다. 동기의식과 동류의식이다. 비슷한 합숙연수는 이후에도 몇 번씩 준비된다. 이런 합숙형식 연수가 연대감을 키운다는 건 불문가지다.

스파르타 합숙연수로 연대감 ↑ … 부티크컴퍼니 지향

연대감을 높이는 또 다른 수단이 있다. 사내보 〈주간 마루호〉가 그렇다. 1969년 9월에 창간했는데 이미 발행 호수가 2,600호를 가볍게 넘긴다. 주간 사내보로서는 일본에서 가장 오래된 것으로 알려졌다. 내용은 일반적인 사내보와 크게 차이가 없다. 다만 마루호의 경우 인사이동 등의 사령을 여기에 싣는다. 동료 근황을 아는 데 불가결한 정보루트다.

이 밖에 영업사원의 행동방침이 되는 기업전략의 명확함도 근로자의 동기부여를 높인다. 회사의 지향목표가 명확하니 헷갈리지 않고 일할 수 있다. 입사후보자에게 큰 도움이 될 뿐 아니라 추구업무의 명확한 방향성은 임직원의 방향설정·실천전략 수립에도 결정적이다. 이는 오직 피부과학 한길에 특화된 뭔가로 요약된다.

일관된 기업목적은 '피부과학 관련의약품의 부티크컴퍼니'다. 그러니 피부영역만을 위한 약제개발·조합에 연구개발의 전력을 쏟아붓는 게 가능해졌다. 비록 영업현장에서는 다른 제품파트를 잘 몰라 정보제공에 한계가 있지만 기업으로서의 일관된 방향성은 분명 불확실성을 낮추는 데 기여한다. 이 방침은 2002년 책정됐다. 하와이 사원여행 때 발표한 장기비전에서 제약업계의 구조변화에 발맞춰 마루호가 가야 할 길을 '부티크컴퍼니'로 선정했다.

과거 제약업계는 의료보험 덕분에 정부보호를 받는 호송선단 방식으로 성장했다. 다들 큰 차이 없이 그만그만한 경영을 계속했다. 정부당국만 쳐다보는 경영방식은 마루호도 마찬가지였다. 1990년대는 업계의 이런 생존전략이 순식간에 뒤흔들렸다. 글로벌화 때문이었다. 세계적인 합종연횡으로 거대기업이 속속 생겨났다. 위기감은 극에 달했다.

1999년 사장에 취임한 다카키 코이치(高木幸一)가 이 과정에서 승부수를 띄웠다. 경쟁력이 있었던 외용(外用)제에 경영자원을 집중시키는 대신 신약개발은 과감히 포기했다. 신약개발엔 천문학적인 자금이 필수다. 중소기업인 마루호로선 통제하기 힘든 요소다. 반면 연고·크림 등 외용제의 약품 종류를 늘리거나 기존의 유효성분을 새롭게 조합한 응용제품은 비교적 저가개발이 가능하다. 즉 '육약(育藥)' 전략이다.

새로운 약제개발과 육성은 다르다. 약제개발을 뜻하는 신약은 제약업계라면 숙명으로 받아들이는 미션이지만 중소기업으로선 실천하기 힘든 숙제다. 반면 육성은 리스크를 줄이면서 약제로서의 공헌효과는 비슷하게 추구할 수 있다. 굳이 신제품일 필요가 없다는 얘기다. 마루호는 여기에 착안해 약제로서의 공헌방법을 바꾼 것이다. 비유하면 상류인 유효성분 개발은 포기하고 하류인 약품 종류를 늘리는 방향으로 경영전략을 수정한 셈이다.

선택은 옳았다. 피부약을 가진 제약회사와 판매제휴·계승과정을 통해 매출이 2배 이상 늘었다. 업계에선 피부약 틈새시장을 정면으로 뚫었다고 평가한다. 피부과 의사가 회사약품에 찬사를 보낼 정도다. 대폭적인 방향전환 이후 회사는 제약업계에서 독자적인 존재감을 갖춘 '온리원(Only One)' 기업으로 변신했다.

폭넓은 직원 교육투자… "가족을 중시하라"

근로자의 일할 맛을 높이는 동기부여는 기업비전에 반영된다. 마루호의 사시는 '진실의 추구'다. 경영 기본방침은 '마루호라는 공통의 장에서 개인·사원·사회인으로 진실을 추구하는 것'이다. 이는 인류건강을 위해 양질제품으로 공헌한다는 사명을 실천하는 행동전략이다.

모든 걸 총괄하는 기업비전은 방침전환이 있기 1년 전인 2001년에 수립됐다. 당시만 해도 사람을 소중히 여긴다는 회사풍토가 회사 내부에서만 유통됐다. 한계였다. 즉 회사 내부를 뛰어넘는 보다 외향적인 책임감이 필요했다. 남들이 인식하는 직업 자부심을 키우자는 공감대가 힘을 얻은 건 물론이다.

출발은 임직원에 대한 교육투자 강화였다. 회사의 종업원 교육투자는 1인당 연간 40만 엔에 달한다(제조부문 포함). 또 미국·유럽 등 유명 비즈니스스쿨에의 유학비용을 적극 제공한다. 덕분에 MBA 취득 근로자는 매년 증가세다. 이런 입소문이 모여 종업원 배려가 최고라는 인식이 완성됐다.

마루호의 연수제도는 실제 굉장히 촘촘하고 반복적이다. 신입사원부터 간부사원에 이르기까지 성장에 맞춘 계층별 교육제도가 마련됐다. 신입사원부터 20대까지는 신입교육을 필두로 펠로업·점프업 연수가 실시된다. 30대부터는 매니지먼트와 커리어플랜 세미나를 받는다. 관리직인 매니저가 되면 리더모임부터 매니저 EQ연수·라이프플랜세미나·인사고과 평가자 연수 등에 참가한다.

　직급과 무관한 교육제도도 있는데 부서연수와 어학연수 및 사내외 세미나 등이 그렇다. 근무의욕·동기부여가 떨어질 수밖에 없는 비정규직은 극소수에 불과하다. 불가피한 일부 인력만 비정규직을 채용할 뿐 근로자 대다수는 정규직이다. 종업원 1,010명 중 정규직은 94.2%다. 여성 비율은 28%로 이 중 2.4%가 관리직이다. 장애근로자도 12명 근무 중이다. 이직률은 1.9%에 불과하다.

　회사와 가정을 둘 다 지킬 수 있는 관련제도도 만들었다. 이는 '차세대

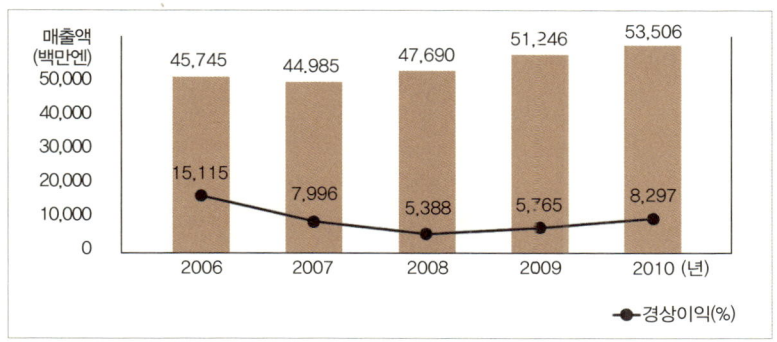

◆ 마루호의 매출액 및 경상이익 추이

자료: 홈페이지

지원육성'으로 통일돼 관리·진화된다. 크게는 임신·휴직 등의 근로자에게 정보제공 및 상담기회를 제공하는 것과 일·가정 양립조화를 위한 근로형태의 다양화로 나뉜다. 2005년부터 아내출산휴가를 신설했고 보육소에 자녀를 맡기는 경우 출퇴근의 편의를 제공한다. 2008년부터는 출산준비휴가를 정비했다. 임신 중에 5일간 휴가를 제공받으며 최대 2시간까지 근무시간을 단축할 수 있다. 육아휴가는 최대 2년까지다. 초등학교 4학년 자녀까지 육아를 위한 단시간근무를 적용받을 수 있다. 이 밖에 유급휴가 취득촉진과 잔업삭감 캠페인 등을 일상적으로 펼친다.

 동료의식만 강한 게 아니다. 가족에 대한 애정도 남다르다. 당장 CEO 자신이 가족을 중시한다. 기회가 있을 때마다 가족을 챙기고 위해줄 것을 임직원에게 당부한다. 그는 "집과 가족은 일종의 기지 같은 것으로 더욱 소중히 가꿔야 할 대상"이라고 본다.

 그래서일까. CEO의 취미는 정원 가꾸기다. 정원에서 키운 채소로 음식을 만드는 것을 좋아한다. 특히 가족형성을 막 시작하는 젊은 사원에게 가족애를 특별히 강조한다. 회사가 인생이라면 가족과 동료는 평생지기일 수밖에 없어서다. 평균 이상의 연대감을 가진 회사라는 세간평가의 원점이 가족이라는 얘기다.

Chapter 4

기업복지를 위한
10가지 성공 DNA

01
양립조화_일과 가정 양수겸장의 힘

일본사회엔 적잖은 고민거리가 있다. 단편·일시적인 문제부터 장기·구조적인 딜레마까지 일일이 거론하기 힘들 정도다. 서로 얽혀 있기는 물론이다. 일본사회의 각종 난맥상을 '폐색감(閉塞感)'이라는 단어 하나로 정리하는 이유다.

여기엔 인구문제가 크다. 저출산·고령화다. 분모(저출산)는 연약해지는데 분자(고령화)는 무거워지니 국가기반이 불안할 수밖에 없다. 연금문제가 단적이다. 낼 사람은 적고 받을 이는 많아지니 장래불안이 증폭되는 구조다.

해결방법은 사실상 하나뿐이다. 분자는 어차피 대세인 데다 현재(혹은 과거)이슈니 정책개입으로 조정할 여지가 별로 없다. 각종 방안을 강구해 최소한의 사회안전망을 갖추는 수밖에 없다. 반면 분모는 얘기가 다르다. 정책여하에 따라 얼마든 유도할 수 있는 개연성을 지닌다. 결혼·출산·육아환경의 개선을 위한 적극적인 노력이 출산율을 제고할 수 있기 때문이다.

증거는 있다. 일본의 경우 부부완결출생아수(15~49세 여성 1명의 평생 출산 예상 평균자녀)가 2.09명으로 합계출산율(미혼여성 포함비율) 1.32명보다 높다. 결혼 이후 무자녀부부는 드물고 대략 2명의 자녀는 낳는다는 의미다. 저출산은 결국 결혼의지·환경과 직결된다. '결혼→출산'의 자연스러운 연결배경이다.

출산율 높이자면 WLB는 필수… 선순환 위한 양립조화

그렇다면 결혼을 하지 않는 이유는 뭘까.

돈이다. 돈이 없어 결혼을 안 하거나 미루는 젊은이가 부지기수다. 비혼(非婚)화와 만혼(晚婚)화다. 무엇보다 결혼을 할 만큼 자금력이 있고 미래가 안정적인 일자리(정규직)는 줄어드는 추세다. 결혼해도 둘이 먹고살기 힘든 와중에 자녀출산·양육은 상당한 경제적 부담일 수밖에 없다. 임신·출산·양육을 계기로 아내가 전업주부로 눌러앉는 경우가 적잖다. 일하고 싶어도 자녀가 밟혀 불가피하게 회사를 떠난다. 자녀출산·양육을 위한 제반환경이 기대 이하인 까닭에서다. 저렴한 보육소(공적서비스)에 들어가고자 줄선 '대기아동'만 80만 명에 달한다. 민간시설이 대안이지만 비용부담(월 10만~20만 엔)이 상당하다.

일자리 문제로 목하고민 중인 건 일본도 마찬가지다. 다만 장기적으론 노동력 부족사태를 염려하는 시각이 일반적이다. 저출산·고령화 탓이다. 경제활동인구가 줄어들어서다. 때문에 일본정부는 노동공급 부족우려를 경감하고자 외국인·여성근로자에 주목한다.

우선순위는 여성근로자다. 남성근로자처럼 입사 이후 중도퇴직 없이 계속해 일하는 여성근로자를 기대한다. 30대 초중반에 여성 특유의 라이프사이클 때문에 발생하는 M자형 취업률의 중간바닥을 끌어올리겠다는 계산이다. 출산·육아장벽을 제거해 여성근로자의 경력단절을 막겠다는 추진전략이다. 실제 여성취업률이 높을수록 출생률이 높은 경향이 일반적이다(OECD 국제비교).

요컨대 'Work Life Balance(WLB)'의 가치실현 추구다. 일과 가정의 양립조화를 통해 둘 다를 만족시키는 근로환경 조성과제다. 양자택일이 아닌 양수 겸장의 경제학을 둘러싼 주목이다. 제1장에서 살펴본 것처럼 일본의 WLB이슈는 최근 광범위하고 전폭적인 지지를 얻는 추세다. 서구 대비 갈 길은 아직 요원하지만 그래도 특별이슈에서 일반이수로 눈높이가 낮아졌다. 상당수 기업이 WLB를 도입·확대하면서 과거 회사인간 시절 불거졌던 적잖은 갈등문제를 경감시켰다. 정부는 민관위원회까지 꾸려 WLB 도입·추구 스케줄을 체크·독려하는 눈치다. 엄마가 직장생활을 더 잘할 수 있도록, 또 아빠가 가정생활에 관심을 갖도록 하는 게 포인트다.

이 책이 사례로 연구한 20개 기업은 하나같이 일·가정 양립조화를 중시하는 근무환경을 갖췄다. 암묵적인 WLB 선호·추진이 아닌 공개·제도적인 경영정책의 하나로 도입·적용한 게 대부분이다. 일본정부가 관심을 갖고 우선과제로 중시했던 2000년대 이후 본격적으로 확대됐다. 물론 개중엔 일찍부터 근로형태의 다양화에 관심을 갖고 WLB의 기대효과에 주목한 경우가 많다. 기업규모가 크고 복리후생이 비교적 탄탄한 대기업뿐 아니라 베일에 가려진 전문분야 특화의 강소기업에서도 WLB는 공통적으로 목격되는 추세다. 이들 기업은 '일할 맛'을 높이는 자발적인 동기부여를 위해 교과서적인 금전보상과는 별개로 근무환경의 다양성을 제공했다.

WLB는 '일할 맛'에 특효… 휴가부터 확충시작

제도형태는 각양각색이다. 일단 출산·육아·간병휴가 등 이름뿐이던 각종 휴가를 실제 활용할 수 있도록 기업문화를 바꾼 기업이 압도적이다. 출산율 제고차원에서 기업이 금전적 인센티브를 제공하는 곳도 많다. 출산장려·육아교육비 등이다. 여성근로자를 위한 양립조화가 돋보이는 가운데 몇몇 기업은 남성근로자의 가정배려에도 관심이 많다. '일 권하는 사회'의 불협화음을 줄임과 동시에 가정생활의 행복도가 근무성과에 비례한다는 점에서 잔업·과로사를 줄이는 선택지다.

  고용형태를 혁명적으로 바꾼 선진사례도 있다. 정규직과 비정규직의 신분장벽을 없애 '동일노동·동일임금'을 실현한 경우다. 단시간정사원제가 그렇다. 기존 정규직보다 적게 일하지만 일한 시간만큼 동일임금을 줘 근로자의 라이프스타일에 맞는 근무형태를 선택하도록 했다. IT업계 등에선 재택근무제도 일과 가정 양립조화를 위한 주요선택지다. 혁신적인 통신기술을 활용하면 꼭 회사공간이 아니라도 얼마든지 일할 수 있다는 점에 주목했다.

  구체적으로 몇몇 사례기업의 WLB 현황을 살펴보자. WLB의 양립조화에 적극적인 기업엔 아무래도 여성근로자가 많다. 전체 근로자 중 여성 비중이 높다. 이들의 경력유지 차원에서 여성근로자 특유의 생애주기를 배려할 동기·가치가 높은 경우다. 화장품·항공사·유통업·외식업 등이 대표적이다. 키워드로 묶으면 서비스업종이 여기에 해당한다. 기업규모와 무관하게 대부분 사시(社是) 등 명문화된 경영전략에 WLB를 반영해 제도적으로 일과 가정 모두를 건강하게 지키는 각종 지원을 행한다. 최근 WLB와 관련한 각종 시상이 증가하면서 이들 기업의 표창사례가 증가세다. 몇몇 기업은 회사 내부에 WLB 전담기구를 배치·운영한다.

먼저 시세이도다. 이 회사의 직원만족 핵심개념이 WLB다. 남녀평등적인 직장·가정 양립조화에 일찍감치 주목했다. WLB 개념조차 희박했던 1990년대 초반부터 공을 들였다. 가령 2008년엔 육아지원을 위해 단시간근무제도(1일 2시간 근무시간 단축 가능)도 확충했다. 대상아동 연령은 초등 3학년까지 늘렸으며 이때는 원칙적으로 전근도 해당되지 않는다. 동료부담을 막고자 단시간근무 때는 대체요원(아르바이트)을 채용해 배려했다. 대체요원은 1,000명 체제를 유지한다는 방침이다. 인건비는 늘지만 숙련여성의 계속고용은 기업성과에도 도움이 된다는 평가다.

여직원이 많은 ANA도 양립조화에 일가견이 있다. 다년간 취업시장의 입사선호도 상위기업답게 직원만족에 각별하다. 추구슬로건인 '생기 넘치는(いきいき) 인재투자'의 주요루트가 바로 WLB다. 직원생기를 위해 경영자원을 우선·배치한다는 방침인데 이를 위해 건강관리를 대폭 강화했고 잔업은 줄였으며 업무는 대담하게 변경했다. 특히 차별금지를 통해 누구든 맘 편하게 다양한 근로형태를 선택하도록 했다. 여직원이 전담하기 십상인 임신·출산·육아·교육을 자기책임으로 방치하지 않고 기업

이 적극적으로 동참해 선택지를 넓혀주겠다는 의지다.

임신과 동시에 육아휴직이 적용되고 회사가 나서 태교CD까지 만들어줬다. 그러니 육아휴직자 대부분이 기간만료 후 복직하게 마련이다. 배우자가 전근하면 근무지까지 바꿔주는 제도도 있다. 자녀직장참관일도 운영한다. 일하는 부모의 자부심과 가족애를 위해서다. 직장동료 가족과의 대면기회 증대는 다양한 근로방식을 선택하는 데 걸림돌인 직장상사의 이해를 높이는 데도 좋다.

아사히카세이는 남녀평등적인 양립조화로 유명하다. 남성의 육아참가를 전폭적으로 지원하는 회사로 손꼽힌다. 남직원의 충실한 가정생활을 위한 직장차원의 다양한 선택카드 제공이다. 지원방향은 개별직원의 맞춤형 근로선택이 핵심이다. 가령 육아휴가는 1974년 도입됐지만 1992년부터 문호를 남직원에게까지 개방했다. 휴가기간은 늘어났고 제공서비스는 폭넓어졌다. 시간단위 연휴(年休)제도를 도입해 휴가취득의 유연성까지 더했다(2010년).

제도안착을 위해 키를 쥔 상사의 인식까지 변하도록 강제했다. 특정 기간에 육아휴가를 쓰지 않으면 상사경유의 재촉메일을 보낸다. 지금은 육아휴가자 중 남성이 여성보다 압도적으로 많다. 자녀탄생의 남성근로자 중 절반은 육아휴가를 즐긴다. 상복도 터졌다. 2009년엔 '제4회 닛케이(日經)자녀양육지원대상'을 수상했다. 자녀양육시스템을 잘 갖춘 기업에 주는 후생성 마크(크루민)를 받은 자회사만 8개사다.

브라더공업도 회사에 본인을 맞추지 않고 본인생활에 맞춰 근로방법을 고르도록 했다. 유연한 근무확보다. 양립조화가 대표적인데 이를 위해 육아·간병지원이 가능한 각종 제도를 갖췄다. 가령 육아를 위한 단시간근무를 초등 3학년까지 연장했고 간병휴직은 통산 3년까지 늘렸다. 유급휴가 취득률을 높이고자 리프레시(Refresh)휴가까지 실시한다.

워킹 맘을 위해서도 회사가 나섰다. 'Brother Mothers'라는 제도인데 일하는 엄마가 사내에 각종 네트워크를 형성해 완벽한 WLB를 위한 기반형성에 적극 나서도록 했다. WLB가 필요한 당사자들이 모여 각종 방안·제도를 제안하니 현실성과 설득력이 한층 높아졌다. 이 회사의 육아휴가 취득자 복귀율은 100%다. 이제 회사는 '일하는 아빠(Working Father)'에게까지 지원범위를 넓힐 계획이다. 가정이 편하고 원만해야 직장에서의 근로의욕·성취가 높아진다는 판단에서다.

남녀불문 필요 때 휴가기간·내용 늘려… 성과직결

다이킨공업의 양립조화는 중후장대의 남성적 사업모델에서도 WLB를 얼마든 실천할 수 있음을 보여주는 단적인 성공사례다. 여직원이 10%대에 불과하지만 포괄적인 양립조화를 통해 근무환경을 유연·탄력적으로 교체했다는 호평이다. 여직원 숫자는 덩달아 증가세다. 직종구분을 없애고 가정에 신경을 쓸 수 있도록 제도개선에 나선 덕분이다. 초등졸업 때까지 육아를 위한 단축근무가 가능하다.

또 자녀가 아프거나 잔업·출장이면 베이비시터 비용 등으로 연 20만엔까지 보조한다. 육아서비스 비용보조제도다. 육아휴가 중엔 사내통신망에 접속하도록 해 자연스러운 업무복귀를 돕는다. '차세대육성지원대책추진법'이 정한 기준을 통과해 정부인정을 받았다(2007년). 원래 회사는 고령자 정년연장·복리후생으로 유명한데 양립조화도 이 철학에서 파생·발전했다.

IT업계에선 드물게 해고불가를 고수하는 EC studio는 회사 전반이 직원가정사까지 일일이 챙긴다. 일자리가 사라지면 아예 새로운 일거리를 찾아준다. 인건비를 이유로 내보내면 해당 직원은 물론 회사 전체에 나쁜 기운이 돌 수 있어서다. 이전 직장에서 3개월도 못 버틴 싱글마더가 이 회사에선 장기간 근속할 정도다. IT엔 약해도 도전을 즐기는 직원이 활약하도록 배려해준 결과다.

IT회사답게 재택근무로 자녀양육을 돕는 시스템을 갖췄다. 재택근무를 선택하면 오후 4시에 퇴근하도록 했다. 자택 컴퓨터로 회사 네트워크에 접속하면 회사와의 동일 근무환경이 제공된다. 일을 계속할 수 있으며 월급도 큰 차이가 없다. 또 직원 생일 땐 가족·파트너를 동반하도록 한다. 직원의 세세한 개인사를 알 수 있어 가능한 한 많은 이들이 참석도록 독려한다. "안심하고 일하는 건 가족이 있기 때문"이다. 그만큼 사적인 고민과 커뮤니케이션을 중시한다.

02

사내소통_ 시원시원한 커뮤니케이션

'소통(疏通) vs 불통(不通)'

소통과 불통은 한 끗 차이다. 그런데 이 한 끗이 낳는 결과는 천양지차다. 소통의 끝은 만인의 행복이지만 불통의 끝은 전부의 공멸이다. 이는 국가·사회조직뿐 아니라 기업·가정현장에서도 똑같이 적용된다. 실제 현대경영학의 주요조류 중 하나는 '커뮤니케이션'이다. 기업성과를 극대화하는 데 커뮤니케이션이야말로 출발점이자 마침표다.

물론 원래부터 회사조직은 커뮤니케이션을 중시했다. 다만 그 시선은 회사와 회사 외부의 커뮤니케이션에 고정됐었다. 가령 고객만족을 위한 커뮤니케이션 확보중시가 그렇다. 그런데 최근엔 회사 내부의 커뮤니케이션으로 무게중심이 옮겨가는 느낌이다. 사내소통의 강화추세다.

사내소통은 일본재계의 우선추진 과제이슈 중 하나다. 어떤 CEO든 소통과 커뮤니케이션이란 단어사용 없이 성공비결을 내뱉는 경우는 거의 없다. 1990년대 이후 '잃어버린 20년'으로 일컬어지는 경기침체기를 거치면서 사내소통의 존재감·합리성을 몸소 경험한 결과다. 일본적 경영을 실천하는 직능(연공)주의를 채택한 기업이든 혹은 경쟁촉진의 미국식 직무주의 성과시스템을 받아들인 기업이든 마찬가지다. 사내소통이 기업성과에 직결된다는 판단에서다. 특히 직원만족이 우선될수록 그 실천수단으로 사내소통을 강조하지 않는 회사는 없다. 불통을 자초하거나 소통을 거부하는 조직이면 성장희망이 없다는 냉엄한 경험법칙 탓이다.

사내불통이 뒤흔든 명품기업의 불명예… 도요타의 교훈

금융위기 이후 일본열도를 뒤집은 충격적인 사건 중 하나는 도요타의 리콜사태다. 일본기업의 간판기업이자 제조파워의 원류조직으로 칭송받던 도요타의 성장신화에 급브레이크를 건 사건이었다. 이유는 복합적이지만 공통배경은 커뮤니케이션의 불통 탓이다. 과도한 경쟁촉진·이익우선 경영정책이 경비절감으로 연결되며 특유의 조직공동체와 현장문화를 훼손한 결과다. 경비절감을 위해 아웃소싱을 강화하면서 조직단결력도 훼손됐다. 문제발생 때 이를 개진·논의해 개선하던 관행보다 감추고 희석시키며 갈등여지를 회피한 게 컸었다. 이때 커뮤니케이션은 차단됐다. 발신은 사라졌고 경청은 없어졌다. 사내불통이 명품기업조차 순식간에 흔들어버린 셈이다.

 이처럼 소통채널이 막혀버리면 결과는 참혹하다. 문제를 문제라고 제때 말하지 못해 부도파탄에 내몰린 기업은 도요타 말고도 셀 수 없이 많다. 경고음은 있었건만 확인·전달되지 않은 것이다. 하나같이 회사 내부에 위치한 이해관계자 간의 의사소통이 막혀버린 결과다.

현실사례를 봐도 소통단절은 불필요한 갈등과 충돌비용을 요구한다. 직원·부서 사이의 단절장벽이 발생하면 그만큼 이기주의를 야기할 수밖에 없어서다. 그럼에도 불구하고 아쉽지만 사내소통 사각지대는 의외로 많다. 원활하게 커뮤니케이션이 될 것이라 여기는 기업 중 상당수가 추후 불통복병과의 조우가 반복될 정도다. 사내소통이란 게 순식간에 급조해 조성할 수 있는 게 아닐뿐더러 실체를 확인하기 힘든 것도 한계다. 유형의 채널보단 무형의 공기에 가까워서다. 장기간에 걸쳐 명확한 제도 설치를 통해 강력한 추진력이 전제될 때 비로소 사내소통은 빛을 발하게 된다.

직장불통과 관련한 최근 이슈는 단연 신입사원의 회사생활 부적응 문제다. 회사인간을 당연시하는 선배세대와 달리 작은 불만·한계에도 언제든 회사를 그만두려는 신입사원이 증가해서다. 선배들은 회사와의 공존의지와 로열티가 적은 이들에게 실망감이 대단하다. 'KY' 문제다. '空氣が読めない(분위기를 못 읽는다)'라는 문장의 '空'과 '讀'의 음독을 따 'KY'로 불린다. 상황파악에 미숙한 신입사원을 빗댄 단어다. 분위기 해독여부는 대인관계로 요약되는 사회적응력의 문제다. 그런데 신입사원 중 상당수는 업무습득·수행능력이 떨어짐은 물론 직장인으로서의 기본사고·자세 등 최소조건조차 부족하다는 지적이다.

원인은 대화법 등 미숙한 커뮤니케이션 때문이다. 세대를 경계로 한 소통단절이다. 부하는 상사질책·비난을 받으면 심리적 공황에 빠지고 상사는 이런 부하를 어떻게 다뤄야 할지 막막하다. 인재입국(立國) 일본으로선 경쟁력 약화문제로 직결된다. 주요언론은 'KY' 문제를 일본사회의 중대한 사회병폐로까지 인식한다. 커뮤니케이션 불통문제가 사회 전반에 확산돼서다. 회사가 술값을 댈 테니 후배와 소통기회를 가지라고 부하수당을 지급하는 회사까지 있다(일본종합지소). 부하의 부적응이나 기타 커뮤니케이션 문제를 사전에 차단하려는 고육지책의 산물이다.

불통의 치명적 한계는 소통의 무한적 장점이다. 사내소통은 다양한 경제적 합리성을 갖는다. 일단 완성되고 보면 비용 대비 기대효과가 월등한 여러 메리트가 확인된다. 당장 딱딱하기 쉬운 직장분위기가 밝고 투명해진다. 정보가 막힘없이 흐르니 불신이 생길 틈이 없다. 사람과 사람 사이의 문제 중 99%가 소통 때문이라니 불문가지다. 이런 분위기라면 성과향상은 당연하다. 신뢰기반의 협업구축을 통한 시너지효과 기대다.

사내소통은 불멸의 성공 DNA… 부각되는 소통의 경제학

소통이 잘될수록 일하기 좋은 직장이란 명제는 거의 진실에 가깝다. 원만한 소통이 확고한 신뢰로 연결돼 임직원의 성과몰입·창출에 기여하기 때문이다. 결속력의 증진이다. 실제 일 잘하는 사람일수록 커뮤니케이션에 능통하고 일할 맛 좋은 회사일수록 사내소통에 정통하다. CEO와의 관계도 원만하다. 소통하고 공유하며 개방하는 리더십의 가치다. 대부분이 원활한 커뮤니케이션을 위한 관계구축에 힘을 쏟는 이유다.

이 책이 다루는 '일할 맛'이 좋기로 소문난 20개 사례기업의 사내소통엔 몇 가지 특징이 있다. 기존 개념을 뒤엎는 역발상적인 소통추진이 대표적이다. 즉 소통주체가 상사에서 전체 직원으로 확대됐다. 과거엔 상사가 말하면 직원은 듣는 게 기본이었다.

그런데 이젠 방향이 바뀌었다. 일방적 톱다운 소통강제가 아니라 수평적이고 쌍방향적인 상호소통이 중시된다. 또 소통내용은 업무단위를 넘어섰다. 회사에선 업무내용만 전달됐다면 이젠 공적업무는 물론 개인사·고민까지 아우르는 사생활까지 사내소통에 포함된다. CEO·상사의 리더십이 일방적인 지시일변도에서 상호 이해증진 차원의 자발적 친근감으로 전이되는 추세다. 정서적 사내소통의 강화다.

CEO의 소통경영은 20개 모범기업의 또 다른 특징 중 하나다. 사내소통에 능통한 일터일수록 CEO를 비롯한 경영진의 적극·원활한 커뮤니케이션 의지가 공통분모다. 소통을 위해서라면 조직 특유의 완장표시는 과감히 없앤다. 경직된 직위·상하관계에서 사내소통은 기대하기 힘든 법이다.

역점을 두는 소통상대로 평소 CEO와의 거리감이 먼 현장·부하직원을 택했다는 점도 특이하다. 본사를 떠나 일선의 영업·제조기반과의 커뮤니케이션 유지·확대다. 모세혈관처럼 퍼진 일선조직의 세포조직이 신뢰하며 웃는 일터조성이어야 진정한 의미의 소통으로 해석된다. 때때로 중간관리자를 배제시킨 직접적인 쌍방향 커뮤니케이션을 시도하는 경우도 있다. 신속하고 유기적인 소통추구를 위한 거리 및 비용축소 차원이다.

아예 조직구성을 종적의 수직구조에서 횡적의 수평구조로 전환하는 경우도 많다. 옥상옥(屋上屋)의 전달체계가 소통흐름을 방해한다는 이유에서다. 이렇게 되면 평평한 형태의 소통채널이 제도적으로 보장된다.

부담스럽지 않은 자발적 대화확보·소통의지가 저절로 강화될 수 있다.

소통도구의 적극적인 활용도 뚜렷한 추세다. 소통기회를 자연스럽게 구축할 수 있는 온·오프라인 대화채널의 확보다. 사내정보망(인트라넷)이나 블로그 등 최신도구는 필수다. 몇몇은 사내소통을 위해 가족구성원과의 교류기회를 확보하기도 한다. 커뮤니케이션의 수용범위를 넓힘으로써 소통효과를 극대화할 수 있어서다. 커뮤니케이션의 대상범위가 넓어질수록 조직구성원 간의 이해도와 신뢰도가 깊어지기 때문이다. 회사공동체의 실현이다.

지금부터 구체적으로 '일할 맛' 좋기로 소문난 20개 사례기업의 사내소통 및 커뮤니케이션 실현방법을 체크해보자.

역발상적인 소통전략 일반적… CEO 의지가 중요

선두주자는 브라더공업이다. 직원만족 실천핵심은 투명한 소통과 강력한 신뢰다. 열린 마음의 쌍방향적인 커뮤니케이션이 정착되면서 조직멤버끼리 인간적인 신뢰를 쌓는 데 성공했다. 가족주의 사풍조성이다. 경영진이 투명한 공개정보와 직접적인 메시지전달을 대단히 중시한다. CEO는 최소 주 2회 사내통신망에 메시지를 띄운다. 사내소통을 위한 솔선수범이다. 메시지는 사적관심사까지 아우른다. 회사이슈는 물론 생활·가족·취미 등까지 포함된다. 무서운 상사보다는 옆집 아저씨를 지향할 때 일체감을 기대할 수 있어서다. 사생활 노출우려를 불식시킬 만큼 인기절정이다.

회사의 간판제도인 '팀 브라더 프로젝트'의 출발도 임직원과의 대화였다. 활기찬 직장조성을 위한 게릴라식 대화시도였다. 커뮤니케이션이 뚫리자 막혔던 근로자 입도 열리기 시작했다. 신뢰와 조직력은 정비례해 강화됐다. 어려운 과제도 사내소통이 수월하니 한결 추진하기 쉬워졌다. 매년 5~6회 개최되는 사내직원 대상의 경영설명회는 최대한 정직하고 정확하고 정중하다. 워낙 비밀정보가 없이 공유되다 보니 위기대처 능력도 탁월하다.

호리바제작소는 사내소통을 위해 개인보다 조직을 더 중시한다. 이 회사의 독특한 사내제안제도(업무개선활동)인 '블랙잭 프로젝트'는 사내소통이 만들어낸 성과물 중 하나다. 개혁·개선과제의 자발적 제안시스템인데 운영원칙은 철저히 팀제다. 채택되면 팀이 꾸려지는데 이때 신분고하를 막론하고 팀장은 제안자가 되며 조직원은 비정규직까지 포함된다. 누구든 언제든 댓글로 평가할 수 있다. 좋은 아이디어라면 표창이 이뤄지는데 대상은 개인이 아닌 팀이다. 문제의식은 개인이 내도 최종성과는 팀이 낸다고 봐서다. 천재 한 명보다 범재 여러 명이 낫다는 입장이다.

조직단결과 유대협력을 위한 '원 컴퍼니(One Company)' 추구와 맥이 닿는다. 근무평가 때도 조직과의 소통여부를 반영한다. 이를 위해 조직마저 3차원 매트릭스로 바꿨다. 소통수단은 다양하다. 생일파티의 경우 창업자가 빠지지 않고 직접 참가·축하해준다. 창업 당시부터의 전통이다. 파티에선 최고급음식으로 창업자와 직접 대화한다. 중간관리자는 참석을 배제시켰다. 위와 아래가 부담 없이 커뮤니케이션을 위해서다. 사내소통의 단골장소인 사내식당에도 관심이 각별하다. 맛난 식사로 부서를 뛰어넘는 커뮤니케이션 기회를 가지라는 배려다. 일류요리사를 부르는 건 다반사다.

사내소통을 위한 전용공간을 설치한 기업도 부지기수다. 필요하면 직장공간에서 알코올 활용까지 허용한다. 요컨대 '노미니케이션(飮む+Communication)'이다. 마시는(飮む) 커뮤니케이션으로 음주교제를 뜻한다. 술자리를 통해 동료와 소통을 강화해 사교능력과 업무성과를 높이자는 전략이다. 갈수록 회식문화가 옅어지는 일본사회에서 꽤 신선한 트렌드로 부각된다.

'EC나비'는 '노미니케이션'의 대가다. 사내소통과 복리후생 차원에서 이를 가장 효율적으로 제공하는 회사로 유명하다. '아지토(AJITO)'로 불리는 회사 내부의 바(Bar) 덕분이다. 엘리베이터 입구에 해적선을 모티브로 만든 음주공간으로 최대 40명이 앉을 수 있다. 임직원이면 누구든 자유롭고 여유롭게 지낼 수 있다. 점심과 생일잔치·회식 등 이벤트 장으로도 활용된다. 업무시간만 끝나면 모든 주류·안주가 무료다. 맥주·소주·칵테일 등의 무제한 제공이다. 거액을 들였고 유지비용도 만만찮지만 회사는 만족스럽다는 평가다. 이 밖에 사내서클(취미동호회)에 대한 경비지원도 이뤄진다. 사원총회도 있다. 1년에 2회 개최되며 회사의 일방행사가 아닌 임직원의 협력적 운영방침이 유지된다. 매월 다른 부서의 다양한 멤버와 폭넓게 만나는 교류런치 기회도 제공된다.

임직원 3만 명의 대기업인 ANA의 사내소통 추진전략은 좀 다르다. 워낙 덩치가 커 개별직원의 상황·고민을 파악·이해하는 눈높이 소통이란 게 힘들어서다. 때문에 노조가 커뮤니케이션을 대리한다. 노사공동 ES추진프로젝트(2007년)다. 노사양측은 정례적인 쌍방협의를 진행하며 경영자는 현장근로자와의 직접대화(Dialect Talk)를 빈번하게 갖는다. 특히

CEO는 중간간부를 그치지 않고 직접 커뮤니케이션을 시도한다. 한 해 평균 약 40회 개최하며 이때 개진된 의견은 정책에 반영된다. 지진 이후 결근사태가 90%에 달했던 외국인 직원의 대량이탈을 막은 것도 사내소통 덕분이다.

ANA의 소통기반엔 칭찬문화가 깔려 있다. 칭찬은 원활한 사내소통은 물론 동기부여, 흥미환기, 협력강화 등의 부차효과가 있다. 원만한 대화 확산을 위해 사무실배치까지 바꿨다. 사내소통의 또 다른 채널은 매년 시행되는 직원만족도 조사다. 이는 회사의 강력 · 효율적인 소통수단으로 정착됐는데 세부항목 분석과정에서 소통 · 불통이슈를 추출할 수 있기 때문이다.

사내소통 위해 술을 마셔라… '노미니케이션' 인기

아사히카세이는 상하관계에 얽매이지 않는 커뮤니케이션이 강점이다. 40년 전부터 지속된 독특한 호칭법이 그렇다. 상대를 부를 때 '이름+직함'의 조합 대신 '이름'만 부르면 된다. 회장도 '회장님' 대신 'ㅇㅇ씨(님)'로 불린다. 예외는 없다. 외부시선에선 상사 · 부하를 구분하기 힘들 정도다. 이 밖에도 경직된 상하관계를 부추기는 각종 관행을 대부분 폐지했다. 독특한 건 '선배의 말에 반대하라'는 문화다. 대놓고 반대한 뒤 이유는 추후 생각하자는 식이다. 바로 수긍하지 말고 옳은지 천천히 생각하고 의견을 내놓으라는 차원이다. 덕분에 되레 반대의견을 개진하는 부하를 선호하는 상사가 많다. 단순한 평등의식을 뛰어넘은 사내소통의 상징사례다.

부도 직전까지 몰렸다 기사회생한 다이에는 커뮤니케이션을 통해 직원들의 일할 맛을 높였다. 원활한 사내소통을 기초로 한 감사와 감동의 소프트웨어 장착결과다. 회사는 인간관계를 중시한다. 물건을 팔기보다 인간관계를 쌓고 사람을 만족시켜 웃으며 헤어지도록 하는 게 중요해서다. CEO는 내부고객인 근로자 마음을 사고자 노력했다. 먼저 인사하고 감사메시지를 반복했다. 감동바이러스는 팀워크로 연결된다. "직원을 격려하는 모습에 감동을 받았다"는 사내평가는 다양한 대화채널로 확산되며 선순환효과를 냈다. 표창기회 땐 회장이 직접 입구부터 대기실까지 관련자를 안내하며 대화한다. 대접받는다는 느낌을 주려는 솔선수범이다.

챙겨주는 문화로 유명한 마루호는 사내소통이 성장의 밑거름이라고 판단한다. 커뮤니케이션이 활발해지고 정보가 투명해질 때 비로소 기업·개인성장이 가능해서다. 이 회사의 독특한 신입사원 교육방침은 명성이 자자하다. 포인트는 커뮤니케이션이다. 선배사원이 부하·신입사원을 가르칠 때 '여럿이 들러붙어' 교육하는 문화다. 다각·범용적인 커뮤니케이션이다. 여럿이 들러붙어 챙겨주니 직원 사이의 연대감은 파워풀하다.

동시에 소통은 빠르고 짧다. 경영진과의 거리가 짧고 누구든 속내를 드러내 공유할 수 있는 소통환경을 구축했다. 외부에선 "통풍이 좋은 회사"로 알려졌다. "곤란할 경우 '반드시' 주변 동료가 관심을 갖는다"는 평가다. 공식적인 고민공유는 개별적인 사적문제로까지 연결된다. 인생선배답게 이런저런 선택지를 제공함으로써 후배앞날에 기여한다. 거의 매일 근무종료 후 회식하며 돈독히 애정을 쌓는 것도 일과다. 이쯤이면 사내소통이 조직연대로 승화되는 건 당연지사다. 무한한 존경과 끈끈한 신뢰의 힘이다.

호칭은 직함 빼고 이름만⋯ 선배는 후배 사생활까지 참견(?)

니시지마 회식에선 회사가 제공하는 노래책자로 선곡하는 게 필수다. 대부분 합창 등을 위해 만들어진 단체노래다. 노래자랑보다는 단합계기를 중시해서다. 또 연회는 반드시 다다미방에서 전통은식으로 제공된다. 일본식 연회형태가 상대방과의 커뮤니케이션을 즐겁게 해주는 구조를 갖췄다고 봐서다. 연수여행에서도 전통식 연회원칙은 반드시 고수된다. 인연을 나누는 특별한 의식인 셈이다. 이기주의 대신 상대를 즐겁게 배려하는 전통가치의 고수다. 거액경비가 들지만 만족감은 돈으로 표현하기 힘들다는 자평이다. 정기적인 소통기회도 제공한다. 신년회·가족회·등산회·운동회·사원연수 등 공사를 아우르는 커뮤니케이션의 채널확보다.

커뮤니케이션 수단을 대거 채택해 소통거리·시간을 단축시킨 기업도 적잖다. IT기업인 카약은 인터넷의 사내활용에 능통하다. 접근성이 좋아 커뮤니케이션에 제격인 인트라넷과 블로그를 동시다발적으로 다양하게 운영한다. 인트라넷은 '모두를 위한 정보포털(MINPO)'을 지향한다. 특히 '에피소드 블로그'가 인기절정이다. 업무상 발생한 실패·성공담은 물론 전체 사원의 사적인 에피소드까지 실린다. 신입사원은 입사 이후 이것부터 읽는 게 의무과제다. 커뮤니케이션 활성화를 사업모델로 두고 있는 EC studio는 아이폰과 트위터로 사내소통 효과를 톡톡히 봤다. 일찌감치 아이팟(iPod)을 지급해 조례·미팅·PT 등의 동영상을 사원 전체와 공유했고(2007년) 직원 목소리를 듣고자 아이폰에서의 트위터를 의무화했다(2010년).

03
CEO파워 _ 경영진의 명문화된 강력의지

　주가는 어떻게 결정될까.
　정답은 없다. 여기엔 셀 수 없는 각종 변수·환경의 직간접적인 상호작용이 개입될 수밖에 없다. 또 수많은 결정변수 중 기여도·가중치는 일상다반사로 급변한다. 그래서 주가는 술주정뱅이처럼 오락가락한다. 오를지 내릴지 누구도 알 수 없다(랜덤워크이론). 유능한 펀드매니저보단 침팬지의 무의미한 선택이 더 나은 투자수익을 냈다는 연구결과도 있다. 하물며 증시전문가란 두 눈을 가리고 싸우는 검투사로까지 비유된다.
　물론 이론은 있다. 그나마 설명력이 높은 주가결정 변수는 크게 기본적 분석과 기술적 분석으로 나뉜다. 각각 개별기업의 내재실적을 우선하거나 혹은 과거통계의 미래추정치를 중시하는 방법이다. 당연히 모범답안은 없다. 요약하면 참고자료에 불과하다.
　최근엔 정량지표 대신 정성변수를 강조하는 흐름이 뚜렷하다. 복잡한 숫자정보인 정량변수보다 계산기로 두드릴 수 없는 정성가치를 높게 평가한다. 주식투자란 게 심리게임이란 점과 일맥상통한다. '주가=돈+심리'의 등식(앙드레 코스툴라니)을 떠올려도 그렇다. 주가가 정량분석의 예측 흐름에서 벗어나면 십중팔구 정성변수가 반영됐을 확률이 높다. 주가변수가 다양화되면서 정성변수는 한층 파워풀해지는 추세다.

CEO주가가 뜨는 이유… 기업실적도 CEO 나름

정성변수의 대표주자는 최고경영자(CEO)다. 'CEO주가'다. CEO가 누구며, 어떤 발언·행동을 했느냐에 따라 주가가 달라진다는 의미다. 현실에선 CEO주가가 비일비재하다. 그만큼 리더십이 중요해졌다. 지도자를 잘못 뽑으면 모든 게 무용지물인 법이다. 못난 CEO 탓에 우왕좌왕하는 건 불문가지다. CEO 마인드와 자질, 노하우, 운영철학, 네트워크, 성격 등은 기업의 흥망성쇠를 좌우한다. 훌륭한 기업 중 빼어난 CEO가 경영하지 않는 곳이 없듯 탁월한 CEO면 죽을 기업도 되살려낸다. CEO주가는 1990년대 이후 폭넓게 활용 중이다. 특히 투자시장의 관심이 높다. 자본주의 역사가 길고 전문경영인 체제가 일찍 확립된 미국에선 CEO주가 사례가 다반사다.

　CEO주가는 CEO가 기업성과를 좌우한다는 점에서 어쩌면 당연한 개념이다. CEO란 기업의 최고·최후 의사결정자로서 비전제시와 전략방향을 결정하는 막중한 자리인 까닭에서다. 최고권한을 부여받음과 동시에 가장 넓은 범위의 의사결정을 통제한다. 최고경영진의 결단·판단이 기업미래·생사여부를 결정짓는 건 다반사다. 기업규모가 작을수록 CEO 역할은 더 커진다.

실증연구는 성과달성의 20~40%가 CEO의 존재감·리더십에서 발휘된다고 한다. 기업가치가 1,000냥이면 CEO는 900냥이라는 표현까지 있다. 그만큼 CEO의 존재감은 결정적이다. 또 CEO는 시대변화에 걸맞게 다양한 역할요구에 직면해 변신 중이다. 반면 'CEO 리스크'도 있다. CEO의 판단미스·역량부족으로 발생하는 유무형의 손실은 기업이 직면한 위험인자 중 가장 위협적이기 때문이다.

학계가 말하는 CEO 역할은 각양각색이다. 먼저 CEO 역할을 3가지로 구분한 경우다(정동일 교수). 조직미래를 책임지는 자리에 걸맞게 꿈을 꿔야 하며(Dreaming), 말 대신 행동하는 실천자세가 필요하고(Executing), 조직구성원의 동기자극을 위해 끝없이 응원하고 격려하는(Motivating) 임무가 그렇다.

조직역량·성과도출을 위해 CEO는 3C를 실천할 필요가 있다는 지적도 있다. 소통(Communication)과 코칭(Coaching), 그리고 배려(Care)다. 우선순위를 정한다면 CEO의 우선역할은 직원과 교감·공감하는 소통이다(HBR 2011년 3월호). 앞의 격려임무와 맥이 닿는다. 시간이 갈수록 원론적인 비전·결정·추진력보다는 소통·감동·배려 등 감성경영에 무게중심이 실리는 분위기다. 채찍만으로 당근을 이길 수 없다는 의미다.

일본은 CEO의 천국이다. 어림잡아 30년 넘게 고도성장을 달성했으니 괄목할 만한 경영성과를 낸 최고경영자는 셀 수 없이 많다. 재미난 건 전문경영인 체제인 미국과 달리 고도성장을 거치며 가내수공업을 다국적기업 수준에까지 끌어올린 창업(오너)경영자의 존재감이다. 일본이 배출한 걸출한 스타 CEO의 면면은 대부분 무(無)에서 유(有)를 만들어낸 경우다. 전쟁패전 이후 잿더미 속에서 악전고투의 두문불출을 반복하며 현재의 성공스토리를 엮어냈다. 즉 일본의 유력기업 상당수는 CEO주가를 확인할 수 있는 꽤 괜찮은 선행사례다.

원조 스타 CEO들 한목소리… '인간존중의 경영학'

일본이 자랑하는 원조 스타 CEO들에겐 몇몇 특징이 있다. 이는 '일할 맛'으로 직결되는 행복한 기업문화의 저변을 일찌감치 깔아줬다는 점에서 놀라운 선견지명에 다름 아니다. 수십 년이 흘러 신자유주의적인 자본독주의 불협화음에 고전 중인 지금 이를 탈출할 유력대안으로 거론되는 인간존중의 아이디어와 정확히 일치하기 때문이다.

 핵심은 크게 3가지다. 정신력, 기술력 그리고 인간력이다. 세상에 없는 원천기술(기술력)을 둘러싼 불굴의 가치추구와 도전정신(정신력)을 제조현장의 직원(인간력)에게서 찾으려는 발상과 실천의지다. 특히 인간력을 중시한다. 생활급으로 근로복지를 지탱하고 경영위기 때조차 고용을 지킨 일본적 인간존중의 경영학도 이들 원조 CEO들에게서 채택·지지를 받아온 덕분에 공고히 지켜질 수 있었다.

 예는 많다. '경영의 신'으로 불리는 마츠시타 고노스케(松下幸之助, 1894~1989)는 "돈은 떠나도 사람은 남는다"며 직원중시의 경영가치를 실현했다. 노조가 동상을 세워준 최초의 CEO이자 위기 때 떠올리는 1순위 기업영웅이 바로 그다. 1990년대 복합불황으로 엄청난 위기를 겪으며 창업정신이 적잖게 훼손됐음에도 불구, 여전히 창업자의 아이디어는 폭넓게 지지받는다.

인간존중을 혼다이즘의 핵심가치로 제안·설정한 혼다 쇼이치로(本田章一郎, 1906~1992)도 직원의 자유롭고 창의적인 근무환경을 가장 중시한다. 한때 불교에 귀의할 정도로 경영자보다는 철학자에 가까운 삶을 살아온 이나모리 카즈오(稻盛和夫, 1932~)는 아예 금권적인 자본주의 대신 자애적인 자본주의(慈本)주의를 강조한다.

이들 3인방은 기업의 존재이유와 추구가치가 얼마나 중요하며 그것이 결과적으로 기업실적과 어떻게 연결되는지를 공통적으로 보여줬다.

책이 선정·소개한 20개 직원만족의 샘플기업은 CEO주가의 전형에 가깝다. CEO의 존재감이 여타 기업보다 강력한 가운데 이들의 전략채택·추진결과가 현재주가를 비롯한 기업명성을 쥐락펴락한다. 단순한 현재주가의 반영지표로서만이 아니라 '경영의 신'으로 추앙받는 원조스타 3인방 CEO의 계보를 잇는 인간존중의 경영학을 추종하는 경영가치·전략을 실천 중이다.

이들에게 성공배경을 물으면 예외 없이 등장하는 단어가 '직원만족(행복)'이다. 행복한 근무환경을 만드는 일등공신이 CEO의 강력의지와 추진에너지로부터 비롯된다는 얘기다. 게다가 유무형의 각종 장치를 통해 직원만족도를 높였더니 실적성과가 개선됐다는 경험도 공통적이다. 또 직원만족도가 높은 회사일수록 CEO의 낮은 자세가 보편적이다. CEO는 "직원이 스스로 즐겁게 일할 수 있도록 근무환경을 만들어주는 게 전부"라는 입장이다. 이끄는 위치가 아닌 도와주는 역할을 자청한다. 강제·지시·명령이 아닌 협의·보조·조언하는 역할을 강조할수록 직원만족은 정비례해 늘어나기 때문이다. 그럴싸한 집무실에서 홀로 회사정보를 독점하기보단 현장과의 교감증대를 위해 단독사무실을 없애고 현장직원과 함께 밥 먹는 역할을 중시한다.

이는 앞서 살펴본 사내소통과도 같은 맥락이다. 이쯤 되면 솔선수범은 기본이다. 말로만 외치지 않고 직접 일일이 바닥부터 챙기는 자세가 기본이다. 말리기는 힘들다. 강력한 의지표명이 일반적이기 때문이다. 또 그 의지는 대부분 명문화된다. 이들에게 의전은 애초부터 논외다.

직원 챙길수록 CEO는 저자세… 솔선수범의 현장교감

지금부터는 20개 직원만족 사례기업의 CEO가 보여준 솔선수범의 존재감과 영향력을 살펴보자. CEO의 강력한 ES(직원만족) 경영의지는 뒤에 살펴볼 기업문화를 잉태한 원동력이기도 하다. 강력한 CEO와 따뜻한 기업문화는 사실상 같은 의미다.

아사히맥주는 1980년대 중반 가까스로 위기에서 되살아났다. 거대공룡을 위기에서 건져낸 일등공신은 인간경영 기치를 내건 신임 CEO다. 1986년 외부에서 차출된 구원투수 히구치 히로타로(樋口廣太郎) 사장이다. 맥주업계 문외한인 그가 영업된 후 처음 한 일은 임직원의 의식개혁이었다. 패배의식 대신 도전정신을 강조했다. 회사안팎을 감싸던 자조감과 패배감을 없애기 위해서다. 사장이 나서 신뢰를 보여줬다. 감원은 결코 없기에 꿈을 가지라고 했다.

실제 자르지 않았을 뿐 아니라 돈을 벌면 보너스를 먼저 떼어줬다. 그는 사람이란 원래 열심히 일하려는 마음을 가졌기에 CEO는 그간의 불투명·불공정·불평등을 없애 '일할 맛'만 거들어주면 충분하다는 입장을 강조했다. 매출실적과 직원만족은 정비례했다. 히트상품 '슈퍼드라이'의 성공비결이다. 정직과 신뢰를 통해 위기를 정공으로 극복할 때 인재야말로 필수요소라는 경험칙의 발로다.

'재밌고 즐겁게(Joy & Fun)'의 실천기업 호리바제작소는 위기일 때 더 빛난다. 세류에 흔들림 없이 인재와 재미의 성장비결을 한층 강조해서다. 지향점은 가족공동체적인 기업문화와 인간중시의 경영가치 추구다. 이 회사의 강조점은 사회공헌·인재·재미다. 가중치는 인재중시다. 근로자를 재화(財貨)가 아닌 재산(財産)으로 본다. 그러니 개성이 먹힌다. 전체 직원이 재미나고 즐겁게 일하면 혁신은 저절로 발휘된다는 입장이다. 때문에 웃음을 주는 엉뚱한 직원을 선호한다. 이들은 회사의 '보이지 않는 자산'이다.

또 일류제품은 일류직원에게서 만들어진다. 벤처정신을 지녔는데도 대기업병에 걸리지 않고 전통을 지키는 배경이다. 창업자 호리바 마사오(堀場雅夫)는 괴짜경영자답게 말은 투박해도 직원을 극도로 섬긴다. "위기일수록 직원을 중시하는 건 서구경영과 구별되는 아시아적 성장가치"라고 한다. 눈 뜨면 출근하고 싶고 직장에선 웃음꽃이 피는 만족스러운 근무환경이 그의 임무다. 사람이 아니면 모든 게 사상누각이란 신념이다.

장수기업 후보명단(2008년 주간동양경제 조사결과 3위)에 이름을 올린 다이킨공업은 금전보상을 뛰어넘는 강력한 신뢰구축으로 우수인재가 몰려드는 유명회사다. 1994년 CEO로 등장한 이노우에 노리유키(井上礼之) 덕분이다. 그의 데뷔 이후 수평적 조직운영을 통한 과감한 의사결정·실행력으로 급변하는 시장상황의 대응력을 극대화했다.

근간은 직원중시다. 직원열정을 끌어내 일할 맛 나는 근무환경을 제공하는 게 요지다. 때문에 늘 동기부여·성장자극을 강조해 적재적소에 인재를 배치하고자 한다. 유연한 인재발탁은 상시적이다. "직원 모두의 꿈의 합계가 기업성장"이라는 판단으로 개개인의 꿈을 키울 업무공간을 만드는 데 사활을 건다. 높은 직원만족을 위해 인재차별 없는 채용기준을 준수하며 라이프스타일에 맞는 다양한 근로형태를 제공한다.

일할 맛 상위(0.08% 2010년 제4회 '일할 맛 나는 회사' 베스트 25로 선정)에 속하는 브라더공업의 임직원은 가족과 마찬가지다. 직원 모두가 가족구성원처럼 서로를 위하고 배려하며 결과를 공유한다. 권위주의적인 상명하복과는 거리가 멀다. 대신 세세한 개인사까지 챙겨주는 데 탁월하다. 때문에 직원개인이 느끼는 신뢰공기는 굳건하다. 가족주의는 창업 초기부터 있었지만 이를 들춰내 재차 힘을 실어준 건 2007년 CEO가 된 고이케 토시카즈(小池利和)다. "오랫동안 축적된 사내문화를 다시 강조한 것에 불과하다"지만 그의 사장취임 이후 사내소통과 직원행복은 부쩍 좋아졌다.

CEO는 정보를 투명하게 공개했고 필요한 메시지는 직접 알려줘 불필요한 갈등문제를 제어했다. 질책보다 칭찬을, 높은 장벽보다 낮은 장벽을, 뒤에서 밀기보다 앞에서 당기기를, 독재보다 합의를, 지시하기보단 기다려주는 것을 생활화한 결과다.

『일본에서 가장 소중하게 여기고픈 회사』에 소개된 이나식품은 직원만족을 실현해낸 기적의 회사로 손꼽힌다. 창사(1958년) 이래 2006년 딱 한 번 성장세가 줄었지만 그 이유도 직원행복 때문이라니 그럴 만도 하다. 당시 일감이 몰리자 직원을 희생시킬 수 없다고 CEO가 버텼지만 임직원이 자발적으로 잔업·증산선택을 한 게 악수로 드러난 결과다. 츠카코시 히로시(塚越寬) 사장은 "중시하는 건 사원인데 잔업까지 필요한 주문은 거부하라"고 했었다.

 그도 그럴 것이 '좋은 회사를 만들자(社是)'는 임직원을 위한 슬로건이다. 그러니 회사영속은 직원행복을 위한 전제조건이다. 업적 우선주의도 없다. 단기이익 대신 장기생존을 택하면서 천천히 보물찾기를 즐기자는 입장이다. 더디 가도 알차게 모두가 행복한 회사를 만들자는 공감대다. 당장 쓸 수 있는 중도채용보다 시간이 걸려도 신입직원을 뽑는 이유다. 최소한 월급 때문에 불행한 직원은 없애겠다며 일본적 연공주의도 고수한다. "인건비는 비용이 아니라 행복을 얻으려는 임직원의 노동대가"라고 본다. '직원=가족'이니 가족이 돈을 많이 받으면 그만큼 좋은 일도 없다는 논리다.

CEO 임무는 직원만족뿐… 파워풀한 CEO일수록 직원행복 ↑

미라이공업은 '샐러리맨의 유토피아' 혹은 '직원만족 경영모델의 성지'로 불린다. 직원행복을 막는 걸림돌은 거의 모두 없애버렸다. 추구가치도 직원중심의 인간경영이다. 직원이 소중하기에 중시하고 신뢰한다. 적자생존·승자독식의 성과주의 대신 상호협력·동반성장의 인간경영을 실천 중이다. 직원감동 경영은 창업자 야마다 아키오(山田昭男)의 머리에서 나왔다. 지금은 어지간한 원조 스타 CEO보다 더 유명인사가 된 상식파괴의 괴팍한 경영자로 더 유명하다.

회사는 마른 수건까지 짜내도 직원만족을 위한 경비지출은 아낌없이 내놓는다. 이 회사 CEO는 일하면 안 된다. 임직원이 일하고 싶도록 환경을 만드는 게 본업이기 때문이다. 문제는 자발성인데 금전보상과 근무의욕이 그래서 필요하다. 자를 바에야 임금을 더 줘 스스로 일하게끔 하는 게 CEO의 임무다. 임금삭감이야말로 제일 큰 낭비다. 잘릴 일은 더더욱 없다. 업무량과 마감은 없고 잔업조차 없다. 상사 눈치와 스트레스도 없지만 연봉은 높고 휴가는 넘쳐난다. CEO의 파워다.

직원만족이 소문나 취직물결을 도시에서 시골마을로 돌려버린 회사도 있다. 나카무라브레이스다. 전형적인 3D현장처럼 보여도 임직원의 자부심과 만족감을 한눈에 읽을 수 있는 회사. "눈앞의 한 명 한 명을 중요하게"라는 CEO의 고집스러운 직원중시 경영 때문이다. 사장은 쉬라 하고 직원은 휴일조차 출근하는 회사다. 회사 안팎에 조성된 신뢰와 애정 덕분이다. 직원만족에서 비롯된 자발성이 발현되니 회사의 기술력은 세계최고 수준이다. 고객만족·직원신뢰는 선순환을 거쳐 지역부활이라는 기적까지 낳았다. 황폐한 시골마을을 사람이 북적대는 유명동네로 탈바꿈시켰다. "많은 젊은이가 고향에서 일하고 성장해 가계를 꾸리는 꿈"을 실현하려던 CEO의 오랜 숙원이 이뤄진 셈이다. 작은 공장의 큰 웃음을 언론이 주목하는 이유다.

법인격이 '재미(面白)법인'인 카약은 즐거운 회사의 대명사다. 회사임직원은 좋아하는 일에서 나름의 재미를 찾아 이를 전파해 외부에 영향을 미치도록 하는 게 임무다. 회사를 설립한 젊은 피 3인방은 재미에 모든 걸 걸었다. 이들에게 고정관념과 기존 상식은 철저한 파괴·극복대상이다. 회사위치조차 풍경이 좋다는 이유만으로 도쿄를 벗어난 곳에 잡았다. "우리가 좋으면 그걸로 끝"이기 때문이다. 월급도 맘대로 정한다. '주사위월급'이다. 사람이 사람을 평가하기란 어렵다고 봐 창업 때부터 주사위를 던져 월급을 정한다.

놀기와 일하기를 굳이 구분하지도 않는다. 24시간 언제 어디서든 일하고 놀자는 주의다. 하물며 근무공간이 중요할 리는 더더욱 없다. IT기반의 독창적인 사업모델로 수익을 올리기에 '만드는 사람'이 즐겁지 않으면 안 된다는 논리다. 개별직원을 중시하니 대인관계에 각별한 애정을 쏟는 건 당연하다. 행복을 위해서다. 이익추구도 경영이념에선 빠진다. 그보다 우선과제는 인간행복·사회공헌이다. 이익은 단지 필요수단에 그친다.

안경체인점인 ㈜21은 10% 직원만 만족하는 서구경영보다 100% 전체직원이 행복한 경영모델을 실천한다. 고객신뢰는 사원행복에서 비롯된다. 고객만족을 위해 직원희생을 요구하는 세간의 경영행태에 반발한다. 이를 위해 회사의 존재목표인 이익추구는 과감히 버렸다. 제도적으로 이익을 덜 남겨 고객을 위하고 그래도 남으면 연간단위로 직원통장에 직통한다. 회사금고엔 한 푼도 남기지 않는다. 꼼수일 수도 있겠지만 투명경영을 통해 이를 원천 차단했다.

회사의 전체 자료는 사내 웹에 100% 공개된다. 재무지표는 물론 인사평가·급여액수도 예외가 아니다. CEO의 강력한 투명경영 의지는 소유·지배구조까지 바꿔버렸다. 회사는 사원에 의한 100% 공동출자·공동경영 형태다. 은행차입은 없다. '근로자=출자자'니 노사교섭도 없다. 인사평가는 전원공개다. 서로가 서로를 믿으니 불필요한 거래비용은 다 운됐다. 자연스레 행복한 임직원이 넘쳐나는 구조다.

이 밖에 몇몇 강소기업의 CEO도 직위에 걸맞은 포스(?)를 활용해 고집스레 직원만족을 추구한다. 워크스 어플리케이션스는 인재확보에 이익 전부를 사용할 각오로 직원행복을 중시한다. 100% 실패한다던 사업모델을 특유의 인재파워로 극복해낸 경험 덕분이다. IT기업답게 실패에도 관용적이다. 떠나려는 직원조차 다시 찾아오게끔 길을 열어둘 정도로 인재를 챙긴다.

'Make Happiness'를 위해 창업한 야마모토 도시유키(山本敏行) EC studio 사장도 비슷하다. 직원만족도 No.1 기업답게 직원행복이라는 놀랄 만한 얼굴을 감춘 회사다. 3무 경영(전화·종이·미팅)이 파워풀한 경영실적으로 연결되는 것도 경제적 풍요와 시간적 여유, 그리고 원만한 인간관계가 조성된 덕분으로 평가된다. CEO는 "사원이 만족하지 않는 회사가 고객을 만족시킬 순 없다"고 내뱉는다.

세이카츠노키는 직원중시를 "반경 1m를 행복하게 하는 경영"으로 바꿔 표현한다. 대상은 직원이며 목표는 직원행복이다. 경영효율·경비절감을 위한 아웃소싱 대신 좀 번거롭고 힘들어도 회사 내부에서 처리해 보람을 확산시키기 위함이다. 오쇼푸드서비스는 '사람이 생명인 회사'답게 정규직은 물론 아르바이트·파트직원 등 비정규직이 일하기 좋은 직장환경을 정비해 화제를 모았다.

04 정년연장 _ 베테랑의 지혜존중

장수란 다분히 이중적이다. 축복일 수도 재앙일 수도 있다. 관건은 이 둘을 가를 제반여건이다. 행복한 노후생활을 위한 경제·건강·심리적 자립충족이 대표적이다.

다만 아쉽게도 현실은 꽤 부정·절망적이다. 정년은퇴로 현역신분을 벗는 순간 장수는 대부분 축복보다 재앙에 가까워진다. 특히 경제자립이 문제다. 이렇다 할 노후소득이 없다면 정년은퇴는 빈곤노후로 직결된다. 자산소득·연금소득·가족부양 등 노후소득원이 탄탄하지 않다면 정년은퇴는 근로소득의 단절을 의미해서다. 돈 없는 자립생활의 압박이다. '은퇴난민'의 절망보고서가 심상찮은 이유다.

바야흐로 장수사회다. 일본의 고령인구(65세↑)는 2,983만 명(2011년 11월)에 달한다. 전체 인구에서의 점유비율이 23.4%로 '초고령사회'다. 세계기록이다. 4명 중 1명이 노인이란 얘기다. 이로써 고령화는 사회현상을 설명하는 일반명사가 됐다. 고령화 한 단어면 모든 위기현상·갈등원인이 깨끗이 설명된다.

반대로 절체절명의 국가숙제지만 해결양상은 난망이다. 갈수록 헤어나오지 못할 악순환의 늪 속으로 빠져드는 분위기다. 실제 일본사회는 무연(無緣)화를 비롯해 노후난민 등 고령그룹을 둘러싼 사건사고가 끊이질 않는다. 노후난민 예비군 신세로 전락할 후속세대의 불안감도 현실이슈에 그대로 투영돼 발생한다.

은퇴난민은 돈 때문… 정년연장으로 근로소득 필수

노후불안의 최저기반엔 역시 돈 문제가 깊이 반영된다. 일본열도를 뒤집어놓은 경악스러운 사건사고의 원류에 노후빈곤이 놓이기 때문이다. 일본적 고용시스템의 적용세대답게 연공급여·퇴직금·상속금 등 막대한 금전수혜를 입어 금융자산의 60% 이상을 소유한 고령그룹에서 심각한 빈곤문제가 발생 중이라는 점에서 더더욱 이례적인 공포감을 느낀다. '노인=부자' 공식의 붕괴신호다. 실제 평균치가 아닌 중앙치를 보면 '노인=빈곤'에 더 가깝다. 평균치의 통계착오다. 때문에 노인그룹과 달리 성장수혜에서 제외됐고 연금에서조차 배신당한 청장년층의 위기감이 높다.

따라서 노후대책의 근본해법은 '경제적 자유'로 압축된다. 재앙을 축복으로 옮기는 이동축이 자산·소득확보라는 얘기다. 물론 현실적으로 어려운 과제다. 제로금리 안착사회로 안전적인 플러스알파는 사실상 물 건너갔고 위험자산을 편입하자니 보수적인 국민성과 배치돼 거부당한다.

장기적인 자산소득의 수단획득이 어렵다는 의미다. 자식세대에게 노후봉양을 의탁하자니 배보다 배꼽이 더 크다. 하루살이에 허덕이는 자녀봉양은 기대난이다. 축적자산이 적고 사적이전(자녀봉양)이 힘들다면 방법은 하나뿐이다. 꾸준한 근로소득 확보다. 정년연장이다. 정년 이후에도 꾸준한 일거리를 유지해 월급루트를 확보하는 것이다.

정년연장은 재정곳간이 바닥난 일본정부가 먼저 꺼내든 카드. 재정 압박에 시달리자 연금지급 타이밍을 60세에서 65세로 늘렸기 때문이다. 즉 연금수급 개시연령을 늘리자니 '마의 벽'으로 일컬어지는 5년 공백(60세→65세)을 메워줄 정책대안이 필요해졌는데, 이때 정년연장이 채택됐다. 5년 동안 기업이 근로자를 계속해 채용해달라는 메시지다.

65세까지의 계속고용은 원래 노력규정이었다(2000년 개정 고령자고용안정법). 그런데 비용부담을 우려한 기업이 소극적이자 65세 정년의무를 법적으로 규정하기에 이르렀다(2004년 개정 고령자고용안정법). 65세 정년제 등 계속고용(근로자 희망 때 정년 이후에도 계속해 고용)의 단계도입 의무화다. 선택지는 △정년상향 △계속고용(근무연장, 재고용) △정년폐지 등이다. 근로자가 있는 기업 전체에 해당한다. 스케줄에 따르면 2013년 4월부터 정년은 사실상 65세 이상으로 설정된다.

65세까지의 정년연장은 샐러리맨의 희망이다. 각종 설문결과를 보면 60세 이후 계속고용을 원하는 이가 절대다수다. 희망정년은 65세 이상이 압도적이다. 이유는 연금을 둘러싼 수급기간 및 금액부족분 벌충이 대부분이다. '마의 5년'을 버텨낼 유력수단으로 정년연장을 원하는 셈이다. 게다가 근무형태로는 절반 이상이 풀타임 정규직을 원하는 추세다. 지금처럼 촉탁사원으로의 계약갱신 등 신분하락보단 현역시절과 연결된 형태의 고용형태를 원한다. 정년 자체의 연장바람이다. 실제 고령근로자의 근로의욕은 상당히 높다.

'정년 60세 vs 연금 65세'… 뜨거운 감자 '마의 5년'

고령인구의 근로활동은 부족한 노후자금을 확보한다는 점에서 우선 장점이 있다. 다만 시각을 넓히면 정년연장의 경제적 합리성은 더 다양해진다. 유휴노동력의 활용을 통해 성장 에너지원을 유지·확보한다는 점에서 국가경제에 바람직하다. 적극적인 고령노동력 활용으로 구조적인 저성장 딜레마를 극복할 수 있는 데다 세원확보를 통해 안정적인 재정운영도 가능해진다. 고령화 심화시기를 살아야 하는 후속세대를 위해서도 장점이 많다. 연금과 취업기회 등을 둘러싼 노소(老少)대결이 없진 않지만 미래지향적인 설명력을 감안하면 세부갈등의 조정확률은 충분하다. 정년연장이 현재이슈가 아닌 미래이슈를 다루기 때문이다.

  때문에 일각에선 70세 정년연장을 주장한다. 미증유의 고령화 속도·규모를 감안할 때 추가적인 연금수급 개시연령 연장이 불가피할 것이란 근거가 자주 인용된다. 미봉책의 65세 정년연장보다 사회합의가 한창일 때 70세까지 논의를 확대하자는 쪽이다. 대다수 기업이 여전히 60세 정년유지 가운데 타협책으로 65세까지의 계속고용을 선택한다는 한계도 거론된다.

  서구선진국도 비슷한 추세다. 프랑스·영국·독일 등은 이미 연금수급 개시연령을 67~68세로 끌어올리고 있다. 2008년 자민당정권도 70세 정년기업을 20%까지 늘리는 등 65세→70세로의 정년연장 의지를 밝힌 바 있다. 정년 자체를 없애자는 의견도 있다. 정년퇴직제 자체가 고령자 취업에 명백하게 부정적인 영향을 미쳐 근로의욕이 있어도 제도 때문에 퇴직하는 경우가 많아서다.

다만 현실은 다소 변칙적이다. 대다수 기업이 정년연장·폐지보다는 60세 정년시점에 일단 고용계약을 끝낸 뒤 임금 및 처우수준이 급락한 형태로 계속고용을 하고 있다. 입었던 유니폼을 벗긴 채 별도관리에 동의할 경우 새 옷을 지급하는 형태다. 희망자 전원의 계속고용도 절반 이하다. 더욱 문제인 건 법정정년인 60세 도달 이전에 상당수가 현직을 떠난다는 현실이다. 성과주의 체제도입이 많은 대기업·금융권 등에선 50대면 이미 사실상의 퇴직압력에 시달리는 것으로 나타났다.

회사의 암묵적 평가에 따라 세컨드라이프를 위한 직업교육은 50대부터 본격화된다. 50세 이후엔 인사평가 대상에서 제외시키는 경향도 짙어졌다. 결국 은퇴 이후 유유자적한 '연금생활' 이미지는 대부분의 중·고령자에게 그림의 떡일 수밖에 없다. 60세면 퇴직인데 믿었던 공적연금은 65세부터 받으니 퇴직딜레마의 체감 정도는 더더욱 심각하다.

결정적인 제도안착의 키는 고용권자인 기업에 있다. 기업이 60세 정년제를 유지한 채 계속고용에 안주하는 최대이유는 비용염려 때문이다. 연공서열적인 임금구조와 처우제도를 고치지 않는 한 기업의 비용부담은 그대로일 수밖에 없다. 정년연장·폐지를 포함한 부정적인 입장은 일견 당연하다. 업종·업태별 미세조정 없이 65세까지 계속고용을 강제한 일률적인 법률적용도 부담스럽다. 비용부담을 최소화하는 임금설정 없는 제도강제에 반발하는 이유다. 임금이 절반가량 깎이는 현행의 계속고용이라면 근로자 반발도 적잖다.

방법은 임금커브가 유력하다. 추가적인 비용부담 없이 희망자 전원이 계속해 일하자면 임금커브를 40대 전후에까지 앞당겨 평평하게 만들 필요가 제시된다. 문제는 40~50대 현역세대의 반발이다. 교육비·주거비 등 생애주기에 따른 대형소비가 몰리는 연령대에 임금을 줄여 이를 정년연장 때 되돌려준다면 논리는 좋아도 당장 현실적으로 수용하기 힘들다. 임금커브를 위한 거국적 양보가 필요하다는 주장만 되풀이될 뿐이다.

변칙운용 정년연장 현실… 노사양자 "비용부담 싫어"

그럼에도 불구, 책에 꼽은 20개 기업은 정년연장에 꽤 우호적이다. 적어도 변칙운영 없는 평균 이상의 계속고용 의지를 적극 밝히며 실천 중이고 몇몇 기업은 아예 정년제도 자체를 설정하지 않아 화제를 모은다. 게다가 대부분 정년연장을 일찌감치 도입해 현재적 사회이슈에서 멀찍이 떨어져 있다는 점도 특징적이다.

정년연장에 따른 기업의 비용부담에 대해서는 비교적 관대한 편이다. 정년연장을 '돈의 논리'가 아닌 '사람의 삶' 문제로 여기는 기업일수록 더더욱 그렇다. 직원만족 실현기업에게 고령근로자는 기업특수적인 노하우를 지닌 고숙련의 베테랑으로 특정 연령을 이유로 내보낼 비용요소가 아닌 존중·계승해야 할 인적자원이기 때문이다.

공작기계메이커인 니시지마는 정년무용론을 거론할 때 반드시 등장하는 모범사례다. 정년이라는 이름의 일률퇴사는 이질적인 서구제도로 근거 자체가 빈약하다는 경영철학을 실천 중이다. 회사의 정년 없는 근무환경은 불황일 때 한층 빛났다. 숙련자의 장기노하우로 위기탈출의 반전힌트를 찾아낸 경우도 많다. 창업 당시부터 정년제도는 없었지만 몇 번의 숙련파워를 실감한 후 공식적으로 정년 자체를 없애버렸다.

고령근로자는 이를 실적증대로 화답했다. 고령근로자는 베테랑답게 정밀도를 좌우하는 핵심공정에 배치·근무한다. 때문에 기계에 맡길 수 없는 미세변화를 숙련의 손끝은 체크해낸다는 자부심이 대단하다. 덕분에 근로자 평균연령은 37세에 달한다. 60세 이상도 22명이다. 80세를 넘긴 고령자가 일하기도 했다. 근속 50~60년의 근로자는 매년 배출된다. "하루 8시간의 주5일 근무만 가능하면 몇 살까지든 정규직이 될 수 있다"는 입장이다. 평생현역이다.

회사가 자랑하는 정년무용론의 장점은 뭘까. △높은 기술력 유지 △원활한 신규진출 △후배로의 기술전승 △무타협 품질주의 실현 등이다. 이들 장점은 근로자의 장기근무와 맞물려 그 효과를 극대화한다는 게 회사 설명이다. 베테랑을 위한 근무환경은 업그레이드됐다. 일정 연령의 기능공을 기술고문으로 부르며 현장참가를 통한 후진지도에 배치한다. 숙련을 수치화해 암묵지를 형식지로 전환시킨 사례가 정년연장의 최대산물이다. 식당메뉴까지 노인입맛을 배려했다. 야채를 많이 넣거나 염분이 낮은 식사제공이다. 평생현역을 떠받치는 상징제도는 근속표창제도다. 5~25년의 장기근속은 물론 50년짜리 근속표창도 있다. "숨 쉬는 한 일 해달라는 회사가 있어 정말 행복하다"는 말이 빈말이 아닌 셈이다. 정년은 없지만 은퇴는 있다. 결정권자는 개인이다.

다이킨공업은 또 다른 고령근로자의 천국이다. 베테랑 활용 정도는 일본기업 중 최고수준이다. 1979년 일찌감치 정년을 55세에서 60세로 늘린 걸 필두로 지금은 65세 이후의 실질적인 정년연장까지 적용 중이다. 연봉도 생각보단 많이 깎이지 않아 일할 맛을 북돋운다. 공적연금을 포함해 연봉은 일률 540만 엔이다. 정년 이전과 비교하면 20% 떨어진 데 그쳤다. 보통이라면 현역임금의 50~60% 수준에 불과하다. 다양한 근무형태는 상식이다. 단시간근로와 격일근무, 정상근무 등이 그렇다. 정년연장이 여전히 최대 65세에 머무르는 현실과 달리 이 회사는 현재 65세 이후까지 배려한다. 전문지식과 대량인맥을 보유했다면 얼마든 일하는 '시니어스킬계약사원제도'가 대표적이다(2001년). 임금수준은 64세 때와 비슷하며 현재 70명이 이렇게 근무 중이다(2011년).

이 회사의 정년연장은 역사가 길다. 대부분은 생각지도 못한 1975년부터 고령자 근로환경 정비에 나섰다. 당시 오일쇼크로 생산직을 영업직으로 돌리며 청년근로자가 줄고 신규채용마저 감소하자 현장고령화가 불가피해졌기 때문이다. 이때부터 고령자 고용흡수와 근로자 복지향상 차원에서 ㈜복지서비스를 설립해 물품판매·사택관리·서적보관·차량점검 등의 사업을 시작했다. 작업현장의 불편한 근무공간과 중량물 등도 고령근로자에 맞춰 제거했다. 고령자대응의 라인개선 공사는 지금까지도 현재진행형 과제다. 1992년엔 이미 본인희망 63세·회사선택 65세의 재고용제도까지 만들었다. 근무형태가 다양화된 건 물론이다. 왕년경험을 되살려 경영부진에 빠진 자회사를 회생시킨 고령직원도 많다. 탁월기능전승제도(마이스터)를 통한 후진양성에도 적극적이다. 이 밖에 고령근로자를 위한 실버연금제도, 개호지원책, 인간도크, 종합그룹보험 등이 있다.

ANA는 연령이 많다고 근로현장에서 인위적으로 방출시키는 구태의연한 정년제도를 타파대상으로 규정한다. 신체상황이나 건강여부처럼 연령문제 등의 핸디캡을 원천적으로 봉쇄한다는 입장이다. 고령근로자 고용확보는 2003년 관리·일반직의 Career Plan제도로 고용연장 코스를 채택한 게 원조다. 이후 법률시행에 맞춰 관련제도를 대폭 개정했다. 고용상한은 65세까지 끌어올렸고 경영(관리)직에까지 코스를 신설했다. 계약은 1년마다 갱신되며 최대 법정연한까지 가능하다.

근무형태는 전문성 발휘를 전제로 근로자가 스스로 선택·신청한다. 통상근무(풀타임)와 부분취업(풀타임의 6할)이 있다. 임금체계는 기본월액에 일정 계수를 곱해 결정하며 상여금도 제공한다. 관계기업 전직과 조기퇴직, 전직지원 등의 제도는 일상적이다. 복리후생제도(ANA WELFARE PLAN)는 고령기의 세컨드라이프까지 커버한다. 개개인의 라이프스타일에 주목한 맞춤식 활용이 기본구조다.

고령자 천국 '니시지마·다이킨공업'… 독특한 존중제도 풀가동

미라이공업은 800명 안팎의 전체 직원이 모두 정규직이다. 일할 맛과 직원중시를 강조하면서 비정규직을 고용하는 회사는 대놓고 경멸한다. 인건비를 아끼는 식의 경비절감은 득보다 실이 많다고 본다. 연봉차별에 기간차별에도 불구, 정규직과 동일노동을 시킨다는 것 자체에 반감한다. 같은 맥락에서 정년제도 자체를 사실상 없애버렸다. 회사정년은 70세다. 원래 61세였는데 2006년 단번에 10년 가까이를 늘려버렸다.

창업자의 괴팍한 경영전략을 감안하면 사실상 종신고용에 가깝다. 게다가 70세가 문제라면 그것조차 없애버릴 공산이 크다. 실제 언론인터뷰에서 정년무용론을 밝힌 바 있다. 고령근로자라고 비용요소가 아니니 월급을 줄이는 임금피크는 상상하기 힘들다. 연공서열에 따라 정확히 월급이 늘어난다. 비인간적인 성과주의 인센티브는 재주를 넘는 돌고래에게만 생선을 주는 착취적 임금구조에 불과하다는 게 기본전제다.

반면 ㈜21은 월급이 짜다. 그런데도 숙련자를 우대해 명성이 높다. 고령직원에게 유리한 숙련도에 따라 비례하는 보너스제도를 갖춘 덕분이다. 월급수준은 낮은데도 보너스만 500만 엔을 챙겨가는 구조가 그렇다. 포인트는 상여체제다. 업적에 비례하는 거액보너스다. 회사순이익이 전액 보너스형태로 지급되니 결과적으로 임금수준이 높아진다. 이익이 남으면 회사는 광고증액·비품구입 등으로 경상이익을 제로로 맞춘다. 그리고 최종적으로 장부수치가 제로가 되도록 순이익 전액을 기말상여로 지급한다. 계산착오를 우려해 일부 흑자는 남겨두지만 장부금액은 제로가 원칙이다. 고참이 4년마다 CEO직책을 계승하는 기업문화를 지녔기에 단순히 연령이 많다고 차별하는 문화는 애초부터 없다. 능력만 되면 얼마든지 일하고 거액보너스를 챙겨가는 형태다.

외식업체의 다크호스로 불리는 오쇼푸드서비스는 동종업계의 고질이슈인 비정규직의 잦은 이직문제를 숙련존중으로 해결했다. 이 회사 CEO 입에선 "숙련이 축적된 기술자 양성·육성"이라는 제조업에서나 쓰일 법한 경영과제가 불쑥불쑥 튀어나온다. 대표음식인 교자야말로 간단하면서 어려운 메뉴라 맛을 지키고 높이는 기술자가 필수라고 봐서다. 흔하디흔한 교자로 상식을 넘은 특별한 성장신화를 낳은 비결이 여기에 있다.

　이를 위해 정규직보다 월등히 많은 비정규직이 일하기 좋은 직장환경 정비에 각종 아이디어를 쏟아냈다. 20년 이상 근무 중인 비정규직만 80명이 넘을 정도다. 역시 인간력을 강조하는 회사다운 자랑거리다. 비정규직이라도 원하는 근무시간을 재량껏 선택하도록 한 게 그렇다. 사내소통으로 일회용품(비정규직)이 아닌 인간으로서의 체감보람을 느끼도록 했다. 자녀양육이 걱정되는 엄마직원에겐 탄력근무를 적용하는 식이다. 보수체계도 확실하다. 단지 근로시간만 다를 뿐 동일노동·동일급여다. 다른 복리후생에 제한도 없다.

　이 밖에 아사히맥주는 OB인 정년근로자를 존중하며 광범위한 직원행복 기업으로 거듭났다. 2007년부터 입사 2~3년차 및 중도입사자를 대상으로 커리어면접을 실시 중인데 이를 정년OB에게 맡겼다. 직장에선 못하는 얘기부터 OB 본인의 실패담과 극복과정 등 깊은 상담이 오가며 유무형의 기업가치 제고에 기여한다. 형식적인 외부인사가 아닌 직장선배인 까닭에 상담과정에서 일체감도 기대된다. 브라더공업은 SS(新 시니어스태프)제도로 고령근로자의 계속고용을 지원한다. 베테랑답게 조정능력과 후배육성·지도능력을 귀중한 전력으로 활용한다. 능력과 의욕을 갖춘 희망자의 경우 전원 재고용이 이뤄진다. 최근엔 OB눈높이에 맞춘 새로운 업무창출과 활약기회를 제공하는 프로젝트도 시험 중이다. 아사히카세이 등도 능력개발 차원에서 OB의 재고용에 적극적이다.

05
차별금지_비정규직의 미소복원

 최고의 복지는 일자리 유지·확대다. 장기·안정적인 고용유지가 소득확보·생애설계로 이어져 정부책임의 복지수요를 줄일 수 있기 때문이다. 근로능력이 없다면 사회안전망이 최후책임을 져도 근로의사를 지녔다면 누구든 일할 수 있는 고용환경을 만드는 게 중요하다.
 다만 이때도 차별은 곤란하다. 근거 없는 고용차별은 특히 경계대상이다. 동일노동·차별임금이 그렇다. 성별·국적별·연령별 차별대우는 공정경쟁과 거리가 멀다. 신분별 차별대우도 마찬가지다. 고용계약의 형태차이만으로 동일노동·동일임금을 적용받지 못한다면 결코 정상사회가 아니다. 이는 능력·자격별 임금격차를 인정하는 것과 별개문제다.
 일본은 한때 전체 인구가 중산층임을 자부한 사회였다. 고도성장 덕분에 살맛 나는 생활수준이 열도 곳곳에서 실현됐다. 1979년 〈국민생활백서〉는 '전체 국민=중류의식'을 공식적으로 선언했다. '국민생활에 관한 여론조사' 결과 생활수준을 중류로 답한 이가 1970년대 내리 90% 이상을 점한 것에 대한 국가적 자신감의 표현이었다. 그 출발점인 1970년은 인구조차 1억을 돌파했다. '1억 총 중류사회'라는 슬로건은 이때 등장했다. 중류의식이란 종신고용·소득증가 등의 수요측면과 대량생산·신용판매 등의 공급측면이 맞물려 확대됐다.

1억 총 중류사회가 격차사회로 전락… 비정규직이 문제 씨앗

지금은 어떨까. 수치는 역전됐다. 중류 답변은 급감했고 하류의식은 급증했다. 대다수 실태결과를 요약하면 되레 국민의 절반 이상이 사회·생활수준의 하류추세에 공감한다. 특히 2000년대 이후 하류사회화는 심화되는 중이다.

　이유는 복합적이다. 안정적인 장기일자리를 뜻하던 종신고용은 붕괴됐다. 임금은 능력(직무)·성과주의가 태반이다. 월급은 안 오른 지 오래다. 퇴직금 의존도는 나날이 약해진다. 연금은 더 이상 노후를 지탱하는 안전판도 아니다. 저금리로 저축액 증가는 스톱이다.

　와중에 공적보험료는 매년 무거워진다. 돈 없는 정부 탓에 증세는 불가피한 흐름이 됐다. 디플레지만 석유관련·교육비 상승부담은 여전하다. 와중에 국민격차는 현격히 벌어진다. 가진 자(승자)와 못 가진 자(패자)의 대결구도 심화다.

　격차사회의 상징사례가 '정규직 vs 비정규직'의 대치구도다. 적자생존·승자독식의 패러다임이 반영된 결과다. 늘어나는 건 비정규직이다.

비정규직 증가가 빈곤인구 확대로 연결된다. OECD는 비정규직이 격차 확대의 핵심원인이라고 일찌감치 진단했다. 지니계수는 1984년부터 높아지더니 현재(2005년) 0.526까지 상승했다. OECD 평균(0.311)보다 높아 일본 특유의 빈부격차가 심화사례로 꼽힌다.

근로소득의 격차상황은 단적이다. 정규직(100) 대비 비정규직(有期)은 63.8, 파트타임은 28.0에 불과하다. 2010년 기준으로 정규직(31만 400엔), 비정규직(19만 7,900엔), 파트타임(8만 7,000엔) 등의 월급격차다. 월급격차가 이럴진대 복리후생·사회보험 등은 천양지차다.

그렇다면 비정규직은 얼마나 늘었을까. 일할 맛을 잃어버린 비정규직은 추세적 증가세다. 1980년대 이후 거의 한 해도 빠짐없이 비정규직은 늘었다. 2010년 현재 정규직(3,355만 명)과 비정규직(1,755만 명)은 각각 65.7%와 34.3%를 차지한다. 전년 동기보다 정규직은 줄고 비정규직은

◼ 내용별 및 남녀·연령별 비정규직 내역비율

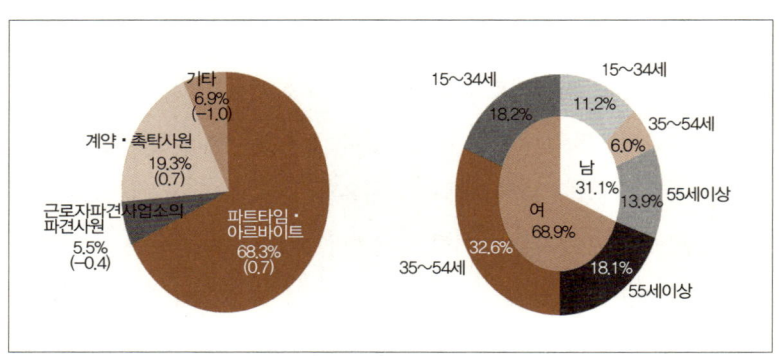

2011년 7~9월 평균, ( )내는 전년동기대비증감(포인트)
자료:『노동력조사』, 2011년 9월 속보치

늘어났다('노동력조사' 속보치). 당연한 얘기지만 비정규직 증가세는 정확히 정규직 감소세와 일치한다. 갈수록 정규직의 비정규직화가 진전된다는 의미다.

연대별로 보면 비정규직 증가세는 보다 확연하다. 통계집계가 시작된 1984년 전체 근로자 중 비정규직은 15.3%에 불과했다. 이후 30년 가깝게 흐른 지금까지 증가세는 그침 없이 반복·확대됐다. 1999년엔 훗날 사회문제로 불거지는 파견사원이 최초로 등장해 28만 명을 기록했다. 파견사원은 2008년 145만 명까지 급증한 후 법률보호로 현재는 감소세다. 비정규직 중 상당 비율은 시간제 근무사원인 파트타임으로 전체 비정규직의 절반가량(840만)을 차지한다. OECD 세대평균 소득(1인 세대 124만 엔)의 절반 이하인 근로빈곤층(641만)과 거의 일치한다.

구체적으로 비정규직 상황을 살펴보자. 비정규직이라면 대개 일할 맛과 근무만족도가 떨어질 수밖에 없다는 점에서 신분·연령별 세부내역을 체크하는 건 대응과제 도출에 적잖은 힌트를 제공한다. 2011년 9월 기준 비정규직의 68.3%는 파트타임·아르바이트다. 계약·촉탁사원(19.3%)이 뒤를 잇는 가운데 파견사원(5.5%)·기타(6.9%)의 순서다. 성별로 보면 비정규직 10명 중 7명은 여성(68.9%)이다. 1,729만 명 중 1,192만 명이 여성으로 1년 전보다 20만 명이 늘었다. 증가분은 대부분 35~54세의 여성 비정규직 몫이다. 연령별로는 남녀 모두 35~54세(32.6%)의 비정규직이 제일 많다. 15~34세까지의 청년그룹은 29.4%이며 55세 이상의 비정규직도 32%다. 즉 연령불문 비정규직 비중은 비슷하다. 비정규직화가 광범위하게 확산된다는 의미다.

비정규직은 사회문제의 진원지… 임금격차에 염금격차까지

비정규직 증가배경은 살벌해진 근무환경과 직결된다. 기업이 연령비례적인 임금구조(종신고용·연공서열)에 메스를 가한 결과다. 국제경쟁력 강화를 위한 경비절감 차원에서 고비용구조로 판단한 임금시스템의 하방경직성을 무너뜨린 셈이다. 정부는 기업재편·도태를 위한 정리해고를 용인함으로써 보조를 맞췄다. 이후 고정비였던 인건비 인식이 변동비로 변질됐다. 기업은 신입 채용을 줄이고 기존 사원을 정리하기 시작했다. 추가노동이 필요하면 기업외부의 저임금그룹을 적극 활용했다. 불황이면 재차 이들부터 줄여나갔다. 비정규직이다.

기업선택은 외견상 성공적인 평가가 가능하다. 임금수준을 줄였기 때문이다. 고정급·수당을 포함해 샐러리맨의 급여총액은 매년 감소세다. 디플레 영향으로 임금 자체가 안 오른 것도 있지만 비정규직 증가가 임금하락의 가장 강력한 설명변수다. 정규직의 임금삭감은 거의 없는 가운데 급여총액이 줄었다는 것은 그만큼 비정규직 임금하락을 의미한다. 비정규직이 늘면 급여수준은 전체적으로 마이너스가 불가피하다. 반면 기업실적은 비교적 좋았다. 2000년대 이후 경기회복과 맞물려 대부분 기업은 사상최대 실적경신을 반복했다. 이때 임금삭감분도 큰 몫을 했다.

격차사회의 패배자인 비정규직은 다양한 사회문제의 진원지다. 인생 자체가 꼬이면서 정상적인 사회구성원의 역할을 수행하지 못한다. 하류인생이 넘쳐나는데 사회품격이 유지될 리 만무하다. 이는 저출산·고령화와 맞물려 심각한 미래절망으로 연결된다. 비정규직으로 전락하는 순간 '고용불안→절망증대→미래상실'의 악순환에 빠진다. 프리터 등 애초부터 비정규직이 된 청년층은 물론 정규직에서 비정규직으로 미끄러진 중장년층도 상황은 매한가지다.

정규직으로 살아도 문제는 남는다. 비정규직이 일상적인 해고공포에 시달릴 때 정규직은 신분유지를 위해 과로압박을 받아서다. 살아남은 자의 슬픔과 불안감이다. 직장생활은 삭막해졌다. 청년세대는 돈이 부족해 연애를 포기하며 홀로 살기 시작했고, 경쟁격화에 내몰린 기성세대는 동료와의 피아구분이 불분명해지며 맘 편한 소통해소·인맥향상이 가로막혔다. 회사동료는 동반자가 아닌 경쟁자일 뿐이다. 사연(社緣)의 붕괴다. 직장동료의 신분은 나날이 정규직, 파견사원, 촉탁(계약)사원, 아르바이트 등의 형태로 분리된다. 공동체적인 네트워크가 기능할 틈 자체가 사라졌다. 홀로 버텨내야 할 사회적 부담·압력의 자연스러운 증가다.

특히 비정규직 청년층이 문제다. 미래를 책임질 청년세대의 정상생활을 가로막아서다. 취업 자체가 불안정·불투명하면 이후의 결혼·출산·육아·은퇴 등 전통적인 생애주기는 자연스레 힘들어진다. 일부 정규직만이 연애·취직·결혼이라는 컨베이어식의 행복보장을 누릴 뿐이다. 일본사회가 독신사회를 넘어 무연(無緣)사회로 넘어서고 있다는 평가가 나오는 이유다. 독신가구만 벌써 1,500만에 달한다. 유연화의 관문인 결혼이 힘들어질수록 단신추세는 비례해 증가한다. 결혼이 약육강식의 경쟁원리에 휩싸이면서 저소득·비정규직의 어쩔 수 없는 독신증가다. 팍팍해진 삶을 생각하면 연애 자체가 사치에 가깝다.

더 심각한 건 비정규직의 미래차별이다. 비정규직에 씌워진 차별옥쇄의 장기적 무게감이다. 노후생활의 유일한 복지안전판인 연금수혜에서도 제외돼서다. 고작해야 1층(국민연금)에 그치는 경우가 보편적이기 때문이다. 2층(후생·공제연금)과 3층(기업연금)은 신분격차에 따른 수급격차가 현격하다. 2층 가입조건이 근무시간이 주당 30시간 이상인 샐러리맨(공무원)에게만 해당돼서다. 그 이하의 파트타임·아르바이트라면 믿을 건 1층뿐이다.

여전한 재계의 차별의식… '일할 맛'은 비정규직 차별철폐부터

문제는 또 있다. 1층조차 제대로 납부하지 못하는 비정규직이 증가세다. 경기침체에 따른 보험료 미납증가다. 무연금·저연금 등 연금혜택을 받지 못할 개연성이다. 즉 연금차별은 현역시절 신분차별(근로형태별 계약신분)에서 비롯된다.

그럼에도 불구, 일본재계는 정규직과 비정규직의 신분차별은 당연하고 필요하다는 입장이다. 신자유주의적인 경영철학이 비교적 공고하게 적용·확대된 결과다. 2006년 '격차사회'를 필두로 각종 언론이 피폐해진 일본사회의 폐색(閉塞)감을 강도 높게 비판하지만 아쉽게도 달라진 건 거의 없다. 앞서 살펴본 비정규직 증가추세를 봐도 알 수 있듯 '정규직→비정규직'으로의 신분하락은 거부하기 힘든 시대조류로 안착된 느낌이다.

더욱이 일본재계는 규제완화·시장개방·감세(법인세) 등 격차심화를 조장·유발하는 추가정책까지 요구한다. 단기이익에 사활을 건 주주중시적인 경영철학이 유지되는 한 비정규직 차별철폐는 사실상 요원한 과제다.

다만 예외가 있어 그나마 다행이면 다행이다. 2008년 금융위기 이후 자본독주와 시장맹신에 대한 반성차원이다. 일본적 경제시스템의 재구축과 부활요구와 맞물려 격차양산의 진원지인 비정규직을 줄여보자는 시도다. 비정규직을 통한 경비절감적인 단기수익보다 정규직 확대적용을 통한 장기·구조적인 기업경쟁력을 갖추자는 논리제기다. 과거 큰 설명력을 자랑했던 인간존중의 자본주의를 부활시켜 서구한계를 극복할 필요성이다. 애초 학계를 중심으로 대안모델로 거론되던 전통모델의 수정채택은 언론의 여론동의 이후 기업부문에까지 퍼지는 추세다. 정규직 종신고용의 합리성을 강조하는 몇몇 CEO의 경험소개도 한몫했다.

이 책이 다루는 20개 모범기업에 직원차별은 없다. '정규직 vs 비정규직'의 신분차별이 없을 뿐 아니라 있다 해도 그 차이는 근무시간에 따른 임금격차뿐이다. 혹은 애초부터 비정규직을 활용하지 않는 곳이 절대다수다. 비정규직이 없으니 고용형태에 따른 이해 못할 신분차별이 존재할 이유가 없다.

비정규직을 최소화하려는 CEO의 의지도 높다. 본인의 라이프스타일 때문에 짧게 일하고픈 자발적인 비정규직 희망자가 있을 때는 단시간근무제 등 신분변화 없는 근무시간·장소변화의 묘안을 제시해 고용안정성을 높였다. 여타 기업과 달리 비정규직으로 입사한 이후 정규직으로 신분전환을 제도적으로 보장하는 경우도 많다.

고용계약에 따른 신분차별만 없는 게 아니다. 사실상 어떤 이유에서든 사내에서의 차별금지는 공통분모다. 성별·연령별·국적별 차별무용론이다. 고용약자일 수 있는 근로계층에 대한 보호의지가 차별금지로 연결된다. 나이가 많다고 여자라고 외국인이라고 임금·인사체제에서 소외되는 일은 원천적으로 제어하겠다는 의지표명이다. 하물며 '정규직 vs 비정규직'을 이유로 차별대우를 할 어떤 근거도 갖지 못한다. 비정규직이 존재해도 임금(시간급)을 제외한 다른 복리후생은 최소한 동등하게 적용하는 게 일반적이다.

비정규직→정규직 전환기회는 상시적… 단시간정사원제 주목

'비정규직의 천국'으로 비유되는 유통업체 다이에부터 보자. 유통회사는 사업모델 때문에 비정규직이 정규직보다 월등히 많다. 판매직원은 대부분 비정규직이다. 그러니 이직이 흔하다. 신분보장이 없고 임금수준이 낮으니 당연하다. 다이에도 원래는 그랬지만 지금은 많이 바뀌었다. 비정규직의 근무만족도가 정규직 못잖게 높다. 노력하면 정당한 보상과 대접을 해주는 시스템 덕분이다. 누구든 능력별 급료·대우가 비례한다. 비정규직 입사 이후 정규직 전환사례도 많다. "CS(고객만족)보다 ES(직원만족)를 중시하는 회사"로 불리는 이유다. 커뮤니케이션으로 직원들의 일할 맛을 높이니 부도 직전의 거대공룡도 조금씩 회복되기 시작했다. 행복한 직원이 물건을 팔 때 고객행복도 높아진다는 판단 하에 종업원을 위한 불편·불만을 적극 수용·개선했다.

압권은 신분차별을 없앤 제도다. 'CVC(Category Value Center)' 구상과 'CAP(Contract of All Partner)' 제도다. CVC 구상은 '할 수 있는 사람과 하고 싶은 사람'에게 적정업무를 맡기는 개념이다. 전체 종업원의 유연한 인재배치가 목적이다. 연공요소를 배제해 일·성과·시세에 따라 임금을 나눠 정규직 여부와 무관해진다. CAP 제도는 그 실천수단으로 입사 당시 계약신분이 아니라 입사 이후 선택한 근로형태·방법에 따라 계약하는 방법이다.

전체 직원이 4가지 계약제로 구분된다. 풀타임은 제너럴 캡·캐리어 캡과 파트타임의 액티브 캡·프로페셔널 캡 등의 세부형태다. 핵심은 본인입맛에 맞춘 자율적인 근로형태 선택권이다. 육아·간병 등 개인사정에 맞춰 계약형태를 바꿀 수 있다. 프로페셔널 캡만 빼면 서로 자유롭게 신분이동도 가능하다. 비정규직으로 들어왔어도 풀타임으로 일하면 캐리어 캡이 되고 전근까지 되면 제너럴 캡으로 이동한다. 덩달아 임금체계도 재설정됐다. 관리·일반직은 임금총액(퇴직금 포함)을 시간급화해 파트타이머와 동등하게 적용한다. 계약구분 간 임금격차는 ±5% 이내다. 동일노동·동일임금의 균등처우 확보를 위해 시간당 임금체계로 전환하면서 단시간정사원을 포함한 근로형태 다양화에 기여했다.

전체 직원(약 600명) 중 95% 이상이 여성인 세이카츠노키도 비정규직의 차별철폐에 선도적인 회사 중 하나다. 이 회사는 월급은 별로인데도 입사희망자가 줄을 선다. 2011년 채용된 7명은 3,800명 중 뽑혔을 정도다. 그만큼 직원만족이 높다. 개인생활을 위한 회사배려가 특히 호평이다. 출산·육아·개호 등 개별상황이 다를 수밖에 없는 제반문제에 대처하기 위한 차원이다. 대전제는 탄력적 운용이다. 복리후생은 비교적 두텁다.

휴가제도는 즉시대응시스템이다. 자녀질병·학교배웅 등 돌연사태가 발생하면 사전허락 없이도 휴가를 쓸 수 있다. 회사조직은 평평한 플랫구조다. 상사·부하가 존재해도 기본은 평등구조다. 포지션은 역할차이일 뿐 개인열위는 없다는 입장이다. 그래서 회사의 '바람흐름'이 좋다. 사장실마저 유리칸막이가 전부다. 언제든 CEO를 만나는 열린 공간이다. "100년 후를 생각하면 사람을 키우는 게 최선"이라고 본다.

이 회사도 비정규직에서 정규직으로의 전환 가능 루트를 확보했다. 비정규직 판매직원이 많은 만큼 고용불안을 낮추려는 대응자세다. 그래서 풀타임으로 1년 이상 일하면 정규직으로 전환되는 기회를 제공한다(2008년). 각각 2월과 8월에 승격기회가 주어진다. 정규직으로의 등용확대는 회사성장과 맞물려 기대효과가 높다. 성장하면서 점장자리의 정규직이 추가로 늘어났기 때문이다. 대졸신입·중도채용의 길이 있지만 우선은 짧게나마 인연을 공유한 비정규직을 정규직으로 뽑기 시작했다. 실제 대부분 정규직은 판매사원(비정규직)에서 시작해 점장클래스까지 올라간 경우가 보편적이다. 명확한 점수제에 기인한 승진·인사고과 때문에 투명성도 높다.

비정규직 제로회사도 많아… 비정규직에겐 구속보다 현금제공

회사의 성공 DNA로 '사람(人)'을 꼽는 오쇼푸드서비스는 비정규직은 인정하되 차별대우를 최소화해 직원만족·회사성장의 두 마리 토끼를 한꺼번에 잡았다. 이 회사는 위기 당시 다 잘라도 직원만큼은 끝까지 지켜내 화제를 모았다. 적자가 나도 보너스를 줬다. 경영재건엔 직원열정이 필수라고 봐서다. 이때 신분차별은 무차별주의로 희석시켜버렸다. 비정규직조차 행복한 얼굴로 오랫동안 일할 수 있도록 제반차별을 허물기 시작했다. 비정규직을 포함한 재량적인 근무시간 선택권 부여가 대표적이다.

그 선택은 괜찮았다. 일한 만큼만 받겠다며 시간급에 익숙하던 비정규직 중 20년 이상 장기근속자가 80명을 웃돈다. 그들만의 복리후생도 비정규직에게까지 넓혔다. 가령 장기근속 장려여행어 차별은 없다. 휴가이용도 똑같다. 되레 비정규직에겐 융통성까지 줘 만 편히 휴가를 가도록 했다. 유일한 차별은 일한 만큼 받아가는 비정규직의 시간급뿐이다. 정규직으로의 전환은 안 해서가 아니라 구속받기 싫어하는 자발적 비정규직을 위한 배려라는 설명이다. 원하는 건 구속보다 현금이기에 비정규직에게 현금보너스를 주는 것으로 대체한다.

비정규직 자체가 없는 회사도 많다. 괴짜기업 미라이공업이 대표적이다. 이 회사는 파트타이머·파견사원이 제로다. 인건비 몇 푼 아끼겠다고 사람을 자르는 회사를 경멸(?)하는 CEO가 세운 회사답게 "돈 벌고 싶다면 비정규직부터 없애라"라고 일갈한다. 구두쇠경영으로 점심시간 전기료 한 푼은 아껴도 직원월급·복리후생에는 통 큰 낭비를 강조한다. 극진한 직원대접이다. 차별대우는 기본적으로 없다. 직원 전체가 소중하니 중시하고 신뢰할 뿐이다.

능력차이도 없다는 쪽이다. 신입사원을 뽑을 때는 빨리 온 순서로 결정한다. 즉 "아무나 뽑는 회사"다. 간부승진도 마찬가지다. 후보자 이름을 적은 종이를 선풍기로 날려 가장 멀리 떨어진 이를 승진시켰을 정도다. 회사간부란 누구든 할 수 있기에 굳이 복잡한 차별지표를 댈 필요가 없어서다. 하물며 계약형태에 따른 신분차별에 역정을 내는 건 두말하면 잔소리다.

비정규직이 필요해도 최소한에 그치는 기업은 셀 수 없이 많다. 비정규직의 최소화다. 마루호는 불가피한 일부 인력만 비정규직으로 뽑을 뿐 원칙은 정규직 채용이다. 낮은 이직률(1.9%)에서 알 수 있듯 정규직이 압도적(94.2%)이다. 근무의욕·동기부여가 떨어지는 비정규직을 뽑느니 차라리 정규직을 늘리는 게 낫다는 입장이다.

니시지마는 근무형태와 근로시간을 전체 직원에게 동일하게 적용한다. 차별대우도 없지만 특별대우도 없다. 입사 이후 최대 10년까지 연공임금을 줘도 이후엔 능력별 임금격차를 적용하는 게 전부다. 기술한계와 정년적용이 없듯 신분차별도 없다. 아사히카세이는 정규직중심의 고용·임금체계를 고집스레 지킨 회사로 유명하다. 정규직을 유지하되 종업원주권을 통한 대개혁으로 강골체질로 변신했다. 이들에게 회사외부의 해고러시는 진풍경이다.

다이킨공업과 브라더공업은 인재차별 없는 채용기준을 철저히 준수하며 입사 이후 생애주기에 맞춰 적절한 근로형태를 제공한다. 다양한 근로형태를 한층 빛내주는 부가제도도 많다.

06 특이제도_튀는 아이디어의 자부심

◇ **히타치솔루션**(日立ソリューションズ); 건강진단 전원수급 의무. 해당 결과에 따라 잔업·심야근무·해외출장 제어. 진단분석도 보통수치보다 엄격운영

◇ **야자키소교**(矢崎総業); 신입사원 예정자 대상의 엄격·가혹한 해외경험 프로그램. 가족·현지 일본인과의 연락불가. 일콘어·자금 사용금지. 직접 벌어 벌충조건

◇ **닛코트래블**(ニッコウトラベル); 최종면접은 고객담당. 상사·사장 눈치는 원천제거. 처음부터 고객욕구를 인식하는 프로그램

◇ **롯카이테**(六花亭); 사내 한정의 일간신문 '로쿠와(六輪)' 발행. 1년 365일 휴간제로. 비정규직 포함 전체 직원의 일상사·개선제안 등 자유내용. 사장까지 필독

굉장히 독특한 사내제도다. 해당 회사만의 거의 유일한 사내제도라 봐도 과언이 아닐 정도다. 이뿐만 아니다. 좀 더 살펴보자.

- 싫은 고객과는 거래하지 않음(나카자토스프링제작소)
- 신입사원만으로 점포를 꾸림(걸리버인터내셔널)
- 붐비는 가게는 만들지 않음(니시마츠야체인)
- 강제적인 임원교체 제도(사이버에이전트)
- 일본에서 제일 긴 조례 실시(오키나와교육출판)
- 오타쿠사원의 기획채용(니혼여행)
- 부서장벽을 무너뜨린 사원도감(타카라토미아트)
- 사내에 인연연결 신사설치(니혼쇼쿠켄HD)
- 전체 사원이 자신의 후계자 육성(H&M)
- 5번째 출산이면 축하금 500만 엔(소프트뱅크그룹)

사람의 의욕이란 어디에서 비롯될까.

질타·격려나 돈만으로는 순전히 끌어낼 수 없다는 게 그간의 경험법칙이다. 근로의욕도 마찬가지다. 직원이 스스로 경비를 줄이고 아이디어를 내면서 고객만족을 끌어올리는 자발적 동기부여는 모든 경영진의 바람이다. 다만 현실은 힘들다. 당근과 채찍을 적당히 분배·제어하는 경우가 많지만 대개는 외압·강제적인 순간성과에 그치게 마련이다. 아니면 돈이 많이 들고 기간도 길어져 낭패다.

방법은 없을까. 힌트는 위에 예로 든 독특한 사내제도에서 찾을 수 있다. 비용 대비 효과만점의 장치도구라는 호평은 이들 기업이 하나같이 경기역풍 속에서도 탁월한 기업실적을 내고 있다는 점에서 확인할 수 있다. 독자구조를 갖춘 사내제도로 자발적인 근로의욕을 충분히 이끌어낸 결과다. 잘 움직이는 사내제도로 임직원의 행동변화를 성공적으로 유도한 경우다. 게다가 금전비용이 생각보다 적어 기업으로선 고무적이다. 중요한 건 아이디어와 실행유인이다.

자발적 동기부여 묘책고민… 독특한 사내제도가 힌트

〈닛케이비즈니스〉는 최근 재미난 사내제도를 모아 큰 반향을 일으켰다. '힘 솟는 멋진 제도 100'이라는 커버스토리다(2011년 8월 1일 호). 폐색감이 가득한 일본사회에서 유독 힘이 넘쳐나는 실적증대 유지기업의 공통분모를 꼽아보니 '멋진 사내제도'가 기능하고 있다는 점에 주목한 기획이다. 직원의 근로의욕을 자연스럽게 이끌어내는 경쟁력의 원천을 사내제도로 보고 깊숙이 취재·보도했다. 일반상식과 역행하는 듯 보이는 재미·독특한 제도지만 효과만큼은 만점이다. 경영관리부터 복리후생까지 조직에 활력을 불어넣는 백사백색(白社白色)의 사내제도다.

사내제도는 그 종류가 수없이 많다. 회사마다 자사에 맞게 장기간에 걸쳐 독특하게 채택·운영 중인 실정이니 목적·내용·대상 등은 제각각이다. 구조는 비슷해도 타이틀이 회사마다 달라 일률정리란 애초부터 불가능하다. 복리후생(법정외)의 각종 수당항목처럼 광범위하게 채택된 보편적인 제도가 있는가 하면 해당 기업만의 특화제도도 수두룩하다.

〈닛케이비즈니스〉의 주목사례 100개는 후자다. 왜 해당 기업만이 특정 제도를 채택했고, 어떻게 성공했는지가 의문이다. 기업특수적인 추구목적·직장환경과 밀접할 수밖에 없다. 다만 일정 부분 그룹화는 할 수 있다. 크게 보면 사내제도는 △경영수법 △근무방법 △복리후생 △인사제도 등으로 나뉜다.

사내제도 성공조건은 공유·공감… 단순흉내는 실패첩경

경영수법은 기업이 중시하는 가치·철학을 독특한 자사만의 구조로 만들어낸 제도가 해당된다. 직원을 포함한 기업의 경영자원 배분문제다. 싫은 거래처와는 거래를 끊거나 붐비는 점포를 만들지 않겠다는 식의 사내제도. 타 부서에 불편·업무지장을 줬을 때 벌금을 매기는 '통증과금(課金)'제도와 정반대 취지로 만들어진 'Will장려'제도의 디스코 사례가 여기에 해당한다. 감동창조를 기치로 내건 야마하발동기의 비경(秘境)전문 영업부 설치도 일종의 경영수법이다. 주력제품인 오토바이로 전국 비경을 찾아다닐 고객을 위한 영업자원의 집중배치다.

근무방법과 관련한 기발한 제도설정은 이제 일반적이다. 어떻게 일하는 게 근로의욕을 자극하고 조직의 사내활력을 이끌어낼지에 대한 고민결과다. 주로 영업·조례(회의)·개발·제안제도 등이 이 범주에 속한다. 매주 40개의 신제품 탄생회의를 주재하는 아이리스오야마, 시작하면 2~3시간은 기본인 최장조례 실천기업인 오키나와교육출판, 육아로 자리를 잠시 비울 엄마직원의 업무대행을 맡아줄 전문스태프를 뽑아 관리하는 시세이도의 '캥거루스태프'제도, 낡은 실제 집에서 판촉회의를 해

고객니즈를 읽으려는 도큐한즈의 회의시스템 등이 독특하다.

기발함의 극치는 복리후생 관련제도에서 쏟아진다. 크게 사내에서 적용되는 룰과 제공되는 각종 설비 및 사회공헌(CSR)·사내행사 등이 해당된다. 룰의 경우 3개월을 1년으로 보고 결산·총회를 연 4회 실시해 연휴까지 설정한 링크앤모티베이션, 사기진작을 위해 영업 전에 음악을 흘려보내는 로손, 재해 때에 전국딜러에게 나눠줄 물을 확보해둔 도요타자동차 등이 유명하다.

사내행사로는 회사에 대한 불평불만을 쏟아내는 모임을 만든 ISOWA나 재해 때 직원주체로 가설점포를 열어 3,000점의 의류를 무상제공을 실천하는 포인트 등이 재미나다. 사무실 바로 옆에 탁아소를 설치한 시치진도호쿠, 본사를 고급리조트로 꾸민 후쿠이보라, 살찐 사원의 다이어트를 위해 만보계 경쟁을 도입한 타니타 등의 사내제도가 특이하다.

인사제도야말로 각양각색이라 재미난 사내제도 케이스가 많다. 근무방법·노무관리·인사시스템·표창제도·육아지원·임금제도·직원교육·채용제도 등의 세부항목을 커버한다. 직원의 우울증 대비책을 수립한 닛산부터 사장과 직원이 연 40회 대화하는 기린맥주, 애견과 함께 출퇴근하는 마스저팬, 단신부임 절대반대의 미쓰비스화학, 자녀출산 이전부터 육아지원에 나선 P&G저팬, 불임치료 지원에 나선 츄츄안나 등의 지원제도가 유명하다. 본부장·부장을 입후보로 뽑는 오부토, 평일을 휴일로 정해 식사자리를 만든 메토롤, 신입사원은 전원 후지산에 오르도록 한 덴츠, 예비입사자의 첫 임무를 사장의 가방 들기로 정한 홉비음료 등의 제도도 각별하다.

사내제도의 장점이자 단점은 경비문제다. 돈이 적게 들지만 안착하면 투입비용을 뽑고도 남는 기대효과가 메리트다. 반면 부담이 적기에 누구나 언제든 만들고 없앨 수 있다. 다만 이때는 비용 이상의 유무형 손실이 불가피하다. 불필요한 혼란·갈등만 가중시켜서다. 단순한 흉내만으로 사내제도의 기대효과를 누릴 수는 없다는 얘기다.

자발적 근로동기를 이끌어내는 보조동력인 사내제도가 성공하자면 3가지 전제조건이 있다. 제도설치·운영에 대한 회사 전체의 공감·공유의식, 정확한 상황인식, 그리고 상식파괴의 차별성이다.

먼저 공감대다. 공감하지 못하는 사내제도는 없는 것만 못하다. 허울뿐이다. 제아무리 기발하고 풍성한 아이디어로 무장된 사내제도라도 활용되지 못하면 그걸로 끝이다. 전체 직원이 사내제도에 공감대를 갖고 직접 참가·행동할 때 애초의 제안목적과 추가적인 파급효과를 기대할 수 있다. 공감이 없다면 행동은 없다. 모방한다고 동일효과를 낸다고 볼 수 없는 이유다. 역으로 제도도입이 추가적인 업무부하로 연결될 공산이 크다. 부담발생이다. 동의·공감 없는 제도도입으로 불필요한 이해대립·부서갈등을 야기한 사례는 많다.

제도도입의 성공관건은 적어도 위·아래를 아우르는 전체적인 공감형성이 필수다. 왜 제도를 도입했고 누구를 위한 것인지 제도내용·목적이 명확하게 전체에게 공유될수록 선순환을 누릴 수 있기 때문이다. 또 다른 의미의 사내소통이다. 제도운영에 성공한 경영자는 현장직원의 동기부여 자극방법을 신중히 검토하고 이때 현장의견을 면밀히 챙겨 듣는 게 보통이다. 또 직원은 경영층의 의도와 방향성을 정확히 이해하고 동참한다.

실제 〈닛케이비즈니스〉 취재후기를 살펴보면 제도도입 실패이유는 간단하다. 직원이해 없이 회사에 어울릴 것 같은 제도를 단순히 흉내 낸 경우 대개 실패했다. 경영진과 현장직원의 상호이해는 그만큼 없거나 적었다. 당초 목적과 달리 제도운영에 실패했다면 폐지하는 게 옳다. 하지만 사내소통과 활력부족의 회사엔 그것마저 쉽잖다. 잔해만 남은 사내제도의 '좀비화'다. 좀비는 전염된다. 버려진 제도가 좀비처럼 잔존하면 회사 전체가 혈류단절로 이해돼 기능부전에 빠지게 된다. 밖에선 소통·공감이 막혀버린 답답한 회사로 비친다.

비슷한 사례는 또 있다. 한때 인기절정이었던 성과주의시스템의 일본 도입 실패이유도 마찬가지로 공감부족에서 찾아진다. 성과주의를 위한 평가면담의 경우 미일 양국의 온도차가 극명하다. 미국은 본인능력을 어필하고 향상시키는 기회로 여겨지지만 일본은 직원을 평가하는 사정(查定)자리일 뿐이다. 제도도입 이유 자체가 인건비 억제수단이니 당연한 결과다. 능력별 차등대우라는 기대효과 대신 평가를 둘러싼 갈등만 양산했다. 즉 미일 간의 풍토차이는 둘째 치고 성과주의의 원뜻을 오해했으며 노사의 공유·이해감조차 부족했다.

사내제도 성공 3요소… 공감대+상황인식+상식파괴

공유(공감대)를 끌어올리는 대전제는 회사환경·직원심정을 포함한 정확한 상황인식이다. 공감문제가 해결되지 않는 건 공감을 이끌어냄 직한 현실진단부터 엇나갔기 때문이다. 회사·직원의 고민·욕구가 무엇인지 정확히 캐치해내고 이것이 적용·체화될 때 제도공감과 기대효과도 꾀할 수 있다. 상대를 아는 것도 중요하다. 노사 양자가 상대입장을 이해할

수록 제도이용의 적용빈도와 가속도를 낼 수 있는 법이다. 요컨대 우량 기업의 공통사항인 '이상의 공유'다. 회사목표와 개인목표가 일치하는 회사라면 커뮤니케이션은 저절로 탁월해진다.

또 하나 성공관건은 상식파괴의 차별성이다. 일반상식에 비춰볼 때 사내제도는 그 궤도이탈이 심할수록 성공확률이 높다. 기발한 아이디어라면 사내외의 집중도가 높아지고 참여의지도 덩달아 강화되게 마련이다. 한계에 봉착해도 제도유지를 위해 또 다른 아이디어를 모으기도 쉽다. 물론 비상식적이라도 회사 내부의 조직구조에선 꽤 합리적인 경제성을 지닌다. 극단적인 제도지만 자사실정·니즈로부터 비롯된 경우 내발적인 기대효과가 상당하다.

게다가 비상적일수록 이를 보조하는 추가제도·기반철학이 있어 설명력과 완성도를 높인다. 비상식적인 제도라도 그 회사에선 톱니바퀴의 하부구조처럼 아귀가 맞아떨어지는 셈이다. 가령 온종일 회의만 하는 제도라면 회사비전의 공유가 그만큼 확산돼 일치단결의 노림수를 기대할 수 있다.

2장과 3장을 통해 살펴본 20개 직원만족 모범기업의 사내제도는 이들 성공 3요소를 두루 갖췄다. 특정 기업의 사내제도를 제안할 때부터 정확하고 명확한 입장정리를 완성해뒀다. 바람흐름이 좋은 사내소통을 통해 도출된 노사 쌍방향의 제안결과가 대부분 사내제도로 설정됐다. 회사 전체의 공유의식이 저절로 확보된 셈이다. 정확한 한계진단과 기대효과에 대한 광범위한 신뢰구축이 전제됐기에 반발·갈등은 최소한에 그쳤다. 다른 곳에선 찾아볼 수 없는 독특하고 재미난 아이디어가 특이제도로 연결된 것도 공통점이다.

구체적으로 노사의 심리적 거리감을 좁히고 업적향상을 꾀하는 성공회사의 사내제도 특징은 다음과 같다. 먼저 충실한 직원교육제도다. 현장의 의욕향상 유도조치다. 이 회사라면 개인성장이 가능할 것이라는 확신을 제공하는 교육프로그램을 두루 갖췄다. 회사가 개인을 지원한다는 신뢰제공이다.

경영진이 직원을 챙겨봐 주고 있다는 믿음은 공통적이다. 현장목소리를 들어주는 CEO의 존재 역할이다. 제안·표창제도를 필두로 전체 참여의 다양한 사내행사 확대실시가 그렇다. 경영자가 직원을 믿고 맡긴다는 공감대도 중요하다. 이는 권한·책임의 현장일임으로 주체성을 부각시키고 라이프스타일에 맞게 자유로운 근무형태를 제공해주는 기반이다.

강소기업에 집중된 특이제도… 대기업은 복리제도 활용

다만 2장(전통의 명문기업)과 3장(파격의 강소기업)의 구분법처럼 사내제도의 대체적인 유형·특징은 구분이 가능하다. 가령 회사덩치·업력정도·사업모델 등에 따라 구분되는 그들만의 사내제도를 유지·발전시켜왔다. 묵직한 대기업이면 비용·노력이 많이 드는 인사·임금시스템 등 기반제도의 변화시도보다는 복리후생 차원의 사내제도를 적극 활용하는 형태가 많다. 그만큼 신중하다. 반면 창업업력이 짧고 기업규모가 작은 회사일수록 독특한 아이디어의 사내제도가 많다. 날렵하기에 흡수력과 적응력이 빠를 수밖에 없어서다.

이런 이유로 지금부터 20개 사례기업 중 파격적이고 기발한 사내제도로 재미를 보고 있는 강소기업을 중심으로 특징사례를 정리해보자.

제약회사 마루호는 연수제도가 굉장히 재미나다. '통풍이 좋은 회사'의 지향철학답게 신입사원의 공감대의식을 심어주기 위한 조치다. 이 회사 신입사원은 4개월에 걸쳐 합숙연수에 들어간다. 특이한 건 스파르타식의 빼빼한 스케줄이다. 6시 50분에 일어나 밤 12시까지 오직 공부만을 위한 집단생활이 펼쳐진다. 휴일 외에는 외출불가에 휴대전화·컴퓨터는 일요일에만 허용된다. 일요일 아침에 휴대폰·컴퓨터를 되돌려준 뒤 밤 9시에 다시 거둬들인다. TV나 잡지도 휴일에만 볼 수 있다. 중견사원이 맡는 강사도 이 생활에 예외는 없다. 역할이 다를 뿐 생활은 똑같다. 벌칙은 연대책임이다. 한 명이라도 지각하면 집단벌칙이다. 비슷한 합숙연수는 이후에도 몇 번씩 준비된다. 복귀 후 일상생활에서도 집단의식은 상시적으로 강조된다. 연대감을 위한 또 다른 수단은 사내보(주간 마루호)다. 발행수가 2,600호를 넘겨 주간사내보 중 업력이 제일 길다.

고령근로자를 우대하기로 유명한 니시지마는 근속표창제도가 특이하다. 5~25년의 장기근속 표창제도를 비롯해 기간을 30년까지 늘린 특별표창도 운영한다. 2007년엔 '근속 50년 표창제도'까지 만들었다. 평생현역의 독려를 위해서다. 50년 근속직원에겐 순금메달, 특별휴가(3일), 숙박권(1박2일), 휴가비 등 부상이 제공된다. 이 밖에도 평생현역을 위한 다양한 세부제도가 있다. 재형(財形)제도처럼 기억이 가물가물한 재산축적 지원제도가 건재하다. 독신기숙사를 비롯해 사택도 제공한다. 가족회·등산회·운동회 등 사내행사는 정기적으로 펼쳐진다. 또 회식 때는 단체노래만 부를 수 있다. 개인의 노래자랑이 아닌 집단의 단합계기를 중시해서다. 진행방식도 다다미방에서의 전통음식을 고집한다. 비용부담은 돼도 커뮤니케이션 향상에 제격이라는 이유에서다.

'가까운 미래의 해적 비밀기지'라는 콘셉트로 만들어진 '아지토'는 EC나비가 자랑하는 사내제도 중 하나다. 사무실에 바를 설치해 딱딱한 근무환경을 자유롭게 부드럽게 변신시켰다. 인테리어는 물론 운영방식은 파격적이다. 업무 이후라면 얼마든 공짜로 주류를 즐길 수 있다. 설명회·회의·파티도 여기서 열린다. 회사의 최대자산인 임직원이 즐겁고 만족스럽게 일할 수 있는 환경제공 차원이다. 이 밖에 사내설치 자동판매기의 음료도 공짜다. 주택임대비용도 거든다. 회사에서 2km 이내라면 약 5만 엔의 보조금이 지원된다. 점심도 300엔만 내면 시가와 무관하게 도시락을 사준다. 근속연수 5년째라면 100만 엔 혹은 4주휴가 중 자유택일이다. 지압전문가를 초빙해 직원건강도 챙긴다. 사업모델을 활용해 기부활동에도 열심이다. 유저클릭 때마다 회사가 1포인트를 기부하는 시스템을 갖췄다. 아이디어만 좋으면 수시로 재미난 사내제도를 만들 방침이다.

월급·권한 없는 ㈜21의 CEO… 1과 4를 제도로 만든 EC studio

오쇼푸드서비스는 현장파워를 중시해 점포책임자인 점장에게 권한을 대폭 일임하는 사내제도로 성공했다. 고객접점이 부족한 본사가 이래라저래라 간섭하지 않고 실제사정에 능하고 의욕이 충만한 점장판단을 따르는 게 나아서다. 리더십의 최종적인 발현주체인 점장에 대한 일종의 동기부여 차원이다. 품격과 인격으로 솔선수범해 동료·고객을 챙기자면 파워풀한 현장권한이 중요하다고 봤다. 기본메뉴(40종류) 이외엔 재량껏 음식개발이 가능하고 독자서비스도 허용된다. 지역밀착형 점포경영이다. 점장권한이 거의 없는 타사와의 차별화다. 권한이양 후 본점은 후방지원에 매진한다. 본사의 고유권한인 점포개장 권한도 내줬다.

안경체인 ㈜21도 본사기능은 거의 없앴다. 현장·직원이 맘껏 일하도록 스태프로서 지원 역할에 머무는 사내제도를 갖췄다. 심지어 '인사파괴'를 단행했다. 본사엔 인사·총무를 비롯한 관리직이 없다. 사장실조차 없다. 여직원 8명이 체인 전체의 스태프 역할을 맡을 뿐이다. 때문에 본부는 독립채산제다. 대신 아웃소싱(하청)·인터넷을 활용해 이를 벌충한다. 투명경영으로 비용절감이 가능하도록 경영시스템을 바꿔버리니 고객이 원하는 가격파괴도 한층 강화된다. 또 그렇게 번 돈은 전부 직원에게 되돌려준다(보너스제도). 의사결정도 파격적이다. CEO에겐 권한이 없다. 주요사안은 공개회의에 부쳐 반대가 없으면 채택하는 결정시스템을 갖췄다. 그래서 CEO는 4년마다 바뀐다. 최고연장자가 맡는 게 전통이다. 당연히 월급도 없다. 상사·부하거부권도 있다. 함께 일할 동료가 맘에 들지 않으면 근무처 변경신청이 가능하다. 이때 책임은 누구에게도 묻지 않는다.

'일할 맛'이 좋아 다수매체에 소개된 바 있는 EC studio는 독특한 근무방식이 유명하다. 불필요한 낭비절감으로 가격인하에 성공했는데, 이를 위해 여느 회사라면 없어서는 안 될 3가지 낭비항목을 없애버렸다. 전화·종이·미팅이다. 대신 모두 IT화로 바꿔 저비용·고효율을 추구한다. 거래처·고객도 처음엔 반발(?)했지만 파격적인 저가메리트에 동조하기 시작했다. IT기업답게 사내소통도 모두 최신기기로 대체·운영된다.

반면 오프라인 만남은 중시한다. 월 1회 상사와 밥 먹는 의무(런치토크)가 있고 효도귀성을 위한 경비보조(Go Home제도)도 이뤄진다. 정기적인 술자리엔 가족·애인동반이 적극 권유된다. 숫자 1과 4에 대한 애정도 각별하다. 1명의 매니저에 4명의 리더, 4명의 리더 밑엔 4명의 평직원이 배치된다. 회의참가자도 4명 제한이다. 주택수당은 반경 1.4㎞ 이내면 월 1만 4,000엔을 준다. 출장수당(일 1,400엔), 귀성수당(회당 1만 4,000엔), 파트너 생일식사비(1만 4,000엔) 등 대부분의 복리후생에 상징숫자인 1과 4를 배치해 화제를 모았다.

워크스 어플리케이션스는 직원채용과 관련해 특이한 제도를 운영한다. 이 회사의 입사기준은 창조력 여부다. 채용시험은 문제해결법이 중심이다. 과제를 준 뒤 어떤 설명·질문도 없이 맞다 틀렸다만 알려준다. 통과하면 채용이다. 정답 없는 과제에 직면한 벤처업계다운 현실지향적인 채용제도다. 입사결정자는 출근시기를 맘대로 정할 수 있다. 원할 때 출근하는 제도(입사패스)다. 유효기간은 3년·5년이다. 채용규모는 유동적이다. 인재가 몰리면 원하는 만큼 더 뽑는다는 식이다. 예산은 상관없다. 당장 못 벌어도 더 벌 수 있는 기반을 확보했다는 점에 고무적이다. 퇴직자 대우도 상당하다. 우수인재라면 언제든 되돌아오게 문호를 열어뒀다(컴백패스). 여직원을 위한 맞춤제도도 있다. 출산 후 복귀자에게 특별보너스를 안겨준다. 잠시나마 육아압박에서 벗어나 만족감을 높이고 또 복귀선택이 옳았음을 주변에 고지·설득하라는 용도다.

특이제도로 가장 유명한 회사를 꼽는다면 단연 카약이다. 이 회사가 움직이는 시스템·룰의 대부분은 기발·독특·파격적인 사내제도로 구성된다. "산과 바다가 좋다"는 이유만으로 본사를 도쿄에서 멀찍이 떨어진 곳에 세우고, 때때로 일탈을 꿈꾸는 직원의 바람을 위해 '떠나는 지사'라는 제도까지 뒀다. 근무공간보다 중요한 건 근무의욕이기 때문이다. 인터넷만 연결되면 일은 얼마든 가능하기에 1년에 2~3개월 국내외 명소에 임시사무실을 차린다. '24시간 놀고 24시간 일하기'의 실천이다.

압권은 월급이다. '주사위 월급'으로 월급 전날 모두가 모여 주사위 숫자에 따라 월급증가분을 정한다. 1~6까지니 깎일 일은 애초부터 없다. 6이 나오면 기본급에 0.06%를 곱해 지급한다. 사람이 사람을 평가하는 건 어불성설이란 경영철학이 반영됐다. 동료 장점을 칭찬해주는 '스마일 월급'도 있다. 지적받을 땐 반대로 '주먹 월급'이 적용된다. 보유농원에서 키운 신선야채를 나눠주는 '야채 월급'도 있다. 회의제도는 '양이 질을 낳는다'는 카약 스타일에 맞춰 상상력을 철저히 낭비하도록 한다. 집단발상의 '브레인스토밍'이 채택된 이유다. 단 상대방에 대한 긍정·인정이 원칙이다. 또 임직원 명함은 모두 본인 얼굴이 만화로 들어가 있다. 퇴직자를 위해서는 카약사원 전직명함과 추천장(스마일 월급명세와 동료추천장 등)을 선물한다. 말 그대로 '재미(面白)법인'이다.

파격제도 유명산실의 카약… 독특한 큰 낭비의 미라이공업

한편 비교적 덩치 있는 기업 중 파격제도가 많은 곳은 미라이공업이다. 작게 절약(근무현장)해 크게 낭비(직원후생)하자는 창업정신에 맞게 온갖 절약제도를 갖췄다. 공장 곳곳엔 낭비경고문이 가득하다. 형광등에 끈을 달아 언제든 점멸할 수 있게 했고 접대용 차량조차 없애버렸다. 여름엔 선풍기만 돌아간다. 인쇄비가 아까워 식권도 안 찍는다. 벗겨진 페인트는 사장이 직접 칠한다. 보고·연락·상담의 기본의무조차 없앴다. 휴대폰도 사용금지다. 일률적인 사원교육은 없다. 원하면 스스로 하되 회사는 지원할 뿐이다. 그러면서 1일 근로시간은 7시간 15분으로 줄여버렸다. 감시여지가 있는 타임카드도 없다. 휴일은 연간 140일이다. 샌드위치 휴가는 무조건 쉰다. 잔업이 있을 리 만무하다. 5년에 한 번은 전체 사원의 해외여행이 실시된다.

07
가족주의_생사고락 나누는 회사공동체

위기탈출은 힘든 법이다. 일본이 이를 증명한다. 1990년대 이후 일본추락은 고유명사로 전락한 느낌이다. 일본과 불황·위기·절망 등은 묶음단어일 정도다. 버블붕괴로 내수침체에 시달리더니 반짝경기 이후엔 격차심화로 불안위기가 더 심해졌다. 와중에 금융위기 불똥파편까지 튀어 회복의지를 퇴색시켜버렸다.

그래도 여기까진 참을 만하다. 다른 선진국도 사정이 비슷하니 견딜 수밖에 없다. 문제는 일본만의 고유악재다. 지진·방사능으로 요약되는 재해충격·공포다. 설상가상 이례적인 엔고(円高)까지 주름을 더한다. 총체적 '일본위험(Japan Risk)'이다.

결과는 폐색(閉塞)감이 반영된 집단우울이다. 장기·구조적인 불확실성·불투명성이 국가열정·국민생기를 꺾어버렸다. 힘들고 괴로워도 나아질 기미가 있으면 참고 견디겠지만 어디에도 청사진과 희망조짐은 보이지 않는다. 탈출구가 막혀버린 미로 속 신세다.

그나마 정권교체마저 해줬건만 달라진 건 거의 없다. 삶은 피폐해졌고 공기는 삭막해졌다. 동반자는 사라지고 경쟁자만 가득하다. 청년은 노인에 반발하고 노인은 청년을 질타한다. 회사는 직원을 인격체가 아닌 부속품으로 여긴다. 이런 직원은 회사를 또 불신하고 악용한다.

Japan Risk의 확대재생산… 신뢰구축 힌트는 가족부활

그렇다면 남은 건 '일본침몰'뿐일까. 요약하면 'No'다.

경험적으로나 확률적으로나 위기탈출 여지는 충분하다. 하락장에선 호재가 묻히고 악재만 강조된다는 증시격언처럼 필요 이상 위기조장에 동참할 필요는 없다. 객관적으로 봐 일본파워는 강력하다. 잘나가던 시절과 달라진 게 크게 없다. 내수가 문제지만 그래도 연간 시장규모가 400조 엔 이상이다. 거대시장이 그럭저럭 굴러간다는 얘기다.

수출은 여전히 좋다. 수출대기업의 경쟁력은 세계최고 수준이다. 설혹 제품을 덜 팔아도(무역수지) 돈이 돈을 벌며(소득수지) 벌충 중이다. 고용악화는 대외투자의 파급효과를 기대하면 개선여지가 있다. GDP 대비 200%를 넘긴 재정적자도 채권자가 국민이라는 점에서 복지파탄의 남유럽과 크게 다르다. 결론적으로 시간·체력 모두 아직은 괜찮다.

문제는 심리다. 경제란 심리가 지배하는 법이다. 나빠도 좋다고 여기면 좋아지고, 좋아도 나쁘다고 판단하면 얼어붙는 게 경제다. 일본의 유동성 함정이 딱 그 꼴이다. 일본은 경기부활 차원에서 제로금리에 양적

완화까지 단행했다. 돈을 거저 뿌렸다는 의미다. 그런데도 돈은 스톱상태다. 돌지 않고 갇혀버리니 아무리 찍어낸들 효과가 없다. 게다가 평균적으로 일본국민은 돈도 많다. 가계 금융자산만 1,500조 엔 안팎이다. 안 쓰는 이유는 경색된 심리 탓이다. 내일이 불안한데 누구도 못 믿으니 곳간에 쟁여둔 채 눈치만 본다.

중요한 건 심리회복이다. 내일이 오늘보다 밝고 즐겁고 긍정적일 것이란 신호발신의 필요다. 비전제시와 신뢰구축은 당연전제다. '일할 맛'을 넘어 '살아갈 맛'의 확대전파가 절실히 필요한 시점이다.

힌트는 과거역사에서 찾을 수 있다. 모범답안은 아닐지언정 일정 부분 나침반 역할을 기대할 값진 교훈이 많아서다. 특히 집단우울을 풀자는 차원에서는 과거 집단행복이 구가됐던 시절반추가 필요하다. 좋았던 왕년시절에 기능했지만 지금은 잃어버린 가치복원이다.

키워드는 가족이다. 공동체의 최소단위인 가족의 행복추구다. 돈을 벌고 쓰는 이유는 가족 때문이다. 가족은 행복의 근원이자 삶의 이유다. 그런데 최근 가족가치가 꽤 훼손됐다. 현대화·도시화·상업(투기)화와 맞물린 핵가족화가 가족행복의 추구가치를 변질시켰다. 따라서 가족부활로 막혀버린 소비와 잃어버린 행복을 되찾는 시도는 의미심장하다. 잘만 되면 '가족파워'를 국가부활 도약대로 삼을 수도 있다. 경제심리의 긍정적인 선순환 물꼬를 틀 수 있어서다.

무엇보다 일본사회가 가족가치 재고·부활을 강렬하게 원한다. 잊혔던 가족애와 끊어진 혈연연대의 복귀를 어느 때보다 바란다. 일본사회의 최근 이슈·트렌드를 '가족'이라는 프리즘에 비춰보면 대부분 설명될 정도다. 유력한 사회현상과 부각된 히트상품 모두 가족부활의 키워드와 맥이 닿는다. 실제 적으나마 전통적인 가족존재·역할이 기능했던 1950~70년대를 반추해보려는 소비수요는 갈수록 왕성해지는 추세다. 특히 절체절명의 갈림길을 직간접적으로 경험한 지진 이후 가족은 일본 위험을 회피하고 극복할 유력대안으로 거론된다.

지진복구 키워드는 '키즈나'… 히트상품·유망트렌드의 공통점은 가족

지진 이후 일본사회가 부쩍 강조하는 키워드는 '키즈나(絆)'다. 끊을 수 없는 사람과 사람의 연결고리를 뜻한다. 일본정부가 복구지원을 해준 외국에 감사광고를 실었을 때 제목도 '키즈나'다. 이는 인연(因緣)과 사실상 동의어다. 사람과의 관계강조다. 현대일본의 핵심병폐인 개인·고독·폐쇄·고립화의 반대의미다. 단절·소외된 개인이 제반문제의 불씨라는 문제의식이다. 그만큼 공동체적인 가족·친지·이웃은 설 자리를 잃었다. 지진은 이에 경종을 울렸다. 관계복원이 현대인의 상처치유에 만병통치약이 될 것이란 메시지다.

즉 잃어버린 가족가치의 복원필요다. 효율성의 신속복구보다 피해상처를 보듬는 복구정책이 추진된 배경이다. 잔해더미에서 사진 등 추억물건을 찾아주는 게 우선됐다. 추억이 남은 자의 생존이유가 될 수 있어서다. 이재민 이주과정도 그렇다. 임시주택을 포함해 수용여력은 충분하지만 피해이웃이 10세대 이상 함께 이주하도록 했다. 고립감을 덜기 위해서다. '커뮤니티신청'이다. 현실성이 낮다는 지적이 많았지만 키즈나를 지킨다는 점에서 공감대가 넓었다.

최근 주목을 끈 히트드라마도 대부분 가족소재다. 삶이 팍팍·피폐해지면서 가족의 소중함을 새삼 원하는 사회수요를 반영한 결과다. 가족애에 기초한 감동전파다. 2011년 10월 첫 전파를 탄 '11명이나 있어(11人もいる)'라는 드라마가 그렇다. 덜컥 임신한 후 남자 아파트에 찾아갔더니 이미 7명의 아이가 있는 싱글파파였더라는 배신감·황당함에서 얘기가 시작된다. 배 속 아이와 전처 유령까지 합해 11명이 한집에 산다는 구조다. 잊힌 대가족의 오순도순·시끌벅적한 가정사를 다뤄 화제를 모았다. 찢어지게 가난해도 가족 덕분에 행복하다는 역설을 보여줬다. 불황을 감안해 대가족을 먹여 살리는 비용 대비 효과만점의 가정식 요리법을 보는 재미도 쏠쏠하다.

TV광고 중 가족애를 다룬 사례는 부쩍 증가하는 추세다. 대가족의 상징인 3대가 함께 등장한 광고이미지의 대량채택이다. 일본의 국민음식인 규동을 파는 외식체인 스키야의 TV-CM이 대표적이다. 3대가 사이좋게 둘러앉아 먹는 평범한 풍경이 의외로 화제를 모았다. 특별히 눈길을 끌 게 없지만 가족붕괴가 심각한 일본에선 핫 이슈가 됐다. 쇼와(昭和)시대를 배경으로 한 TV만화 '사자에상'이 황금시간대인 일요일 저녁타임을 장악한 이유도 정겨운 3대 가족풍경이 한몫했다. 이 밖에도 전통적인 대가족을 콘셉트로 한 광고는 셀 수 없이 많다.

건설회사의 주택판매에도 가족은 깊숙이 개입된다. 핵가족화로 쪼개진 소형·저층주택 대신 2~3대가 함께 사는 복합주택이 주력상품으로 떠올랐다. 2~3층에서 3세대가 어울려 정겹게 사는 이미지를 판촉광고에 자주 활용한다. '보이지 않는 대가족'으로 불리는 근거(近居)수요를 떠받치는 주택구조나 단지조정도 한창이다. 동거(同居)는 아니지만 근접거리에 살며 사실상 동거효과를 누리도록 설계된다. 자녀양육·부모봉양에 제격인 까닭에서다. 실제 자녀결혼·출산 이후 시골부모의 도심이사도 늘었다. 이때 중요한 근거원칙은 '15분의 법칙'이다. 도보·자동차로 15분 이내에 사는 근거형태다. 15분은 국물이 식지 않는 거리로 고식(孤食)·개식(個食)을 막을 한계거리다. 근거비율은 1997년 28%에서 2006년 41%로 늘었다(NRI).

가족부활은 음반시장에도 반영된다. 2010년 '화장실의 신(トイレの神様)'이라는 노래가 히트를 친 배경은 각막해진 현대일본의 심금을 제대로 울린 결과다. 어렸을 적 할머니에게 "화장실을 깨끗이 써야 미인이 된다"고 들은 걸 떠올리며, 돌아가신 할머니를 그리워하는 가사다. 할머니의 손자양육은 맞벌이의 유력대안인데 공감이 컸다는 건 그만큼 해당 사례가 많다는 증거다. 역시 부모와 멀어질 수밖에 없는 사회병폐를 뜻한다. 또 조부모와의 사망이별은 기댈 곳 없는 손자세대의 상실감과 직결한다. 또 다른 형태의 가족붕괴다. 가사가 담은 가족인연의 부활메시지가 잔잔한 감동과 애틋한 추억으로 반향을 불러일으킬 수밖에 없는 이유다.

가족해체의 반발표현과 대안요구는 새로운 가족형태까지 낳았다. '한 지붕 여러 가족'의 이상한(?) 동거구조다. 가족주의 네트워크의 새로운 설정형태다. 집합주거(쉐어·컬렉티브 하우스)가 그렇다. 개별세대(전용면적)와 이웃공유(공용면적)가 각각 존재하는 구조다. 어린이부터 노인까지 구성원이 다양한 세대교류 주택이다. 유명 건물은 대기기간만 1~2년일 정도로 인기가 높다. 현역세대와 노인세대 및 독신세대가 어울려 살면서 서로가 부족한 걸 메워주며 사는 동거시스템이다. 세대를 뛰어넘는 활발한 교류가 보편적이다. 가족붕괴에 따른 외로움·상실감을 이웃연대로 극복한다는 점에서 소통·상생의 전통가치 복귀다. 공동체복원을 위한 의미 있는 실험이다.

가족부활은 결혼식 풍경을 또 바꾸는 추세다. 과거 웨딩케이크 커팅은 부부만의 이벤트였다. 하지만 지금은 가족 전원의 손이 얹어진 케이크 커팅이 붐이다. 약 70%가 가족구성원의 감사·축하를 전하기 위해서다(젝시, 2009년). 한국과 달리 결혼 후 끊기기 십상인 자녀와의 돈독한 관계 유지를 위한 의지표명이기도 하다. 1980년대 가족친지가 참가하기 힘든 해외결혼이나 회비제의 레스토랑 웨딩이 유행했다면 최근엔 게스트하우스에서 가족 전원이 참가하는 결혼형태가 늘어난 것도 마찬가지다. 결혼주도권이 커플에서 가족으로 회귀하기 시작했다는 신호다.

일본기업 과거전통은 가족주의… 챙겨주고 따르는 '이에(家)문화'

가족부활은 기업현장에서도 자주 목격된다. 이 책이 뽑은 '일할 맛' 최고의 20개 일본기업만 해도 '가족주의'는 최고의 추구가치·경영철학 중 하나다. 인간존중과 가족중시의 이념철학이 반영된 기업답게 그들에게 직원은 가족 그 이상이다. 부양가족을 위해 집안 가장이 헌신하는 것처럼 CEO가 직원행복을 위해 매진하는 건 상식에 가깝다. 착취대상이 아닌 애정상대가 직원이다. 외압적인 요구·강요 대신 자발적인 배려·지원에 익숙하다. 직원에 대한 회사·CEO의 짝사랑이다. 또 진정성이 확인된 짝사랑은 십중팔구 연인관계로 구축된다. 노사 쌍방향의 '일할 맛' 강화체인의 자연스러운 구축이다. 실적향상은 그 결과물이다.

원래 일본기업의 사내문화는 꽤 가족적이다. 천황(가장)과 국민(가족성원) 관계를 충성·효도로 해석하는 집단주의 국가답게 사회운영 원칙도 여기서 비롯된다. '이에(家)문화'다. 기업의 가족문화는 전쟁 이후 재벌해체로 한층 강화된다. 오너체제의 강제해체로 기업의 소유지배구조는 은행(Main Bank) 중심의 계열관계로 재편되는데 이때 각각 상호지분을 보유하며 단결력을 발휘한다. 계열그룹 의사결정은 집단주의체제의 사장회가 맡는다.

CEO는 대개 내부승진형의 전문경영인 몫이다. 신입사원의 경우 대부분 CEO를 목표로 사내동료와 교감·경쟁한다. 회사는 종신고용·전환배치를 통해 예비CEO를 키워준다. 결국 일본기업의 CEO는 오너체제의 중소기업을 빼면 대부분 회사사정에 빠삭한 동료직원 중 선출된다. 그러니 위기에 봉착해도 감원해고나 임금삭감을 주저할 수밖에 없다. 장기간 함께 일하며 끝까지 같이 가야 할 동료이자 가족이기 때문이다.

책에서 소개한 20개 기업은 대부분 가족주의가 경영기반에 대전제로 깔린다. 양립조화, 정년연장, 차별금지, 해고불가 등의 DNA는 가족주의가 공유되지 않으면 기본적으로 실현되기 힘든 제도다. 사내소통과 CEO파워, 기업문화 등도 가족주의 키워드 하나면 깔끔하게 설명된다. 직원을 가족처럼 여기니 지원하고 배려하며 존중하는 근무환경을 만들 수 있다. 행복한 가정에 웃음꽃이 만발하듯 신바람 나는 일터에 실적 향상이 동반되지 않을 수 없다. 고객만족보다 직원만족을 공개적으로 우선·강조하는 기업마저 있으니 이는 가족애 아니고선 설명하기 힘들다.

일례로 거대공룡의 위기돌파 모범사례로 꼽히는 ANA는 소원했던 직원과의 관계회복이 핵심적인 성장에너지가 됐다. 체질개선을 위한 개혁과정에 노사 모두가 일체화돼 참가한 덕분이다. 집안을 살리자는 진정성과 자발성은 가족애가 없으면 불가능한 법이다. 이후 회사는 근무환경의 가족주의를 넘어 직원가족에까지 회사문호를 적극 개방했다. 가족애와 자부심을 높이고자 자녀직장참관일을 만든 게 대표적이다. 부모의 근무공간을 견학·체험함으로써 가족관계 증진을 도모하기 위해서다. 직장동료 가족과 친해지면 상사·부하 관계도 한층 돈독해질 수밖에 없다. 월급봉투에 명세서만 달랑 넣지 않고 감사메시지를 넣는 것도 가장을 배려한 조치다. 이 밖에 가족간병을 위한 휴가확대라든가 배우자 전근에 맞춰 근무지를 바꿔주는 지원제도도 있다.

'At Home'이 실천되는 브라더공업… 가족만족 위해 월급 더 주는 이나식품

브라더공업은 지향 자체가 가족주의 경영추구다. 구멍공장이었을 때부터 중시되던 가족주의가 중견메이커로 변신한 지금에까지 뼛속 깊이 각인·실천된다. 특히 CEO를 비롯한 경영진의 가족주의 실천의지가 높다. 위로부터의 의식발현이다. 가족성원이 믿고 따를 수 있도록 정보를 오픈했고 자주 접촉하며 관계돈독에 심혈을 기울인다. 공사를 따지지 않는 적극적인 메시지 발신노력이 그렇다. 생사여탈권을 쥔 고리타분한 경영자가 아닌 동반협력의 따뜻한 가장 역할을 수행하기 위해서다. 즉 친구 같은 아빠 역할이다. 때문에 권위주의적인 상명하복은 없다. 되레 회사경영진은 세세한 개인사까지 챙겨주는 데 익숙하다. '팀 브라더 프로젝트'는 가족주의를 실천하는 상징제도다. 활동멤버 2,000명이 참가하며 직원이 행복한 근무환경 조성을 위해 논의한다. 이 분위기는 'At Home'으로 이름 붙여졌다. 가족처럼 서로를 챙기며 응원하는 공기조성의 자부심이다.

'작은 회사의 큰 기적'을 실현해낸 이나식품의 성공기반도 가족주의적인 직원행복으로 요약된다. 직원만족을 위한 회사배려는 엄청나다. 직원이 원하면 돈은 거침없이 퍼붓는다. 쾌적한 근무환경을 위해 사내정원까지 만들었다. 워낙 예뻐 관광객이 찾는 지역명물이 됐다. 돈 버는 이유도 직원에게 퍼주기 위해서다. 이익증대는 직원행복을 위한 수단일 뿐이다. 월급이란 행복을 위한 직원의 노동대가로 이해한다. 때문에 가장월급이 많으면 기뻐할수록 최대한 많이 준다는 방침이다. 최소한 월급 때문에 불행해하는 사원은 없도록 하겠다는 의지표명이다. '직원=가족'의 발상이 아니면 이해하기 힘든 대목이다. 사원여행은 매년 떠난다. 해외여행은 격년제로 40년 넘게 진행 중이다. 사택도 있다. 본사엔 55채의 단신·기혼사택이 있고, 지점·영업소라도 현지주택을 임대·제공해준다. 겨울이 긴 지역에 위치한 회사답게 임직원의 따뜻한 출근을 위해 차고수당도 준다. 개인행사 때는 축하금은 물론 가족수당도 올려주는 추세다.

부모라면 자녀의 인생성공을 위해 매진하듯 마루호는 직원의 능력제고를 위해 노력한다. 임직원의 90%를 신입사원으로 뽑는 이유도 이들이 커야 회사도 좋아진다는 운명공동체적인 사풍 덕분이다. 그래서 신입사원 교육에 사활을 건다. 사내소통·투명정보가 전제될 때 직원성장이 가능하단 점에서 교육현장은 늘 '와글와글·왁자지껄(わいわい·がやがや)'하다. '여럿이 들러붙어'와 '잘 챙겨주기'는 가족주의 연대감의 상징슬로건이다. 그러니 경영진과의 거리는 짧고 속내는 공유된다. 당장 CEO 자신의 가족애가 상당하다. 기회가 있을 때마다 가족을 챙기고 위해줄 것을

당부한다. 그는 "집과 가족은 일종의 기지로 더욱 소중히 가꿔야 할 대상"이라고 본다. 특히 가족형성기의 청년사원에게 특별히 가족애를 강조한다. 회사가 인생이라면 가족과 동료는 중요한 평생지기다. 연대감 No.1 회사라는 호평의 원점이 가족이란 얘기다.

08 기업문화_성공 DNA와 사내문화

　일본엔 유독 장수기업이 많다. 창업 100년을 넘긴 백수(白壽)기업만 2만 2,000개가 넘는다. 1,000년을 훌쩍 넘긴 회사만 8개사에 달한다. 상상을 초월하는 불멸경영 실현기업이다. 반면 대부분의 기업수명은 생각보다 길지 않다. 창업보다 수성이 어렵다는 말처럼 〈포천〉 선정 500대 기업만 해도 평균수명이 40년 안팎에 불과하다. 하물며 100년, 200년을 넘겼다면 엄청난 기업이 틀림없다. 숫자로 확인되는 일본의 장수기업 위용은 놀라울 뿐이다.

　장수기업엔 남다른 비결이 있는 법이다. 일본에 한정한다면 가업승계·사업존속을 위해 특유의 DNA를 장시간 진화·발전시켰다. 주로 '신뢰경영'이 비결로 꼽히지만 세부적인 장수 DNA는 각양각색이다. 이들은 창업 이후 그래왔듯 악재출현과 무관하게 대부분 탄탄하고 꾸준한 실적을 뽐낸다. 위기가 있지만 꿋꿋이 이겨낸 결과다. '100년 만의 대공황' 우려조차 작은 태클에 불과하다. '시니세(老鋪)'로 불리는 장수기업이 위기 때마다 집중·부각되는 이유다.

시니세의 7가지 장수 DNA… 공통분모는 탁월한 기업문화

이 과정에서 〈주간동양경제〉는 장수기업의 성공비결을 7가지 힘으로 꼽았다. 먼저 위기악재를 극복하며 우량실적을 경신해내는 힘이다(돌파력). 사업재편으로 핵심파트를 선정한 후 집중적인 에너지를 투하하는 능력도 중요하다(획득력). 이때 주력사업에서의 수익기반을 반복해 가져가는 게 우선된다(연속력). 무엇보다 창의적이고 자발적인 근무의욕으로 경쟁력을 확보한 인재확보가 관건이다(인간력). 누구도 넘볼 수 없는 기술력을 극대화하는 효율적인 경영전략도 마찬가지다(레버리지력). 역량집중으로 투자수익을 고수준에서 유지하는 모델구축도 필수다(회수력). 새로운 시장개척과 수요확대로 끊임없는 점유율 유지방안도 마련될 필요가 있다(진출력).

　장수기업의 7가지 파워는 결국 하나로 요약된다. 7가지 성공변수 간의 상호작용을 이끄는 '보이지 않는 힘'의 존재다. 장기존속의 설명력을 검증받은 그들만의 독특한 기업문화가 대표적이다. 사풍(社風)이다. 단어 하나로 표현되는 이미지 혹은 성격이다. 내용은 회사마다 다르다. 신뢰경영을 비롯한 감성경영·유머경영·감동경영·집중경영·가족경영·현장경영 등 셀 수 없을 정도로 수많은 기업문화가 유행한다. 창업자를 포함한 CEO의 철학·스타일이 다르고 자사 특유의 사업모델·직원구성 등도 기업문화의 차별변수다.

일본만이 아니다. 성공기업엔 자신들만의 독특한 기업문화가 늘 있다. GE(Organic Growth)를 필두로 IBM(핵심가치 재창조), 구글(기업문화의 브랜드화), 사우스웨스트(가족주의), P&G(여성중심) 등이 대표적이다. 즉 좋은 회사의 공통분모는 회사철학이 올곧이 반영된 '기업문화'의 보유여부다. 차별화된 기업문화가 일류기업을 만들기 때문이다. '좋은 기업'을 넘어 '위대한 기업'이 되기 위해 기업문화 수립·공유과제가 강조되는 배경이다. 특히 지금처럼 경쟁구도가 치열할수록 기업문화의 값어치는 한층 상향조정되며 관심을 받게 마련이다.

기업문화란 구성원이 보편적으로 지닌 공유가치를 뜻한다. 여기엔 회사 고유의 가치(Value), 신념(Belief), 이념(Ideology), 관습(Habit), 규범(Norm) 등이 반영된다. 흔히 사훈·사시 등의 경영이념이 명문화된 형태로 집약된 게 기업문화다. 강조하는 회사방침이나 상징제도로 압축된다. 즉 기업문화는 기업경쟁력의 핵심이다. 회사가치를 결정하는 대표적인 무형자산으로 분류된다. 때문에 기업문화는 경영학의 핵심테마에 올랐다. 1970년대 이후 기업문화의 경제적 합리성이 확인되면서 연구결과가 쏟아진다. 기업문화가 좋을수록 경영성과가 향상되는 건 당연지사다.

기업문화는 장기지속적인 성장을 위해 꼭 필요한 전제조건이다. 특히 위기봉착 때 이를 타개할 나침반이자 지름길로 손색이 없다. 경영환경이 복잡다단해질수록 기업문화의 설명력은 더 발휘돼서다. 실제 무게중심을 잡은 상황에서의 전략선택은 한층 신속하고 명확해진다. 많은 기업이 위기경험 이후 기업문화 조성에 박차를 가하는 것도 그만큼 필요성을 인정한 결과다. 그렇다고 함부로 만들 순 없다. 득보다 실이 우려되는 기업문화의 이중성 때문이다. 잘 만들어 선순환에 올라타면 강력한 경영자원이 되지만 첫 단추가 잘못 끼워졌거나 적절히 관리되지 못하면 반대로 장애요인이 되기 십상이다. 양날의 칼이다.

때문에 기업문화는 해당 기업만의 독특한 성격반영이 필수다. 타사와 구별되는 차별성의 추구다. 다만 차별성은 잘 만들어진 기업문화라면 당연히 반영될 수밖에 없다. 사람마다 성격이 다르듯 기업마다 구분되는 차별성향이 올곧이 반영될 때 기업문화란 이름을 붙일 수 있기 때문이다. 특정 기업엔 합리성을 갖고 잘 통하는 기업문화가 다른 회사엔 먹혀들기 힘든 것도 이런 이유에서다. 기업특수적인 성향·공기의 반영필요다. 기업문화 형성에 장기간의 노력·비용지출이 불가피하단 점에서 섣부른 모방시도는 경계대상이다.

노사 전체의 공유감은 기업문화의 성공조건이다. 말만 번지르르한 액자 속의 기업문화는 빛 좋은 개살구에 불과하다. 붐이 아닌 트렌드로 전환될 때 기업문화는 안착된다. 그러자면 원활한 사내소통을 통해 올바른 방향설정이 이뤄지되 반복적인 실천노력이 겹쳐질 필요가 있다. 이때 경영진의 강력한 리더십은 필수조건이다. 조심할 건 CEO의 강요(Push)가 아닌 자발적 참여(Pull)를 통한 의견조율이다. 기업문화의 실천주체·지지기반이 직원이란 점에서 지속적인 열정유지를 위해서는 자발적인 사내공유가 꼭 필요하다.

성공적인 기업문화를 지닌 조직엔 특징이 있다(SERI). 먼저 기업문화를 브랜드로 연결해 사회와의 적극적인 소통채널로 활용한다. 내부결속과 외부선망의 일석이조의 실현이다. 기업문화에 경영전략을 완벽히 투영시켰다는 점도 특징이다. 이 경우 기업문화는 전략추진 속도를 배가시킨다.

또 CEO의 오너·리더십이 기업문화의 추진동력으로 기능한다. 이 과정에서 임직원의 신뢰획득을 위한 배려가 발휘된다. 이때 기업문화는 추가적인 업무부하가 아닌 자발적인 공유전략으로 인정된다. 긍정적인 성과를 단시간에 가시화해 직원관심·열정을 지속적으로 유지한다는 점도 공통분모다. 더불어 점진적이되 근본적인 문화변화도 동시에 추구된다.

기업문화는 양날의 칼… **특수성과 공유의식, 리더십 필수**

책이 다루는 20개 샘플기업도 특유의 조직문화를 창조·발전시켜왔다. 20개사 모두 나름의 기업특수적인 상황반영이 완료된 독특한 기업문화를 보유했다. 타사와 구별되는 독특한 사풍반영은 물론 CEO의 강력한 추진의지와 직원 전체의 공유의식이 반영된 건 물론이다. 특히 직원만족의 대표사례답게 '일할 맛'을 높이겠다는 의지발현이 각각의 기업문화로 완성됐다. 타이틀이 다르고 추진전략이 구분돼도 기업문화의 궁극적인 지향점이 직원행복인 셈이다.

선두주자는 아사히맥주다. 행복한 직원을 위한 회사의 직원만족은 1986년 부활명령을 받은 외부의 구원투수로부터 비롯됐다. 업계문외한인 은행원 출신의 히구치 히로타로(樋口廣太郎) 사장의 임직원 의식전환 프로젝트가 원류다. 직원을 믿고 불안감을 달래줌으로써 부활발판을 다졌는데, 이게 훗날 아사히맥주의 기업문화로 완성됐다. 핵심은 꿈꾸기다. '인생기구(人生氣球)론'이다. 사람이란 성선설(性善說)에 따라 원래부터 착하고 열심히 일하려는데 이를 저해하는 불투명·불공정·불평등이 그

본질욕구를 꺾어버렸다는 인식이다. CEO와 회사는 이것만 없애주면 최상의 결과를 도출할 수 있다고 봤다. 그러자니 진실·신뢰경영이 자연스레 도출됐다. 히구치 사장은 "어떤 경영이론도 실은 매우 단순하다"며 "감사하고 정직하며 사람을 믿는 마음이야말로 최고의 경영무기"라고 했다. 그의 인재론은 아사히맥주의 핵심적인 기업문화로 안착했다.

아사히맥주의 '인생기구론'… 호리바의 '재밌고 즐겁게'

괴짜 CEO로 둘째가라면 서러운 이는 호리바 마사오(堀場雅夫)다. 호리바 제작소의 창업자(최고고문)로 외견·발언 모두 그 자체가 뉴스거리다. 이 회사의 기업문화는 한마디로 '재밌고 즐겁게(Joy & Fun)'다. 행동강령은 흥미와 도전이다. 재미나게 일할수록 상상력과 에너지가 북돋아져 신뢰·안심·감사하는 마음이 생기고 그때 비로소 기업성장이 실현된다는 입장이다. 그 추진주체가 인재다. 직원은 재화(財貨)가 아닌 재산(財産)이다. 획일화된 요소적인 사람보다 개개인의 개성을 중시한다. 때문에 웃음을 주는 엉뚱한 직원이 선호된다. 벤처정신을 지녔으면서도 대기업병에 걸리지 않고 묵묵히 자기분야를 지켜낸 배경이다.

또 개성이 넘치기에 베끼는 건 용납불허다. 정도(正道)경영이다. 반복 위기에도 불구, 인원감축 절대불가를 외친 것도 이를 꼼수경영으로 보기 때문이다. "언젠간 죽을 운명의 생명이라면 사는 동안이라도 행복을 누리는 게 최선"이라고 본다. 일이란 즐거운 것임을 강조하는 코멘트다. 그의 어록은 호리바의 기업문화를 단적으로 설명한다. "싫으면 관두고,

모난 돌이 되며, 남의 말을 듣지 말 것"이 대표적이다.

금전보상을 뛰어넘는 신뢰관계 구축에 성공한 회사는 다이킨공업이다. 장수기업 조건을 갖춘 랭킹 3위 회사(주간동양경지, 2008년)로 뽑힌 데는 '이노우에즘(Inoueism)'이란 독특한 기업문화가 한몫했다. 1994년 취임한 이노우에 노리유키(井上礼之) 회장(당시 사장)의 경영철학이다. 수평적 조직 운영을 통한 과감한 의사결정·실행력이 핵심이다. 선견지명·통찰력을 지닌 인재의 적재적소 배치를 위한 '중의독재(衆議獨裁)'가 그 결과물이다. 중의를 모으는 철저한 토론문화다. 이는 직원열정을 이끌어내 일할 맛 나는 환경구축으로 연결됐다.

이노우에즘의 근간은 직원이다. 수평조직(Flat)이지만 과감한 의사결정(Speed)이 가능한 것도 인재 덕분이다. "근로자 한 명 한 명의 능력과 꿈의 합계가 기업성장으로 실현된다"는 말처럼 직원행복을 기업문화의 존재이유로 설명한다. 인재차별 없는 채용기준을 내놓고 복리후생을 최대한 탄탄하게 설정한 것도 직원행복을 위해서다.

고이케 토시카즈(小池利和) 사장이 심혈을 기울여 현장안착에 성공한 '가족주의'는 브라더공업의 상징적인 기업문화다. 직원이 회사·경영자를 신뢰하고 자부심을 가지며 함께 일하는 연대감을 지닌 모범기업으로 손꼽힌다. 이 회사의 성공 DNA는 흔들리는 기업이라면 반드시 벤치마킹해야 할 선행사례로도 자주 언급된다. 혁신발판은 질책, 제한, 강요, 독재, 지시보다 칭찬, 기회, 솔선, 합의, 자발로의 한계극복이 거론된다. 그랬더니 회사구성원의 행복이 늘어났고 근무공간엔 웃음꽃이 피었다. 가족주의의 또 다른 특징은 솔선수범하는 CEO다. 일본전통적인 가족경영에 따라 경영진부터 배려와 신뢰, 공유에 앞장섰다. 가족주의 실현을 위해 회사는 사원과의 쌍방향적인 정보교환·소통에 많은 경영자원을 집중시켰기 때문이다.

『일본에서 가장 소중하게 여기고픈 회사』에 소개된 이나식품공업은 '좋은 회사 만들기'가 기업문화로 반영됐다. 특이한 추구가치를 실현하려는 뚝심경영 덕분에 유명세가 자자한 회사다. 직원행복을 위한 전통적인 공동체정신을 실현했다고 봐서다. 회사는 이를 위해 전체 직원에게 사시(社是)카드를 작성·휴대하게 했다. 대놓고 패밀리의식과 일상적인 공사(公私)협조를 강조한다. 모든 것에 풍부한 인간성으로 배려하도록 교육받으며 공덕심을 가진 유익한 인간이 되도록 요구된다. 폐쇄적이지도 않은 게 그 행복의 사회공헌까지 명시된다.

그러자면 이익을 내는 게 필수다. 이때 단기유혹은 거부된다. '나이테경영' 때문이다. 나이테처럼 매년 하나씩 천천히 성장하자는 경영철학이다. 지속성장은 급성장에서 찾아질 수 없다고 봐서다. 즉 한 우물을 깊이 파고(깊이경영), 확장보단 이념을 지키며(균형경영), 다 함께 클 수 있고(성장경영), 미래를 봐 길게 준비하자(미래경영)는 차원이다. 더디 가도 알차게 내실을 다지며 모두가 행복한 회사를 만들자는 공감대다. 그래서 회사는 숫자로 된 성장목표 제시보다 능력발휘를 위한 여건조성에 매진한다.

미라이공업의 기업문화는 '구두쇠경영'이다. 목적은 직원행복이다. 창업자 야마다 아키오(山田昭男)는 직원감동을 위해 기꺼이 구두쇠로 변신했다. 전등을 끄고 관용차를 없애고 문고리를 바꿨으며 청소까지 직접 해낸다. 겉으로 보면 꽤 열악한 근무공간이다. 그런데 직원은 늘 미소를 머금는다. 사람을 위해서라면 통 크게 쓰는 CEO 덕분이다. 즉 '작은 절약'과 '큰 낭비'다. 열심히 일하고 싶도록 환경을 만드는 게 CEO의 본업이기 때문이다. 큰 낭비는 회사를 꿈의 직장으로 변신시켰다. 업무량과 마감·잔업은 없지만 연봉은 높고 휴가는 많다. 게다가 모두 정규직이다. 번 돈은 전적으로 직원행복을 위해 투입된다. 직원중심의 '인간경영' 추구다. 상호협력·동반성장의 포괄적 인간경영이 목표다. 받은 직원은 움직이게 마련이다. 뭐든 하지 않을 수 없게 만든다.

미라이공업의 '큰 낭비'… '재미'가 최대가치인 카약

나카무라브레이스는 '신뢰경영'으로 직원감동을 불러일으켰다. 산골마을의 작은 회사에 열도가 감동한 배경은 회사 전체를 감싸는 돈독한 믿음 때문이다. 젊은 직원이 땀 흘리며 일하지만 표정만큼은 밝고 맑다. 자부심과 만족감이다. 문제 있는 직원조차 따라오게 만든 나카무라 토시로(中村俊郎) 사장의 특유의 리더십 덕분이다. "눈앞의 한 명 한 명을 중요하게"라는 CEO의 고집스러운 경영철학은 이제 굳건한 기업문화로 완성됐다. 믿고 맡기니 휴일에조차 나와 근무하는 직원이 다반사다. 혈관·지문·털 등까지 진짜 피부처럼 재현해내는 고도기술은 이 신뢰경영에서 비롯됐다. 고객만족·직원신뢰는 선순환을 거쳐 지역부활이라는 기적까지 낳았다. 제품혁신·매출증대·기업번창의 선순환이 황폐한 시골마을을 사람이 북적대는 유명동네로 탈바꿈시켰다. 창업자가 애초부터 생각해온 "많은 젊은이가 고향에서 일하고 성장해 가계를 꾸리는 꿈"의 실천이다.

강소기업 중 눈에 띄는 기업문화를 지닌 대표기업은 카약이다. 회사법

인격을 '재미(面白)법인'으로 삼을 정도로 회사 곳곳에 재미를 실현해냈다. '직원의 근무재미 → 주변에서의 재미인정 → 주변재미의 도움' 등의 선순환이다. 재미를 확신하자면 독창성이 필수다. 독창성은 도전근거이자 전파도구다. 실제 포털에서 '재미난 회사'를 치면 검색 1위가 카야이다. 월급은 주사위로 정하고 각종 수당조차 파격적인 아이디어로 재미를 더해 지급한다. 본사위치는 물론 지사운영까지 고정관념을 깬다. 틀에 박힌 근무시간 대신 원할 때 일하도록 24시간 개방한다. 또 모든 정보는 오픈된다. 그래야 비밀이 없고 경계가 없으며 재미가 증폭돼서다. 이때 모든 기준은 사람에 맞춰진다. '만드는 사람'을 중시하기 때문이다. '만드는 사람'을 한 명이라도 더 늘리고자 회사는 제반지원에 앞장선다. 대신 이익추구는 경영이념에 포함되지 않는다. 목적은 인간행복·사회공헌이다.

이 밖에도 EC studio의 'Make Happiness'가 유명하다. IT를 활용한 행복창출 개념이다. 행복이란 마음의 풍요를 뜻하며 경제적 풍요와 시간적 여유, 그리고 원만한 인간관계로 완성된다. '반경 1m를 행복하게 하는 경영'은 세이카츠노키의 기업문화다. 세상을 위해 뭔가를 하고 싶은 사람을 모아 기쁨을 나누는 즐거운 조직창조다. 이때 중요한 건 자연·동료와 함께 즐겁게 사는 것이다. 인재우선이다. ㈜21은 '투명경영'이 기업문화로 완성됐다. 피부에 와 닿는 직원만족을 위해 이익추구는 과감히 버렸다. 이익을 직원에게 공평무사하게 나눠주자면 투명경영이 필요해서다.

사람이 생명인 회사인 오쇼푸드서비스는 기업문화를 '인활경영(人活經營)'으로 승화시켰다. 생기 넘치는 활발한 직원문화 만들기다. 인간력의 향상이야말로 기업성장을 좌우하는 관건이란 입장이다. 니시지마는 '여럿이 들러붙어' 주변을 챙기는 참견문화의 뿌리인 '직장인간 형성론'을 채택했다. 회사는 근로자 상호 간의 성장을 가장 중시하며 이를 위해 그 활동기반을 제공하는 역할을 강조한다.

09 월급초월 _ 행복원천은 돈보다 마음

　행복한 삶은 만고불변의 추구가치다. 행복한 하루하루를 원하는 건 인간 본성이다. 문제는 행복을 손에 쥐기가 쉽잖다는 점이다. 다 그렇듯 행복도 후천적 영향을 많이 받기 때문이다. 세속적 의미의 행복경쟁이다. 운 좋게 행복조건을 두루 갖춘 출생이 있지만 절대다수는 스스로 지향하는 행복가치를 찾도록 강요당한다.. 다각적이고 광범위한 관문통과다.
　사실 개념정의에 따라 행복조건은 각양각색이다. 어디에 가중치를 두느냐에 따라 다르듯 행복조건엔 정답이 없다. 다만 일반론을 전제로 행복의 절대조건은 있다. 1순위는 돈이다. 금전적으로 넉넉하면 행복한 인생을 위한 필요조건을 갖췄다고 여겨진다. 그래서 부자일수록 행복라인에 가까울 것으로 대개 여겨진다. 다만 과연 그럴까. 아이러니컬하게도 '부자=행복'은 선입견에 불과할 확률이 높다. 과거경험이 이를 뒷받침한다. 그만큼 불행한 부자가 많다. 가진 돈 때문에 고민 · 갈등하는 부자가 없을 정도로 일반적이다. '부자 우울증'이다.

이유는 단순명쾌하다. 행복이란 게 다분히 주관적이고 상대적이기 때문이다. 그 기준에 세속잣대가 있을 뿐 개인마다 행복정도는 편차가 대단히 넓고 깊다. 부자의 불행이 대표적인 사례다. 도대체 재산규모가 얼마여야 행복할까와 같은 문제다. 더 큰 부자와 비교하는 한 그 끝은 없기 때문이다. 잡히지 않는 공허한 목표를 좇아 '쾌락의 쳇바퀴'라는 딜레마에 빠진 경우다. 딜레마를 극복하지 않으면 부자불행은 상존할 수밖에 없다. 이는 남이 가진 건 본인도 가져야 직성이 풀리는 일종의 심리학적 관계불안으로도 해석된다. 병이다.

왜 '부자≠행복'일까… 돈이 부르는 '쾌락의 쳇바퀴' 딜레마

그렇다면 진짜 행복은 무엇일까. 행복조건에 대한 고민이다. '부자≠행복'을 떠올리면 돈은 행복조건을 완성하는 개별변수 중 하나에 불과하다. 돈이 있다고 행복하진 않지만 행복하면 돈을 벌 수 있다는 논리와 맥이 닿는다. 우선순위는 행복이지 돈이 아니란 얘기다. 물론 돈은 행복을 위해 필요하다. 없어서 행복한 경우보다 있어서 행복한 경우가 그래도 보편적이다. 결국 체감 정도다. '쾌락의 쳇바퀴'에서 기꺼이 벗어날 수 있는 금액문제다. 십분 양보해도 돈은 건강과 같다. 없으면 불행하지만 있다고 다 행복하진 않다.

이와 관련해 재미난 연구결과가 많다. 행복기준을 돈으로 환산할 때의 기준연구다. 특정 금액을 넘어서면 돈이 많아도 불행을 느끼는 상황이다. 지그문트 바우만(Zigmunt Bauman)은 "1인당 GDP가 일정 수준을 넘기면 행복지수와의 비례관계를 찾기 힘들다"고 했다. 이때 일정 수준이란 대략 1만~2만 달러를 제시하는 선행연구가 많다. 1인당 GDP가 2만 달러 이상이면 금전과 행복의 상관관계가 낮아진다는 연구결과다. 돈 이외의 요소가 행복감에 기여하는 최초저지선이 2만 달러라는 얘기다. 즉 2만 달러를 넘기면 돈과 행복지수는 큰 상관이 없어진다. 미국·일본을 비롯한 주요 선진국에서 개인의 불행호소가 증가세라는 사회현상과도 일치한다.

돈과 행복을 둘러싼 논의는 그 유래가 길다. 1970년대부터 일정 부분 성장목표에 도달한 선진국에서 자주 거론된 이슈다. "돈을 벌어도 행복해지는 것 같지는 않다"는 의문과 갈등이 곳곳에서 제기된 결과다. 근대화 이후 광범위하게 추구된 '부자=행복' 항등식의 훼손징후다. 이후 경제성장·소득수준 등 돈과는 거리감을 둔 행복지표를 개발하려는 시도가 늘어났다. 기대수명·교육기회 등 적정한 삶의 수준이 반영된 인간개발지수(HDI)와 주관적 생활만족도·기대여명·생태흔적 등을 넣은 행복지수(HPI) 등이 그렇다.

심리학계를 중심으로 아예 돈과 행복은 별무관계라는 연구결과도 적잖다. 1930년대 말 하버드에 입학한 268명의 삶을 72년간 추적한 연구결과를 보자. 부와 명예·학벌 등 세속기준과는 멀찍이 떨어진 분석결과가 도출돼 화제를 모은 연구다. 행복을 완성하는 으뜸조건은 고난에 대처하는 자세(성숙한 방어기제)다.

이는 인간관계로부터 비롯된다. 이 밖에 평생의 교육연수와 안정적인 결혼생활 및 비흡연과 적당한 음주, 규칙적인 운동과 적당한 체중이 거론됐다. 연구자인 조지 베일런트(George Vaillant)는 "삶에서 가장 중요한 건

인간관계이며 행복은 결국 사랑"이라고 결론짓는다. 또 다른 연구결과에서도 행복을 유발하는 제반변수 중 돈은 순위가 한참 낮다. 건강, 일, 사생활, 공동체, 자유, 도덕가치 등 6가지가 돈보다 앞에 놓였다(미국심리학회).

일본의 '부탄 신드롬'… '가난하지만 행복한 이유' 찾기

금융위기 이후 절망 앞에 좌절한 일본열도에 '부탄(Bhutan) 신드롬'이 한창이다. 히말라야 오지에 위치한 작디작은 왕국이 뜬 이유는 뭘까. 일단은 뉴스성이다. 2011년 11월 일본 국빈방문 때는 여느 한류스타 못잖게 대중인기를 한 몸에 끌었다. 평민 출신의 미녀왕비 탄생이라는 점과 외국 정상으론 드물게 원전 인근까지 들어가 위로메시지를 전달한 게 감동을 자아냈다. 국가리더십 붕괴로 의지할 바를 잃어버린 열도의 반발감도 한 몫했다.

물론 그 이전에 이미 부탄은 일본국민의 관심국가 중 하나였다. 부탄이라는 나라 자체에 대한 뜨거운 관심이다. '가난하지만 행복한 나라'의 상징단어인 'GNH(Gross National Happiness)' 때문이다. 국민총행복지수로 불리는 이 개념을 세계 최초로 도입해서다.

GNH는 GDP와 곧잘 비교된다. 돈이 많아도 불행할 수 있는 GDP보다 삶의 질을 우선하는 GNH가 바람직하다는 논의다. 1인당 GDP 4만 3,000달러의 일본불행과 2,000달러의 부탄행복의 원인분석 시도다. 스트레스 대량생산국인 일본의 높은 자살률과 현격한 빈부격차 등을 막을 부탄 지향적인 대안모색이다. 적자생존·승자독식의 차별적 경쟁행복 대신 사회자본의 한 형태로 한 공리주의(최대다수의 최대행복) 재검토다. 가급적 많은 이들이 행복한 새로운 경제철학의 요구증대다.

책이 관심을 갖는 직원행복도 비슷한 맥락에서 이해된다. 고액연봉과 직원행복 간의 상관관계 이해여부다. 당연하겠지만 직원행복도 금전보상과 밀접한 연결고리는 없다는 게 그간의 분석결과다. 돈만으로 직원의 근무의욕·성과향상을 기대할 수는 없어서다. 과거 직원의 동기부여와 행복증진을 위한 최선책은 금전보상의 향상지급이었다. 급여를 올리거나 인센티브를 많이 줄수록 근무의욕이 늘어날 것으로 기대됐다.

다만 최근 흐름은 궤도이탈 징후가 농후하다. '금전보상=성과향상'의 관념파괴다. 금전보상이 전부는 아니라는 의견이 갈수록 힘을 얻는 추세

◆ 종합보수의 개념

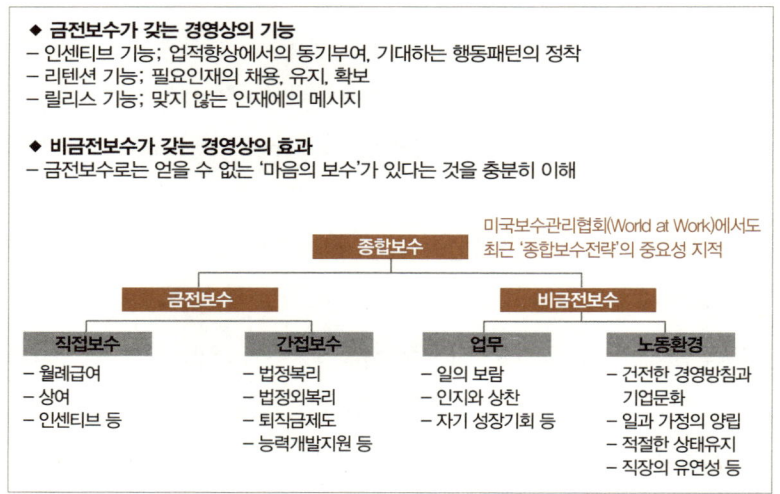

자료: 미츠비시 UFJ 리서치 & 컨설팅

다. 승급·승진·수당 등이 아무리 개선돼도 만족도가 그만큼 개선되지 않는다는 경험결과 때문이다. 대신 직원몰입을 촉진시키는 기업이 금전보상에 의존하는 기업보다 성과향상이 구체적인 경우도 많다. 직접적인 금전보상이 아닌 다른 제도설계로 근로자의 '일할 맛'을 높인 성공사례다.

이는 일본만의 트렌드가 아니다. 경쟁적 직무주의 인사·평가시스템의 원조국인 미국기업만 해도 최근 금전 이외의 근로의욕 향상변수를 적극 채택하는 경향이 구체적이다. 돈만으로 직원을 다스릴 수 없다는 위기감의 발로이자 자본주의의 반성차원이다. 구글 사우스웨스트 등 서구기업에선 드물게 '일할 맛' 좋기로 소문난 기업이 불을 지폈다. 특히 그들이 중시하는 리더십·창의성·시너지·혁신 등의 키워드가 금전보상이 아닌 직원의 자발적 잠재능력 발현이라는 데 주목한다. 공통점은 금전보상이 '반짝'효과에 불과하다는 깨달음이다.

금전보상과 성과향상의 직접관련이 줄었다는 점은 무엇보다 기업입장에서 고무적이다. 그리고 그 대안으로 거론되는 '일할 맛'을 높이는 유무형의 각종 제도가 비용 대비 효과만점이란 점도 긍정적이다. 큰돈을 들이지 않고도 얼마든 자발적인 근로의욕을 고취시킬 수 있을 가능성에 대한 주목이다. 범용성도 장점인데 금전보상을 위한 재원확보가 힘든 기업조차 얼마든 채택할 수 있기 때문이다. 비(非)금전보상(=감정보상)에 대한 관심증대다.

감정보상이란 돈으로 받을 수 없는 '마음의 보수'로도 불린다. '종합보수(Total Reward)' 개념등장이다. 인정·칭찬·배려·신뢰 같은 감정보상의 파워가 주목되면서 따뜻한 기업문화가 유력대안으로 떠오른 배경이다. 입사희망자 중 상당수도 금전보상보다는 개인성장·근무환경·기업문화 등 감정보상을 우선하는 경향이다.

금전보상이 '반짝'효과… 감정보수 포함한 종합보수 개념도입

금융위기 일본에선 '일할 맛'을 높이는 다양한 제도구축이 화제다. 금전보상이 아닌 다른 형태를 통해 직원마음을 사려는 조치다. 저비용·고효율의 복리후생과 관련된 제도설치가 대표적이다. 사회보험료 등 비용부담이 커 논란거리로 부각된 법정비용보다 기업 자체의 의사결정으로 추진돼 자율성·추진성이 높은 법정외복리에 대한 관심제고다. 몇몇 언론은 새로운 기업문화를 위한 기획시리즈로 관련제도를 집중·보도한다. 허용 가능 수준에서 법정외복리비를 늘렸더니 직원만족과 근로의욕이 기대 이상 발휘됐다는 사례소개도 일상적이다.

우선 주목받는 건 카페테리아 플랜이다. 1990년대 후반 일시적인 붐을 형성했다 최근 재차 부각 중인 제도다. 선택형 복리후생제도로 불리며 카페테리아 식당처럼 사원개인에게 부여된 포인트(부여금액) 범위 안에서 선호하는 복리후생 메뉴를 스스로 고르도록 한다. 1995년 교육회사인 베네세가 도입한 게 일본 최초다. 사실 일본의 법정외복리는 일률적으로 설정돼 다양성이 부족했다. 입맛에 맞는 자율선택이 불가능했다. 집을 가졌거나 부모동거의 직원은 사택제도로부터 빠졌고 자녀가 없으면 보육원 이용이 적용 제외다. 불공평함이 발생할 수밖에 없는 복리후생 구조였다.

이를 감안해 실제니즈에 부합하는 복리후생 메뉴에 대한 요구가 늘어났다. 카페테리아 플랜 도입 이후 사원만족도는 높아졌고 불필요한 복리후생비 지출은 줄일 수 있게 됐다. 레저·숙박·교육·간병·자기계발 등 종류도 많다. 근로자 5,000명 이상 대기업의 36%가 카페테리아 플랜을 도입했다(2002년 10%).

최근엔 복리후생 기능의 아웃소싱(외부위탁)이 심화된다. 복리후생서비스의 제공을 사외로 돌림으로써 사내업무의 선택과 집중이 가능해졌다. 종업원의 의사와 기업부담을 감안해 복지항목의 그매시스템을 외부로 돌린 형태다. 이는 카페테리아 플랜과도 맞물리는데 포괄적인 아웃소싱일수록 최근 카페테리아 플랜 도입확률이 높아서다. 포괄적인 아웃소싱 실시기업의 10%가 카페테리아 플랜을 도입했다. 기업 내부의 직접조달이나 일부 아웃소싱에 비해 제공서비스와 메뉴종류가 비약적으로 증가하기 때문이다. 즉 넓어진 메뉴선택이 근로자의 만족감을 높인다.

인구변화(저출산·고령화)를 반영해 자녀 관련수당을 충실·강화하는 움직임은 구체적이다. 법정외복리비 중 최다 증액항목은 육아비용이다. 2002년 32엔에서 2007년 100엔으로 3배나 늘었다. 육아휴가·휴직확충에 탁아소개설 등을 채택한 기업이 많아진 결과다. 가령 소프트뱅크를 보자. 회사는 5번째 자녀에게 일시축하금만 500만 엔을 지급한다. 2007년 4월부터 1번째(5만 엔), 2번째(10만 엔), 3번째(100만 엔), 4번째(300만 엔), 5번째(500만 엔) 등 다자녀일수록 금액이 커지도록 설계했다. 2007년의 경우 4번째, 5번째 자녀를 낳아 사례금을 챙긴 경우가 생겨났다. 쿄세이(共立)메인터넌스는 2008년부터 3번째 자녀 이후는 일시축하금 10만 엔과 별도로 초등졸업 때까지 12년간 매년 30만 엔을 지급하는 제도를 시작했다. 육아항목 증가추세는 기업이 국가과제인 저출산대책에 적극 참여한다는 걸 사회적으로 어필할 수 있단 점에서 고무적이다. 요컨대 기업의 사회적 책임(CSR)의 일환으로서 복리후생의 적극적인 활용인 셈이다.

휴가 늘리고 자녀수당 더 주고… 맞춤형 복지항목 증가

복리후생이라면 흔히 금전시책을 떠올리기 십상이다. 당연히 예외사항도 많다. 급료 이외의 보수로 일컬어지는 휴일제공이 대표적이다. 휴가(유급)가 많을수록 삶의 만족도가 높아진단 점에서 연봉만큼 중요한 휴가제도다. 이런 점에서 실제 휴가정책을 파격적으로 도입한 기업이 많다.

기린맥주를 보자. 휴일이랄 수도 없는 최장 3년까지 휴가를 제공한다. 근속 5년 이상일 경우 배우자 전근·봉사활동·유학 등의 경우 인정된다. 1회 휴직기간은 3개월 이상으로 1개월 단위로 3회까지 분할취득이 가능하다. 복귀 땐 재적부서로 돌아오는 건 물론이다. 우수인재, 특히 절반가량이 5년 이내에 그만두는 여직원의 이직방지를 위해 고안된 제도다. 이 결과 결혼·육아 등 라이프스타일의 변화 혹은 배우자 전근은 곧 퇴사로 이해되던 분위기는 상당히 엷어졌다. 회사도 채용·교육비를 감안할 때 오히려 이득인 것으로 판단한다.

이 밖에 인구회자 중인 독특하고 재미난 복리후생이 많다. 적극 도전했지만 실패했을 때 주어지는 포상제도도 있다. 사내제안제도를 복리후생으로 연결한 경우도 적잖다. 전기설비자재 메이커인 미라이(未來)공업이 그렇다. 이 회사는 어떤 형태든 제안하면 그 자체를 평가해 500엔의 현금을 지급한다. 채용되면 액수는 증액된다. 때문에 연 1만 건 이상 제안이 쌓인다. 새로운 것에 적극 도전하자는 메시지를 확산하는 게 회사로선 금액 대비 더 긍정적인 결과를 가져온다. 특히 독특한 복리후생을 찾다 보면 업력이 짧지만 독창적인 기업문화를 강조하는 IT기업이 종착지가 되는 경우가 많다. 이직률이 높은 업종환경이고 자유로운 발상허용이 중시되는 것처럼 설비투자 대신 인적자원이 최대의 경영자원인 경우가 많기 때문이다.

근무의욕을 높이는 복리후생은 회사마다 제각각이다. 전문가를 배치해 근무시간에 60분·500엔의 사실상 무료가격으로 사내 전용공간에서 마사지를 받도록 하는 회사도 있다. 피로회복 관련기기를 설치해 언제든 사용하도록 한 회사는 부지기수다. 냉장고에 맥주·음료수를 넣어두거나 과자·아이스크림을 완비한 곳도 많다. 가족·연인 생일에 휴가를 주는 곳도 있다. 선물비용으로 1만 엔 정도 지급하다 아예 휴가까지 결정했다. 애완동물도 가족이나 마찬가지니 지원금을 주거나 죽으면 기일휴가를 제공하기도 한다. 사장의 조전과 위로금(1만 엔)까지 주어진다. 사원여행·운동회 등의 부활사례도 뉴스거리다. 하나같이 직원과의 관계회복에 주목한 아이디어다.

20개 사례기업 중 대다수도 월급을 초월한 직원만족 실천제도를 곳곳에 설치·운영 중이다. 직원만족을 위해 튀는 아이디어를 설치한 기업답게 회사 특유의 기발한 후생제도를 적극 실천하고 있다. 무엇보다 CEO의 진정성이 원활한 사내소통을 통해 회사 전체에 더진 덕분에 관련제도는 금전보상 이상의 유·무형 효과를 실현한다. 중요한 건 회사가 직원을 믿고 배려했기에 자발성을 유도해냈으며, 또 이를 복리후생 등의 주변제도로 뒷받침함으로써 노사양자의 강력한 신뢰구축이 가능했다. 결국 하나같이 종합보수 중 감정보수에 높은 가중치를 뒀다.

　이 챕터에서 다루는 10가지 출근하고 싶은 회사의 성공 DNA는 모두 광의의 감정보수에 포함된다. 양립조화, 사내소통, CEO파워, 정년연장, 차별금지, 특이제도, 가족주의, 기업문화, 해고금지 등은 월급초월과 맞물려 아침에 눈 뜨면 출근하고 싶어 못 배기는 회사를 만드는 세부개념에 다름 아니다. 금전보상과 직간접적으로 관련이 있는 DNA도 있지만 대부분은 기업차원의 비용부담이 크진 않다. 대신 돈보다 더 파워풀한 '일할 맛'을 불러일으킨 건 서로를 믿고 위하며 배려하는 특유의 사내공기다. 인간존중의 경제학을 실현하는 직원중시·행복경영에 대한 광범위한 공감대와 포괄적인 실현의지가 한층 결정적인 성공변수로 기능했다. 이를 다양한 하부구조로 회사사정에 맞게 특화·안착시켜 직원만족 최고반열의 회사로 성장시킨 셈이다.

10

해고금지_종신고용의 경제학

　시대는 코드를 결정한다. 또 언어는 그 코드를 반영한다. 유행어 분석은 특정 시대의 사회생태와 지배담론을 살펴보는 유력 도구 중 하나다. 특정 시대의 사회상이 저항 및 동조언어로 반영된다는 점에서 유행어는 당대 특징을 투영하는 또 다른 창으로 이해된다. 즉 유행어만 잘 챙겨도 당시의 삶과 사회가 어땠는지 알 수 있다.

　일본은 유행어에 민감하다. 매년 유행어대상 발표순간은 고정뉴스로 편성될 정도로 관심이 높다. 그해의 히트상품만큼이나 이목이 집중되는 연례행사다. 12월 1일 10대 유행어가 발표(자유국민사)되는데 그 전에 60개 후보유행어가 미리 선정돼 치열한 경쟁을 거쳐 선택된다. 정치·경제·사회·문화 등 일본의 1년 이슈를 총망라한다. 유행어 흐름을 분석해 시대변천의 힌트를 얻으려는 수요가 그만큼 많고 깊다는 얘기다.

　1990년대 이후 유행어는 뚜렷한 특징이 있다. 부정적인 사회·경제적 유행어가 양적으로 대폭 증가했다. 버블붕괴 이후 폭넓은 사회갈등이 펼쳐졌음을 의미한다. 게다가 추세가 꾸준하다. 복합불황 이후 처음엔 부정적인 사회·경제적 유행어가 10개 중 고작 1개 정도에 불과했는데, 2000년대 이후 그 수가 2~3개 이상으로 일괄 증가했다. 특히 신자유주의 도입 이후 그 부작용과 관련된 유행어가 대거 등장했다.

일례로 1990년대는 위기탈피를 위한 개혁이슈가 유행어로 선정됐다. 뭔가 해보자는 식의 에너지 결집과정에서 많은 유행어가 탄생했다. '규제완화(規制緩和, 1993년)'와 '변해야 한다(変わらなきゃ, 1995년)', '일본판 빅뱅(日本版ビッグ·バン, 1997년)', '골태방침(骨太の方針)·개혁통증(改革の痛み, 2001

◆ 일본의 사회·경제부문 유행어 대상(1990~2011년)

2011년	2010년	2009년	2008년	2007년	2006년
인연 (絆) 3.11 (東北大地震)	무연사회 (無緣社會) 여자회 (女子會)	정권교체 (政權交代) 파견해고 (派遣切り)	게잡이어선 (蟹工船) 후기고령자 (後期高齢者)	PC방 난민 (ネットカフェ難民) 사라진 연금 (消えた年金)	품격 (品格) 격차사회 (格差社會)
2005년	2004년	2003년	2002년	2001년	2000년
고이즈미극장 (小泉劇場) 부유층 (富裕層)	신규진입 (新規參入) 패한 개 (負け犬)	연봉 300만엔 (年収300万円) 선거공약 (マニフェスト)	내부고발 (內部告發) 대출회수 (貸し剝がし)	기본방침 (骨太の方針) 개혁의 아픔 (改革の痛み)	관 대 민 (官 對 民) 자기중심 (ジコ虫)
1999년	1998년	1997년	1996년	1995년	1994년
위안 (癒し)	도덕적 해의 (モラル·ハザード)	일본판 빅뱅 (日本版ビッグ·バン)	폐색감타개 (閉塞感打開)	변해야 (変わらなきゃ)	친절한 정치 (人にやさしい政治)
1993년	1992년	1991년	1990년		
규제완화 (規制緩和)	복합불황 (複合不況)	손실보전 (損失補填)	거품경제 (バブル經濟)		

자료; 자유국민사(http://singo.jiyu.co.jp/index.html)의 발표자료(매년의 10대 유행어 중 사회·경제파트 단어만 발췌)

년'등이 대표적이다. 고도성장과의 결별시점이 1990년대란 점에서 이전의 성장모델로는 저성장·고령화 등 시대변화에 대응할 수 없다는 위기감의 발로였다.

이런 점에서 2006년은 새로운 차원의 변곡점이다. 개혁결과 부정적인 부작용과 불협화음이 이때부터 유행어의 절대다수를 차지한다. 특히 가계차원의 몰락이슈가 부각됐다. '패한 개(負け犬, 2004년)'와 '연봉 300만엔(年収300万円, 2003년)'처럼 사전징후가 있긴 했지만 2006년부터 고용시장 패배감은 한층 뚜렷해진다. '격차사회(2006년)'를 필두로 '네트카페난민(2007년)', '파견해고(2009년)' 등이 연거푸 유행어로 꼽혔다.

개혁결과가 낳은 뚜렷해진 가계몰락… 격차·난민·파견 등 유행어

21세기 초 발표된 극빈노동자의 삶을 그린 소설 〈카니코우센(蟹工船, 2008년)〉의 부각은 힘들어진 워킹푸어와 맞물려 인기를 얻었다. 이 결과 개혁세력이던 자민당 대신 복지우선·격차해소를 슬로건으로 내건 민주당으로 '정권교체(2009년)'가 이뤄졌다. 2010년은 신년벽두부터 외롭게 죽는 고독사가 일본사회를 뒤흔들었다. 현대병폐의 집성판인 '무연사회'의 개막이다. 살기 힘들어진 일본인의 처절한 몸부림이 유행어에 반영된 결과다.

2006년은 일본가계의 아등바등한 삶이 본격적으로 부각된 해다. 패자그룹 급증과 사회안전망 붕괴까지 가세하면서 미끄럼틀처럼 한번 미끄러지면 영원히 빈곤의 늪에 갇힐 수 있음이 단적으로 드러났다. 우정민영화로 개혁파티에 흥겨워하던 일본국민은 2006년 개막과 함께 피폐해진 일상생활로 되돌아가도록 강요당했다. 체질개선이라는 이름의 대의명분이 실은 국민희생을 담보로 했음이 속속들이 밝혀지기 시작했다.

언론은 이를 집중·보도했다. 지금껏 일본에선 없었던 새로운 사회갈등이 초점대상이 됐다. 가령 '워킹푸어'는 2006년부터 열심히 일하는데도 가난한 이들의 원인에 주목한 〈NHK〉가 3부작 다큐멘터리로 방송한 이래 큰 반향을 일으켰다. 방송결과는 충격적이었다. 근로자 4명 중 1명이 생활보호수준에서 살고 있음이 밝혀졌다. 청년세대는 물론 중년가정에까지 근로빈곤은 광범위하게 확산됐음이 드러났다. 근로빈곤자가 홈리스로 전락하는 사례까지 다뤘다. 프리터·니트의 대량생산을 방조하는 고용환경의 악화가 주범으로 꼽혔다.

'네트카페(PC방)난민'은 2007년부터 다큐멘터리로 방송되며 상당한 충격을 안겼다. 생활불안정으로 거주공간을 갖지 못해 심야영업의 인터넷카페에 머무는 사람을 뜻하는데 보도 후 일거에 일반대중의 관심을 집중시켰다. 이 과정에서 빈곤비즈니스의 실상이 드러났는데, 인터넷카페는 하룻밤 1,000엔 이하로 거리생활에 지쳤거나 비가 올 때 자주 가는 것으로 확인됐다. 또 보증인과 목돈(敷金·礼金) 없이 방을 빌려주는 '제로제로물건(ぜろぜろ物件)'도 집중조명을 받았다. 빈곤을 노린 소비자금융과 사채업의 심각성도 부각됐다.

〈아사히신문〉은 거대 유명기업이 연루된 '위장청부(위장하청)'를 파헤쳐 무권리상황에 놓인 고용실태와 기업의 책임회피 실상을 적나라하게 내보냈다. 실상은 파견이면서 간단히 해고하는 위장청부 문제는 2006년 7월 31일 특집보도로 관심을 모았다. 때문에 날짜를 빗대 '731쇼크'라고도 불렸다. 해당 기업이 위장청부 근로자를 정규직으로 바꾸는 등 사태개선의 움직임도 목격됐다. 주로 취업빙하기 때 취업하지 못한 젊은 청년들이 희생자로 전락했으며 유명기업의 자회사 · 손자회사의 제조현장 근로자가 실은 위장청부의 희생자였음이 추가로 드러나기도 했다. 이 밖에도 고용악화 · 가정해체 관련특집은 셀 수 없이 많아졌다.

2006년 이후 고용약자 대거출현… 워킹푸어 · 네트카페난민 · 위장청부 등

특이한 건 개혁피해자가 개혁정권을 가장 많이 지지했다는 점이다. 뒤늦게 깨달은 중대한 모순자각이다. 즉 신자유주의 구조개혁의 최대 지지자가 아이러니컬하게도 구조조정 대상인 중산층 샐러리맨과 취직난의 젊은층, 성차별의 여직원 등이었다. 여기엔 대중인기 영합주의를 활용한 고도의 정치역학이 기능한다. 평등과 공평을 불공정 · 비효율과 함께 비판함으로써 이것들이 효율성과 공정성을 왜곡하고 변화타이밍과 스피드를 방해해 많은 이들의 선택자유를 저해한다는 논리를 폈다. 버블붕괴 후의 저성장과 폐색원인을 시장메커니즘을 저해하는 규제 때문으로 보고, 해결책은 자유와 시장메커니즘을 복원하는 것뿐이라고 했다.

　2006년부터 확인되는 일본가계의 삶의 질 하락뉴스엔 공통점이 있다. 모두 고용약자와 연결된다는 점이다. 위의 히트유행어야말로 하나같이 고용악화를 상징하는 키워드다. 정규직이 줄고 비정규직이 늘어나는 가운데 비정규직 안에서도 시차를 둔 추락공포가 약자위주로 반복됐다는 의미다. 실제 파견해고, 워킹푸어, 위장청부 등은 비정규직의 대표상징이다. 이는 근로자라면 절대다수가 종신고용의 보호를 받던 과거의 정규직이 갈수록 고용불안·상시해고의 비정규직으로 추락한다는 증거다. 벌써 근로자 10명 중 3~4명이 비정규직으로 전락했다(1,729만 명, 35.3%). 정규직의 추락공포도 구체적이다. 여차하면 잘릴 판인데 근로의욕이 생길 리 만무하다. 불안의 확대재생산이다.

종신고용의 정규직은 이제 기업의 부담거리·골칫덩이다. 반복해 그 규모를 줄여나가는 게 최선이라는 재계입장은 굳건하다. 필요하면 싸게 쓰고 불필요하면 부담 없이 자를 비정규직이 재계엔 훌륭한 대안이다. 능력 대비 월급(비용)만 챙겨가는 저효율의 폐기시스템이라는 극단론까지 있다. 때문에 일한 만큼만 주겠다는 성과주의가 지고지순한 진리다. 실제 재계의 공식입장은 신자유주의에 기초한 자유·경쟁적인 고용모델이다. 여기에 정규직은 합리성이 떨어진다. 종신고용은 비용부담을 초래해 기업경쟁력을 훼손시킬 뿐이다. 정규직 무용론이다.

95년 재계, 정규직 감축방안 가동… 비정규직 확대명분 제공

정규직 무용론의 논리원류는 1995년 재계단체인 닛케이렌(日經連)이 발표한 '신시대의 일본적 경영(新時代の日本的經營)'이라는 보고서다. 이는 대다수 일본기업이 채택한 노무관리의 바이블이 됐다. 뒤이어 1996년엔 '매력 있는 일본(魅力ある日本—創造への責任)'이 발표됐다. '도요타비전(豊田ビジョン)'으로 불리며 역시 정규직 무용론을 한층 강력히 추진하는 지침이 됐다. 신자유주의적인 경영철학을 도입하려는 기업부문에 훌륭한 대의명

분을 제공했다. 이 책의 20개 직원만족 모범기업을 필두로 한 일부 사례를 빼면 여전히 파워풀한 설명력과 장악력을 자랑한다.

'신시대의 일본적 경영'을 살펴보면 재계의 정규직 분할(감소)방침을 잘 알 수 있다. 보고서에서 재계는 정규직을 3가지 유형으로 나눠 감축방향을 설정했다. 먼저 '장기축적능력 활용형'이다. 기존의 정규직 개념으로 신입사원 채용 후 종신고용(연공서열)의 수혜를 제공하되 철저히 경쟁시켜 엘리트로 키워야 할 그룹이다. 월급제다.

다음은 '고도전문능력 활용형'이다. 회사 내부에서 스태프로 데리고 가는 기능노동자. 정규직 일을 비정규직이 맡는 파견화가 여기에 해당한다. 승진 및 퇴직금이 없다.

'고용유연 (활용)형'은 기존의 정규직 블루칼라를 비정규직으로 다운시킨 형태다. 대부분 자유롭게 해고하는 비정규직으로 바꿔 정규직의 슬림화를 실현할 부류로 지목된다. 역시 승진·퇴직금이 없는 시급제다. 일본의 비정규직화는 이 3가지 설정기준과 논리기반에 맞춰 차근차근 규모를 늘려왔다. 일부를 뺀 다수근로자의 고용유연화다.

정규직 감축전략은 효과를 톡톡히 봤다. 1996년 3,779만 명이던 정규직은 2010년 현재 3,355만 명으로 줄어들었다. 같은 기간 전체 근로자는 5,169만 명에서 5,479만 명으로 약 300만 명 늘었다. 즉 전체 인원이 늘었음에도 불구, 정규직은 더 줄어들었다. 그 갭이 비정규직 증가부분임은 두말할 필요가 없다. 기업실적도 호전됐다. 2002~2008년에 걸친 경기확장과 함께 인원정리 등 비용감축적인 노동유연화가 사상최고의 기업유보로 연결됐다.

반면 고용약자는 비용감축만큼 살기 힘들어졌다. 임금삭감과 해고공포는 '일할 맛'을 극도로 저하시켰다. 이는 곧 현대사회의 대량병폐로 이어졌다. 비정규직의 고용불안이 낳은 현대일본의 사회피폐·갈등사건 증가추세다. 절망감(불확실성·집단우울)과 빈곤감(절대빈곤·복지파탄)은 무연화(연대상실·고립공포)와 맞물려 고용약자의 살아갈 맛을 동시다발적으로 증발시켰다.

문제는 병명을 알아도 치유가 쉽잖다는 점이다. 기업의 의식전환이 대전제다. 기업차원에선 합리적이지만 사회 전체 후생증진에는 불합리적이다. 아쉽게도 정규직에서 비정규직으로의 전락부터 애초의 출발 자체가 비정규직인 사례까지 비정규직은 나날이 확산된다.

먹고살아야 하니 불편·불안한 일자리라도 움켜쥘 수밖에 없지만 속내는 바짝 타들어간 숯과 마찬가지다. '임금삭감→해고공포'의 흔들리는 고용불안이 최소한의 생활유지를 방해해서다. 일자리를 둘러싼 불확실성은 청년에겐 미혼·만혼(晚婚)화를, 중장년에겐 폐색·우울증을, 고령층엔 빈곤·고립문제를 야기한다. 또 직장환경은 잔뜩 흐려졌다. 정글법칙이 지배하면서 웃음 대신 짜증이, 대화 대신 견제가 늘어났다. 옆자리 동료인데도 신분·소속이 다르고 정규직일지언정 잠재적인 비정규직 예비군 공포가 상시적이다. 임금삭감·해고공포의 기분 나쁜 확산이다.

1장에서 살펴봤듯 '일할 맛' 나는 직장환경의 핵심은 장기·안정적인 고용확보다. 복지가 일자리의 핵심이듯 고용이 굳건하면 사회후생은 저절로 개선된다. 물론 기업에 모든 책임을 전가할 수는 없다. 성장엔진이 삐걱대는 판에 한 푼이라도 줄이지 않으면 지속성장이 불가능할 것이라는 진단은 설득적이다. 그럼에도 불구, 인간존중의 노동경제학을 극단적으로 기피할 필요는 없다.

고용불안과 사회갈등은 정비례… '가고 싶은 회사 만들자' 붐

20개 사례기업에서 확인되듯 직원만족의 경제적 합리성은 꽤 건재하다. 비록 시간·비용이 들지만 장기시각에선 비용 대비 성과효과가 탁월하다. 성선(性善)적인 인간(직원)의 자발적인 근로의욕 도출파워다. 믿고 밀어줄 때 그만한 보답이 되돌아온다는 사실은 사례기업이 보기 좋게 증명해준다. 적어도 '직원만족' 경영은 재고여지가 충분하다. 이때 신뢰신호는 함께 간다는 의미의 해고금지로부터 비롯된다. 종신고용이 부담스러우면 장기고용도 좋다.

고용유연화가 만고불변의 진리로 정착된 2000년대 이후 해고금지는 일부 기업의 소수사례로 잔존하며 기억에서 잊혔다. 그러다 2008년 금융위기를 계기로 주주중시·단기이익·유연고용 등으로 상징되는 서구기업이 흔들리기 시작하면서 그 반대편에 선 직원중시·장기실적·고용안정 등 일본전통의 고용모델이 스포트라이트를 받았다. 일본에서도 주요 언론이 '행복한 직장조성'을 위한 캠페인 차원에서 특집기사로 연재해 관심을 끌었다. 〈닛케이비즈니스〉의 '가고 싶은 회사 만들기(行きたくなる会社のつくり方)'라는 기획보도가 대표적이다.

핵심은 이 책이 방점을 찍고 있는 '일할 맛'이다. 왜 근로의욕이 중요하며 어떻게 이를 향상시킬까에 대한 다각적인 분석시도다. 결론은 '직원존중의 경제학'의 실현이다. 현재이슈에 맞게 전통모델을 수정·진화시키되 그 개념뿌리에 '직원중시'를 부활시키자는 포석이다. 모범적인 사례기업에 대한 경이로운 찬사도 이어진다.

무엇보다 직원을 중시했더니 실적·평판이 저절로 향상됐다는 사례보고가 줄을 잇는다. 기업입장에선 다소간의 걸림돌이 있지만 시도해봄 직한 유혹이다. 직원중시로의 완전개편이 힘들 경우 저비용·고효율의 부분적인 일부 장치부터 순차적으로 해볼 수도 있다. 결국 중요한 건 CEO의 리더십과 회사의 인식전환이다.

해고자제의 일본모델 재부각… 시너지효과 확인

이때 일본사회가 과거 보유한 경험은 제도도입 연착륙에 긍정적이다. 종신고용답게 일본식 고용모델은 해고자제가 최대특징이다. 1970년대 오일쇼크 당시 대형침체 때조차 인원정리(고용축소)는 없었다. 정리해고는 2000년대 이후 부쩍 늘어났을 뿐이다. 대신 회사 내부의 자체적인 흡수장치를 통해 고용을 최대한 유지했다. 직원규모는 유지한 채 과잉고용을 줄이는 형태다. 잔업(초과근로)단축, 배치전환 등은 물론 응원(應援)·출향(出向)으로 불리는 관련하청·계열 내부로의 재배치가 대표적이다. 이후에도 고용과잉이 해결되지 않으면 신규채용을 중지·삭감하거나 일시귀휴(일정 기간 취업정지) 등의 대안을 택했다. 기업이 할 수 있는 최대한의 고용유지였다.

 책이 소개하는 20개 사례기업은 선대의 고용유지 철학을 고스란히 수용·유지했다. 업력이 짧은 신생회사는 전통모델을 벤치마킹으로 삼았다. 즉 해고금지를 철학기반에 깔았다. 종신고용이든 장기고용이든 형태는 달라도 끝까지 함께 갈 것이라는 의지만큼은 공통적이다. 해고금지는 정년연장·차별금지와 세트로 운영되며 시너지효과를 더한다.

특히 금융위기 때조차 해고금지를 실천하는 남다른 직원애정을 자랑했다. 그간의 철학·경험을 토대로 해고금지의 메리트와 해고남발의 공포심을 누구보다 잘 알기 때문이다. 덕분에 위기는 곧 성과향상의 기회로 연결된다. 해고금지를 주창·실천하는 기업은 소중하고 중요하다. 남들이 쉽게 갈 수 있는 길을 마다하고 굳이 힘든 길을 자청해 걷기 때문이다. 그만큼 외롭지만 그 길은 충분히 의롭다 하지 않을 수 없다.

아사히맥주는 약 1만 8,000명의 직원(연결 기준)을 보유한 대기업이다. 그만큼 인원이동이 들쑥날쑥할 확률이 높다. 그런데 이직률은 그룹 전체로 0.64%(2009년)에 불과하다. 상상초월의 안정성이다. 비정규직의 정규직화를 비롯한 제도장치·철학실천 덕분에 해고자는 제로다. 회사의 해고금지는 1980년대 초의 아픈 경험에서 비롯됐다. 경영난으로 500명이 해고된 경험이다. 이후 회사는 뼈저린 후회 속에 고용안정을 우선가치로 내걸었다. "감원은 절대 없다"는 경영진의 의지발현이다.

해고 등 인원삭감이 없다는 강력의지는 직원중시의 제도설정으로 연결됐다. 가령 회사는 직원중시를 위해 4가지 지원방침을 명문화했다. 신(新), 성(成), 기(氣), 결속(結束)의 키워드다. 새로운 도전(新)과 개인성장(成)뿐 아니라 극복의지(氣) 및 팀워크(結束)까지 회사가 적극적으로 지원하겠다는 방침이다. 이는 처우제도에도 관통·적용되며 '일할 맛' 향상에 기여한다.

호리바제작소는 일단 뽑은 직원은 끝까지 함께 간다는 대원칙을 한 번도 어긴 적이 없다. 그래서 직원행복 최고기업으로 불린다. 호리비언(회사직원)에겐 해고공포가 없다. 오히려 위기 때 신규인력을 뽑아 고용불안에 기여했다. 인원해고야말로 기업이 절체절명의 순간 불가피하게 꺼내

들 최후카드란 입장이다. 그전에 경영혁신 등 개선책을 마련하되 갖은 노력을 다해도 부도위기에서 벗어나기 힘들 때에 국한해 인원감축이 필요하다고 본다.

인원감축은 다시 나뉘는데 해고는 역시 최후선택지다. 일자리를 나누는(Time·Work Sharing) 등의 충격최소화가 선행조건이다. 2008년 금융위기 이후 반도체부문이 악화됐을 때도 회사는 전환배치·시간단축으로 해고압박을 피해갔다. 고용확보를 위한 회사이동도 매뉴얼로 명시했다. 잉여인력 발생을 대비한 안전장치다. 해고 대신 다른 부서·회사로 보내는 방법이다. 법률상 퇴직 후 재취업에 해당하지만 결정권은 전적으로 직원개인에게 있다. 본인동의가 필요한 전적(轉籍)이다. 창업자는 "위기 때 고용유지 노력은 훗날 빛을 보게 마련"이라며 "이것이 서구경영과 구별되는 아시아적 성장가치"라고 강조한다.

해고공포 없는 호리비언… 직원희생 염려해 급성장 거부한 이나식품

이나식품공업의 홈페이지엔 종신고용·연공서열이 당당하게 소개된다. "인간에게 가장 자연스러운 경영기법"이라며 일본을 건강하게 만드는 필수제도라고 호평한다. 굳이 연공서열까지 강조하는 건 연령에 따른 체험적 판단·지혜가 중요한 회사재산이라고 보기 때문이다. 취직·결혼·육아 등 입사 후 직원의 라이프스타일 변화를 경제적 부담 없이 행복하게 보조해주는 최선책이 연공서열이란 입장이다. 무리한 성장지양을 고집하는 것도 해고금지를 실천하기 위해서다. 경기와 유행을 좇아 급속히 성장하면 불황 때 과잉인원이 발생해 해고단행·임금삭감 등이 불가피해서다.

때문에 이를 막고자 애초부터 급속성장을 경계한다. 2000년대 중반 우뭇가사리가 다이어트에 도움이 된다며 주문이 쇄도하자 CEO가 이를 거절하자고 한 에피소드가 대표사례다. "일회성 유행에 맞춰 증원하면 이후 꼭 문제가 생기며 그때 직원을 희생시킬 수 있다"는 이유에서다. 비록 임직원의 자발적인 주문응대가 결정됐지만 CEO의 우려는 이듬해 그대로 증명됐다.

미라이공업에도 해고는 없다. 철저한 연공서열에 따른 종신고용이 실천된다. 연봉은 높고 휴가는 많지만 걱정 없이 일하는 건 잘릴 일이 원천적으로 없기 때문이다. 정년까지 70세로 늘려 사실상 종신고용을 받아들였다. 괴짜 CEO는 "사원이 행복해야 회사가 잘되는 법"이라며 즐거운 직장환경을 위해 해고금지는 필수라고 강조한다. 회사는 사장의 것도, 주주의 것도 아닌 직원의 것이란 점을 두고두고 역설해 언론의 화제인물로 자주 등장한다. 쩨쩨하게 작은 낭비로 아낀 돈을 임직원에게 그 이상 되돌려주는 큰 낭비야말로 직원행복을 위한 CEO의 기본역할로 해석된다.

그래도 금전보상엔 한계가 있다. 돈 말고 해줄 수 있는 걸 찾다 보니 노는 것(휴가)까지 늘렸다. 부담을 느낄까 봐 잔업·업무량(목표) 등은 제도적으로 없애버렸고 그럼에도 불구, 결코 자르지 않는다는 확실한 신호로 안정감을 줬다. 자발적 근로의욕의 자연스러운 추출구조다.

EC studio는 창업 때부터 직원행복을 지키고자 주식공개를 하지 않기로 했다. 주주중시로 외부압박을 받을 경우 회사가 지향하는 직원만족에 제동이 걸릴 수 있다는 우려 때문이다. 게다가 IT 사업모델이니 거액의

외부투자도 불필요하다. 영업이란 홈페이지를 비롯한 저비용·고효율의 신종 네트워크만으로 충분하다. 굳이 매수위험이 있는 주식공개 필요가 없다는 얘기다. 타인자본도 들이지 않으며 경영이념에 공감하는 회사가 아니면 거래하지 않는 것도 원칙이다. 수익성이 아무리 높아도 경영이념과 맞지 않으면 채택하지 않는 것도 마찬가지다. 모두 임직원의 '일할 맛'을 제도적으로 보장해주기 위한 조치다. 당연히 해고는 없다. 매출목표에도 연연하지 않는다.

경기 민감도가 높은 업종은 과잉·과소조절에 안간힘을 쓰게 마련이다. 그때그때 최적상황을 유지하지 않으면 외부압박에 휘둘릴 수밖에 없어서다. 니시지마가 영위 중인 공작기계가 대표적이다. 2008년 회사는 금융위기 후폭풍에 정면으로 노출되며 수주가 전년 대비 80%나 급감했다. 덩치까지 작은 회사니 그 충격은 더했다. 하지만 니시지마는 다른 길을 택했다. 동종업계가 해고불안에 치를 떨 때 회사주도로 일치단결해 위기를 극복했다. 회사가 직원을 자르지 않는다는 걸 누구보다 확신한 결과다.

위기 때 회사는 다가올 회복기를 대비해 잉여인력을 대안과제에 집중했다. 일손이 놀 때 설비자동화로 효율을 높였고 잉여인력을 개발부서로 돌려 기술개발에 매진했다. 동시에 일 없는 근로자를 대상으로 꾸준한 교육을 단행했다. 결국 노는 직원은 아무도 없게 됐고 회사희생을 잘 알기에 그만큼 더 열심히 뛸 수밖에 없었다. 인재중시 차원에서 신규채용도 중단하지 않았다. 계속채용으로 학생추천의 학교와 신뢰관계를 지키기 위해서다.